TESI GREGORIANA
Serie Diritto Canonico
——————————— 27 ———————————

UDO BREITBACH

Die Vollmacht der Kirche Jesu Christi über die Ehen der Getauften

Zur Gesetzesunterworfenheit der Ehen nichtkatholischer Christen

EDITRICE PONTIFICIA UNIVERSITÀ GREGORIANA
Roma 1998

Vidimus et approbamus ad normam Statutorum Universitatis

Romae, ex Pontificia Universitate Gregoriana
die 9 mensis aprilis anni 1997

       R.P. Prof. Urbano Navarrete, S.J.
       R. Mons. Prof. Brian E. Ferme

ISBN 88-7652-786-9

© Iura editionis et versionis reservantur

PRINTED IN ITALY

GREGORIAN UNIVERSITY PRESS
Piazza della Pilotta, 35 – 00187 Rome, Italy

VORWORT

Die vorliegende Untersuchung wurde im Sommersemester 1997 von der Kanonistischen Fakultät der Päpstlichen Universität Gregoriana als Dissertation zur Erlangung des akademischen Grades eines Doktors des Kanonischen Rechtes angenommen. Dafür und für die Aufnahme in die Reihe «Tesi Gregoriana — Serie Diritto Canonico» weiß ich mich zu aufrichtigem Dank verpflichtet.

Ein besonderes «Vergelt's Gott» gilt den Professoren der Kanonistischen Fakultät, an ihrer Spitze Dekan P. Prof. Dr. Gianfranco Ghirlanda, S.J. Ergebenen Dank schulde ich meinem Doktorvater P. Prof. Dr. Urbano Navarrete, S.J. für die hilfreiche und kundige Begleitung meiner Arbeit sowie Msgr. Prof. Dr. Brian Ferme für die Erstellung des Zweitgutachtens im Promotionsverfahren.

Meinem Trierer Heimatbischof Hermann Josef Spital sage ich Dank für die Beurlaubung zum Weiterstudium im Kanonischen Recht. Dem Präfekten der Kongregation für die Bischöfe Bernardin Kardinal Gantin danke ich, daß er es mir ermöglicht hat, zusätzlich zu meiner Tätigkeit in der Kurie diese Arbeit zu erstellen. In diesen Dank schließe ich ein den früheren und den jetzigen Sekretär des Dikasteriums, die Erzbischöfe Justin Francis Rigali und Jorge María Mejía, sowie alle Mitbrüder, Arbeitskollegen und -kolleginnen, die meinen Weg mit Wohlwollen begleitet haben.

Für die hervorragenden Bedingungen, die ich im «Anima Kolleg», in dem ich den Großteil meiner römischen Studienzeit, zunächst als Alumnus, dann als Vizerektor verbracht habe, vorfand, weiß ich mich dem Rektor, Prälat Dr. Johannes Nedbal, den Studiengefährten, sowie den bis zum vergangenen Sommer im Haus tätigen Ordensschwestern zu tiefem Dank verpflichtet.

Ein ebenso herzliches «Vergelt's Gott» gilt den Schwestern und Mitbrüdern im Gästehaus der Deutschen Bischofskonferenz, dem ich seit Mai 1996 als Rektor vorstehen darf.

Nicht zuletzt aber geht mein Dank an meine Familie und an meine Freunde. Dank für allen Rückhalt und für alle Ermunterung, Dank für alles Wohlwollen und für alle Gebete. Gewidmet sei diese Arbeit meiner Mutter und dem Andenken meines verstorbenen Vaters.

Rom, im November 1997

Udo Breitbach

EINLEITUNG

Aus dem Dogma, daß die Ehe zwischen Getauften Sakrament ist, leitet die Kirche das Lehrprinzip ab, daß es zwischen zwei Getauften keinen gültigen Ehevertrag geben kann, der nicht zugleich Sakrament ist. Diese Einheit von Vertrag und Sakrament bei den Ehen zwischen Getauften führte die Kirche dazu für sich eine angeborene und ausschließliche Zuständigkeit über diese Ehen zu beanspruchen[1]. Auch nach der Spaltung der einen Kirche Jesu Christi in verschiedene Konfessionen erhielt die katholische Kirche weiterhin den Anspruch aufrecht die Hoheit über die Ehen aller Getauften zu besitzen. Die Begründung war, daß die Kirche Jesu Christi als mit der katholischen Kirche in ausschließlicher Weise identisch anzusehen sei, demzufolge also keine anderen Gemeinschaften von Getauften existieren konnten, welchen Gewalt über die christliche Ehe hätte zukommen können. Dieses theologische Denkmuster fand seinen Niederschlag in der kirchlichen Gesetzgebung in der Weise, daß alle Gesetze des kanonischen Rechtes auf alle Getauften anzuwenden waren, es sei denn, der Gesetzgeber der katholischen Kirche statuierte hinsichtlich rein kirchlicher Gesetze für die nichtkatholisch Getauften Ausnahmen. Demzufolge bestimmte denn auch can. 12 des kirchlichen Gesetzbuches von 1917: «Legibus mere ecclesiasticis non tenentur qui baptismum non receperunt, nec baptizati qui sufficienti rationis usu non gaudent, nec qui, licet rationis usum assecuti, septimum aetatis annum nondum expleverunt, nisi aliud iure expresse caveatur.» Bezogen auf das Eherecht bestimmte can. 1016: «Baptizatorum matrimonium regitur iure non solum divino, sed etiam canonico, salva competentia civilis potestatis circa mere civiles eiusdem matrimonii effectus.»

Durch die Aussage des II. Vatikanischen Konzils, daß die Kirche Jesu Christi in der katholischen Kirche wohl verwirklicht[2], aber nicht in ausschließlicher Weise mit ihr identisch ist und mit der hierdurch möglich

---

[1] Zur Zuständigkeit der Kirche über die Ehen zwischen Getauften und Ungetauften, vgl. in dieser Studie, s. 79, Anm. 1.
[2] LG, n. 8,2.

gewordenen Anerkennung der nichtkatholischen christlichen Konfessionen als Gemeinschaften, in denen die in ihnen Getauften ihr Christsein verwirklichen[3], war dem in Folge der Kirchenversammlung neu zu schaffenden kirchlichen Gesetzbuch, im Vergleich zu den früheren Legislationen, eine vollkommen neue ekklesiologische Ausgangsbasis für die rechtlichen Aussagen über die nichtkatholischen Christen, über die Gemeinschaften, denen sie angehören und damit auch über die Rechtsordnungen, denen sie, und demzufolge die von ihnen geschlossenen Ehen unterworfen sind, vorgegeben[4]. Das Recht der katholischen Kirche konnte die Gesetzgebungen anderer christlicher Kirchen und kirchlicher Gemeinschaften nicht mehr länger ignorieren. Die Forderung nach Anerkennung und in der Konsequenz im Bedarfsfall auch Anwendung der Legislationen dieser nichtkatholischen christlichen Konfessionen seitens der katholischen Kirche wurde laut.

Insbesondere wurde die ausschließliche Anwendung des kanonischen Rechtes auf konfessionsverschiedene Ehen, an denen ein Katholik beteiligt ist, sowie auf nichtkatholische christliche Ehen in Frage gestellt. Bereits 1966 unterstrich der Zivilrechtler P.H. Neuhaus:

> Nachdem das Konzil die anderen christlichen Religionsgemeinschaften als Kirchen anerkannt hat, läge die Konsequenz nahe, auch das Recht dieser Gemeinschaften als für deren Mitglieder maßgebend anzuerkennen und demgemäß zweiseitige Kollisionsnormen des interreligiösen und interkonfessionellen Eherechts zu entwickeln[5].

Der Kodex der lateinischen Kirche von 1983 befreit nun in can. 11 die nichtkatholischen Christen wohl von der Verpflichtung der rein kirchlichen Gesetze des kanonischen Rechtes, indem er denselben nur noch diejenigen unterstellt, die in der katholischen Kirche getauft oder nach der Taufe in diese aufgenommen worden sind. Er enthält aber keine Regelung der Frage,

---

[3] Vgl. LG, n.15; UR, n.3.

[4] Vgl. hierzu etwa P. KRÄMER, «Die Zugehörigkeit zur Kirche»; M. KAISER, «Die rechtliche Grundstellung der Christgläubigen»; ID., «Ökumenische Gottesdienstgemeinschaft»; H. MÜLLER, «Der ökumenische Auftrag»; W. AYMANS, «Ökumenische Aspekte»; I. RIEDEL-SPANGENBERGER, «Codex Iuris Canonici» und insbesondere H. HEINEMANN, «Ökumenische Implikationen».

[5] P.H. NEUHAUS, «Zum Verhältnis von staatlichem und religiösem Recht», 121-122. Auch wenn Neuhaus die Intention des Konzils nicht korrekt wiedergibt — besser müßte gesagt werden, daß das II. Vatikanische Konzil die verschiedenen nichtchristlichen Konfessionen als Gemeinschaften anerkannt hat, in denen sich in unterschiedlichem Maße kirchebildende Elemente finden — so kann der Inhalt seiner Forderung keinesfalls überhört werden. Vgl. auch: ID., «Zum Kollisionsrecht», 40-53 und W. WENGLER, «Grundprobleme», 483-502.

welchem Recht die nichtkatholisch Getauften, die niemals der katholischen Kirche angehörten, unterliegen, beziehungsweise, welches Recht seitens der katholischen Instanzen im Bedarfsfall auf diese anzuwenden ist[6].

Kanon 1059 überträgt das Prinzip des can. 11 für den lateinischen Rechtsambitus auf den eherechtlichen Bereich, allerdings mit der Ausnahme, daß bekenntnisverschiedene Ehen, an denen ein Katholik beteiligt ist, ausschließlich kanonischem Recht unterstehen. Ungeklärt bleibt wie etwaige Qualifikationsfragen zu beantworten sind, sooft es darum geht über Gültigkeit oder Ungültigkeit der Ehe von getauften Nichtkatholiken zu entscheiden, wenn diese eine neue Ehe mit einem katholischen Partner eingehen wollen.

Mit den Bestimmungen der cann. 11 und 1059 kommt das kirchliche Gesetzbuch den weiter oben angedeuteten Forderungen nach Anerkennung und Anwendung fremdkonfessioneller Legislationen im katholischen Ambitus nicht nur nicht entgegen, sondern gibt, vor allem im eherechtlichen Bereich, nicht geringen Rechtsunsicherheiten freien Lauf.

Eine umfassendere, jedoch in einem entscheidenden Punkt im Widerspruch zur Legislation des CIC 1983 stehende Rechtsetzung in Bezug auf die Ehen nichtkatholisch Getaufter enthält das 1990 promulgierte Gesetzbuch für die katholischen Ostkirchen (CCEO).

Es bestimmt zunächst in can. 780, abweichend von can. 1059 CIC, daß die Ehe zwischen einem katholischen und einem nichtkatholischen getauften Partner außer dem kanonischen Recht auch dem Recht der Kirche oder kirchlichen Gemeinschaft untersteht, der der nichtkatholische Partner angehört[7] und bietet sodann, anders als der CIC, in can. 781 eine Legislation für die Beurteilung der Ehen getaufter Nichtkatholiken in einem Inzidentverfahren. Die Ehen nichtkatholisch Getaufter sind, unbeschadet göttlichen Rechts, nach den Rechtsordnungen zu beurteilen, denen die Partner zum Zeitpunkt der Eheschließung unterstanden.

Die in der lateinischen Gesetzgebung offengebliebene Frage, welchem Recht nunmehr die nichtkatholisch getauften Nichtorientalen unterliegen[8],

---

[6] Aufgrund der Bestimmung von can. 1 CIC/1983 gilt die Aussage von can. 11 CIC/1983 (inkraftgetreten am 27. November 1983), der ein rein kirchliches Gesetz ist, lediglich im lateinischen Rechtskreis. Für den orientalisch-katholischen Rechtskreis gilt die gleiche Regelung aufgrund von can. 1490 CCEO/1990 (inkraftgetreten am 1. Oktober 1991).

[7] Diese im Bereich der katholischen Kirche sich findende unterschiedliche Gesetzgebung mahnt die Rechtsprechungsinstanzen zu größter Vorsicht.

[8] Für die getrennten Orientalen ist die Frage, wie noch aufgezeigt werden wird, auf gesamtkirchlicher Ebene durch die Aussage des II. Vatikanischen Konzils im Ökumenismusdekret (UR, n.16) in dem Sinne beantwortet, daß sie die Fähigkeit besitzen sich nach ihren eigenen Rechtsordnungen zu richten.

hat nicht geringe Konsequenzen für die Anwendungsmöglichkeit der cann. 780 §2 und 781 CCEO im orientalisch-katholischen Ambitus. Wenn der CIC/1983 für die bis zu seinem Inkrafttreten der kanonischen Rechtsordnung als Ganzer unterstehenden nichtkatholisch Getauften nur deren Freistellung von den Normen rein menschlichen Rechts derselben bestimmt, nicht aber die Rechtsordnung angibt, der diese nunmehr unterliegen, steht die Gerichtsbarkeit, bei Anwendung der im CCEO vorhandenen Verweisungsnorm, z.B. im Fall der Eheschließung eines abendländischen Nichtkatholiken mit einem orientalischen Katholiken, vor der Unmöglichkeit die konkrete Rechtsordnung, der der abendländische Nichtkatholik nunmehr untersteht, zu ermitteln.

Nicht wenige Autoren fordern nun, daß die die konfessionsverschiedene Ehe, an der ein Katholik beteiligt ist, sowie die die Ehen nichtkatholisch Getaufter betreffenden Normen des Ostkirchenkodex auch im lateinischen Rechtskreis Anwendung finden sollten[9].

Würde dies realisiert, wären einheitliche die bekenntnisverschiedenen Ehen betreffende Normen für beide Rechtskreise der katholischen Kirche geschaffen und die Gesetzeslücke in Bezug auf die Judikatur der Ehen nichtkatholisch Getaufter in groben Zügen geschlossen. Wie sich im Verlauf dieser Studie noch zeigen wird, wären damit allerdings bei weitem nicht alle im Hinblick auf konfessionelle Mischverhältnisse bestehenden interkonfessionellen Fragen gelöst.

Die vorliegende Arbeit hat sich zum Ziel gesetzt, die Frage der Gesetzesunterworfenheit der Ehen nichtkatholisch Getaufter auf historischer, theologischer und kanonistischer Grundlage zu untersuchen. Sie gliedert sich in drei Teile:

In einem *ersten Teil* werden die historischen, theologischen und kirchenrechtlichen Grundlagen der Lehre von der Sakramentalität der Ehe, von der Untrennbarkeit von Ehevertrag und Sakrament, sowie von der eigenberechtigten und ausschließlichen Gewalt der Kirche Jesu Christi über die Ehe der Getauften behandelt. Untereinander stehen diese drei Unterpunkte in der Weise in Verbindung, daß, die Sakramentalität der Ehe zwischen Getauften vorausgesetzt, ein Titel unter dem die Kirche eine eigenberechtigte und ausschließliche Zuständigkeit über die Ehe beansprucht die Untrennbarkeit von Vertrag und Sakrament bei der von Getauften geschlossenen Ehe ist. Auf dem Hintergrund der ekklesiologischen Aussagen des II. Vatikanischen Konzils wird sodann die Kirche Jesu Christi, welcher die *Potestas propria et*

---

[9] Beispielhaft seien nur B. Primetshofer und J. Prader genannt, deren Abhandlungen in der vorliegenden Studie noch hinreichende Würdigung finden werden.

exclusiva über die christliche Ehe zukommt, näher bestimmt, und die Kriterien der Zugehörigkeit zu derselben benannt.

Der *zweite Teil* setzt sich ausführlich mit der im kirchlichen Gesetzbuch von 1983 bestehenden Gesetzeslücke im Hinblick auf die rein kirchlichen Gesetze, denen die nichtkatholisch Getauften und somit die von ihnen geschlossenen Ehen unterworfen sind, auseinander und versucht, von der theologischen Basis des ersten Hauptteils ausgehend Lösungen hinsichtlich der Gesetzesunterworfenheit der Ehen getaufter Nichtkatholiken aufzuzeigen.

Im *dritten Teil* schließlich wird auf der Basis der Ergebnisse der beiden ersten Hauptteile die Forderung nach einem katholischen interkonfessionellen Eherecht erhoben, dasselbe definiert und bislang bestehende Normen desselben, vor allem die bahnbrechenden cann. 780/781 CCEO vorgestellt.

ERSTER TEIL

DIE EHE BETREFFENDE HISTORISCHE, THEOLOGISCHE, EKKLESIOLOGISCHE UND RECHTLICHE GRUNDFRAGEN

I. KAPITEL

Die Ehe zwischen Getauften — Sakrament und Vertrag

1. **Die Ehe zwischen Getauften ist Sakrament**

1.1 *Biblischer Befund*

Die Heilige Schrift bietet eine Fülle von Aussagen über die Ehe, die Gemeinschaft, in der Mann und Frau nach dem Willen Gottes verbunden sind.

In den Texten des *Alten Testamentes* wird ihr eine kaum mehr zu überbietende Würde und Heiligkeit zugesprochen, indem diese in der Schöpfungsordnung grundgelegte Beziehung von Mann und Frau[1] zum Zeichen der zwischen Gott und Mensch herrschenden Beziehung wird. So wie Mann und Frau aufeinander hingeordnet sind, ist der Mensch, das Abbild Gottes, seinem Wesen nach auf die Beziehung zu Gott hin angelegt[2]. Gerade in den prophetischen Büchern werden die gegenseitige Annahme und das Aufeinanderbezogensein der Geschlechter zum Bild und Gleichnis des Bundes Gottes mit den Menschen. In plastischer Sprache wird Gottes ewiger Liebesbund mit Israel thematisiert[3]. Angesichts dieser eindrucksvollen Texte

---

[1] Vgl. hierzu das in Gen 2, 18; 22-24 in mythischer Sprechweise zum Ausdruck gebrachte Verhältnis von Mann und Frau.

[2] Vgl. Gen 1, 27: «So schuf Gott den Menschen nach seinem Bilde; nach Gottes Bild schuf er ihn; männlich und weiblich schuf er sie».

[3] Vgl. Hos 1; 3; Jer 2; 3; 31; Ez 16; 23; Jes 54; 62. Dieser der Ehe im Alten Testament immer wieder zugesprochenen schöpfungs- und heilsgeschichtlichen Zeichenhaftigkeit würde es zutiefst widersprechen, wenn ihr nicht das Konzept einer lebenslangen Partnerschaft in Liebe und Treue zwischen Mann und Frau zugrundeliegen würde. War, besonders seit dem babylonischen Exil, die Ehe in Israel auch polygam (polygyn), so scheint doch die prophetische Darstellung des Verhältnisses Jahwes zu Israel unter dem Bild einer Ehe die Höherbewertung der monogamen Ehe vorauszusetzen (Hos 2,18-25; Jer 3,7ff.; Jes 50,1). Seit der Weisheitsliteratur wird im wesentlichen von der Einehe gesprochen (Spr 5,18ff.; 2,4; 31,10ff.; Sir 26,1ff., 16ff; Mal 2,14ff.). Zur Zeit Jesu war diese monogame Auffassung wohl die Regel in Israel. Dennoch bestand für den Mann das Recht, den Scheidebrief für seine Frau zu

versteht man die Aussage von W. Kasper: «Die Ehe ist gleichsam die Grammatik, mit deren Hilfe Gottes Liebe und Treue zur Sprache kommt»[4].

Wenn auch das *Neue Testament* keine umfassende Ehetheologie bietet, so werden doch im Zusammenhang mit der Behandlung verschiedener die Ehe betreffender Einzelfragen die Grundsätze des christlichen Eheverständnisses sichtbar.

Die Ehe, Abbild des Bundes Gottes mit seinem Volk und Zeichen der in der Schöpfung grundgelegten heilenden, liebenden und unauflöslichen Zuwendung Gottes zum Menschen, ist um dieser ihrer hohen Würde gerecht werden zu können, so zu gestalten, wie es dem Schöpfungsplan Gottes entspricht, nämlich als lebenslange Partnerschaft in Liebe und Treue zwischen Mann und Frau. Das ist der Kern der Verkündigung Jesu über die Ehe[5].

Im christologischen Bekenntnis der frühen Gemeinden wird immer wieder betont, daß in der Person Jesu Christi die Herrschaft Gottes in dieser Welt angebrochen ist. In diesem Zusammenhang wird auch der christologische Bezug der Ehe zur Geltung gebracht. Ein Hinweis findet sich im ersten Korintherbrief, wo Paulus mahnt die Ehe im Herrn einzugehen (7,39). Die Ehe ist hineingenommen in das durch die Taufe begründete neue Sein «in Christus» und ist von daher zu gestalten. Nicht zuletzt deshalb kommen Ehe und Familie auch in den neutestamentlichen Haustafeln[6], den Ermahnungsreihen, in denen der Ehefrau, wie dem Ehemann, den Kindern, wie den Vätern, den Sklaven wie den Herren jene Pflichten eingeschärft werden, die ihrem häuslichen Stande entsprechen, immer wieder als Ort besonderer christlicher Bewährung vor. Das praktische Verhalten von Mann und Frau soll sich orientieren an dem Gehorsam, der Liebe, Treue und Hingabe, die zwischen Christus und der Kirche herrscht. Die Ehe wird sozusagen zum christlichen Ernstfall, in dem sich das «Gesinntsein wie Christus Jesus» (Phil 2,5) durch Liebe, Treue, Gehorsam, Dienst in besonderer Weise aktualisiert.

Die für die christliche Ehelehre bedeutsamste Haustafel findet sich in Eph 5, 21-33. Diese Verse stellen, indem sie in aller Deutlichkeit den heilsge-

---

schreiben (Deut 24,1), was weiterhin eine wenigstens sukzessive Polygamie ermöglichte.

[4] W. KASPER, *Zur Theologie der christlichen Ehe*, 36; vgl. auch JOHANNES PAUL II., *Familiaris Consortio*, n.12.

[5] Vgl. hierzu Mk 10, 2-12 und Mt 19, 3-12.

[6] Solche christlichen Haustafeln finden sich z.B. in Kol 3,18-4,1; Eph 5,21-6,9; 1 Tim 2,8-15 und 6,1-2; Tit 2,1-10 und 1 Petr 2,13-3,7. Hierzu näherhin: H. BALTENSWEILER, *Die Ehe im Neuen Testament*, 213-217 und H. SCHLIER, *Der Brief an die Epheser*, 250-251.

schichtlichen Stellenwert der Ehe aufzeigen[7] wohl die wichtigste Offenbarungsgrundlage für die Theologie des Ehesakramentes dar und verdienen von daher eine intensivere Betrachtung.

Die Perikope hat paränetischen Charakter. Sie fordert, wie andere Haustafeln auch, den Gehorsam der Frau gegenüber ihrem Mann, die Fürsorge des Mannes für seine Frau und vor allem die gegenseitige Liebe. Neu ist jedoch im Epheserbrief die Begründung bzw. die Motivierung der Ermahnungen. Die einfache, fast stereotype Formulierung «im Herrn leben» oder «leben, als gelte es dem Herrn» ist in Eph 5, 22 wie öfter in der paulinischen Literatur auch vorhanden. Dann aber wird diese Kurzformel vertieft und in den theologischen Tenor des ganzen Epheserbriefes eingeordnet, in das liebende und heilende Verhalten Christi zu seiner Kirche:

«Das ist ein großes Geheimnis; ich beziehe es auf Christus und die Kirche» (Eph 5, 32)[8].

H. Schlier kommentiert vorgenannten Vers in treffender Weise:

Nicht V. 32 ist die Belegstelle für das sakramentale Verständnis der Ehe, wohl aber erweisen die gesamten Ausführungen der Verse 21-33 prinzipiell die Möglichkeit, ja Notwendigkeit, die Ehe als ein Sakrament im späteren Sinne zu verstehen. Denn dort wird, was keine Auslegung bestreiten kann, das eheliche Verhältnis und der Vollzug der Ehe mit dem Verhältnis und dem Verhalten Christi zur Kirche nicht nur verglichen, sondern es wird erklärt, daß dieses jenes vorbilde und also in jenem nachzuvollziehen sei. Das Vorbild Christi ist nicht nur Beispiel, das im Ab-bild der irdischen Ehe befolgt wird, sondern dieses Abbild die irdische Ehe und ihr Vollzug, wird durch dieses Vorbild Christi auch in seinem Wesen konstituiert. Das Abbild, die irdische Ehe, empfängt und übernimmt und stellt dar das Vorbild, das Verhältnis Christi zur Kirche. In der irdischen Ehe wird das Verhältnis Christi zur Kirche wesentlich verwahrt [...] In dem angedeuteten Verhältnis der irdischen Ehe zur Ver-

---

[7] Dieser Meinung ist die Mehrzahl der Exegeten. Beispielhaft seien angeführt: H. BALTENSWEILER, *Die Ehe im Neuen Testament*, 218 und 260; R. SCHNACKENBURG, «Die Ehe nach dem Neuen Testament», 28-31; H. SCHLIER, *Der Brief an die Epheser*, 276-280; G.N. VOLLEBREGT, *Die Ehe im Zeugnis der Bibel*, 97-100.

[8] Daß nicht der Ausdruck *mysterion*, der im lateinischen mit *sacramentum* wiedergegeben wird, der *locus probans* für die Sakramentalität der Ehe ist, haben namhafte katholische Theologen vor allem in diesem und im letzten Jahrhundert immer wieder unterstrichen. Und lange zuvor hatte sich schon das Konzil von Trient diesbezüglich in der 24. Session sehr vorsichtig ausgedrückt: «Der heilige Apostel Paulus *deutet* das mit den Worten *an* (innuit): Ihr Männer, liebt eure Frauen, wie Christus die Kirche liebte und sich selbst für sie hingab (Eph 5,25). Und dann fügte er bei: Das ist ein großes Geheimnis, ich meine in Christus und in seiner Kirche (Eph 5, 32)» (*DS* 1799; *NR* 733).

bindung Christi mit der Kirche unterscheidet sich die Ehe von allen anderen menschlichen Beziehungen [...]⁹

Zusammenfassend kann daher gesagt werden, daß, wenn die biblischen Texte auch nicht «expressis verbis» die Sakramentalität der Ehe unterstreichen, sie dieselbe im Gesamtkontext der Heilsgeschichte betrachtet doch mehr als nahelegen.

1.2 *Die Kirchenväter*

In den Väterschriften findet sich die Überlegung, daß Christus der Herr der christlichen Ehe eine Würde verliehen hat, welche diese Verbindung zuvor niemals besaß, daß er sie geheiligt und mit einem besonderen Segen verknüpft hat und daß kraft dieses Segens und ihrer geheiligten Symbolik die Ehe den Gatten eine Gnadengabe schenkt. Selbst das Wort *sacramentum* wird bereits auf die Ehe bezogen verwendet[10]. Da und dort stößt man auch

---

[9] H. SCHLIER, *Der Brief an die Epheser*, 263, Anm. 1.
[10] IGNATIUS VON ANTIOCHIEN (✝117) fordert unter Berufung auf Eph 5, 25ff. die Eheschließung müsse dem Bischof bekannt sein: «Es ziemt sich, daß Braut und Bräutigam mit Wissen des Bischofs die Ehe schließen, damit die Heirat gemäß dem Herrn und nicht aus Leidenschaft geschehe» (*Ad Polycarpum* 5, 2, in PG 5, 723-724 und in SC 10, 176). TERTULLIAN (✝224) unterstreicht, daß der himmlische Vater die Ehen der Gläubigen schütze und mit seiner heilbringenden Gnade umgebe. «Cur non prospere cedat, ut et a presuris et angustiis et impedimentis et inquinamentis non ita lacessatur, iam habens ex parte divinae gratiae patrocinium?» (*Ad uxorem*, 2, 7, in PL 1, 1299 und in SC 273, 142). ORIGENES (✝254) lehrt, daß die Ehe, weil sie von Gott eingesetzt und geheiligt ist, als ein Gottesgeschenk zu betrachten sei und folglich von seiner Gnade umgeben werde, die sich in einer harmonischen Gemeinschaft auswirken müsse. Er schreibt: «Und Gott ist es, der die beiden zu einem zusammengefügt hat, damit sie nicht mehr zwei sind, dort, wo die Frau dem Mann von Gott angepaßt wird. Und weil Gott sie zusammengab, deswegen leben die von Gott Zusammengegebenen in einer Gnadengabe. Im Wissen darum meint Paulus gleich wie ein keusches Leben, ohne verheiratet zu sein, eine Gnadengabe sei, so sei auch eine nach dem Wort Gottes geführte Ehe eine Gnadengabe» (*In Matthaeum commentarii*, 14, 16, in PG 13, 1229-1230 und in GCS 40, 323-324). AMBROSIUS (✝397) betont, daß die Ehe durch Christus geheiligt ist (*Ep. 43, 3,* in PL 16, 1124), daß sie durch den Beistand und Segen des Priesters geheiligt werde (*Ep. 19, ad Vigilium*, in PL 16, 985) und erinnert die verheirateten Christen daran, daß die Untreue der Ehegatten nicht nur das Gesetz Gottes verletzt, sondern seine Gnade verlieren läßt (*De Abraham*, 1, 7, in PL 14, 442). JOHANNES CHRYSOSTOMOS (✝407) unterstreicht den Charakter der Ehe als Mysterium, der bereits an der Stelle der Heiligen Schrift zu Tage trete, die aussagt, daß der Mann Vater und Mutter verläßt und sich an seine Frau bindet und die beiden ein Fleisch werden (*Ep. ad Eph. hom.*, 20, 4, in PG 62, 139 ff.), vor allem aber da wo es heißt, daß Mann und Frau die Verbindung zwischen Kirche und Christus darstellen und versinnbildlichen (*Ep. ad Col. hom.*, 5, in PG 62, 387). Die patristische Ehelehre erreichte ihren Höhepunkt in der Ehelehre

auf die Aussage, daß die Ehe bzw. die Eheleute durch die Taufe geheiligt sind[11]. Als Bestätigung für die Heiligung und Weihe der Ehe durch den Herrn werden die Präsenz Jesu bei der Hochzeit zu Kana oder die neutestamentliche Sicht der Ehe als Abbild der gnadenvollen Verbindung Christi mit seiner Kirche angeführt[12].

---

des AUGUSTINUS (✝430), welcher sich in Bezug auf die christliche Ehe des Begriffes Sakrament in einem zweifachen Sinne bediente:
Zunächst bezeichnet das Wort (vgl. Mk 10, 2-12; Mt 19, 3-12) die von Christus gewollte Unauflöslichkeit der ehelichen Gemeinschaft, welche zwischen Christen geschlossen wird (*sacramentum vinculum*) (vgl. *De nuptiis et concupiscentia*, 1, 10-11, in PL 44, 420). Sodann ist Sakrament zu verstehen als geheiligtes Zeichen, das auf eine übernatürliche Wirklichkeit hinweist (*sacramentum signum*). Auf die Ehe bezogen: Die unauflösliche Ehe weist hin auf die Vereinigung zwischen Christus und seiner Kirche. Dieses heilige Zeichen wurde von Gott im Paradies, bei Erschaffung des Menschen eingesetzt und formal als solches von Christus bei der Hochzeit zu Kana enthüllt (*In Ioannem tr.*, 9,2, in PL 35, 1459 und in CCSL 36, 91).

[11] So z.B. TERTULLIAN, *Ad uxorem* 2,2, in PL 1, 1290-92 und in SC 30, 124-132 und CLEMENS VON ALEXANDRIEN (✝ um 216), *Stromata* IV, 20, 126, 1, in PG 8, 1337-1338 und in GCS 52 (15), 304: «Sanctificatur itaque etiam, quod "per logon" seu "verbum" perficitur matrimonium, si coniugium se Deo submittat, et cum vero corde administretur in fidei certitudine, sanctificatorum corde a mala conscientia, et ablutorum corpus aqua munda, et habentium confessionem fidei. Fidelis enim est, qui promisit».

[12] Vgl. EPIPHANIOS (✝ 403), *Adversus haereses Panarium* 51, 30, in PG 41, 941: «Etenim in Cana Galilaeae externae sunt celebratae nuptiae, ubi in vinum aqua est revera conversa. Quare duabus mihi de causis videtur invitatus esse Christus. Primum ut aquae similem, ac diffluentem furiosorum hominum in mundo libidinem nuptiarum castimonia et honestate constringeret: tum ut quod deerat emendaret, ac iucundissimi vini suavitate mulceret et gratia»; CYRILL VON ALEXANDRIEN (✝ 444), *In Ioannem* 2,2, in PG 73, 223: «Una cum discipulis suis invitatus venit, non tam epulaturus quam ut miraculum faceret, ac praeterea generationis humanae principium sanctificaret, quod ad carnem nimirum attinet. Conveniebat enim ut qui naturam ipsam hominis renovaturus ac totam in meliorem statum revocaturus erat, non solum iis qui iam in ortum vocati erant benedictionem impertiretur, sed et iis quoque qui postea nascituri essent gratiam praestrueret et eorum ortum sanctum efficeret»; MAXIMUS VON TURIN (✝ 420), *Homilia 23*, in PL 57, 274 «Vadit ergo ad nuptias Dei Filius ut quasdudum potestate constituit, tunc praesentiae suae benedictione sanctificet»; AMBROSIUS, *In Lucam* 4, 66, in PL 15, 1632; in CCSL 14, 130; in SC 45, 178: «Nec quisquam putet incongruum esse, si Adam atque Eva in typo animae et corporis aestimentur, cum in typo ecclesiae aestimentur et Christi. Nam cum duo esse in una carne apostolus diceret, adiecit: sacramentum inquit hoc magnum est, ego autem dico in Christo et in Ecclesia. In quo ergo superni dei, in eo multo magis animi nostri potest esse mysterium» und *In Lucam* 6, 38, in PL 15, 1678; in CCSL 14, 188; in SC 45, 242: «Nec putet aliquis offendiculum esse pietatis ubi mandatum legis impletur; si enim relinquet homo patrem et matrem et adhaerebit uxori suae et erunt duo in carne una, recte sacramentum hoc in Christo servatur et in Ecclesia»; vgl. auch: *In Lucam* 4, 10 in PL 15, 1615 und in SC 45, 154-155 und *Ep. 43*, 3, in

Auch wenn die Väterschriften das Faktum der göttlichen Einrichtung der Ehe und ihrer Heiligung durch Christus unterstreichen, darf man nicht erwarten in ihnen auf ausführliche Traktate über die Sakramentalität der Ehe zu stoßen. Sie waren eher besorgt die Probleme des Ehelebens unter praktisch-pastoralem Profil zu lösen. Eines der Hauptanliegen der Seelsorge dieser Epoche war die Betonung der Einheit, Heiligkeit und Unauflöslichkeit der Ehe und in diesem Zusammenhang nicht zuletzt auch immer wieder die eindringliche Mahnung zur kirchlichen Einsegnung derselben. Dennoch kann mit Fug und Recht behauptet werden, daß die wichtigsten Elemente, die später die Definition der Ehe als Sakrament ausmachen sollten, bis hin zum Gedanken der Gnadenwirkung der Ehe, sich bereits in den Schriften der Väter finden[13].

1.3 Die mittelalterlichen Theologen und Konzilien

Während die Kirche im ersten Jahrtausend im wesentlichen den Ehebund betreffende ethisch-moralische Bestimmungen entfaltete, sollte die Entwicklung einer ausdrücklichen Theologie der Ehe und vor allem die Erörterung der Lehre über ihre Sakramentalität dem Mittelalter überlassen bleiben.

Entscheidenden Einfluß auf das mittelalterliche Eheverständnis übte die Anwendung des scholastischen Sakramentenbegriffs auf die Ehe aus.

Von dem von Augustinus stammenden Begriff des Sakramentes als geheiligtes Zeichen (*sacramentum signum*) ausgehend, wurden in der ersten Hälfte des 12. Jahrhunderts die Sakramente als geheiligte Symbole, die

---

PL 16, 1124; LEO DER GROSSE (✝ 461), *Ad Rusticum* 167, 4, in PL 54, 1204: «Cum societas nuptiarum ita ab initis constituta sit, ut praeter sexuum coniunctionem haberet in se Christi et ecclesiae sacramentum, dubium non est eam mulierem non pertinere ad matrimonium in qua docetur nuptiale non fuisse mysterium»; AUGUSTINUS, *In Ioannem* 9, 2, in PL 35, 1458 «Dominus invitatus venit ad nuptias, etiam excepta mystica significatione, confirmare voluit quod ipse fecit nuptias» und 1459 «Per hoc ergo Dominus invitatus venit ad nuptias, ut coniugalis castitas firmaretur et ostenderetur sacramentum nuptiarum: quia et illarum nuptiarum sponsus personam Domini figurabat, cui dictum est: Servasti vinum bonum usque adhuc». Vgl. auch: JOHANNES CHRYSOSTOMOS, *De virginitate* 19-75, in PG 48, 547-598 und in SC 125, 156-356; *Hom. in Matthaeum* 17, in PG 57, 255-266; 30, in PG 57, 366; *Hom. in Epistula ad Coloss.* 12,6, in PG 62, 388f.; *Hom. in Epistula ad Eph.* 20, 1, in PG 62, 135f. u.a.

[13] Vgl. hierzu: F. SALERNO, «La dignità sacramentale del matrimonio», 16-21 und G.H. JOYCE, *Die christliche Ehe*, 155: «Man wird, glauben wir, zugeben, daß die urchristliche Überlieferung den Kirchenlehrern des Mittelalters allen Grund gab, die Ehe für ein Sakrament zu halten, auch abgesehen von allen Schlüssen aus den Worten *Sacramentum hoc magnum est*».

gleichzeitig Gnade enthalten und vermitteln, definiert[14]. Die Aufnahme der Ehe in den in der ersten Hälfte des 12. Jahrhunderts sich herausbildenden Katalog der 7 Sakramente, die von den Sakramenten im weiteren Sinne und von den Sakramentalien unterschieden wurden, war keineswegs selbstverständlich. Denn es war zunächst weder offenkundig, worin näherhin die geheiligte Symbolik der Ehe bestand, noch war man sich im klaren darüber, ob die Ehe bloßes Zeichen einer unsichtbaren Wirklichkeit, die durch dieses Zeichen versinnbildet wird (*signum figurativum*) oder ein Gnade und Heil vermittelndes Zeichen (*signum efficax gratiae*) sei[15]. Dennoch kann davon

---

[14] «Sacramentum est visibilis forma invisibilis gratiae in eo collatae, quam scilicet confert ipsum sacramentum. Non est enim solummodo sacrae rei signum sed etiam efficacia. Et hoc est quod distat inter signum et sacramentum. Quia ad hoc ut sit signum, non aliud exigit nisi ut illud significet cuius perhibetur signum non ut conferat. Sacramentum vero non solum significat sed etiam confert illud cuius est signum vel significatio. Iterum hoc interest: quia signum potest esse pro sola significatione quamvis careat similitudine [...] sed sacramentum non solum ex institutione significat sed etiam ex similitudine repraesentat» (HUGO VON ST. VIKTOR [1096-1141], *Summa Sententiarum* 4,1, in PL 176, 117 ff.). «In sacramento autem non solo significatio est, sed etam efficacia; ut videlicet simul ex institutione significet, et ex similitudine repraesentet et conferat ex sanctificatione» (HUGO VON ST. VIKTOR, *Dialogus de sacramentis legis naturalis et scriptae,* in PL 176, 35). «Sacramentum eius rei similitudinem gerit, cuius signum est. Si enim sacramenta non haberent similitudinem rerum quarum sacramenta sunt, proprie sacramenta non dicerentur. Sacramentum enim proprie dicitur quod ita signum est gratiae Dei et invisibilis gratiae forma, ut ipsius imaginem gerat et causa existat. Non igitur significandi tantum gratia sacramenta instituta sunt, sed etiam sanctificandi» (PETRUS LOMBARDUS [1095-1160], *Sent.* IV, Dist. I, c. 4, in PL 192, 839 und in ed. Quaracchi, Bd. II, 1981, 233).

[15] Im Gegensatz zu z.B. HUGO VON ST. VIKTOR (1096-1141), welcher die Ehe als Gnade und Heil vermittelndes Zeichen ansah (vgl. *De sacramentis* 2, 11, 13, in PL 176, 505 und *De sacramentis* 2, 11, 8, in PL 176, 496), sprachen ABAELARD (1080-1143, in *Epitome Theologiae Christianae*, 28, in PL 178, 1738-1739 und in *Epitome Theologiae Christianae*, 31, in PL 178, 1745), PETRUS LOMBARDUS (1095-1160, in *Sent.* IV, Dist. 2, 1, in PL 192, 841-842 und ed. Quaracchi, II, 1981, 239-240), PETRUS KANTOR (✝1197, in *Verbum Abbreviatum*, c. 37, in PL 205, 126), sowie die BOLOGNESER KANONISTEN der Ehe die Gnadenwirkung ab. Letztere waren z.B. der Auffassung, daß durch die Ehe keine Gnade vermittelt werden könne, da beim Ehevertrag finanzielle oder entsprechende wirtschaftliche Transaktionen zwischen den beteiligten Familien erfolgten und das Sakrament dann ja durch Simonie zustandekomme.

ALBERTUS MAGNUS (1200-1280) zählte drei verschiedene Meinungen auf, denen zufolge die Ehe, welche er zweifelsohne unter die Sakramente einordnet, 1. Gnade nur bezeichne, aber nicht enthalte, bzw. 2. Gnade nur schenke um vor Sünde zu bewahren, nicht aber um Gutes zu bewirken, bzw. 3. eine spezifische Standesgnade verleihe, die den Gatten zur Erfüllung der gemeinsamen Aufgaben notwendig ist. Er entschied sich nicht eindeutig für eine dieser Auffassungen, hielt letztere aber für sehr wahrscheinlich (*In IVum Sent.*, Dist. 26, a. 14, ed. Borgnet, Bd. 30, Paris 1894, 120 f.).

ausgegangen werden, daß vom letzten Viertel des 13. Jahrhunderts an wohl alle theologischen Schulen sich darin einig waren, daß die Ehe ein Sakrament im vollsten Sinne des Wortes, d.h. auch Gnade bewirkend ist[16].

Das kirchliche Lehramt zählt zum ersten Mal auf dem II. Laterankonzil (1139) die Ehe zu den Sakramenten[17]. In der Folge reihen das Konzil zu Verona (1184)[18], Papst Innozenz III. in seinem Brief an Bischof Hugo von Ferrara (1199)[19] und im Glaubensbekenntnis für die Waldenser (1208)[20] wie auch das 2. Konzil von Lyon (1274) im Glaubensbekenntnis, das der griechische Kaiser Michael Palaiologos ablegte, die Ehe unter die 7 Sakramente ein[21].

Im Dekret *Pro Armenis* des Konzils von Florenz (1439) wird die Ehe zu den sieben Sakramenten des Neuen Bundes gezählt und klar gelehrt, daß diese Gnade enthalten und den sie fromm Empfangenden vermitteln[22].

THOMAS VON AQUIN (1225-1274) schließlich läßt keinen Zweifel daran, daß die Ehe allen theologischen Anforderungen an ein Sakrament gerecht wird und vertritt die Auffassung, daß das Ehesakrament eine spezifische Standesgnade verleihe, die den Gatten zur Erfüllung der gemeinsamen Aufgaben notwendig ist, weil Gott, wo immer er eine Fähigkeit gibt, auch die Gnade zum rechten Gebrauch nicht versage, und weil die Ehe zu den sieben Sakramenten gehöre, von denen zu glauben ist (*credendum est*), daß sie eine Heilswirksamkeit besitzen (vgl. *In IV Sent.*, Dist. 26, q.2, a. 2 und 3; *Contra Gent.*, IV, c. 78; *STh* 1a, 2ae, q. 108, a. 2; 2a, 2ae, q. 100, a. 2 ad 6; 3a, q. 62, a. 1; 3a, q. 65, a. 1). Gleicher Meinung waren PETRUS VON TARANTAISE (INNOZENZ V. [✝1276], *In IVum Sent.*, Dist. 26, q. 3, a. 1 und 2), RICHARD VON MEDIAVILLA (1249-1302/08, *In IVum Sent.*, Dist. 26, q. 3, a. 2 resp.), JOHANNES DUNS SCOTUS (1265-1308, *In IVum Sent.*, *Rep. Par.*, Dist. 26, q. un., n. 12 und 13 und *In IVum Sent.*, *Rep. Par.*, Dist. 26, q. un., n. 17).

[16] Vgl. hierzu J. FREISEN, *Geschichte des Kanonischen Eherechts*, 31 ff.; D. VAN DEN EYNDE, *Les définitions des sacremente*, 28; 44-45; 92-93; 107-108.

[17] *DS* 718: «Eos autem, qui religiositatis speciem simulantes, Domini corporis et sanguinis sacramentum, baptisma puerorum, sacerdotium et ceteros ecclesiasticos ordines et legitimarum damnant foedera nuptiarum, tamquam haereticos ab ecclesia Dei pellimus et damnamus et per potestates exteras coerceri praecipimus. Defensores quoque ipsorum eiusdem damnationis vinculo innodamus» (can. 23).

[18] Im Dekret *Ad abolendam* dieses Konzils findet sich folgende Aussage: «Omnes [...] qui de sacramento corporis et sanguinis Domini nostri Iesu Christi vel de baptismate seu de peccatorum confessione, matrimonio vel reliquis ecclesiasticis sacramentis aliter sentire aut docere non metuunt, quam sacrosancta Romana Ecclesia praedicat et observat [...] pari vinculo perpetui anathematis innodamus» (*DS* 761).

[19] Vgl. *DS* 769.

[20] Vgl. *DS* 793 und 794.

[21] Vgl. *DS* 860.

[22] *DS* 1310/*NR* 501; *DS* 1327/*NR* 730.

1.4 *Das Konzil von Trient*

Das Trienter Konzil (1545-1563) befaßte sich mit der Ehe bereits in der ersten Sitzungsperiode (1545-1548). In seiner VII. Sessio (3. März 1547), den Sakramenten im allgemeinen gewidmet, erklärte es, daß die Ehe wahrhaft und eigentlich eines der 7 Sakramente des Neuen Bundes sei, eingesetzt von unserem Herrn Jesus Christus[23] und desweiteren, daß die Sakramente Gnade enthalten[24] und sie *ex opere operato* denen übertragen, die kein Hindernis entgegensetzen[25]. Die eigentliche Diskussion über die Ehe aber fand in der XXIV. Sessio im letzten Jahr des Konzils 1563 statt. Die dogmatische Einleitung (*doctrina*) des Ehetraktates stellt, gestützt auf Schriftzitate, die Lehre von der Sakramentalität der Ehe mit folgenden Worten heraus:

> Die Gnade aber, die jene natürliche Liebe vollenden, die unlösliche Einheit festigen, die Ehegatten heiligen soll, hat uns Christus, der Stifter und Vollender der ehrwürdigen Sakramente, durch sein Leiden verdient. Der heilige Apostel Paulus deutet das mit den Worten an: "Ihr Männer, liebt eure Frauen, wie Christus die Kirche liebte und sich selbst für sie hingab" (Eph 5, 25). Und dann fügte er bei: "Das ist ein großes Geheimnis, ich meine in Christus und in seiner Kirche" (Eph 5, 32).
> Da nun die Ehe im Gesetz des Evangeliums durch Christus aufgrund der Gnade einen Vorrang hat vor den ehelichen Verbindungen der früheren Zeit, so lehrten unsere heiligen Väter, die Kirchenversammlungen und die gesamte kirchliche Überlieferung stets mit Recht, daß sie zu den Sakramenten des Neuen Bundes zu zählen ist[26].

In aller Form schließlich wird die Lehre von der Sakramentalität der Ehe im ersten der dogmatischen Kanones gegen die Irrtümer der Reformatoren ausgesprochen:

> Wer sagt, die Ehe sei nicht wahrhaft und eigentlich eines der sieben Sakramente des evangelischen Gesetzes, das von Christus dem Herrn eingesetzt wurde,

---

[23] *DS* 1601/*NR* 506.

[24] *DS* 1606/*NR* 511.

[25] *DS* 1608/*NR* 513.

[26] *DS* 1799-1800/*NR* 733-734. Dieser Text stellt die Überarbeitung eines ersten Entwurfes dar, der von den Konzilsvätern verworfen worden war, weil er allzusehr den Eindruck erweckte, daß Eph 5, 25-32 ausdrücklich die Sakramentalität der christlichen Ehe aufzeige. Man war sich im klaren darüber, daß die Perikope in Eph 5 die Sakramentalität der Ehe nicht direkt lehre, und darum auch nicht als Beweis im theologischen Sinne zu gelten habe. Die Bedeutung von *innuit* = deutet an, legt nahe, darf daher nicht überschätzt werden.

sondern es sei von Menschen in der Kirche erfunden worden und teile keine Gnade mit, der sei ausgeschlossen (Kanon 1)[27].

Nach der feierlichen Definition von Trient konnte es für den katholischen Theologen keinen Zweifel mehr geben: die Ehe ist Sakrament im eigentlichen und wahrhaftigen Sinne, gleich den anderen sechs.

1.5 Wichtige nachtridentinische lehramtliche Verlautbarungen zur Sakramentalität der Ehe

Immer wieder hat sich das Lehramt der Kirche nach Trient bekräftigend zur Frage der Sakramentalität der christlichen Ehe geäußert. Im folgenden seien nur einige wenige Verlautbarungen der vergangenen hundert Jahre angeführt.

An erster Stelle ist die Enzyklika *Arcanum* Papst Leos XIII. von 1880 zu nennen[28], welche ebenso wie der *Codex Iuris Canonici* von 1917[29] und die Enzyklika *Casti connubii* Papst Pius' XI.[30] von 1930 die Erhebung der christlichen Ehe zur Würde eines Sakramentes zum Ausdruck bringt.

Desgleichen finden sich in den Texten des II. Vatikanischen Konzils (1962-1965) immer wieder Hinweise auf die Sakramentalität der Ehe der Getauften[31].

Im Jahre 1968 stellt Papst Paul VI. in seiner Enzyklika *Humanae vitae* heraus: «Für die getauften Christen hat die Ehe die Würde eines sakramentalen Gnadenzeichens, insofern sie die Einheit Christi mit seiner Kirche darstellt»[32].

Im Anschluß an die Ehelehre des II. Vatikanischen Konzils hat die Bischofssynode 1980 in ihren Propositiones eine Vertiefung der Ehetheologie geboten. Die wesentlichen Gedankengänge der Synode sind in das Apostolische Schreiben *Familiaris consortio* Papst Johannes Pauls II. vom 21. November 1981 eingeflossen, in welchem sich der oberste Hirte auch zur Frage der Sakramentalität der christlichen Ehe äußert[33].

Die Gesetzbücher der katholischen Kirche CIC und CCEO bringen in can. 1055 §1 (lateinisches Gesetzbuch CIC) bzw. can. 776 (Gesetzbuch für

---

[27] *DS* 1801/*NR* 735.
[28] *DS* 3142/*NR* 747.
[29] Can. 1012 §1 CIC/1917; vgl. ss. 32-33, Anm. 66.
[30] *DS* 3710, 3713 und 3714/*NR* 756, 758, 759 und 760.
[31] LG 11; LG 35; SC 77; GS 48; GS 49; AA 11; vgl. s. 33, Anm. 70.
[32] PAUL VI., *Humanae vitae*, n. 8.
[33] JOHANNES PAUL II., *Familiaris consortio*, n.13; vgl. in dieser Studie s. 34, Anm. 73.

die orientalischen Kirchen CCEO) das Dogma von der Sakramentalität der Ehe klar zum Ausdruck[34].

Der Katechismus der Katholischen Kirche von 1992 unterstreicht gleich zu Beginn des Traktates über die Ehe mit den Worten des can. 1055 §1 des CIC die Lehre von der Sakramentalität derselben[35].

2. Der Ehevertrag als Konstitutivelement des Ehesakramentes — Die Untrennbarkeit von Ehevertrag und Sakrament[36]

2.1 *Die neutestamentliche Zeit*

Obwohl die Ehe für die Kirche ein von Anfang an in theologischer wie ethischer Hinsicht relevanter Lebensstand war, heirateten die Christen in neutestamentlicher Zeit weitgehend unter den gleichen äußeren Bedingungen wie die nichtchristliche Umwelt. Die rechtliche Instanz, welcher ihre Ehe unterworfen war, blieb der Staat. Die im jüdischen beziehungsweise heidnischen Umfeld vorfindlichen Gesetze, Bräuche und Formen der Eheschließung und -gestaltung wurden seitens der Kirche übernommen, sofern sie nicht im Widerspruch zu ihren eigenen religiösen und sittlichen Überzeugungen standen[37]. Das Hauptaugenmerk schenkten die frühen Christen der praktischen Verwirklichung des Ehe- und Familienlebens[38], sodaß es von daher mehr als verständlich war, daß in der Urgemeinde rechtstheologische Fragen wie z.B. die der Untrennbarkeit von Ehevertrag und Sakrament noch nicht aufkommen konnten.

2.2 *Das nachapostolische Zeitalter — Der Einfluß des römischen Rechts*

In den Schriften der Kirchenväter wird man vergeblich Ausschau nach einer Darlegung der Lehre der Identität von Ehevertrag und Sakrament halten. Es finden sich jedoch sehr wohl Hinweise, die den Schluß zulassen,

---

[34] Vgl. in dieser Studie s. 34, Anm. 74 und s. 34, Anm. 75.

[35] *Katechismus der Katholischen Kirche*, n. 1601; vgl. auch ebd. n. 1660.

[36] Vgl. hierzu E. CORRECO, «Die Lehre der Untrennbarkeit», 379ff.; W. KNOCH, «Ehe. A. Theologie und Liturgie I», 1616ff.; G. DUBY, *Ritter, Frau und Priester*, 206ff.; G. Le BRAS, «Mariage», 2123ff.

[37] Vgl. G.H. JOYCE, *Die christliche Ehe*, 52 ff. und besonders E. SCHILLEBEECKX, *Le mariage*, 209-218.

[38] So mahnen die neutestamentlichen Briefe immer wieder zu einem ehelichen Leben «im Herrn». Vgl. 1 Thess 4,3-8; 1 Kor 7; besondere Beachtung verdienen in diesem Zusammenhang auch die sogenannten Haustafeln: Kol 3, 18-19; Eph 5, 22-33; 1 Tim 2, 9-15; Tit 2, 1-6; 1 Petr 3,1-7.

daß man im Konsens der beiden Gatten die Wirkursache ihrer Ehe sah[39]. Da das Christentum sich vorrangig im Einzugsbereich des römischen Rechts entwickelt hat, ist es denn auch keineswegs verwunderlich, daß das römische Eherecht, mit einem seiner wohl wesentlichsten Grundsätze *Consensus facit nuptias*[40], seine Spuren in der christlichen Ehelehre hinterließ. Die in den Väterschriften sich im Zusammenhang mit der Ehe immer wieder findenden Termini *pactio coniugalis, conventio,* oder auch *foedus* weisen auf ein Verständnis der Ehe als eines, wenn auch in einem vom klassischen römischen Recht verschieden zu verstehenden Sinne[41], Konsensualvertrages hin[42].

---

[39] Keine Hinweise finden sich hingegen bei den Vätern auf eine ehebegründende Wirkung des den christlichen Eheschließungsakt im Lauf der Zeit in zunehmendem Maße begleitenden Segens des Priesters. Ein Beleg für diese Nichtrelevanz des priesterlichen Segens kann auch der bürgerlichen Gesetzgebung entnommen werden. Theodosius II. und Valentinian III. erließen 428 ein Gesetz, nach dem die Unterlassung der bei einer Hochzeit üblichen Formalitäten in keiner Weise die Gültigkeit des Bundes berühren sollte (*C.Th.* 3, 7, 3). Hätte die Kirche den priesterlichen Segen für einen für das Zustandekommen einer gültigen Ehe notwendigen Teil gehalten, so wäre dies wohl schwerlich im Gesetz unerwähnt geblieben. Auch Justinian (✝565), dessen Bestreben es war das bürgerliche Recht mit den Kanones der Kirche in Einklang zu bringen, verlangt in seinem Gesetzeswerk zum gültigen Zustandekommen einer christlichen Ehe den priesterlichen Segen nicht (vgl. *Nov. 89*).

[40] D. 50, 17, 30 (Ulpianus lib. 36 ad Sabinum): «*Nuptias non concubitus sed consensus facit*».

[41] Das in der Formulierung beibehaltene Prinzip *Consensus facit nuptias*, wurde unter christlichem Einfluß mit gänzlich anderem Inhalt gefüllt. Aus dem römisch-rechtlichen, jederzeit widerrufbaren Dauer-(kontinuativ-)konsens wurde der unwiderrufliche und unlösbare, punktuelle Initialkonsens, als welcher er in das mittelalterliche Eherecht des *Corpus Iuris Canonici* Eingang fand (Vgl. hierzu: R. WEIGAND, *Die bedingte Eheschließung*, 28 und 32 ff. und K. RITZER, *Formen*, 24).

[42] BASILIUS (✝379) sieht das *momentum constitutivum* der Ehe in der *pactio coniugalis* (*Ep. 199*, in PG 32, 727-730) ebenso AMBROSIUS (✝397, *De institutione virginis*, I,6,41, in PL 16, 316) und JOHANNES CHRYSOSTOMOS (✝407, *De libello Repudii II*, Hom. in illud «*Mulier alligata est legi quanto tempore vixerit vir eius*» [1 Cor., 7, 39-40] 2,3 in PG 51, 221). In einem Johannes Chrysostomos zugeschriebenen zwischen 450 und 550 entstandenen Opus (PSEUDO CHRYSOSTOMOS) findet sich die Aussage «*Matrimonium quidem non facit coitus, sed voluntas*» (*In Matthaeum Hom. 32*, in PG 56, 802). In diese Richtung deutende Aussagen finden sich ebenfalls bei AUGUSTINUS (✝430, *De bono coniugali* 5,7, in PL 40, 377 und in CSEL 41, 194; *De bono coniugali* 7, in PL 40, 378-379 und in CSEL 41, 197; *De nuptiis et concupiscentia* 1, 10, 11, in PL 44, 420 und in CSEL 42, 223; *De nuptiis et concupiscentia* 1, 11, 12 in PL 44, 420 und in CSEL 42, 224) und CYRILL VON ALEXANDRIEN (✝444, *In Joannem* 2, 4, 17-18, in PG 73, 302).
Vgl. hierzu R. WEIGAND: «Die Kirchenväter sprechen zwar noch nicht vom Ehevertrag. Der Nichtgebrauch des technischen Ausdrucks *contractus* läßt sich aber dadurch hinreichend erklären, daß sie nicht als Juristen, sondern als Seelsorger reden.

2.3 *Die mittelalterliche Theologie*

Die Begegnung der Kirche mit dem germanischen Rechtsdenken führte dahin, daß der mittlerweile mit Selbstverständlichkeit vertretenen römisch-rechtlichen Konsenstheorie[43] in zunehmendem Maße die germanische Kopulatheorie gegenübergestellt wurde. Der Streit zwischen beiden Theorien, einerseits durch Petrus Lombardus (1095-1160), andererseits durch Gratian (12. Jhd.) als den Hauptvertretern ausgefochten, fand durch die,

---

Bei ihnen finden sich aber Ausdrücke wie *pactio, foedus, pacta*, aus denen man die Vertraglichkeit der Ehe ohne weiteres ableiten kann. Bei ihnen findet sich somit bereits das Material für die spätere iuristische Konstruktion der Vertragstheorie der Ehe» (*Die bedingte Eheschließung*, 55). Ebenso G. D'ERCOLE: «Vi sono nella letteratura cristiana dei primi secoli elementi dai quali si possa dedurre che il matrimonio era ritenuto un contratto? Tale concetto penetrò nella legislazione degli Imperatori christiani? Una indagine acurata e metodica nella letteratura cristiana dei primi secoli ci ha condotti ai risultati che andremo esponendo: assolutamente piccolo è il materiale offertoci in questo campo dai Padri e ciò si spiega facilmente. La trattazione del matrimonio è ampio nei loro scritti, ma essi non si mettono quasi mai in un punto di vista che possa interessar dei giuristi; i Padri parlavano da pastori, rare volte [...] da canonisti; essi cercavano solo di istruire i loro popoli nelle verità utili a dirigerne la condotta [...]
Tuttavia quei pochi testi sono significativi: in essi appare chiaramente qual peso vien dato alla volontà delle parti e precisamente allo scambio dello consenso iniziale; manca l'espressione tecnica di contratto, ma non è difficile scorgervi gli elementi e i termini caratteristici della contrattualità (*pactio, foedus, pacta*) i quali generano un vincolo che si afferma indissolubile; e allo scambio del consenso, alla voluntas, vien dato evidentemente rilievo. Anche se la enunciazione netta della dottrina contrattualistica avviene più tardi, i germi, anzi il materiale per quella costruzione giuridica erano già pronti fin dal periodo che trattiamo» («*Il consenso degli sposi*, 24-25).

[43] So vertrat z.B. Papst NIKOLAUS I. in seiner *Responsa an die Bulgaren* (866) mit Selbstverständlichkeit die Theorie von der Ehe als Konsensualvertrag: «Sufficiat secundum leges solus eorum consensus, de quorum coniunctionibus agitur; qui consensus si solus in nuptiis forte defuerit, cetera omnia, etiam cum ipso coitu celebrata, frustrantur, Ioanne Chrysostomo magno doctore testante, qui ait: "Matrimonium non facit coitus, sed voluntas"» (NIKOLAUS I., *Ad consulta vestra*, n.3).
Wenn auch zu Beginn des 9. Jahrhunderts sowohl kirchliche wie auch weltliche Gesetze des Frankenreiches den Eheabschluß ohne religiöse Feier verboten, so war die Begründung dafür nicht, daß dem priesterlichen Segen eine ehebegründende Wirkung zukomme, sondern daß die öffentliche Zeremonie als Schutz gegen Ehen in verbotenen Verwandtschaftsgraden und gegen andere durch irgendein trennendes Hindernis gehemmte Verbindungen nötig sei (*Capitulare Missorum Generale* [anno 802], c. 35, in *MGH.Cap.*, I, 98).
Es soll nicht versäumt werden an dieser Stelle darauf hinzuweisen, daß die ostkirchliche Theologie eine andere Richtung einschlug. Sie vertrat die Auffassung, daß das Ehesakrament durch die liturgische Feier des Mysteriums der Einheit Christi mit seiner Kirche, näherhin durch den priesterlichen Segen zustandekomme.

grundsätzlich die Konsenstheorie begünstigende, Synthese Papst Alexanders III. (1159-1181) die im Kirchenrecht heute noch gültige Lösung⁴⁴.

Die Lehre von der Sakramentalität der Ehe Getaufter auf der einen Seite und die von ihrer Vertragsnatur auf der anderen mußten zu der Frage führen, in welchem Verhältnis beide Größen zueinander stehen. Es ist das Verdienst der Scholastik eine Klärung herbeigeführt zu haben⁴⁵. Das Sakrament ist der naturrechtliche Ehevertrag selbst. Das war die Lehre des Petrus Lombardus⁴⁶, jene des Albertus Magnus⁴⁷ und jene des Thomas von Aquin⁴⁸. Die Identität von Ehevertrag und Sakrament wurde von der Mehrzahl der Theologen im Sinne einer *absoluten* Untrennbarkeit beider verstanden, d.h. mit anderen Worten, es kann unter Christen kein legitimer Ehevertrag existieren, der nicht zugleich Sakrament ist⁴⁹. Eine Minderheit betonte demgegenüber, daß für bestimmte Sonderfälle eine Trennung von Ehevertrag und Sakrament angenommen werden müsse, mit anderen Worten, daß es Ehen unter Christen geben könne, die nicht Sakrament sind, z.B. Ehen *inter absentes* oder Ehen *inter mutos*⁵⁰.

---

⁴⁴ Vgl. can. 1057 mit can. 1142 CIC/1983 und can. 776 mit cann. 817 §2 und 862 CCEO/1990.

⁴⁵ Vgl. hierzu E. CORECCO, «Die Lehre der Untrennbarkeit», 379 ff.

⁴⁶ «In huius enim sacramenti celebratione, sicut in aliis, quaedam sunt pertinentia ad substantiam sacramenti, ut consensus de praesenti, qui solus sufficit ad contrahendum matrimonium; quaedam vero pertinentia ad decorem et solemnitatem sacramenti, ut parentum traditio, sacerdotum benedictio et huiusmodi; sine quibus legitime fit coniugium ad virtutem, non quantum ad honestatem sacramenti» (*Sent*. IV, Dist.28, c.2) oder «Efficiens autem causa Matrimonii est consensus, non quilibet, sed per verba expressus, nec de futuro, sed de praesenti» (*Sent*. IV, Dist. 27, c.3, in PL 192, 910 und in ed. Quaracchi, II, 1981, 422).

⁴⁷ «Istud sacramentum [...] consistit in [...] contractu» (*In IVumSent.*, Dist. 27, a.6).

⁴⁸ «Verba quibus consensus matrimonialis exprimitur sunt forma huius sacramenti, non autem benedictio sacerdotis, quae est quoddam sacramentale» (*S.Th.*, Suppl., q. 42, a.1 ad. 1).

⁴⁹ «Sin dai tempi di Pietro Lombardo [...] e poi per tutto il secolo XIII è l'opinione quasi unanime dei teologi che sacramento e contratto matrimoniale s'identificano "in maniera adeguata" ossia, la loro distinzione non è reale, ma è soltanto opera della mente» (P. PICOZZA, «Considerazioni», 249, Fußnote 35).

⁵⁰ DUNS SCOTUS (1265-1308) sah sich, aufgrund des strengen Formalismus, mit welchem er die hylemorphistische Analyse anwandte, im Falle des Eheabschlußes *inter mutos* den er dem *inter absentes* gleichstellte, gezwungen, nur die Gültigkeit des Vertrages anzuerkennen. Während seiner Pariser Zeit lehrte er, daß für das Zustandekommen des Ehevertrages als solchem jegliches äußere Zeichen genüge, für die Verwirklichung des Sakramentes hingegen ein eindeutiges mündliches Zeichen notwendig sei. Daraus schließt er, daß Ehen, denen der durch Worte ausgedrückte Kon-

Die Lehre von der Untrennbarkeit von Ehevertrag und Sakrament fand eine gewichtige Stütze durch das Konzil von Florenz (1439). Das *Decretum pro Armenis* sagt da, wo es das Sakrament der Ehe behandelt:

> Das siebente Sakrament ist die Ehe. Nach dem Apostel ist sie ein Zeichen der Verbindung Christi mit der Kirche: «Es ist dies ein grosses Geheimnis, ich meine aber in Christus und der Kirche» (Eph 5, 32). Die Wirkursache der Ehe ist die gegenseitige Zustimmung, die für gewöhnlich in Worten, die sich auf die Gegenwart beziehen, ausgedrückt wird[51].

2.4 *Das Konzil von Trient*

Das Konzil von Trient bietet, auch wenn es die Untrennbarkeit von Ehevertrag und Sakrament nicht definiert hat, sondern sich mit der Feststellung begnügte, die Ehe zu den sieben Sakramenten zu zählen, dennoch ein Zeugnis von nicht geringer Kraft. Eine Andeutung der Lehre von der Untrennbarkeit von Ehevertrag und Sakrament findet sich im Dekret *Tametsi*, welches feststellt, daß heimliche Ehen, sofern sie nur durch die freie Zustimmung der Beteiligten geschlossen sind, *rata et vera* sind, solange die Kirche sie nicht im Einzelfall für null und nichtig erklärt[52]. Der Ausdruck *ratum* hatte in der kirchlichen Rechtssprache dieselbe Bedeutung wie sakramental[53]. Die angeführte Aussage des Dekretes *Tametsi* kann von daher durchaus im Sinne einer Anerkennung der Sakramentalität der klandestinen Ehen und als deutlicher Hinweis auf die mit Selbstverständlichkeit angenommene Identität von Ehevertrag und Sakrament interpretiert werden[54].

Zudem beweisen die Aussagen der Konzilsväter und -theologen, daß die Einheit und Untrennbarkeit von Ehevertrag und Sakrament als stehende Lehre vorausgesetzt wurde[55].

---

sens fehlt, nichtsakramental sind, der Vertrag als solcher aber durchaus gültig ist (*In IV Sent.*, *Rep. Par.*, Dist. 28, n. 22-23; *Op. Oxon.*, Dist. 26, n.5).

[51] *DS* 1327/*NR* 730.

[52] «Dubitandum non est clandestina matrimonia, libero contrahentium consensu facta, rata et vera esse matrimonia, quamdiu Ecclesia irrita non fecit» (*DS* 1813).

[53] Man vergleiche hierzu die Aussage INNOZENZ III.: «Nam etsi matrimonium verum inter infideles existat, non tamen est ratum: inter fideles autem verum et ratum existit: quia sacramentum fidei quod semel est admissum, numquam amittitur, sed ratum efficit coniugii sacramentum» (X, 4, 19,7).

[54] Vgl. hierzu R. PUZA, «Kanonistische Überlegungen», 65; P. ADNÈS, *Il matrimonio*, 145; H. VORGRIMMLER, «Zur dogmatischen Einschätzung», 51-53.

[55] JO. JACOBUS BARBA, OESA (Interamnensis) betont, daß die Kirche die klandestinen Ehen nicht verungültigen könne, da das Sakrament mit dem Vertrag untrennbar verbunden sei. «Quia ratio sacramenti et contractus est simul; ergo si ecclesia non

2.5 *Die Theologie nach dem Konzil von Trient*

Eine ausschlaggebende Antwort zum Problem des Verhältnisses zwischen Ehevertrag und Sakrament wurde von Robert Bellarmin (1542-1621) gegeben[56]. Bei ihm, dem unbeugsamen Förderer des Prinzips der *absoluten* Untrennbarkeit von Ehevertrag und Sakrament, tritt die Vorstellung in den Vordergrund, daß Jesus Christus den Ehevertrag unter Getauften zum Sakrament erhoben hat[57]. Der Vertragsabschluß ist die Spendung des Sakramentes. Im Gefolge der Theorie Bellarmins vertrat das Gros der Theologen die Auffassung, daß der Ehevertrag der Christen immer ungültig ist, wenn er sich nicht auch als Sakrament verwirklicht[58].

---

potest irritare sacramentum, nec etiam potest irritare contractum» (*CT* IX, 707). Um zu zeigen, wie unlöslich bei der Ehe der Vertrag und die Ehe selbst verbunden sind, greift SALVATOR PACINUS (Clusinus) zu einem Vergleich. Der Ehevertrag und die Ehe sind so eng miteinander verbunden wie Wärme und Feuer. Wie das Feuer Wärme bewirkt, so der Ehevertrag die Ehe. Wie es ohne Feuer keine Wärme gibt, so auch keine Ehe ohne Ehevertrag. «Ratio contractus et matrimonii sunt ita coniuncta, sicut calor et ignis» (*CT* IX, 725).

JULIUS MAGNANUS, OFMCap, (Calvensis) sagte «Der Vertrag ist gänzlich gleich mit dem Sakrament, so daß der Vertrag nicht ohne das Sakrament noch das Sakrament ohne den Vertrag sein kann [...]» (*CT* IX, 671, 27-30).

[56] Er behandelt das Problem vor allem in den: *Disputationes,* tom. III, lib. un., cap. 4-8.

[57] *Disputationes,* tom. II, lib. un., cap. 6: «Sicut enim Dominus ipse non expressit materiam et formam huius sacramenti, quia non novum symbolum instituit, sed humanum, usitatumque contractum evexit ad sacramenti dignitatem»; cap. 8: «quatenus a Christo per additionem gratiae ad sacramenti dignitatem (contractus) evectus est et translatus fuit».

[58] Wohl gab es auch in nachtridentinischer Zeit eine Minderheit von Theologen, die der Auffassung war, daß, bei Annahme der Untrennbarkeit von Ehevertrag und Sakrament als tragendem Prinzip, die Ehe der Christen sich als gültiger Ehevertrag in gewissen Fällen auch nichtsakramental konstituieren könne. Innerhalb dieser Richtung sind wiederrum zwei Gruppen zu unterscheiden: jene, die daran festhielt, daß die Ehepartner selbst die Spender des Sakramentes sind und jene, die die These vom Priester als Spender des Sakramentes vertrat. Zur ersten Denkrichtung gehörten Theologen, die, Duns Scotus (1265-1308) folgend, der Ansicht waren, daß in besonderen Ausnahmefällen Christen eine nichtsakramentale Ehe schließen könnten. Es fanden z.B. Erwähnung: der Fall des Eheabschlußes *inter mutos, inter absentes,* Ehen von Neukonvertiten, der Fall des sakramentalen Intentionsmangels, d.h. der positive Wille das Sakrament auszuschließen, aber dennoch eine Ehe eingehen zu wollen (vgl. Gabriel Vasquez [1549-1604]; Ferdinandus Rebellus [1545-1608]; Charles-René Billuart [1685-1757]; von den *Wirceburgenses*: Thomas Holtzclau [1716-1783]).

Bedeutenster Exponent der zweiten Gruppe, die das Ehesakrament in den priesterlichen Segen verlegte, war der spanische Dominikaner Melchior Cano (1509-1560). Er vertrat in dem 1563 veröffentlichten Werk *De locis theologicis* die Auffassung, daß der Ehevertrag bloß die Materie des Sakramentes darstelle, dieses förmlich aber

2.6 Wichtige neuzeitliche Stellungnahmen des kirchlichen Lehramtes zur Identität von Ehevertrag und Sakrament

Wichtige neuzeitliche Stellungnahmen des kirchlichen Lehramtes zur Identität von Ehevertrag und Sakrament bei der Ehe der Getauften wurden durch die seitens der gallikanischen und josephinistischen Theologen propagierte Trennbarkeit beider Elemente provoziert[59]. Papst Pius VI. (1775-1799)[60], Papst Pius VII. (1800-1823)[61] und Papst Pius VIII. (1829-1830)[62] bemühten sich, von der Sorge geleitet den institutionellen und

---

erst durch den Ehesegen des Priesters zustandekomme, der somit als der Spender des Sakramentes anzusehen sei. Demnach könne eine ohne priesterlichen Segen oder auch eine *inter absentes* geschlossene Ehe von Christen durchaus eine wahre und gültige Ehe sein, die jedoch nur in dem Moment zu einer sakramentalen werde, in dem sie die priesterliche Einsegnung erhalte (vgl. ebenfalls in diesem Sinne: Wilhelm Estius [1542-1603]; Franciscus Sylvius [1581-1648]; Honoré de Tournely [1658-1729]; zeitweise: Prosper Lambertini [Papst Benedikt XIV., 1675-1758]).

[59] Die gallikanischen und josephinistischen Hoftheologen des 17. und 18. Jahrhunderts betrachteten, bei Annahme der Trennbarkeit von Ehevertrag und Sakrament für alle Christenehen, den *bürgerlichen* Ehevertrag als Voraussetzung des Sakramentes, welch letzteres sie in den Segen des Priesters verlegten. Die Konsequenz aus dieser Hypothese: der Ehevertrag auch zwischen Getauften fällt in die ausschließliche Zuständigkeit des Staates; der Kirche untersteht lediglich die Segnung der Ehe, die kirchliche Trauung. Mit dieser Theorie wollte man vornehmlich politischen Zielen dienen, mit anderen Worten eine neue Doktrin über die Gewalt und die Zuständigkeit von Staat und Kirche über das Eheinstitut entwickeln. Ihr bekanntester Vertreter war *Jean de Launoy* (1603-1678). Er lehrte, daß nur die staatliche Gewalt das ihr eigene und ursprüngliche Recht besitzt, Ehehindernisse aufzustellen und sprach der Kirche jegliche Kompetenz über den Ehevertrag als solchen ab, ja warf ihr vor, daß sie sich die *Potestas* der Fürsten widerrechtlich angeeignet habe. Die Kirche habe keine Rechte in dieser Materie, es sei denn mittels einer Delegation der staatlichen Macht. Der Titel seines Hauptwerkes bietet zugleich eine Zusammenfassung seiner Grundthese: *De regia in matrimonium Potestate vel Tractatus de iure saecularium principum christianorum in sanciendis impedimentis matrimonium dirimentibus* (1674). Ähnliche Auffassungen vertraten: Marcantonio de Dominis (1560-1624); Jacques Boileau (1635-1716); Zeger Bernhard van Espen (1646-1728); Pierre Le Ridant (um 1700-1768); Johannes Nepomuk Nuytz (1800-1874).

[60] Vgl. den Brief *Deessemus nobis* an den Bischof von Motula vom 16. September 1788: «quia contractus matrimonialis est vere et proprie unum ex septem Legis evangelicae sacramentis [...]» (*DS* 2598), sowie die Konstitution *Auctorem fidei* vom 28. August 1794 (*DS* 2659).

[61] Vgl. die Anweisungen PIUS' VII. über die Zivilehe an den Nuntius in Polen (1808): «Praesertim ex quo matrimonio sub Lege Evangelica ad dignitatem sacramenti evectum fuit [...]» (zitiert nach A. DE ROSKOVÁNY, Matrimonium, II, 472) und das Breve «Etsi fraternitatis» an den Erzbischof von Mainz vom 8. Oktober 1803 (*DS* 2705).

[62] Vgl. die Enzyklika von PIUS VIII. *Traditi humilitati* vom 24. Mai 1829: «Quae enim maritalis coniunctio antea non alio spectabat, quam ut stirpem ex se gigneret

politischen Auswirkungen der neuen Doktrinen über das Eheinstitut zu begegnen, in ihren Interventionen die Theorien der Gallikaner und Josephinisten zu widerlegen.

In seinem Brief an König Vittorio Emanuele von Italien vom 9. September 1852 qualifizierte Papst Pius IX. (1846-1878) die Doktrin, nach der das Ehesakrament nicht bloß eine akzidentelle Eigenschaft des Ehevertrages sei, als «katholische Lehre». Deutliche Aussagen über die Untrennbarkeit von Ehevertrag und Sakrament finden sich auch in seiner Ansprache *Acerbissimum* vom 27. September 1852, sowie im Syllabus, von dessen zehn Sätzen über die Ehe drei in direktem Bezug zu der Frage der Untrennbarkeit von Ehevertrag und Sakrament stehen[63].

Papst Leo XIII. (1878-1903) betonte mehrfach mit großer Entschiedenheit das Prinzip der absoluten Untrennbarkeit von Ehevertrag und Sakrament[64].

Diese Lehre wurde ebenfalls von Papst Pius X. (1903-1914), vor allem in der Auseinandersetzung mit den Modernisten, unterstrichen[65].

Das kirchliche Gesetzbuch von 1917 kodifizierte die Doktrin von der Untrennbarkeit von Ehevertrag und Sakrament in can. 1012[66].

Papst Pius XI. (1922-1939) unterstrich in seiner Enzyklika *Casti connubii* vom 31. Dezember 1930:

> Da nun Christus den rechtsgültigen Ehevertrag zwischen Gläubigen zum Zeichen der Gnade bestimmte, so ist das Sakrament so eng mit der christlichen Ehe verknüpft, daß es zwischen Getauften keine wahre Ehe geben kann, die nicht eben dadurch schon Sakrament wäre[67].

[...] ea nunc a Christo Domino Sacramenti dignitate aucta et coelestibus ditata muneribus, gratia perficiente naturam [...]» (MBR.C., XXII/ˤ, 26).

63 Satz 65, Satz 66 und Satz 73 (*DS* 2965, 2966 und 2973).

64 Vgl. z.B. die Enzyklika *Arcanum divinae Sapientiae* vom 10. Februar 1880 (*DS* 3145/*NR* 749): «Es ist ja offenkundig, daß sich in der christlichen Ehe der Vertrag vom Sakrament nicht scheiden läßt. Hier kann es keinen wahren, gesetzmäßigen Vertrag geben, der nicht eben dadurch schon Sakrament wäre. Denn Christus der Herr hat die Ehe zur Würde des Sakramentes erhoben, die Ehe aber ist der rechtmäßig abgeschlossene Vertrag selbst».

65 Vgl. Pius X., *Afflictum proprioribus*, n. 250 ff.; vgl. auch: SCSOff, *Lamentabili*, prop. 51, *DS* 3451.

66 Can. 1012 §1: «Christus Dominus ad sacramenti dignitatem evexit ipsum contractum matrimonialem inter baptizatos.

§2: Quare inter baptizatos nequit matrimonialis contractus validus consistere, quin sit eo ipso sacramentum».

67 *DS* 3710, 3713/*NR* 756, 758 und 759.

Kanon 1 des am 22. Februar 1949 mit dem Motu proprio *Crebrae allatae* von Papst Pius XII. (1939-1958) erlassenen Eherechtes für die orientalischen Kirchen unterstreicht in wörtlicher Übereinstimmung mit can. 1012 CIC/1917 die Untrennbarkeit von Ehevertrag und Sakrament bei der Ehe Getaufter[68].

Die Frage der Beziehung zwischen Ehevertrag und Sakrament wurde auch durch das II. Vatikanische Konzil thematisiert. Während im Zuge der Redaktion der Pastoralkonstitution über die Kirche in der Welt von heute zunächst ein Text erarbeitet wurde, welcher diese Lehre explizit zum Ausdruck brachte[69], findet sich in der Endfassung des Dokumentes eine Formulierung, welche zwar nicht ausdrücklich diese Doktrin rezitiert, jedoch implizit zweifellos von ihr durchdrungen ist[70].

Motiviert durch die in den Ländern des Westens zunehmenden Eheschließungen getaufter Nichtglaubender bzw. nichtpraktizierender Christen stellten Theologen und Kanonisten schon bald nach Beendigung des II. Vatikanischen Konzils erneut die Frage nach einer möglichen Trennung von Ehevertrag und Sakrament bei den Ehen Getaufter[71]. Im Jahre 1977 wurde ein Dokument der Internationalen Theologischen Kommission (IThK) über die Theologie der christlichen Ehe veröffentlicht. Einer seiner Kernsätze

---

[68] Der in can. 1 MP *Crebrae allatae* propagierte Grundsatz schließt nicht aus, daß die vermittelnde Rolle des Priesters für das Zustandekommen des Sakramentes konstitutiv ist (vgl. hierzu E. CORECCO, «Der Priester als Spender», 554ff.; ebenso U. NAVARRETE, «De ministro sacramenti matrimonii», 711-733 und ID., «Questioni sulla forma canonica ordinaria», 489-514).

[69] Vgl. Schema XIII: «Dominus autem noster Iesus Christus, restituens primigeniam unitatem et indissolubilitatem matrimonii, illud evexit ad dignitatem sacramenti, ita ut nunc inter baptizatos nullum esse possit vere matrimonium quod non sit eo ipso sacramentum» (*AS* III/V, 160).

[70] GS, n. 48: «Die innige Gemeinschaft des Lebens und der Liebe in der Ehe, vom Schöpfer begründet und mit eigenen Gesetzen geschützt, wird durch den Ehebund, d.h. durch ein unwiderrufliches personales Einverständnis, gestiftet. So entsteht durch den personal freien Akt, in dem sich die Eheleute gegenseitig schenken und annehmen, eine nach göttlicher Ordnung feste Institution [...] Echte eheliche Liebe wird in die göttliche Liebe aufgenommen und durch die erlösende Kraft Christi und die Heilsvermittlung der Kirche gelenkt und bereichert, damit die Ehegatten wirksam zu Gott hingeführt werden und in ihrer hohen Aufgabe als Vater und Mutter unterstützt und gefestigt werden. So werden die christlichen Gatten in den Pflichten und der Würde ihres Standes durch ein eigenes Sakrament gestärkt und gleichsam geweiht» (Vgl. hierzu: U. NAVARRETE, *Structura iuridica matrimonii*, 66 und in Bezug auf den Vertragscharakter der Ehe, *Ibid.*, 79).

[71] Vgl. stellvertretend zu diesem Thema: D. BAUDOT, *L' inséparabilité entre le contrat et le sacrement de mariage* (mit umfassender Bibliographie).

bestätigte ausdrücklich die bisherige Doktrin der Kirche vom Prinzip der Identität von Ehebund und Sakrament[72].

Die Aussagen der IThK wurden von der Bischofssynode 1980, deren Beratungsergebnisse in den Weisungen des Apostolischen Schreibens *Familiaris consortio* Papst Johannes Pauls II. vom 22. November 1981 ihren Niederschlag fanden, bestätigt[73].

Kanon 1055 des Gesetzbuches für die lateinische Kirche (CIC) von 1983[74] stellt ebenso wie Kanon 776 des Gesetzbuches für die katholischen Ostkirchen (CCEO) von 1990[75] die Lehraussage von der Untrennbarkeit von Ehevertrag und Sakrament bei der Ehe zwischen Getauften heraus.

Der Katechismus der Katholischen Kirche von 1992 unterstreicht diese Doktrin gleich zu Beginn seines Ehetraktates mit den Worten des can. 1055 §1 des CIC[76].

---

[72] «Die Ehe zwischen Getauften kann nicht als Institution des Schöpfers vom Sakrament getrennt werden. Denn die Sakramentalität ist nicht ein Akzessorium der Ehe, so daß sie sein oder nicht sein könnte; sie ist mit dem Wesen der Ehe so verbunden, daß sie davon nicht getrennt werden kann» (Propositio 3, 2).

[73] Vgl. JOHANNES PAUL II., *Familiaris consortio*, n. 13: «Denn durch die Taufe wurden Mann und Frau endgültig in den neuen und ewigen Bund, in den bräutlichen Bund Christi mit seiner Kirche, hineingenommen, und aufgrund dieses unzerstörbaren Hineingenommenseins wird die vom Schöpfer begründete innige Lebens- und Liebesgemeinschaft der Ehe erhoben und mit der bräutlichen Liebe Christi verbunden - bestärkt und bereichert von seiner erlösenden Kraft. Dank des sakramentalen Charakters ihrer Ehe haben sich Mann und Frau auf zutiefst unlösbare Weise aneinander gebunden. [...] Wie jedes der sieben Sakramente, so ist auch die Ehe ein Realsymbol des Heilsgeschehens, jedoch auf eigene Weise. "Die Eheleute haben daran als Eheleute Anteil, zu zweit, als Paar - so sehr, daß die erste und unmittelbare Wirkung der Ehe (*res et sacramentum*) nicht die übernatürliche Gnade selbst ist, sondern das christliche Eheband, eine Gemeinschaft zu zweit, die als Darstellung des Geheimnisses der Menschwerdung Christi und seines Bundesgeheimnisses spezifisch christlich ist" (Johannes Paul II., Ansprache an die Delegierten des Centre de Liaison des Equipes de Recherche [3.11.1979], 4)». Vgl auch *Ibid.*, 68, 80 und 82.

[74] can. 1055 §1 - Matrimoniale foedus [...] a Christo Domino ad sacramenti dignitatem inter baptizatos evectum est.

§2 - Quare inter baptizatos nequit matrimonialis contractus validus consistere, quin sit eo ipso sacramentum.

[75] can. 776 §1 - Matrimoniale foedus a Creatore conditum eiusque legibus instructum, quo vir et mulier irrevocabili consensu personali totius vitae consortium inter se constituunt, indole sua naturali ad bonum coniugum ac ad filiorum generationem et educationem ordinatur.

§2 - Ex Christi institutione matrimonium validum inter baptizatos eo ipso est sacramentum, quo coniuges ad imaginem indefectibilis unionis Christi cum Ecclesia a Deo uniuntur gratiaque sacramentali veluti consecrantur et roborantur.

[76] *Katechismus der Katholischen Kirche*, n. 1601; vgl. auch n. 1660.

Zusammenfassend kann gesagt werden, daß die Lehre von der absoluten Untrennbarkeit von Ehevertrag und Sakrament bei Ehen zwischen Getauften, auch wenn sie nie zum Dogma erklärt wurde, dennoch eine so starke theologische Tradition und lehramtliche Bekräftigung bis in die jüngste Zeit hinein aufweist, daß mit Fug und Recht davon ausgegangen werden kann, daß es sich hier um eine katholische Lehre, d.h. eine sichere Wahrheit (*veritas certa*) handelt[77].

---

[77] Dies beweist nicht zuletzt auch die auf dem I. Vatikanischen Konzil geführte Debatte über die Ehe, zu deren brennendsten Punkten die Frage der Beziehung zwischen Ehevertrag und Sakrament in der Ehe Getaufter gehörte. Die theologisch-dogmatische Kommission beabsichtigte als Vorlage für ein Glaubensdogma einzureichen, daß Christus der Herr die Ehe zum Sakrament erhoben hat, wobei sie hier insoweit über das Tridentinum hinausging, als sie der Ansicht war, daß der Vorgang der *elevatio* zum Wesen des Dogmas gehört (vgl. hierzu: E. CORECCO, «Der Priester als Spender», 551-552).

Ein Zeugnis von nicht geringer Bedeutung stellt auch die Rechtsprechung der römischen Rota dar, welche die Lehre von der Untrennbarkeit von Ehevertrag und Sakrament bei der Beurteilung der Gültigkeit der Ehen Getaufter immer wieder ausgesprochen, ja *proxima fidei* qualifiziert hat (vgl. coram Persiani, 27 augusti 1910, *AAS* 2 [1910] 933: «Inter christicolas enim contractus a sacramento separari non potest, quod indubitati iuris est, et fidei proximum (PIUS IX., Syll. 66, 67, 73); ideo indubitati iuris est et fidei proximum, contractum sine sacramento, et sacramentum sine contractu constare non posse»).

U. NAVARRETE betont: «Tenuto conto della tradizione e di questi documenti del Magistero, i teologi danno come nota teologica a questa dottrina, quella di dottrina cattolica, vale a dire che si tratta di una verità certa, insegnata come tale dal Magistero della Chiesa, ma non proposta da esso come verità definita» («Matrimonio cristiano e sacramento», 65) und P. ADNÈS: «L'identità perfetta del contrato e del sacramento è una verità certa, insegnata in molte riprese dai papi, sopratutto nel secolo scorso [...] Diremo in conseguenza, che è una dottrina cattolica [...] Con l'espressione dottrina cattolica, intendiamo infatti [...] una verità certa, insegnata come tale dal Magistero della Chiesa, ma che non è, tuttavia, proposta da questo come definita (è il caso, in particolare, di molte affermazioni dottrinali contenute nelle encicliche e negli altri documenti emanati dai Sommi Pontefici)» (*Il matrimonio*, 144-145 und 145, Fußnote 1).

II. KAPITEL

Die *Potestas propria et exclusiva* der Kirche Jesu Christi über die christliche Ehe

Ausdrücklich hat die Kirche immer wieder betont, daß sie das angeborene[1] und ausschließliche[2] Recht besitze, bezogen auf die Ehen der Getauften hinsichtlich der das Eheband betreffenden bzw. unmittelbar mit demselben zusammenhängenden Angelegenheiten Gesetze zu geben, vor allem Hindernisse — auch trennende — aufzustellen und Recht zu sprechen[3]. Diesen ihren lange Zeit unbestrittenen ausschließlichen Rechtsanspruch über die Ehen der Getauften leitet die Kirche aus ihren Lehraussagen von der sakramentalen Würde der Ehe und von der Untrennbarkeit von Ehesakrament und Ehevertrag bei der Ehe Getaufter ab. Wenn der Ehevertrag und das Sakrament identisch sind und der Vertragsabschluß die Spendung des Sakramentes ist, kann es nur eine logische Folgerung sein, daß der für die Sakramente zuständigen kirchlichen Autorität auch die Autorität über den Ehevertrag zukommt[4]. Dem Staat wird die Gesetzgebung und

---

[1] *Potestas nativa seu propria* der Kirche über die Ehe der Getauften: die Kirche hat die Vollmacht über die Ehe unmittelbar von ihrem Gründer erhalten, sie entsteht also aus der Natur der Kirche, so wie sie von Christus selbst gegründet und gewollt wurde und nicht durch Delegation oder Konzession z.B. von Seiten der staatlichen Autorität.

[2] *Potestas exclusiva* der Kirche über die Ehe der Getauften: der Terminus weist hin auf die ausschließliche Vollmacht der Kirche hinsichtlich aller das Eheband betreffender oder mit demselben unmittelbar zusammenhängender Angelegenheiten.

[3] Aus der der Kirche angeborenen und ausschließlichen Vollmacht über die Ehe ergibt sich schließlich ihr Recht diese ihre *Potestas* frei und unabhängig von jeder Kontrolle und Bevormundung ausüben zu können. Keine menschliche Autorität und Gewalt darf sie bei der Ausübung dieses Rechtes hindern (*Potestas independens*).

[4] «Die Ehe ist von Gott als Vertrag zwischen Mann und Weib geschaffen. Christus hat an dieser Vertragsnatur nichts geändert, sondern eben diesen Vertrag zu einem Sakramente erhoben, also in die übernatürliche Gnaden- und Heilsordnung versetzt, falls der Vertrag unter Getauften gültig geschlossen wird. Nun ist aber jeder Vertrag

Gerichtsbarkeit über die Ehe der Getauften lediglich im Hinblick auf die rein bürgerlichen Wirkungen derselben zugestanden[5].

1. Das apostolische und nachapostolische Zeitalter

Weiter oben wurde bereits angedeutet, daß in neutestamentlicher Zeit wie auch zur Zeit der Kirchenväter der Festlegung einer bestimmten Form des Eheabschlußes sowie der Schaffung von die Ehe betreffenden Legislationen seitens der christlichen Gemeinde keine vorrangige Bedeutung gewidmet wurde. Die Christen heirateten unter den gleichen äußeren Bedingungen, Formen und Bräuchen wie die nichtchristliche Umwelt[6]. Die junge Kirche akzeptierte die staatliche Ehegesetzgebung, soweit sie der christlichen Ehevorstellung nicht widersprach. Die Eheangelegenheiten der Gläubigen wurden vor den staatlichen Gerichten ausgetragen[7]. Man sah sich nicht genötigt in diesen Bereichen rechtlich in *umfassender* Weise tätig werden zu müssen[8].

---

ein Rechtsgeschäft unter Menschen, untersteht daher der Normierung durch die zuständige menschliche Obrigkeit, Kirche oder Staat. Die Streitfrage, ob der Ehevertrag unter Getauften der Kirche oder dem Staat untersteht, ist nach dem Willen Christi zugunsten der Kirche entschieden. Da nämlich der gültige Ehevertrag unter Getauften sachlich identisch ist mit dem Ehesakrament, muß der Vertrag der Gewalt des Staates entzogen sein; denn der Staat hat mit Sakrament, Gnaden- und Heilsordnung nichts zu schaffen. Es kann also nur die Kirche berufen sein, die Voraussetzungen für die Gültigkeit und Erlaubtheit des Eheschließungsvertrags unter Getauften festzusetzen» (F. TRIEBS, *Praktisches Lehrbuch*, I, 47-48).

Über Ehen zwischen Ungetauften hat die Kirche keine direkte Gewalt, weil diese ihr nicht unterstehen. Nur wenn die Ehegesetze der Kirche göttliches Recht beinhalten bzw. authentisch auslegen, verpflichten sie auch die Ungetauften. Unbeschadet göttlichen Rechts unterliegen die Ungetauften dem jeweiligen staatlichen Recht. Halbchristliche Ehen unterstehen, obwohl nicht Sakrament, aufgrund der Taufe des einen Gatten, der uneingeschränkten Gewalt der Kirche Jesu Christi.

[5] Die staatliche Kompetenz in diesem Bereich steht zu keinem Punkt der kirchlichen Ehelehre im Widerspruch, da die rein bürgerlichen Wirkungen nicht die Substanz des Ehevertrages berühren, sondern nur Akzessorium desselben sind. Die Vollmacht des Staates in Bezug auf die Gesetzgebung hinsichtlich der rein bürgerlichen Wirkungen der Ehe anerkennt das kanonische Recht in can. 1059 CIC/1983 (can. 780 §1 CCEO), die Gerichtsbarkeit hierüber in can. 1672 CIC/1983 (1358 CCEO/1990).

[6] Vgl. in dieser Studie ss. 25 ff.

[7] Vgl. W.M. LAWSON, «Roman Law», 9.

[8] «Ein Urteil über die Wertung des Bereiches von Ehe und Familie durch die Kirche des 4. und 5. Jahrhunderts muß unterscheiden zwischen der Verkündigung der Seelsorger und Kirchenschriftsteller mit ihrer vorwiegend moralisch-paränetischen Ausrichtung und den kirchenrechtlichen Bestimmungen, die zu diesem Fragen-

II. KAPITEL: DIE POTESTAS PROPRIA ET EXCLUSIVA 39

Aus dem soeben Dargelegten darf jedoch nicht der voreilige Schluß gezogen werden, daß die Kirche *keinerlei* Jurisdiktion über die Ehe ihrer Glieder beansprucht und auch wahrgenommen hätte. Im Gegenteil, angesichts der in einigen Punkten nicht geringfügigen Unvereinbarkeit zwischen der zivilen Ehegesetzgebung und christlichen Grundsätzen sah sich die Kirche, wenn auch zunächst nur in Einzelfällen, bereits sehr früh gezwungen für ihre Gläubigen eigene, evangeliumsgemäße Normen zu kreieren. Die Schaffung solcher Dispositionen geschah mit einer gewissen Selbstverständlichkeit, wohl im Bewußtsein des Besitzes der Vollmacht für ein solches Tun und ohne daß man sich je die Frage gestellt hätte, ob die Kirche sich deswegen z.B. gegenüber der staatlichen Autorität zu rechtfertigen hätte.

Erste Spuren einer «kirchlichen Ehegesetzgebung» finden sich in den sogenannten Eheverboten des Neuen Testamentes[9]. Im 2. Jahrhundert scheint es bereits eine solche Anzahl von die Ehe der Getauften reglementierenden kirchlichen Festlegungen gegeben zu haben, daß die Christen von ihren «Ehegesetzen» im Gegensatz zu denen der Heiden sprechen[10].

Zugänglich sind die Festlegungen der frühen Kirche über die Ehe durch Quellen sehr verschiedener Art und Herkunft: durch die Pastoralbriefe und durch die katholischen Briefe, durch die Apokryphen des Neuen Testamentes, durch die Kirchenväter und durch die kirchlichen

---

komplex getroffen wurden. Zunächst ist festzustellen, daß die Kirche weitgehend Ordnungen des geltenden weltlichen Eherechts akzeptiert hat, wie etwa die des rechtsgültigen Abschlußes einer Ehe und seiner Konsequenzen, ferner die Stellung des Familienoberhauptes und das Erbrecht (R. ORESTANO, *Struttura giuridica*, 410 ff.). Wenn kirchliche Schriftsteller auf Widersprüche zwischen christlicher Eheordnung und profanen Ehegesetzen hinweisen, so beziehen sie sich konkret auf die verschiedene Wertung von Einzelfragen und wollen nicht das Ganze der staatlichen Ehegesetzgebung ablehnen. Auch das profane hochzeitliche Brauchtum wird vielfach von den Christen beibehalten und kirchlicherseits nur in jenen Zügen bekämpft, die mit heidnisch-religiösen Vostellungen im Zusammenhang stehen oder in ihrer zuweilen derben Ausgelassenheit christlichem Empfinden widersprechen» (K. BAUS, *Die Reichskirche*, 411-412). Das hier von K. Baus in Bezug auf die Kirche des 4. und 5. Jahrhunderts Ausgesagte gilt ohne Abstriche auch von der Kirche des apostolischen und frühen nachapostolischen Zeitalters.

[9] Vgl. die durch das Apostelkonzil für die frühe Kirche aus dem Judentum übernommenen Eheverbote aus Leviticus: Apg 15, 20 und 29. Hierzu G. SCHNEIDER, *Die Apostelgeschichte*, 183f. Vgl. auch 1 Kor 5,1-5.
Konflikte zwischen christlicher Moral und heidnischen Gesetzen entstanden immer wieder angesichts der Erlaubtheit der Ehescheidung seitens des staatlichen Rechtes; auch hier mußte die Kirche für ihre Glieder evangeliumsgemäße Regelungen treffen (Vgl. 1 Kor 7, 10).

[10] Z.B. ATHENAGORAS in seiner *Legatio pro Christianis*, geschrieben um 177 (*Legatio*, 33 in PG 6, 965 und in SC 379, 196).

Verordnungen. Zu den bemerkenswertesten Schriften gehören die Didache (1.-2. Jhd.), die Apostolische Tradition (um 220) und die Didaskalie der Apostel (3. Jhd.).

Es war schließlich Sache der Konzilien, in deren Gesetzgebungen die Ehefragen einen wichtigen Platz einnahmen, die eherechtlichen Bestimmungen mit der Autorität zu formulieren, die deren Teilnehmer als Nachfolger der Apostel für sich in Anspruch nahmen, und so die apostolische und pseudo-apostolische Literatur des Urchristentums fortzusetzen[11].

Die Existenz von die Ehe betreffenden Regelungen bereits in der frühen Kirche darf nun einerseits nicht darüber hinwegtäuschen, daß kirchliche Ehegesetzgebung nur komplementär zur staatlichen ausgeübt wurde, d.h. mit anderen Worten in den Fällen wo die staatliche Ehegesetzgebung unzureichend war oder den christlichen Grundsätzen widersprach, andererseits darf dieses nur komplementäre «gesetzgeberische» Handeln der frühen Kirche jedoch nicht in der Weise mißverstanden werden, daß sie die Vollmacht in Eheangelegenheiten Bestimmungen zu erlassen grundsätzlich dem Staat zugestanden hätte oder gar ihre eigene *Potestas* in dieser Materie nicht als *Potestas propria*, sondern als eine vom Staat delegierte verstanden hätte. Das Nichterlassen umfassender Ehekodizes in dieser Epoche dürfte vielmehr zum einen darauf zurückzuführen sein, daß sich in vielen Fällen aufgrund einer Vereinbarkeit der kirchlichen Sicht der Ehe mit der staatlichen die Notwendigkeit des Erlassens eigener Gesetze nicht stellte zum anderen darauf, daß es der frühen Kirche, die sich ihrer schwachen Stellung im römischen Reich durchaus bewußt war, unmöglich schien ihre Eheauffassung der damaligen Gesellschaft aufzuprägen[12].

---

[11] Im Verlauf von zwei Dezennien erhält diese Bewegung am Anfang des vierten Jahrhunderts ihren entscheidenden Aufschwung und zwar zugleich im Westen (die Konzilien von Elvira [ca. 306] und Arles [314]) und im Osten (die Konzilien von Ankyra und Neocäsarea [314] und das ökumenische Konzil von Nizäa [325]).

[12] Vgl. hierzu O. BUCCI: «Wer annimmt, daß diese Zeugnisse [, die belegen, daß die Christen die Ehe nach den staatlichen Bräuchen schlossen, Anm. des Autors] eine bewußte Absicht seitens der frühen christlichen Kirche darstellen, keine eigene rechtliche Bestimmung der Ehe ins Leben zu rufen, irrt. Diese Quellen hingegen zeugen nicht von einem Unwillen der Urkirche (oder besser der Kirchenväter und der konziliaren Gesetzgeber) die rechtliche Seite der Ehe festzulegen, sondern von der Unfähigkeit die staatliche Gesellschaft zu einer Annahme dieser rechtlichen Bestimmungen zu bewegen» («Per la storia del matrimonio cristiano», 9 [eigene Übersetzung]).

2. Das Zeitalter der Reichskirche —
Der Einfluß des Christentums auf das römische Recht

Auch als die römischen Kaiser Christen wurden, verblieb die Ehehoheit generell beim Staat. Nur gewann die Kirche einen immer größeren Einfluß auf die staatliche Gesetzgebung, die jedoch in gewissen Punkten, vor allem dem der Erlaubtheit der Ehescheidung, weiterhin im Gegensatz zu christlichen Grundsätzen blieb und eine der staatlichen Legislation konträre kirchliche erforderte[13]. Auch für diese Zeitspanne gibt es keinen Hinweis darauf, daß die Kirche dieses ihr die Ehe betreffendes rechtliches Handeln als ein vom Staat delegiertes oder gegenüber dem Staat zu rechtfertigendes angesehen hätte.

3. Das Mittelalter —
Die Begegnung der Kirche mit den germanischen Reichen —
Der definitive Übergang der Ehehoheit auf die Kirche

Eine der wenigen Institutionen, die den Zusammenbruch des weströmischen Reiches im 5. Jahrhundert überdauerten, war die Kirche. Da die Geistlichen bereits unter den römischen Kaisern einen beträchtlichen Einfluß in weltlichen Angelegenheiten hatten, konnten auch die neuen Herrscher nicht darauf rechnen mit der Neuordnung ihres eben erworbenen Besitzes ohne die Hilfe des Klerus fertig zu werden. Vor allem im Frankenreich hatten die Bischöfe eine äußerst einflußreiche Stellung. Systematisch setzte die Kirche in dieser Epoche das von ihr nach und nach mit Hilfe des römischen Rechts auf der Basis der jüdisch–christlichen Tradition entwickelte Eherecht durch.

Es kann nicht genau bestimmt werden, wann die Kirche begann, die Gesetzgebung und die Gerichtsbarkeit über die Ehe in eigenem Namen auszuüben, und die staatliche Gewalt zugab, diese Angelegenheiten lägen außerhalb des Bereichs der weltlichen Gerichte. Es spricht sehr viel dafür, daß sich die definitive Verlagerung der Jurisdiktion über die Ehe in die Hände der Kirche im Verlauf des 10. Jahrhunderts vollzog[14]. Theologisch

---

[13] Dies belegen z.B. die wiederholten Erklärungen der Kirchenväter des 4. und 5. Jahrhunderts, die unterstreichen, daß das kaiserliche Gesetz viel erlaube, was durch das göttliche verboten sei. «Die Gesetze der Cäsaren», schreibt z.B. HIERONYMUS (347-420) in Bezug auf die Scheidung Fabiolas, «weichen von den Gesetzen Christi ab. Papinian schreibt die eine Sache vor, Paulus — unser Paulus — die andere» (*Epist.* 77,3, in PL 32, 691).

[14] Esmein und Fahrner äußern sich beide dahingehend, daß die Entwicklung mit dem Ende des 10. Jahrhunderts, mit gewissen Ausnahmen, abgeschlossen gewesen sei

untermauert werden konnte die Gewalt der Kirche über die christliche Ehe zum ersten durch die Präzisierung des Sakramentenbegriffs und die selbstverständliche Einordnung der Ehe unter die sieben Sakramente bereits ab der zweiten Hälfte des 12. Jahrhunderts und zum zweiten durch die immer klarer hervortretende Lehre von der Untrennbarkeit von Ehevertrag und Sakrament. Diese allgemein akzeptierten Sentenzen mußten in der Folge zu der Überzeugung führen, daß die Kirche ihre Ehejurisdiktion nicht im Auftrag irgendeiner weltlichen Gewalt ausübte, sondern als ein in ihrem Wesen liegendes Vorrecht, welches in der ihr von Gott gegebenen Gewalt über die Sakramente gründete (*res spiritualis – potestas spiritualis*). Daß bislang der Staat Ehegesetze erlassen und Ehen gerichtet hatte, war historisch erklärbar, in Wirklichkeit aber Mißbrauch.

4. Die Aussagen des Konzils von Trient über die kirchliche Ehehoheit

Vom späten Mittelalter bis ins 16. Jahrhundert war die Jurisdiktion der Kirche über die Ehe, abgesehen von einigen kleineren Angriffen, in theoretischer und praktischer Hinsicht unangefochten. Ein Frontalangriff auf die exklusive Ehejurisdiktion der Kirche erfolgte seitens des Protestantismus. Hand in Hand mit der Verneinung der Sakramentalität der Ehe ging die Ablehnung der kirchlichen und die Unterstreichung der staatlichen Ehejurisdiktion durch die Reformatoren[15]. Das Trienter Konzil (1545-1563), das sich zum Ziel gesetzt hatte, die zwischen Katholiken und Protestanten strittigen Glaubensfragen zu definieren und die in der Kirche vorhandenen Mißstände durch eine gründliche Reform zu beseitigen, approbierte in seiner 24. Sitzung 12 Kanones über das Ehesakrament, von denen viele in direkter Weise Zeugnis von der mit Selbstverständlichkeit angenommenen *Potestas* der Kirche über die Ehe geben, so die cann. 3 und 4 im Hinblick auf die Ehehindernisse[16]; can. 8 im Hinblick auf die Trennung der Ehegatten von Tisch und Bett[17], can. 11 im Hinblick auf die Rechtsförmlichkeiten der Ehe-

---

(A. ESMEIN – R. GÉNESTAL, *Le mariage en droit canonique*, 25; L. FAHRNER, *Geschichte der Ehescheidung*, 120).

[15] Nach MARTIN LUTHER (1483-1546) ist die Ehe als «äußerlich weltlich Ding» nicht von der Kirche, sondern vom christlichen Staat rechtlich zu ordnen und zu schützen (*Von den Ehesachen*, in WA, 30/3, 205). PHILIPP MELANCHTON (1497-1560) hielt dafür, daß die Jurisdiktion über die Ehesachen, nach göttlichem Willen, dem zivilen Gesetzgeber zukomme und daß die Jurisdiktion der Kirche nichts weiter sei als ein Abusus (*De Potestate et Primatu Papae*, in CR, 3, col. 285).

[16] *DS* 1803; 1804/*NR* 737; 738.

[17] *DS* 1808/*NR* 742.

schließung[18], can. 12 im Hinblick auf die Eheprozesse[19]. Die Kanones 6 und 9, welche die feierlichen Ordensgelübde und den Zölibat zum Gegenstand haben, belegen indirekt die Vollmacht der Kirche über die christliche Ehe[20]. Keinen Hinweis findet man in den Texten der Trienter Kirchenversammlung darauf, daß die Vollmacht der Kirche über die christliche Ehe in Bezug auf den Staat eine *eigenberechtigte* und *ausschließliche* sei[21]. Die endgültige Klärung dieser offen gebliebenen Frage sollte späteren Zeiten vorbehalten bleiben.

5. Nachtridentinische Stellungnahmen des kirchlichen Lehramtes zur *Potestas propria et exclusiva* der Kirche Jesu Christi über die Ehe der Getauften

Am Anfang der nachtridentinischen Diskussion der Ehefrage standen schultheologische Disputationen über das sakramentale Zeichen und den Spender des Sakramentes, die später bei einer Anzahl von Juristen und Theologen dazu führten Ehevertrag und -sakrament voneinander zu trennen und in der Folge der staatlichen und kirchlichen Ehejurisdiktion unterschiedliche «Zuständigkeitsbereiche» zuzuweisen, näherhin dem Staat die Zuständigkeit über den «vertraglichen» und der Kirche die Zuständigkeit über den «sakramentalen» Bereich der Ehe. Die gallikanischen und josephinistischen Hoftheologen des 17. und 18. Jahrhunderts betrachteten, dem in der Neuzeit, angeregt durch die säkularisierten Staats- und Naturrechtslehren des Absolutismus und der Aufklärung, aufgekommenen Streben der Staaten nach Selbstständigkeit und Unabhängigkeit von der geistlichen Macht auch im Bereich der Kompetenz über die christliche Ehe entgegenkommend, den Ehevertrag zwischen Getauften als generell in die ausschließliche Zuständigkeit des Staates fallend. Der Kirche unterstehe lediglich die Segnung der Ehe, d.h. die Spendung des Sakramentes, welches sie in den priesterlichen Segen verlegten[22].

Die eben erwähnten theologischen Richtungen sowie auch der Vormarsch der Zivilehe im Gefolge der französischen Revolution führten das kirchliche Lehramt zu einer intensiven Reflexion über die Eigenberechtigtheit und

---

[18] *DS* 1811/*NR* 745.

[19] *DS* 1812/*NR* 746.

[20] *DS* 1806; 1809/*NR* 740; 743.

[21] Vgl. die allgemein gehaltene Formulierung der cann. 4 und 12 des Konzils über die Ehe (*DS* 1804/*NR* 738 und *DS* 1812/*NR* 746).

[22] Vgl. in dieser Studie, s. 31, Anm. 59.

Ausschließlichkeit der Vollmacht der Kirche Jesu Christi über die Ehen der Getauften.

Papst Pius VI. (1775-1799) erinnerte in verschiedenen Briefen an österreichische, italienische und deutsche Bischöfe daran, daß nur die Kirche die Vollmacht habe trennende Ehehindernisse aufzustellen und von denselben zu dispensieren. In der apostolischen Konstitution *Auctorem fidei* verurteilte er die schismatische Synode von Pistoia (1786) und qualifizierte ihre Lehre von der *Potestas originaria* der Fürsten über die christliche Ehe als häretisch[23].

Eine deutliche Betonung der ausschließlichen Gewalt der Kirche über die Ehen der Getauften findet sich in der Konsistorialansprache *Acerbissimum vobiscum* Pius' IX. vom 27. September 1852[24], eine Unterstreichung der angeborenen und ausschließlichen Vollmacht der Kirche über die christliche Ehe im Syllabus von 1864[25].

Leo XIII. stellte in seiner Enzyklika *Arcanum divinae Sapientiae* von 1880 ausführlich die Lehre von der *Potestas propria et exclusiva* der Kirche über die Ehe der Christen dar[26].

---

[23] Vgl. Litt. *Deessemus Nobis* ad episc. Motulensem, in A. DE ROSKOVÁNY, *Matrimonium*, I, 421 f. und *DS* 2598 (Auszug); *Brief an den Erzbischof von Trier*, in J. KUTSCHKER, *Das Eherecht*, I, 67-68; Const. Apost. *Auctorem fidei*, propositio 59, in *DS* 2659.

[24] «Atque idcirco quamlibet aliam inter Christianos viri et mulieris praeter sacramentum coniunctionem eiusque etiam legis civilis vi factam, nihil aliud esse nisi turpem atque exitalem concubinatum ab Ecclesia tantopere damnatum, ac proinde a coniugali foedere sacramentum separari numquam posse, et *omnino spectare ad Ecclesiae potestatem eam omnia decernere, quae ad idem matrimonium quovis modo possunt pertinere*» (*Acerbissimum vobiscum*, Passus zitiert nach C. HOLBÖCK, *Die Zivilehe*, 178-179 [Hervorhebung durch den Verfasser dieser Studie]; vgl. *D* 1640).

[25] *DS* 2966-2992, vor allem: 2968, 2969, 2970, 2973 und 2974.

[26] Vgl. *ASS* 12 (1879/80) 388 ff.; Auszüge in *DS* 3144/*NR* 748 und 750: «Wie nun Christus die Ehe zu einer solchen Würde (eines Sakramentes) neu erhoben hat, so hat er auch der Kirche die ganze Ehegesetzgebung übergeben und anvertraut. Sie hat diese Rechtsbefugnis über die Ehen der Christen immer und überall ausgeübt, und zwar so, daß sie klar als ihr Eigentum erschien, nicht als Zugeständnis, das sie von Menschen erbeten hätte, sondern als Besitz, den sie von Gott durch den Willen ihres Stifters erlangt hat [...]

Durch den Willen Christi ist es allein die Kirche, die allein alles die Sakramente Betreffende entscheiden und ordnen kann und muß, an dieser Stelle ist es absurd, der Kirche ein Teilchen dieser Vollmacht wegzunehmen und der staatlichen Macht zu übertragen [...]

So gibt es keinen Beweis aus der Vernunft oder aus der Geschichte, daß die rechtliche Vollmacht über die Ehe der Christen auf die weltliche Gewalt rechtmäßig übergegangen sei. Wenn in dieser Sache fremdes Recht verletzt worden ist, so möge niemand sagen, es sei durch die Kirche verletzt worden».

Der CIC 1917 bestätigte das Magisterium der Päpste über die kirchliche Ehehoheit[27].

Erneut unterstrich Pius XI. die Lehre von der ausschließlichen Vollmacht der Kirche über die christliche Ehe in seiner Enzyklika *Casti Connubii* aus dem Jahre 1930[28].

Eine klare Bekräftigung der Lehre über die kirchliche Ehehoheit findet sich im von Papst Pius XII. am 22. Februar 1949 mit dem Motu proprio *Crebrae allatae* erlassenen Eherecht für die orientalischen Kirchen[29].

Auch der CIC 1983[30] und der CCEO 1990[31] unterstreichen die angeborene und ausschließliche Vollmacht der Kirche Jesu Christi über die Ehen der Getauften.

Wie sind nun die Aussagen des Lehramtes von der *Potestas propria et exclusiva* der Kirche über die Ehe bezüglich ihrer dogmatischen Verbindlichkeit einzuordnen?

1° Daß die Kirche die Vollmacht hat, Ehehindernisse — auch trennende — festzulegen, ist eine Wahrheit, die vom Trienter Konzil definiert worden ist[32].

2° Daß die Kirche die *Potestas* hat Ehesachen zu judizieren, die das Eheband betreffen, ist ebenfalls von diesem Konzil definiert worden, wenn auch in weniger ausdrücklichen Termini[33].

---

[27] Vgl. cann. 1016; 1038, §1 und 2; 1040; 1094; 1960, 1961.

[28] «Der reinen Ehe Hoheit und Würde leuchtet uns [...] vor allem daraus entgegen, daß Christus, der Herr [...] die Wurzel und Grundlage der Familiengemeinschaft und damit der menschlichen Gesellschaft überhaupt nicht allein in den liebevollen Plan der allgemeinen Wiederherstellung unseres Geschlechtes ganz besonders mit einschließen wollte, sondern sie außerdem zur ursprünglichen Reinheit der Einsetzung durch Gott zurückgeführt, zu einem wahren und großen Sakrament des Neuen Bundes erhoben und deshalb die Ordnung derselben und die Sorge für sie ganz der Kirche, seiner Braut anvertraut hat» (zitiert nach C. HOLBÖCK, *Die Zivilehe*, 9; vgl. *AAS* 22 [1930] 541 ff.; Auszüge in *DS* 3700ff./*NR* 751ff). Hierzu: P. MAROTO, «Litterae encyclicae de matrimonio christiano», 75-97; A. VERMEERSCH, *Catéchisme du mariage chrétien*; J. STARCK, «Le 25ᵉ anniversaire de l'encyclique "Casti Conubii"».

[29] Vgl. cann. 5; 28 §1 und 2; 85 MP *Crebrae allatae*.

[30] Vgl. cann. 1059; 1075 §1 und 2; 1078; 1108 §1; 1671 (vgl. hierzu in dieser Studie, s. 46, Anm. 40); 1672.

[31] Vgl. cann. 780 §1; 792; 795; 828; 1357 (vgl. hierzu in dieser Studie, s. 46, Anm. 40); 1358.

[32] *DS* 1803, 1804/*NR* 737, 738.

3° Die Aussage, daß die Kirche diese zweifache Vollmacht als eine ihr eigene (*ius proprium seu nativum*) und nicht durch Delegation, von Seiten des Staates z.B., hat, findet sich in der Konstitution *Auctorem fidei* Pius' VI.[34], im Syllabus Pius' IX.[35], in der Enzyklika *Arcanum divinae sapientiae* Leos XIII.[36], in can. 1960 CIC 1917, can. 1671 CIC 1983 und can. 1357 CCEO, und darf von daher als katholische Lehre angesehen werden.

4° Daß die Kirche diese Potestas als *ius exclusivum* besitzt, wird von Pius VI.[37], Pius IX.[38] und Leo XIII.[39] betont, später von can. 1038 und can. 1960 des CIC 1917 wiederaufgenommen und von can. 1075 CIC 1983 bestätigt, darf von daher also auch als katholische Lehre angesehen werden[40].

Zusammenfassend kann gesagt werden, daß die Lehre von der *Potestas propria et exclusiva* der Kirche über die christliche Ehe sowohl bzgl. der Festlegung von Ehegesetzen und hier vor allem Ehehindernissen, wie auch

---

[33] *DS* 1812/*NR* 746.
[34] *DS* 2659; 2660.
[35] *DS* 2968, 2969, 2970, 2971, 2974.
[36] *DS* 3144/*NR* 748.
[37] *DS* 2598.
[38] *D* 1640 und *CICF*, II, n. 515, p. 877 (*Acerbissimum vobiscum*) und *DS* 2968, 2969, 2970, 2973 und 2974 (*Syllabus*).
[39] *ASS* 12 (1879/80) 388 ff.
[40] Kanon 1671 des CIC spricht, ebenso wie can. 1357 CCEO, im Gegensatz zu can. 1960 CIC 1917 nicht mehr von einer *Potestas exclusiva* der kirchlichen Autorität bei Ehesachen Getaufter, «quia illa verba contentiones dissentionesque sapiebant et parum Oecumenismo conferebant» (*CCCIC* 11 [1979] 256). Außer den ebengenannten Gesichtspunkten dürften auch die im kirchlichen Gesetzbuch selbst vorgesehenen Ausnahmen von der kirchlichen Rechtsprechung mit gleichzeitiger Übertragung auf die weltliche, z.B. can. 1692 §2 und 3 CIC = can. 1378 § 2 und 3 CCEO (Verfahren zur Trennung der Ehegatten), für die Streichung des Wortes *exclusive* ausschlaggebend gewesen sein. Es sei aber ausdrücklich unterstrichen, daß die unterlassene Betonung des «ausschließlichen Rechtes» nicht als Zugeständnis der Jurisdiktion des Staates über die christliche Ehe zu verstehen ist. Im Hinblick auf die staatliche Gewalt hat sich an der *Potestas exclusiva* der Kirche über die Ehe der Getauften auch nach dem neuen Recht nichts geändert.

bezüglich der Rechtsprechung nicht nur ein rein kirchliches Gesetz, sondern eine verbindliche Glaubenslehre der Kirche darstellt, die für den Gesetzgeber unverfügbar ist[41].

---

[41] «Ecclesiae competere ius proprium ordinandi omnia quae ad validum et licitum matrimonium sacramentale in fieri et in facto esse spectant - "salva competentia civilis potestatis circa mere civiles eiusdem matrimonii effectus"(can. 1016), - ex Ecclesiae declarationibus (Cfr. e.g. LEO XIII., *Arcanum* 10 febr. 1880 [...]) et praxi atque ex auctorum doctrina universali firmiter et indubie constat. Hoc Ecclesiae ius proprium praeterea esse exclusivum et omnino a Status iurisdictione independens, iuxta nonnullos auctores etiam est de fide (ita e.g. F. M. CAPPELLO, *Tractatus canonico moralis de sacramentis*, V, 50, n. 57; P. GASPARRI, *Tractatus canonicus de matrimonio*, I, 137, n. 226; F.X. WERNZ - P. VIDAL, *Ius canonicum*, V, 69, n. 48) iuxta alios vero "non est de fide, sed utique hodie doctrina theologica certa" (M. CONTE A CORONATA, *Institutiones iuris canonici. De sacramentis tractatus canonicus* III, 69, n. 48), dum etiam pauci habentur qui putant Status competentiam tantum ex praesuppositis historicis sed non dogmatice excludendam esse (cfr. E.H. SCHILLEBEECKX, *Le mariage est un sacrement*, 15)» (J. SCHEEPERS, *De regimine matrimonii disparis*, 4-5).

III. KAPITEL

**Die Kirche Jesu Christi —
Das Verständnis von Kirche und Kirchengliedschaft
von Robert Bellarmin bis zum II. Vatikanischen Konzil**

Nachdem vorstehend das angeborene und ausschließliche Recht der Kirche Jesu Christi aufgezeigt wurde, bezogen auf die Ehen der Getauften, hinsichtlich der das Eheband betreffenden beziehungsweise unmittelbar mit demselben zusammenhängenden Angelegenheiten, Gesetze zu geben, vor allem Hindernisse — auch trennende — aufzustellen, und Recht zu sprechen, sollen nun im folgenden der Begriff der *Ecclesia Jesu Christi* sowie die Bedingungen für die Zugehörigkeit zu derselben näher umschrieben und die daraus für eine *Potestas propria et exclusiva* der nichtkatholischen christlichen Gemeinschaften über die Ehe sich ergebenden Folgen untersucht werden.

1. Kirche und Kirchengliedschaft nach Robert Bellarmin

Zum Einstieg scheint eine zumindest kurze Vorstellung der Theorie des Robert Bellarmin (1542-1621) von der Kirchengliedschaft unerläßlich. Der große Theologe definiert die Kirche als die durch das Bekenntnis des gleichen christlichen Glaubens und die Gemeinschaft der gleichen Sakramente geeinte Sammlung von Menschen, die unter der Leitung der rechtmäßigen Hirten und besonders des einzigen Stellvertreters Christi auf Erden, des Papstes steht[1].

---

[1] «Nostra sententia autem est, ecclesiam unam tantum esse [...] et illam unam et veram esse coetum hominum eiusdem christianae fidei professione et eorundem sacramentorum communione colligatum, sub regimine legitimorum pastorum ac praecipue unius Christi in terris vicarii, romani pontificis. Ex qua definitione facile colligi potest, qui homines ad ecclesiam pertineant, qui vero ad eo non pertineant. Tres enim sunt partes huius definitionis. Professio verae fidei, sacramentorum communio et subiectio ad legitimum pastorem, romanum pontificem. Ratione primae partis excluduntur omnes infideles, tam qui numquam fuerunt in ecclesia [...] tam qui

Drei Elemente also sind es, die die Zugehörigkeit zur Kirche, die von Bellarmin einfachhin mit der katholischen Kirche identifiziert wird, konstituieren; in der Terminologie der Apologetik ausgedrückt: das *vinculum symbolicum*, das *vinculum liturgicum* und das *vinculum hierarchicum*. Allen, die auch nur eine der genannten Forderungen nicht bedingungslos erfüllen, wird die Zugehörigkeit zur Kirche abgesprochen und den religiösen Gemeinschaften, in denen sie leben, jede ekklesiologische Würdigung versagt[2].

Die aus dieser Sicht sich ergebenden Folgerungen bezüglich einer *Potestas propria et exclusiva* der nichtkatholischen christlichen Gemeinschaften über die Ehe liegen auf der Hand. Hoheit über die Ehe der Getauften kann nur der katholischen Kirche zukommen, welche — vollkommen identisch mit der Kirche Jesu Christi — allein die zum Kirchesein erforderlichen Eigenschaften besitzt. Den nichtkatholischen christlichen Gemeinschaften, denen jegliche ekklesiologische Würdigung versagt wird, kann eine Vollmacht über die Ehe der Getauften nicht zugesprochen werden. Das bedeutet unter anderem, daß sie unfähig sind Ehegesetze zu erlassen, sowie in Ehesachen Recht zu sprechen.

2. Der CIC 1917 und die ihm zugrundeliegende Kirchen- und Kirchengliedschaftstheorie[3]

Das kirchliche Gesetzbuch von 1917 identifiziert die konkrete, sichtbare, hierarchisch organisierte, ständisch gegliederte katholische Kirche in ihren

---

fuerunt et recesserunt ut haeretici et apostatae. Ratione secundae excluduntur catechumeni et excommunicati [...] Ratione tertiae excluduntur schismatici» (vgl. R. BELLARMIN, *Disputationes*, tom. II, lib. III, cap. 2).

[2] Neben der wirklichen Kirchenzugehörigkeit, definiert als Verbundenheit mit der sichtbaren Gemeinschaft der Kirche durch das dreifache Band des Glaubensbekenntnisses, der Sakramente und der Anerkennung der Hierarchie, anerkennt Bellarmin wohl auch eine Zugehörigkeit dem Verlangen nach, ein «*votum implicitum Ecclesiae*». «Respondeo igitur, quod dicitur, extra Ecclesiam neminem salvari, intelligi debere de iis, qui neque ex ipsa, nec desiderio sunt de Ecclesia, sicut de baptismo communiter loquuntur theologi [...] Quoniam autem catechumeni si non re, saltem voto sunt in Ecclesia ideo salvari possunt» (R. BELLARMIN, *Disputationes*, tom. II, lib. III, cap. 2).

[3] Vgl. F.X. WERNZ - P. VIDAL, *Ius Canonicum*, I, 191-195, n. 147 und II, 2 f.; J.B. HARING, *Grundzüge des katholischen Kirchenrechts*, I/II, 38; A. HAGEN, *Die kirchliche Mitgliedschaft*, 5 ff. und 49; G.J. EBERS, *Grundriß*, 254; A. KOENIGER - F. GIESE, *Grundzüge des katholischen Kirchenrechts*, 65 und 71; ST. SIPOS - L. GÁLOS, *Enchiridion iuris canonici*, 68; E. EICHMANN - K. MÖRSDORF, *Lehrbuch des Kirchenrechts*, I, 176; N. HILLING, «Die kirchliche Mitgliedschaft», 123; F.H. VERING, *Lehrbuch*, 831; J.B. SÄGMÜLLER, *Lehrbuch*, II, 29; A. KNECHT, *Handbuch*, 296, Note 2.

III. KAPITEL: KIRCHE JESU CHRISTI — BELLARMIN BIS VAT. II

verschiedenen Riten mit der einen Kirche Jesu Christi. Außer der katholischen gibt es keine «andere» christliche Kirche oder kirchliche Gemeinschaft. Nach der Terminologie des CIC 1917 gibt es jedoch, und hierin besteht der entscheidende Unterschied zu Bellarmin, *per se* keinen gültig Getauften, der außerhalb der so verstandenen Kirche Jesu Christi stehen könnte. Das kirchliche Gesetzbuch geht davon aus, daß die Menschen aufgrund der Taufe sakramental seinshaft in den einen Leib Christi eingegliedert werden, zu der einen Kirche Jesu Christi gehören, welche als die alle Getauften umfassende Kirche kraft Stifterwillens identisch ist mit der *Ecclesia catholica*[4]. «Baptismate homo constituitur in Ecclesia Christi

---

[4] Diese Auffassung wurde vom kirchlichen Lehramt seit frühester Zeit immer wieder und in aller Deutlichkeit vertreten:
Schon im 3. Jahrhundert hatte Rom die Gültigkeit der Häretikertaufe anerkannt und jeden gültig Getauften als Glied der katholischen Kirche angesehen. Diese Konsequenz wurde auch später bejaht. So sprach das III. Konzil von Valence (855 unter Papst Leo IV.) von der Eingliederung jedes Getauften in die katholische Kirche. Kanon 5 dieses Konzils bestimmte: «Item firmissime tenendum credimus, quod omnis multitudo fidelium ex aqua et Spiritu Sancto (Jo 3,5) regenerata, ac per hoc veraciter Ecclesiae incorporata, et iuxta doctrinam apostolicam in morte Christi baptizata (Rom 6, 3), in eius sanguine sit a peccatis abluta [...]». (CONC. VALENTINUM, can. 5, in *DS* 632). Analog betonte Papst Eugen IV., daß jeder Getaufte Gemeinschaft mit Christus erhält und Mitglied der (katholischen) Kirche wird. «Primum omnium sacramentorum locum tenet sanctum baptisma, quod vitae spiritualis ianua est: per ipsum enim membra Christi ac de corpore efficimur Ecclesiae [...]». (CONC. FLORENTINUM, Bulle *Exultate Deo* v. 22 November 1439 [*Decretum pro Armenis*], in *DS* 1314 und in *NR* 528, sowie in *CICF*, I, 73).
Von dieser Sicht geprägt waren ebenfalls die im folgenden zitierten Lehrsätze des Konzils von Trient über das Sakrament der Taufe (CONC. TRIDENTINUM, sess. 7, cann. 4, 7, 8 und 11: «Wer sagt, die Taufe, obschon im Namen des Vaters und des Sohnes und des Heiligen Geistes, mit der Absicht zu tun, was die Kirche tut, aber von Irrgläubigen gespendet, sei keine wahre Taufe, der sei ausgeschlossen» [can. 4]. «Wer sagt, die Getauften würden durch die Taufe selber nur auf den Glauben verpflichtet, nicht aber auf die Beobachtung des ganzen Gesetzes Christi, der sei ausgeschlossen» [can. 7]. «Wer sagt, die Getauften seien von allen Vorschriften der heiligen Kirche frei, geschriebenen oder überlieferten, und sie seien zu ihrer Beobachtung nicht gehalten, wenn sie sich ihnen nicht aus eigenem Antrieb unterwerfen wollten, der sei ausgeschlossen» [can. 8]. «Wer sagt, die wahre und richtig gespendete Taufe müsse wiederholt werden, wenn jemand vor den Ungläubigen den Glauben an Christus verleugnet und jetzt zur Buße umkehrt, der sei ausgeschlossen» [can. 11] (in *DS* 1617; 1620, 1621 und 1624 und in *NR* 535; 538, 539 und 542).
Die Zugehörigkeit aller gültig Getauften zur katholischen Kirche wurde in aller Deutlichkeit von Papst BENEDIKT XIV. in der Apost. Konst. *Singulari Nobis* vom 9. Februar 1749 ausgesprochen. Dort heißt es in §13: «Deinde id etiam compertum est, eum, qui baptisma ab haeretico rite suscepit, illius vi Ecclesiae Catholicae membrum effici; privatus siquidem baptizantis error hac cum felicitate privare nequit, si Sacramentum conferat in fide verae Ecclesiae, atque eius instituta servet in his, quae

persona cum omnibus christianorum iuribus et officiis, nisi, ad iura quod attinet, obstet obex, ecclesiasticae communionis vinculum impediens, vel lata ab Ecclesia censura»[5].

Durch die Taufe[6] wird der Mensch in unwiderruflicher Weise[7] Person[8] in der Kirche Jesu Christi mit allen Rechten und Pflichten, die sich aus der Zugehörigkeit zu derselben ergeben. Dies hat zur Konsequenz, daß nicht nur der in der katholischen Kirche Getaufte, sondern darüber hinaus jeder, der in einer nichtkatholischen christlichen Gemeinschaft vom katholischen Standpunkt aus gültig getauft worden ist, automatisch von der katholischen Kirche als Mitglied in Anspruch genommen wird.

Näherhin drückt sich die Zugehörigkeit zur Kirche Jesu Christi aus, in demselben Glaubensbekenntnis (*vinculum symbolicum*), dem Bekenntnis zu denselben Sakramenten (*vinculum liturgicum*) und dem Unterstelltsein unter die kirchliche Leitung, den Papst und die Bischöfe (*vinculum hierarchicum*). Getaufte, die sich nicht zu den genannten drei *vincula* bekennen, sind

---

pertinent ad validitatem baptismi [...] §16 [...] sic haeretici Ecclesiae subditi sunt, et legibus Ecclesiasticis tenentur» (*CICF*, II, n. 394, p. 197; sowie *DS* 2567 und 2570).

Dieselbe Auffassung kommt in den Litterae Apostolicae *Multiplices Inter* vom 10. Juni 1851 zum Ausdruck, in welchem Papst PIUS IX. Franciscus de Paula G. Vigil zum Vorwurf machte: «Reges aliosque principes, qui per baptismum facti sunt membra Ecclesiae, subtrahit ab eiusdem ecclesiae iurisdictione[...]» (*CICF*, II, n. 510, p. 856).

In seinem Schreiben an den deutschen Kaiser Wilhelm I. vom 7. August 1873 betonte PIUS IX., daß die gültig getauften Protestanten der katholischen Kirche angehören: «Denn jeder, welcher die Taufe empfangen hat, gehört in irgendeiner Beziehung oder auf irgend eine Weise, welche hier näher darzulegen nicht der Ort ist, gehört, sage ich, dem Papste an» (in K. MIRBT, *Quellen*, 470 und in U. MOSIEK, *Verfassungsrecht*, I, 66, Anm.3).

[5] Can. 87 CIC/1917.

[6] Also noch nicht mit der Geburt von getauften Eltern oder aufgrund einer bloßen Bekundung der Taufabsicht (seitens des Taufwilligen oder seiner Erziehungsberechtigten).

[7] Das Sakrament der Taufe prägt dem Getauften ein unauslöschliches Siegel (*character indelebilis*) ein (vgl. can. 732 CIC 1917) und macht ihn in *unwiderruflicher* Weise zum Kirchenglied, zur *Persona in ecclesia catholica*. Von daher kann es weder einen Austritt noch einen Ausschluß aus der Kirche geben, da das Band, das die Getauften mit ihr verbindet, indem es Gott zum Urheber hat, jeder menschlichen Macht entzogen ist. Für die Mitgliedschaft in der katholischen Kirche gilt: *Semel catholicus semper catholicus*.

[8] Es handelt sich hier um einen im strikt juristischen Sinn zu verstehenden Personbegriff, mit dem zum Ausdruck gebracht werden soll, daß dem Menschen durch die Taufe eine unverlierbare Rechtspersönlichkeit in der Kirche Christi verliehen wird (vgl. hierzu W. ONCLIN, «Considerationes», 17 ff.).

III. KAPITEL: KIRCHE JESU CHRISTI — BELLARMIN BIS VAT. II

Häretiker oder Schismatiker[9], bleiben als solche aber *Personae in ecclesia catholica*, mit der Eigenheit jedoch, daß sie, aufgrund von Sperre oder Strafe in derselben keine Rechte ausüben dürfen, nicht jedoch einer Minderung ihrer Pflichten unterliegen.

Der Kodex 1917 löst die Frage der Kirchengliedschaft also durch eine Fiktion[10], indem er die gesamte Christenheit als katholische Kirche begreift, in der aber weite Teile von der aktiven Kirchengemeinschaft ausgeschlossen sind.

Wenn nun alle Getauften Person in der *Ecclesia catholica* sind, kann es natürlich außerhalb derselben keine nichtkatholischen Kirchen oder kirchlichen Gemeinschaften geben, in welche die Nichtkatholiken durch die Taufe eingegliedert würden. Demzufolge sieht das kirchliche Gesetzbuch von 1917 die nichtkatholischen Christen auch nicht als in Bekenntnisgemeinschaften Zusammengeschlossene an[11], wenn auch in der Praxis der CIC 1917 sein Wissen um die Tatsache erkennen läßt, daß die nichtkatholischen Christen in aller Regel in Gemeinschaften leben. Diese Zusammenschlüße erscheinen dem Gesetzgeber von 1917 jedoch nur in der negativen Sicht des von der

---

[9] Was die mit den Begriffen Häresie und Schisma verbundene Vorwerfbarkeit für den einzelnen angeht, wurde in der kanonistischen Doktrin unterschieden zwischen sogn. formellen Häretikern und Schismatikern, die als katholisch getaufte und erzogene Christen die Tatbestände der Häresie oder des Schismas verwirklichten und mit kirchlichen Strafen belegt wurden, und sogenannten materiellen Häretikern und Schismatikern, die ohne persönliche Schuld in einer nichtkatholischen christlichen Lehre getauft und erzogen wurden und die nicht unter das kirchliche Strafrecht fielen; letzteren war die Ausübung der Gliedschaftsrechte nicht durch eine Zensur, wohl aber durch eine tatsächliche Sperre, (*obex*) versagt (can. 87 CIC 1917), der durch ihr materielles Häretiker- bzw. Schismatikersein bedingt war. Durch diese Sperre wurde aber das Personsein in der Kirche als solches in seiner Substanz nicht berührt (vgl. hierzu E. EICHMANN - K. MÖRSDORF, *Lehrbuch des Kirchenrechts*, I, 175-184, und vor allem H. HEINEMANN, *Die rechtliche Stellung der nichtkatholischen Christen*). In diesem kanonistischen Konzept des CIC 1917 sieht W. AYMANS bei allem Fragwürdigen dieser Sicht ein faszinierendes Element, nämlich, daß hier die Einheit der Kirche Jesu Christi als sakramentale Gabe real und insoweit unzerstörbar grundgelegt ist («Die kanonistische Lehre von der Kirchengliedschaft», 406-407).

[10] Diese Lösung ist theologisch beachtlich, doch muß sie unzureichend bleiben, weil sie unerklärt läßt, wie das in irgendeiner Form tatsächlich vorhandene kirchliche Leben in den von der katholischen Einheit getrennten Teilen der Christenheit zu bewerten ist. Hierauf eine Antwort zu geben, blieb dem in einer erneuerten ökumenischen Landschaft stehenden II. Vatikanischen Konzil vorbehalten (vgl. W. AYMANS, «Die kanonistische Lehre von der Kirchengliedschaft» und M. KAISER, «Zugehörigkeit», 199).

[11] Nach dem kirchlichen Gesetzbuch vom Jahre 1917 kann es eigentlich nur die einzelnen, von der Gemeinschaft der katholischen Kirche getrennt lebenden Häretiker oder Schismatiker geben.

katholischen Kirchengemeinschaft Getrenntseins. Es werden keine anderen kirchlichen Gemeinschaften im Rechtssinn zur Kenntnis genommen, sondern nur organisierte Gruppen von Häretikern oder Schismatikern. Das kirchliche Gesetzbuch von 1917 bedient sich daher für die nichtkatholischen Bekenntnisgemeinschaften hauptsächlich des Titels *sectae*[12].

Da in der Optik des CIC 1917 alle gültig getauften Menschen der katholischen Kirche angehören, ganz gleich, ob sie sich zu eben dieser Kirche bekennen oder nicht, bestimmte das Gesetzbuch konsequenterweise in can. 12, daß alle Getauften — den Vernunftgebrauch und in der Regel die Vollendung des siebten Lebensjahres vorausgesetzt[13] — den Gesetzen der katholischen Kirche unterworfen sind[14], sofern das kanonische Recht nicht selbst ausdrücklich nichtkatholische Christen ausnimmt[15]; der Wille des Getauften, sich den Vorschriften der Kirche zu unterwerfen, ist nicht Vor-

---

[12] Näherhin werden diese entweder als *sectae haereticae seu schismaticae* (cann. 167 §1 n.4, 765 n.2, 1060, 1240 §1 n.1) oder im umfassenden Sinne als *sectae acatholicae* (cann. 542 §1, 693, 1131) bezeichnet, wobei in diesem Falle die Glaubensgemeinschaften ebenso gemeint sind wie etwa atheistische Gruppen. Allein can. 1065 §1 unterscheidet zwischen einer *secta acatholica* und einer *societas ab ecclesia damnata*, und in can. 2314 §1 n.3 wird man, nachdem im Strafrecht enge Auslegung stets angezeigt ist, unter *sectae acatholicae* nur Bekenntnisgemeinschaften zu verstehen haben, denn can. 2335 bietet eine eigene Norm bzgl. der *sectae massonicae aliaeve eiusdem generis associationes*.

[13] Vgl. can 88 §3 CIC 1917.

[14] Vgl. CONCILIUM TRIDENTINUM, sess. 7, can. 7: «Wer sagt, die Getauften würden durch die Taufe selber nur auf den Glauben verpflichtet, nicht aber auf die Beobachtung des ganzen Gesetzes Christi, der sei ausgeschlossen» (*DS* 1620 und in *NR* 538).

[15] Die wichtigsten Ausnahmen enthalten can. 1099 §2, wonach getaufte Christen, die weder in der katholischen Kirche getauft noch jemals zu ihr übergetreten sind, bei der Eheschließung nicht an die kanonische Form gebunden sind, wenn sie untereinander heiraten, und can. 1070 §1, wonach für den gleichen Personenkreis auch das Ehehindernis der Kultusverschiedenheit bei der Ehe mit Ungetauften nicht gilt. Die Frage, ob darüber hinaus alle Gesetze des rein menschlichen Kirchenrechts, die weder die Glaubens- und Sittenlehre noch sonst das Gemeinwohl und die öffentliche Ordnung der Kirche schützen wollen, sondern nur die Heiligung des einzelnen Christen bezwecken (z.B. Gebote und Verbote über kirchliche Feier- und Festtage, über Abstinenz, Beichte und das Hören der Messe) für die getauften Nichtkatholiken von vornherein unverbindlich seien (so z.B. H.J. CICOGNANI - D. STAFFA, *Commentarium ad librum I CIC*, I, 203), oder ob die getauften Häretiker und Schismatiker wegen Verletzung dieser Verhaltensnormen nur aus subjektiven Gründen, nämlich wegen Unkenntnis der betreffenden Normen oder wegen ihrer Überzeugung von deren Unverbindlichkeit, nicht strafbar seien (so A. VERMEERSCH - J. CREUSEN, *Epitome iuris canonici*, I, 123, n. 106), blieb unter den Kanonisten umstritten.

aussetzung ihrer Verbindlichkeit, auch wenn die Taufe im unmündigen Alter erfolgt ist[16].

Die aus der dem kirchlichen Gesetzbuch von 1917 zugrundeliegenden Sicht sich ergebenden Folgerungen bezüglich einer *Potestas propria et exclusiva* der nichtkatholischen christlichen Gemeinschaften über die Ehe liegen auf der Hand. Hoheit über die Ehe der Getauften kann nur der katholischen Kirche zukommen, welche vollkommen und in ausschließlicher Weise identisch mit der Kirche Jesu Christi ist und der alle Getauften als Glieder angehören. Da den nichtkatholischen christlichen Gemeinschaften jegliche ekklesiologische Würdigung versagt wird, kann ihnen auch keine Vollmacht über die Ehen der Getauften zugesprochen werden. Das bedeutet unter anderem, daß sie unfähig sind, Ehegesetze zu erlassen und in Ehesachen Recht zu sprechen. Demzufolge bestimmte can. 1016 CIC/1917, daß sich die Ehe der Getauften nicht allein nach dem göttlichen, sondern auch nach dem kanonischen Recht richte, unbeschadet der Zuständigkeit der weltlichen Gewalt hinsichtlich der rein bürgerlichen Wirkungen der Ehe.

Wenn aber nun alle Getauften *Personae in ecclesia catholica* sind, wäre es dann nicht möglich, daß die häretischen und schismatischen Gemeinschaften, wie andere Gruppen in der Kirche Jesu Christi, gemäß den Kanones des kirchlichen Gesetzbuches über die Gewohnheit, in der Folge in ihrem Ambitus geltende, die Ehe betreffende Gewohnheiten einführen könnten? Diese Frage wurde von der großen Mehrzahl der Kanonisten mit der Begründung negativ beantwortet, daß solchen Gewohnheiten, da ihr Fundament letztlich die Rebellion gegen die Kirche Jesu Christi sei und sie damit die kirchliche Disziplin unterhöhlten, jegliche Vernünftigkeit abgesprochen werden müsse[17]. Sie seien dementsprechend zu verwerfen[18].

---

[16] Vgl. CONC. TRIDENTINUM, sess. 7, cann. 8 u. 14 «Wer sagt, die Getauften seien von allen Vorschriften der heiligen Kirche frei, geschriebenen oder überlieferten, und sie seien zu ihrer Beobachtung nicht gehalten, wenn sie sich ihnen nicht aus eigenem Antrieb unterwerfen wollten, der sei ausgeschlossen» [can. 8]. «Wer sagt, solche kleine Kinder, die getauft wurden, müsse man in reiferem Alter fragen, ob sie das bestätigen wollten, was die Paten in ihrem Namen bei der Taufe versprochen haben, und wenn sie antworteten, sie wollten es nicht, dann müsse man sie ihrem eigenen Gutdünken überlassen und man dürfe sie einstweilen mit keiner anderen Strafe zum christlichen Leben zwingen, als daß man sie von dem Empfang der Eucharistie und der anderen Sakramente fernhalte bis sie sich eines besseren besännen, der sei ausgeschlossen» [can. 14] (*DS* 1621; 1627/*NR* 539; 545). Vgl. E. EICHMANN - K. MÖRSDORF, *Lehrbuch des Kirchenrechts*, I, 177.

[17] Vgl. can. 27 CIC/1917.

[18] Vgl. A. VAN HOVE, *De consuetudine*, 81, n. 83; G. MICHIELS, *Normae generales Iuris Canonici*, II, 57-59; vgl. in dieser Studie, s. 156, vor allem Anm. 14.

Explizit stand sodann der Bildung von Gewohnheiten im Bereich der Ehehindernisse can. 1041 CIC/1917 entgegen, welcher bestimmte: «Consuetudo novum impedimentum inducens aut impedimentis existentibus contraria reprobatur».

3. Kirche und Kirchengliedschaft nach der Enzyklika *Mystici Corporis* Papst Pius' XII.

Die Enzyklika *Mystici Corporis* Papst Pius' XII. vom 29. Juni 1943[19] hält an der vollkommenen und ausschließlichen Identität der katholischen Kirche mit der Kirche Jesu Christi fest.

Bei einer Wesenserklärung dieser wahren Kirche Christi, welche die heilige, katholische, apostolische, römische Kirche ist, kann nichts Vornehmeres und Vorzüglicheres, nichts Göttlicheres gefunden werden als jener Ausdruck, womit sie als «der mystische Leib Jesu Christi» bezeichnet wird[20].

Die Zugehörigkeit zur Kirche Christi wird durch den Begriff der Gliedschaft ausgedrückt:

Den Gliedern (*membra*) der Kirche aber sind in Wahrheit (*reapse*) nur jene zuzuzählen, die das Bad der Wiedergeburt empfingen, sich zum wahren Glauben bekennen und sich weder selbst zu ihrem Unsegen vom Zusammenhang des Leibes getrennt haben noch wegen schwerer Verstöße durch die rechtmäßige kirchliche Obrigkeit davon ausgeschlossen worden sind[21].

Deutlich läßt diese Formulierung den Einfluß der im Anschluß an Robert Bellarmin von der Apologetik immer wieder herausgestellten Voraussetzungen für die Kirchenzugehörigkeit erkennen, die *Professio verae fidei*, die *Communio sacramentorum* und die *Subiectio ad Romanum Pontificem*[22].

Die nichtkatholischen Christen erfüllen die von der Enzyklika aufgestellten Bedingungen der Kirchengliedschaft nicht, sind von daher also, da die Kirche Jesu Christi mit der katholischen Kirche identifiziert wird, nicht in Wahrheit (*reapse*) Glieder der Kirche Jesu Christi. Ebenso wie die Ungetauften können sie höchstens auf Grund eines «unbewußten Verlangens und

---

[19] *AAS* 35 (1943) 193-248; deutsch in: A. ROHRBASSER, *Heilslehre der Kirche*, 466-526.
[20] *AAS* 35 (1943), 199. Vgl. auch Enzyklika *Humani generis*, *AAS* 42 (1950), 571: «[...] der mystische Leib Christi und die römisch-katholische Kirche ein und dasselbe seien».
[21] *AAS* 35 (1943) 202.
[22] R. BELLARMIN, *Disputationes*, tom. II, lib. III, cap. 2 (Zitation in dieser Studie, s. 49, Anm. 1).

Wünschens» (*quoddam desiderio ac voto*) auf diese hingeordnet sein[23].

Der von verschiedenen Autoren festgestellte scheinbare Widerspruch zwischen den Aussagen des kirchlichen Gesetzbuches und der Enzyklika *Mystici Corporis* über die Kirchengliedschaft führte hinsichtlich des Versuchs einer Auflösung zu einer harten Kontroverse zwischen Kanonisten und Dogmatikern, und zuguterletzt zur Entwicklung der sogenannten «kanonistischen Kirchengliedschaftstheorie» auf der einen und der «dogmatischen» auf der anderen Seite[24]. Die Hauptvertreter beider Theorien im deutschsprachigen Raum waren K. Mörsdorf und K. Rahner[25].

K. Mörsdorf[26] und mit ihm die meisten deutschen Kanonisten unterschieden zwischen einer konstitutiven (konsekratorischen, konstitutionellen oder auch passiven) und einer tätigen (aktiven) Kirchengliedschaft. Konstitutive Glieder der Kirche sind in unverlierbarer Weise jene, die durch die Taufe der Kirche Christi eingegliedert wurden. Die tätige Gliedschaft dagegen liegt im Bereich des tatsächlichen Handelns und besteht aus Akten, die auf der Ebene der freien personalen Entscheidung liegen. Von daher setzt sie die weiteren in der Enzyklika Pius' XII. geforderten Merkmale der Kirchengliedschaft voraus[27].

Von der Mehrzahl der deutschen Kanonisten wurden die Aussagen von *Mystici Corporis* dahin interpretiert, daß hier nur die tätige Gliedschaft angesprochen und somit den nichtkatholischen Christen abgesprochen wird, nicht aber die konstitutive.

---

[23] Vgl. PIUS XII., *Mystici Corporis*, n. 101.

[24] Vgl. F. ARNOLD, «Die Zugehörigkeit zur katholischen Kirche», 174, Anm. 10.

[25] Vgl. hierzu: W. AYMANS, «Die kanonistische Lehre von der Kirchengliedschaft», 401 f. und H. MÜLLER, «Zugehörigkeit zur Kirche».

[26] Vgl. K. MÖRSDORF, «Die Kirchengliedschaft». Von den späteren Ausführungen Mörsdorfs zu demselben Thema seien erwähnt: «Der Codex Iuris Canonici und die nichtkatholischen Christen»; «Persona in Ecclesia Christi»; E. EICHMANN - K. MÖRSDORF, *Lehrbuch des Kirchenrechts*, I, 183.

[27] E. EICHMANN - K. MÖRSDORF, *Lehrbuch des Kirchenrechts*, I, 176 f.; K. MÖRSDORF, «Der Codex Iuris Canonici und die nichtkatholischen Christen», 39; N. HILLING, «Die kirchliche Mitgliedschaft», 126 und 128 f. Zustimmend: M. SCHMAUS, *Katholische Dogmatik*, III/1, 410 ff.; vgl. ferner L. BENDER, «Persona in Ecclesia — membrum Ecclesiae», nach dessen Auffassung Häretiker und Schismatiker zwar unwiderruflich der Kirche als Zweckorganisation, jedoch nicht der Gemeinschaft der Gläubigen, die den «mystischen Leib» Christi bilden, angehören.

Für K. Rahner[28], A. Gommenginger[29] und andere hingegen schließt die kanonistische Gliedschaftstheorie, allzu voreilig von der Unterworfenheit unter die Rechtsgewalt der Kirche auf die Gliedschaft des Unterworfenen in der Kirche, anstatt beides sauber zu unterscheiden. Die Vertreter der dogmatischen Mitgliedschaftstheorie sehen in der durch die Taufe begründeten Rechtspersönlichkeit nämlich nicht die Kirchengliedschaft, sondern nur eine «Unterworfenheit» unter die Kirche (Untertanschaft). Zudem ist für sie der Begriff *Persona in ecclesia* nicht ohne weiteres mit dem des Kirchenmitglieds identisch: sowohl die *Membra* als auch die *Subditi ecclesiae* sind nach ihrer Auffassung *Personae in ecclesia*. Mit der durch die Taufe begründeten Rechtsfähigkeit entsteht ein bloßes Untertanenverhältnis, nicht aber schon die Gliedschaft in der Kirche. Zum Erwerb der Kirchengliedschaft, die nicht unverlierbar ist, sind hingegen neben der Taufe das Bekenntnis zum katholischen Glauben und die Unterstellung unter die kirchliche Hierarchie unabdingbare Voraussetzungen. Häretiker und Schismatiker sind nach dieser Auffassung nicht als Kirchenmitglieder, sondern nur als «Untertanen» (*Subditi*) der Kirche zu betrachten[30].

---

[28] Vgl. K. RAHNER, «Die Zugehörigkeit zur Kirche», 129-188; ID., «Die Gliedschaft in der Kirche», 7-94.

[29] A. GOMMENGINGER, «Bedeutet die Exkommunikation Verlust der Kirchengliedschaft?», 1-71.

[30] So F.X. WERNZ – P. VIDAL, *Ius Canonicum*, I, 193 (Fußnote); M. CONTE A CORONATA, *Institutiones iuris canonici*, I, 11; K. RAHNER, «Die Zugehörigkeit zur Kirche», 142; A. GOMMENGINGER, «Bedeutet die Exkommunikation Verlust der Kirchengliedschaft?», 16-23; G. MICHIELS, *Principia generalia de personis in Ecclesia*, 22, Note 1; vgl. ferner J. BRINKTRINE, «Was lehrt», 290-300, insb. 295, sowie H. SCHAUF, «Zur Frage der Kirchengliedschaft», 223 f. Gegen diese These K. MÖRSDORF, «Persona in Ecclesia Christi», 371 ff.
Einen Mittelweg zwischen der kanonistischen und der dogmatischen Kirchengliedschaftstheorie scheint W. BERTRAMS zu verfolgen. Der Autor sieht keinen Widerspruch zwischen can. 87 CIC 1917 und der Enzyklika *Mystici Corporis*. Nach seiner Theorie wird der Mensch durch die Taufe der Kirche Jesu Christi *verbunden*, er wird ihr jedoch nur im eigentlichen Sinne *eingegliedert*, d.h. *Membrum* oder *Persona in ecclesia* mit allen Rechten, wenn er nicht mit einem Hindernis behaftet ist, welches das Band der kirchlichen Gemeinschaft hindert, sowie nicht eine rechtmäßige Strafe über ihn verhängt ist. Wenn also jemand, aufgrund des *Defectus fidei et unionis ecclesiae* nicht alle Rechte in der Kirche Jesu Christi besitzt, kann er nicht *Glied* derselben oder *Person* in derselben sein; er gehört ihr zwar an, ist ihr aber nicht inkorporiert. Bertrams unterscheidet im Gegensatz zu Mörsdorf (kanonistische Gliedschaftstheorie), der allen Getauften Gliedschaft in der Kirche zuspricht, nicht zwischen einer konstitutiven und einer tätigen Kirchen*gliedschaft*, sondern zwischen einer Verbundenheit mit der Kirche und der eigentlichen Gliedschaft in derselben, welch letztere er jedoch mit dem Personsein ineinssetzt, was ihn wiederrum von der

Nach den Vertretern der kanonistischen Mitgliedschaftstheorie läßt sich diese Unterscheidung zwischen *Membra ecclesiae* und *Subditi ecclesiae* sowie die Verhältnisbestimmung beider zum Begriff der *Persona in ecclesia* nicht halten. Untertanschaft wird stets durch Gliedschaft begründet, während Gliedschaft wiederrum identisch ist mit Personsein[31]. K. Mörsdorf hat die Deckungsgleichheit der Termini *Persona* und *Membrum* in einer umfangreichen Untersuchung nachgewiesen[32]. Nach ihm sind beide Begriffe in rechtlicher Hinsicht dadurch gekennzeichnet, daß mit ihnen die Trägerschaft von Rechten und Pflichten verbunden ist. Eine bloße Unterworfenheit unter die Rechtsgewalt der Kirche und somit die Rechtsstellung als bloßes Pflichtensubjekt komme niemals in Frage, weil mit der Taufe der wirkliche Besitz gewisser unverlierbarer Grundrechte verbunden sei und bleibe[33].

Die soeben wiedergegebene Kontroverse zu überwinden suchend hat H. Schauf in einem Aufsatz zur Frage der Kirchengliedschaft die folgende These aufgestellt, die sich bereits stark der Lehre des II. Vatikanischen Konzils nähert:

Kirchengliedschaft ist gestuft und kommt gestuft vor. Glieder der Kirche im Vollsinn (*pleno iure*, *perfecte* oder *integraliter*) — und in diesem Sinne möchte man das Wort *reapse* aus dem Rundschreiben *Mystici Corporis* am liebsten deuten — sind nur jene, von denen die erste These spricht (die die 3 *vincula* besitzen) und die die zweite These tätige Glieder nennt. Aber echte Glieder, wenn auch minderen Ranges, sind alle Getauften, wenigstens solange sie den übernatürlichen Glauben besitzen und bekennen. Weil die getrennten Brüder die katholische Kirche nicht als ihre Kirche anerkennen, müssen sie in gewisser Weise von dieser Kirche getrennt sein. Sie können nicht als deren Söhne und Glieder im vollen Sinne, d.h. so wie die Katholiken angesprochen werden. Sie besitzen aber doch eine grundlegende Zugehörigkeit zur Kirche aufgrund der

---

dogmatischen Gliedschaftstheorie unterscheidet (vgl. W. BERTRAMS, «De gradibus "Communionis"», 289-290).

[31] Das geht z.B. deutlich auch aus can. 12 CIC 1917 hervor: An die bloßen Kirchengesetze sind die Ungetauften nicht gebunden[...] Die Getauften und zwar ohne Einschränkung alle Getauften, unterstehen der kirchlichen Gesetzgebung. Der Grund dafür ist das mit der Taufe gegebene Personsein in der Kirche. Sobald jemand getauft ist, ist er *persona in ecclesia*, *membrum ecclesiae*, mit bestimmten Rechten und Pflichten.

[32] K. MÖRSDORF, «Persona in Ecclesia Christi», 360-393.

[33] Eine Untermauerung der These Mörsdorfs bietet CONC. FLORENTINUM, Bulle Papst EUGENS IV. *Exultate Deo* vom 22. November 1439 (Decretum pro Armenis). Dort heißt es in §10: «Die erste Stelle unter allen Sakramenten nimmt die Heilige Taufe ein, die das Eingangstor zum Gnadenleben ist. Durch sie werden wir zu Gliedern Christi (*membra Christi*) und dem Leib der Kirche eingegliedert (*CICF*, I, 73-74).

realen Wirklichkeiten, die sie haben und die ekklesiologisch bedeutsam sind. Deshalb unterscheiden sie sich grundsätzlich von den Nichtgetauften, auch von den Katechumenen. So bleibt Raum, den Protestanten und noch mehr den getrennten Brüdern der Ostkirche einen Platz in der Kirche anzuweisen, wenn auch wahr bleibt, daß weder die einen noch die anderen Glieder im vollen Sinne sind[34].

Die aus der dem päpstlichen Rundschreiben *Mystici Corporis* zugrundeliegenden Kirchengliedschaftstheorie sich ergebenden Folgerungen bezüglich einer *Potestas propria et exclusiva* der nichtkatholischen christlichen Gemeinschaften über die Ehe liegen auf der Hand.

Jenseits der soeben wiedergegebenen kanonistisch-theologischen Interpretationsversuche der dem Rundschreiben zugrundeliegenden Kirchengliedschaftstheorie wird in aller Deutlichkeit zum Ausdruck gebracht, daß die *Ecclesia catholica* die *Ecclesia Jesu Christi* ist und den christlichen Gemeinschaften, die mit dieser Kirche nicht in voller Gemeinschaft stehen, wie auch immer nun die letztendliche Hinordnung ihrer Glieder auf die katholische Kirche begründet wird, keine ekklesiale Bedeutung zuerkannt werden kann, von daher also auch keine *Potestas* über die christliche Ehe. Das bedeutet unter anderem, daß sie unfähig sind, Ehegesetze zu erlassen und in Ehesachen Recht zu sprechen.

Für die die Ehe betreffenden von den «häretischen und schismatischen Gemeinschaften» eventuell eingeführten Gewohnheiten gilt — unabhängig von der näheren Interpretation der in *Mystici Corporis* gelehrten Hinordnung der nichtkatholischen Christen auf die *Ecclesia catholica* — daß ihnen, da ihr Fundament letztlich die Rebellion gegen die Kirche Jesu Christi ist und sie damit eigentlich die kirchliche Disziplin unterhöhlen, jegliche Vernünftigkeit abzusprechen ist[35]. Sie sind dementsprechend zu verwerfen[36]. Explizit stand sodann der Bildung von Gewohnheiten im Bereich der Ehehindernisse can. 1041 CIC/1917 entgegen, welcher bestimmte: «Consuetudo novum impedimentum inducens aut impedimentis existentibus contraria reprobatur».

---

[34] H. SCHAUF, «Zur Frage der Kirchengliedschaft», 219-220; vgl. auch ID., «"Persona in Ecclesia"», 348-355.

[35] Vgl. can. 27 CIC/1917.

[36] Vgl. A. VAN HOVE, *De consuetudine*, 81, n. 83; G. MICHIELS, *Normae generales Iuris Canonici*, II, 57-59; vgl. in dieser Studie, s. 156, vor allem Anm. 14.

4. Kirche und Kirchengliedschaft nach dem Zweiten Vatikanischen Konzil

Die Texte des Zweiten Vatikanischen Konzils unterstreichen die Taufe als das konstitutive Element der Kirchengliedschaft. So heißt es in der Kirchenkonstitution *Lumen Gentium*:

> Durch die Taufe der Kirche eingegliedert, werden die Gläubigen durch das unauslöschliche Prägemal zur Ausübung der christlichen Religion bestellt, und, wiedergeboren zu Söhnen Gottes, sind sie gehalten, den von Gott durch die Kirche empfangenen Glauben vor den Menschen zu bekennen[37].

An anderer Stelle, im Kapitel über die Laien wird gesagt, daß die «Christgläubigen [...] durch die Taufe Christus einverleibt, zum Volk Gottes gemacht und des priesterlichen, prophetischen und königlichen Amtes Christi auf ihre Weise teilhaftig»[38] werden. Das Dekret über den Ökumenismus führt aus:

> Der Mensch wird durch das Sakrament der Taufe, wenn es gemäß der Einsetzung des Herrn recht gespendet und in der gebührenden Geistesverfassung empfangen wird, in Wahrheit dem gekreuzigten und verherrlichten Christus eingegliedert und wiedergeboren zur Teilhabe am göttlichen Leben [...][39]

Daß diese Gliedschaft in der Kirche Jesu Christi dem einzelnen Getauften in unverlierbarer Weise vermittelt wird, ist ebenfalls Konzilslehre. In Art. 14, 2 der Kirchenkonstitution heißt es: «Nicht gerettet wird aber, wer, obwohl der Kirche eingegliedert, in der Liebe nicht verharrt und im Schoße der Kirche zwar dem "Leib", aber nicht "dem Herzen" nach verbleibt».

Durch die Taufe wird der Mensch der Kirche Jesu Christi eingegliedert, das ist unumstößliche Lehre des II. Vatikanischen Konzils. Wie aber definiert die Kirchenversammlung diese Kirche Jesu Christi, als deren Mitglied jeder Getaufte angesehen wird? Sind katholische Kirche und Kirche Jesu Christi in vollkommener und ausschließlicher Weise identisch oder nicht und welche Konsequenzen ergeben sich aus der negativen oder positiven Beantwortung dieser Frage zum ersten in Bezug auf eine eventuelle Anerkennung nichtkatholischer christlicher Gemeinschaften und zum zweiten in Bezug auf die *Potestas propria et exclusiva* derselben über die Ehe ihrer Mitglieder?

Das Dilemma, vor dem das Konzil angesichts der Lösung dieser ekklesiologischen Grundsatzfrage stand, kann wohl am besten mit dem Bild

---

[37] LG, n. 11.
[38] LG, n. 31.
[39] UR, n. 22.

von der Quadratur des Kreises illustriert werden. Jede Anerkennung von außerhalb der *Communio Romana* existierenden Kirchen, mußte einerseits notwendigerweise zur Korrektur des bisherigen kirchlichen Selbstverständnisses führen, wie es z.B. im Kodex 1917 und in der Enzyklika *Mystici Corporis* begegnet. Andererseits hätte die Nichtanerkennung der Existenz nichtkatholischer christlicher Gemeinschaften die Aufrechterhaltung eines völlig unrealistisch gewordenen «Alleinvertretungsanspruchs» bedeutet, der den ökumenischen Bestrebungen von vornherein jede Erfolgschance genommen hätte.

Eine Lösung bot der Rückgriff auf den altkirchlichen Terminus der *Communio*[40]. Dieser Begriff, von dem die erläuternde Vorbemerkung zur dogmatischen Konstitution über die Kirche *Lumen Gentium* sagt, daß er in der alten Kirche (wie auch heute noch vor allem im Osten) hoch in Ehren stehe[41], ist als der Schlüssel zum Verständnis der Ekklesiologie des letzten Konzils anzusehen. Mit seiner Hilfe wurde es möglich, nicht nur das Selbstverständnis der katholischen Kirche zur Darstellung zu bringen, sondern auch aus katholischer Sicht eine ekklesiologische Einordnung der nichtkatholischen Kirchen und kirchlichen Gemeinschaften vorzunehmen.

Wenn die Kirche als *Communio* verstanden wird, d.h. als komplexe Gemeinschaftswirklichkeit, gebildet aus zahlreichen und verschiedenartigen kirchebildenden Faktoren und Elementen, besteht die Möglichkeit, daß sich auch in nichtkatholischen christlichen Konfessionen kirchebildende Elemente finden, die diesen Gemeinschaften kirchlichen Charakter verleihen. Die eine Kirche Christi kann so auch außerhalb der katholischen Kirche gegenwärtig sein, und sie wird insoweit präsent sein — und zwar auch sichtbar — als kircheschaffende Faktoren und Elemente in den nichtkatholischen Gemeinschaften wirksam sind. Von daher kann das II. Vatikanische Konzil die ausschließliche Gleichsetzung von «Kirche Christi» und «katholischer Kirche» aufgeben[42].

Während es im Schema zur Kirchenkonstitution 1963 noch geheißen hatte, daß die katholische Kirche die Kirche Jesu Christi ist[43], lautet der end-

---

[40] Vgl. O. SAIER, *Communio in der Lehre des Zweiten Vatikanischen Konzils*; R. CASTILLO LARA, «La communion ecclésiale»; W. AYMANS, «Die Communio Ecclesiarum»; H. MÜLLER, «Communio als kirchenrechtliches Prinzip»; R. SOBANSKI, «Rechtstheologische Vorüberlegungen», 178-188. Zum altkirchlichen Communio-Begriff vgl. J. WODKA, «Kirchliche Verfassungsgeschichte», 45 ff.

[41] Erläuternde Vorbemerkung (NEP), n. 2.

[42] Vgl. LG, n. 8,2.

[43] «Haec igitur Ecclesia, vera omnium Mater et Magistra, in hoc mundo ut societas constituta et ordinata, est Ecclesia catholica [...]» (*AS* III, I, 167)

gültige Text: «Die Kirche Jesu Christi, in dieser Welt als Gesellschaft verfaßt und geordnet, ist verwirklicht in der katholischen Kirche, die vom Nachfolger Petri und von den Bischöfen in Gemeinschaft mit ihm geleitet wird»[44]. Das frühere *est* wurde ersetzt durch *subsistit in*, um, wie erklärt wurde, den Kirchenbegriff in Einklang zu bringen mit der an anderer Stelle vorgetragenen Lehre, derzufolge die außerhalb der katholischen Kirche gegebenen kirchlichen Bauelemente für die Vermittlung des Heils bedeutsam sind[45]. Kirche Christi, Leib Christi, wenn auch in der katholischen Kirche in vollkommener Weise verwirklicht, werden nicht mehr in ausschließlicher Weise mit ihr identifiziert. Auch außerhalb der katholischen Kirche, in den nichtkatholischen christlichen Gemeinschaften finden sich für die Vermittlung des Heiles bedeutsame kirchebildende Elemente. In der katholischen Kirche, durch die allein man Zutritt zu der ganzen Fülle der Heilsmittel gewinnen kann[46], ist jedoch die Kirche Jesu Christi in ihrer Vollgestalt als *Societas*, als geschichtlich erfahrbare, hierarchisch verfaßte Gesellschaft konkret existent[47]. Von daher können die nichtkatholischen Kirchen und kirchlichen Gemeinschaften auch nicht den Anspruch erheben, Vollgestalt der Kirche Jesu Christi zu sein.

Wie die Kirchenkonstitution in Artikel 15, so würdigt das Ökumenismusdekret in Artikel 3 die in der nichtkatholischen Christenheit vorfindlichen Elemente der Kirchlichkeit[48]. Durch die in den nichtkatholischen Gemeinschaften sich findenden kirchlichen Elemente wird in ihnen die eine Kirche Jesu Christi gegenwärtig. Die nichtkatholischen christlichen Glaubensge-

---

[44] «Haec Ecclesia, in hoc mundo ut societas constituta et ordinata, subsistit in Ecclesia catholica, a successore Petri et Episcopis in eius communione gubernata [...]» (LG, n. 8,2).

[45] «Quaedam verba mutantur: loco "est", l.21, dicitur "subsistit in", ut expressio melius concordet cum affirmatione de elementis ecclesialibus quae alibi adsunt». (AS III, I, 177)

[46] UR, n. 3.

[47] LG, n. 8.

[48] In Artikel 15 der Kirchenkonstitution werden angeführt: Hl. Schrift, religiöser Eifer, Gottesliebe, Taufe und andere Sakramente, Episkopat, Eucharistie, Muttergottesverehrung, Gemeinschaft in Gebet und anderen geistlichen Gütern, Verbindung im Heiligen Geist. Das Ökumenismusdekret zählt im einzelnen auf: der Christusglaube; der Empfang der Taufe; das geschriebene Wort Gottes als gemeinsame Quelle des Lebens aus dem Glauben; das Leben der Gnade; Glaube, Hoffnung und Liebe und andere innere Gaben des Heiligen Geistes sowie sichtbare Elemente, zu denen die zahlreichen liturgischen Handlungen gezählt werden, die auf verschiedene Weise je nach der Verfaßtheit einer jeden Kirche und Gemeinschaft das Leben der Gnade zeugen können und als geeignetes Mittel für den Zutritt zur Gemeinschaft des Heiles angesehen werden müssen (vgl. UR, n. 3).

meinschaften sind als Gemeinschaften Mittel, deren sich der Geist Christi bedient, um ihre Glieder zum Heil zu führen[49]. Es genügt also nicht zu sagen, die Nichtkatholiken könnten das Heil erlangen, obwohl sie außerhalb der katholischen Kirche leben. Vielmehr muß gesagt werden, daß Christus ihnen das Heil schenkt durch die Wirksamkeit der nichtkatholischen Glaubensgemeinschaften, allerdings nicht aufgrund der Tatsache, daß diese von der katholischen Kirche getrennt sind, sondern insofern in ihnen kirchliche Elemente wirksam sind, durch die Christus auch in der katholischen Kirche das Heil der Gläubigen wirkt. So kommt diesen Gemeinschaften «Bedeutung und Gewicht im Geheimnis des Heiles» zu, wie das Ökumenismusdekret sagt. Sie sind Werkzeuge in der Hand Christi, durch die den Gläubigen das Wort Gottes verkündet und die Vergebung und die Gnade wirksam zugesagt werden, durch welche die Gläubigen zur Anbetung Gottes und zum Gehorsam gegenüber Gott und zum christlichen Dienst am Nächsten geführt, durch die sie geheiligt und gerettet werden. Diese Aussagen des Ökumenismusdekretes offenbaren eine, wenn auch nicht *expressis verbis* ausgesprochene, Anerkennung der nichtkatholischen christlichen Gemeinschaften als Gemeinschaften und das Zugeständnis, daß die nichtkatholisch Getauften ihr Christsein in den nichtkatholischen christlichen Konfessionen verwirklichen, denen sie angehören[50]. Diejenigen, die außerhalb der katholischen Kirchengemeinschaft zum Glauben an Christus kommen und getauft werden, werden durch die Taufe in der nichtkatholischen christlichen Gemeinschaft, deren Glied sie nunmehr werden, dem mystischen Leib Christi, der Kirche

---

[49] «Ebenso sind diese getrennten Kirchen und Gemeinschaften trotz der Mängel, die ihnen nach unserem Glauben anhaften, nicht ohne Bedeutung und Gewicht im Geheimnis des Heiles. Denn der Geist Christi hat sich gewürdigt, sie als Mittel des Heiles zu gebrauchen, deren Wirksamkeit sich von der der katholischen Kirche anvertrauten Fülle der Gnade und Wahrheit herleitet» (UR, n. 3).

[50] Hierzu schreibt H. DOMBOIS: «Das Konzil hat im Dekret über den Ökumenismus sich zu der Möglichkeit und Notwendigkeit bekannt, konkrete ekklesiale Beziehungen zu den getrennten Kirchen und Kirchengemeinschaften aufzunehmen. Es vermeidet dabei die direkte Anwendung des juristisch bedeutungsvollen Terminus *agnoscere* auf diese, bezieht ihn aber auf die bei den Getrennten sich erweisenden *bona vera christiana*. Aber eine Trennung geistlicher Güter von ihren Trägern als Subjekt ist nicht wohl möglich. So ist dieser Sprachgebrauch als die vorsichtigste Form der De-facto-Anerkennung zu deuten, durch den das mögliche Mißverständnis der nicht beabsichtigten vollen Anerkennung vermieden werden soll. Dennoch kann man mit niemand Beziehungen aufnehmen, dessen Rechtsexistenz man *funditus* verneint [...] Jedenfalls ist hier die Rechtsfiktion aufgegeben, daß es sich bei den getrennten Christen nicht um kirchliche Gemeinschaften, sondern nur um eine Summe einzelner Christen handele, deren geschichtliche Verbundenheit für diese Beziehungen und also gerade kirchenrechtlich irrelevant sei» («Ökumenismus - Inhalt und Grenzen», 284-285).

Jesu Christi eingegliedert. Wenn sie damit auch nicht der katholischen Kirche als dieser bestimmten gesellschaftlich verfassten Glaubensgemeinschaft angehören, stehen sie aber doch durch Glaube und Taufe mit ihr in einer grundlegenden Gemeinschaft. Da nämlich die Kirche Christi in der katholischen Kirche ihre volle Verwirklichung findet[51], sind ihr alle Christen entweder eingegliedert[52] oder ihr in einer menschlichem Versagen entzogenen Weise verbunden[53]. Aus diesem Grunde obliegt der katholischen Kirche auch gegenüber den nichtkatholischen Christen eine besondere Verantwortung[54]. Sie äußert sich nicht nur in dem der Weisung des Herrn entsprechenden unablässigen Bemühen, unter allen Christen die volle Einheit wiederherzustellen, sondern auch z.B. in dem Anspruch, für alle Getauften rechtsverbindliche Anordnungen geben zu können.

Alle christlichen Kirchen und kirchlichen Gemeinschaften stehen nun in einer bestimmten Relation (*Communio*) zueinander und vor allem zum nach wie vor entscheidenden Bezugspunkt katholische Kirche. Die katholische Kirche weiß sich den nichtkatholischen christlichen Konfessionen in dem Maße kirchlich verbunden, in dem sie kirchebildende Elemente ihr eigen nennen[55]. Je nach den gegebenen Voraussetzungen und der Anzahl der vorhandenen kirchebildenden Elemente, sind denn auch zahlreiche Abstufungen dieser *Communio* denkbar[56]. Die Vollendung bildet die anzustrebende *Communio plena*. Im Kapitel über das Volk Gottes nennt die Kirchenkonstitution die Elemente, die zu einer solchen vollen Kirchenzugehörigkeit erforderlich sind:

Jene werden der Gemeinschaft der Kirche (*Ecclesiae societati*) voll einverleibt, die, im Besitze des Geistes Christi, ihre ganze Ordnung und alle in ihr einge-

---

[51] LG, n. 8 und UR, n. 3.

[52] LG, n. 14.

[53] LG, n. 15; UR, n. 3.

[54] Vgl. z.B. cann. 383 §3 und 528 §1 Satz 4 CIC 1983.

[55] Vgl. LG, n.15: «Mit jenen, die durch die Taufe der Ehre des Christennamens teilhaft sind, den vollen Glauben aber nicht bekennen oder die Kommunioneinheit unter dem Nachfolger Petri nicht wahren, weiß sich die Kirche aus mehrfachem Grunde verbunden». Im weiteren Verlauf des Textes werden dann die verbindenden Elemente angeführt (vgl. auch UR, n. 3).

[56] Vgl. W. BERTRAMS: «Concilium Vaticanum II cum baptizatis acatholicis admittit communionem Ecclesiae, non quidem plenam seu perfectam, sed communionem, quae varios gradus habere potest, ita ut communio quoad bona supernaturalia habeatur ea mensura, qua professio fidei et unionis christianae apud illos, respective in communitatibus eorum, habeatur» («De gradibus "Communionis"», 295). Hierzu auch: W. AYMANS, «Die kanonistische Lehre von der Kirchengliedschaft», 410-412.

richteten Heilsmittel annehmen und in ihrem sichtbaren Verband mit Christus, der sie durch den Papst und die Bischöfe leitet, verbunden sind, und dies durch die Bande des Glaubensbekenntnisses, der Sakramente und der kirchlichen Leitung und Gemeinschaft[57].

Nur die Getauften, die durch die drei in der Kirchenkonstitution genannten *Vincula* (Bekenntnis des Glaubens [*Vinculum symbolicum*], die Gemeinschaft in den Sakramenten [*Vinculum liturgicum*] und das Unterstelltsein unter die hierarchische Leitung der Kirche [*Vinculum hierarchicum*]) in sichtbarer Weise mit Christus verbunden sind, gehören zur vollen Gemeinschaft mit der katholischen Kirche[58].

Die Getauften hingegen, welche die drei genannten Voraussetzungen nicht erfüllen, stehen in einer *Communio non plena* oder *imperfecta* mit derselben.

Die Konsequenzen der hier zitierten Konzilsaussagen sind enorm. Die durch die Taufe der einen Kirche Jesu Christi gnadenhaft und unwiderruflich eingegliederten, aber von der vollen Gemeinschaft mit der katholischen Kirche getrennten nichtkatholischen Christen werden nicht mehr nur als einzelne unter dem Aspekt der von der aktiven Kirchengliedschaft getrennten Häretiker und Schismatiker betrachtet, und die Gemeinschaften, in denen sie sich *de facto* zusammengeschlossen haben, nicht mehr allein unter dem Gesichtspunkt der Trennung — als *Sectae* — gesehen. Ohne daß die Spaltungen in der Christenheit und die zu nicht geringem Teil weiterbestehenden, bisweilen recht schwerwiegenden Gründe hierfür verschwiegen oder verharmlost werden, wird doch die Sicht auf diesen beklagenswerten Zustand gleichwohl insoweit ins positive gewendet, als die in der nichtkatholischen Christenheit unübersehbar vorfindlichen kirchebildenden Elemente in ihrer kirchlichen Qualität gewürdigt werden. Das Stehen in der *Communio plena*

---

[57] LG, n. 14. In diesem Text ist zwar nicht formell von *communio* die Rede wie an zahlreichen anderen Stellen der Konzilsdokumente, sondern von *incorporatio*. Aber *incorporatio* meint hier nichts anderes als *communio* unter der Rücksicht des Eintritts: Mit der *incorporatio* beginnt die *communio*, sodaß die Aussage von LG, n. 14 von der *plena communio cum Ecclesia* gilt. Anders: V. DE PAOLIS, «In scriptum F. Coccopalmerio animadversiones», 336 f.

[58] Damit ist der bisherige klassische Katalog der Essentialien, die die Zugehörigkeit zur katholischen Kirche ausmachen, beibehalten worden, wenngleich er durch das Konzil einen nicht unwesentlichen Bedeutungswandel erfahren hat. Seinerzeit in Anlehnung an Robert Bellarmin (1542-1621) von der Apologetik entwickelt, stand er für die Zugehörigkeit zur Kirche überhaupt. Im Licht der vom II. Vatikanischen Konzil neu geschaffenen ekklesiologischen Voraussetzungen gewinnt er einen neuen Sinn. Durch die Anerkennung kirchebildender Elemente auch in den nichtkatholischen Kirchen und kirchlichen Gemeinschaften (LG 15; UR 3), konnten die drei *vincula* nicht mehr zur Umschreibung der Kirchengliedschaft überhaupt verwendet werden, sondern dienten nunmehr zur Umschreibung der *vollen* Gemeinschaft mit der katholischen Kirche.

mit der katholischen Kirche unterscheidet einen Teil der Getauften von einem anderen, dessen Status nicht mehr nur als defizient gegenüber der Zugehörigkeit zur katholischen Kirche und damit einer berechtigten Eigenexistenz entbehrend verstanden wird, sondern den Getauften, die nicht zur katholischen Kirche gehören, wird gesagt, daß sie in ihren Kirchen und kirchlichen Gemeinschaften kirchebildende Elemente verwirklichen, die auf die Einheit der Kirche Jesu Christi hingeordnet sind[59].

Mit der Aussage des II. Vatikanischen Konzils, daß die eine Kirche Jesu Christi in der katholischen Kirche verwirklicht[60], aber nicht ausschließlich identisch mit ihr ist, ja es vielmehr auch außerhalb der katholischen Kirche kirchebildende Elemente gibt[61], sowie mit der hierdurch ermöglichten Auffassung, daß nichtkatholische Christen durch die Taufe nicht der katholischen Kirche, sondern ihrer je eigenen Kirche bzw. kirchlichen Gemeinschaft eingegliedert werden und dort ihre christliche Existenz verwirklichen[62], ist dem Gesetzbuch der katholischen Kirche von 1983, im Vergleich zu den früheren Gesetzgebungen, ein vollkommen anderer ekklesiologischer Ansatz für die rechtlichen Aussagen über die nichtkatholischen Christen vorgegeben[63]. Die Bestimmungen des CIC 1917, welche alle gültig Getauften als Glieder der katholischen Kirche und als Normunterworfene des kanonischen Rechtes ansehen[64], lassen sich im Licht der oben wiedergegebenen Konzilsaussagen kaum mehr halten. Infolgedessen wird natürlich auch die Frage einer den nichtkatholischen christlichen Konfessionen zuzusprechenden *Potestas propria et exclusiva* über die Ehe der in ihnen Getauften und damit die Frage ihrer Fähigkeit Ehegesetze zu erlassen und in Ehesachen Recht zu sprechen aktuell. Wenn man auch aufgrund des zuvor Dargelegten diese Frage zunächst positiv entscheiden möchte, wird sich im weiteren Verlauf dieser Studie zeigen, daß eine undifferenzierte Bejahung nicht möglich ist.

---

[59] Vgl. UR, n. 3,2. Näheres dazu bei A. TACHÉ, «The Code of Canon Law»,134-136; H. MÜLLER, «Zugehörigkeit zur Kirche», 89-90; H. MÜHLEN, «Der Kirchenbegriff des Konzils», 304 ff.

[60] LG, n. 8,2.

[61] UR, n. 3.

[62] LG, n. 15; UR, n. 3.

[63] Vgl. hierzu etwa P. KRÄMER, «Die Zugehörigkeit zur Kirche»; M. KAISER, «Die rechtliche Grundstellung der Christgläubigen», ID., «Ökumenische Gottesdienstgemeinschaft»; H. MÜLLER, «Der ökumenische Auftrag»; W. AYMANS, «Ökumenische Aspekte»; I. RIEDEL-SPANGENBERGER, «Codex Iuris Canonici und seine ökumenischen Implikationen» und insbesondere H. HEINEMANN, «Ökumenische Implikationen des neuen kirchlichen Gesetzbuches».

[64] Vgl. CIC 1917: can. 12 und can 87.

IV. KAPITEL

Die Aussagen des CIC 1983 über Kirche und Kirchengliedschaft

Um Aufschluß über die dem CIC 1983 zugrundeliegende Kirchengliedschaftstheorie und somit über den «ekklesiologischen Status» der nichtkatholischen Christen nach dem aktuellen Gesetzbuch der lateinischen Kirche zu erhalten, empfiehlt es sich, can. 96, die Nachfolgenorm des can. 87 CIC/1917, sowie die einleitenden Kanones des kirchlichen Verfassungsrechtes in Buch II «De populo Dei» (cann. 204 und 205) einer genaueren Untersuchung zuzuführen.

1. Kanon 96 CIC/1983

Kanon 96 umschreibt das Personsein in der Kirche Jesu Christi mit folgenden Worten:

> Durch die Taufe wird der Mensch der Kirche Christi eingegliedert und wird in ihr zur Person mit den Pflichten und Rechten, die den Christen unter Beachtung ihrer jeweiligen Stellung eigen sind, soweit sie sich in der kirchlichen Gemeinschaft befinden und wenn nicht eine rechtmäßig verhängte Strafe entgegensteht[1].

Kanon 96 CIC/1983 ist der Nachfolgekanon von can. 87 CIC/1917[2].

Über die Unterschiede in der Formulierung der Gesetzestexte hinaus ist grundsätzlich zu unterstreichen, daß beide Normen in einem ekklesiologisch vollkommen verschiedenen Kontext stehen. Wie bereits dargelegt, lag dem kirchlichen Gesetzbuch von 1917 ein Kirchenbild zugrunde, welches die

---

[1] «Baptismo homo Ecclesiae Christi incorporatur et in eadem constituitur persona, cum officiis et iuribus quae christianis, attenta quidem eorum condicione, sunt propria, quatenus in ecclesiastica sunt communione et nisi obstet lata legitime sanctio».

[2] «Baptismate homo constituitur in Ecclesia Christi persona cum omnibus christianorum iuribus et officiis, nisi, ad iura quod attinet, obstet obex ecclesiasticae communionis vinculum impediens vel lata ab Ecclesia censura».

Kirche Jesu Christi in ausschließlicher Weise mit der katholischen Kirche identifizierte und demzufolge alle Getauften als ihre Glieder und damit ihren Gesetzen Unterworfene ansah. Kanon 96 CIC/1983, der in Bezug zu cann. 204 und 205 CIC/1983 zu setzen ist, ist hingegen von der auf dem Gedankengut des II. Vatikanischen Konzils fußenden Aussage bestimmt, daß der Mensch durch die gültig empfangene Taufe der Kirche Jesu Christi eingegliedert wird, welche wohl in der katholischen Kirche verwirklicht, aber nicht ausschließlich mit ihr identisch ist, denn auch außerhalb ihres Gefüges, in den nichtkatholischen christlichen Gemeinschaften, finden sich vielfältige kirchebildende und im Dienste des Heiles stehende Elemente[3].

Konkret bedeutet dies für den nichtkatholischen Christen, daß er durch die in der nichtkatholischen christlichen Gemeinschaft empfangene gültige Taufe der Kirche Jesu Christi eingegliedert wird und in ihr das Personsein erlangt. Damit wird er in ihr zum Träger von christlichen Gliedschaftsrechten und -pflichten, welche er in der nichtkatholischen Kirche oder kirchlichen Gemeinschaft, in der er getauft wurde, verwirklicht[4]. In der katholischen Kirche, mit der die nichtkatholischen christlichen Gemeinschaften sehr wohl in einer, wenn auch unvollkommenen Gemeinschaft stehen, hat der Nichtkatholik hingegen generell keine Rechte und Pflichten, es sei denn, daß sie ihm vom Recht ausdrücklich zugestanden werden[5].

---

[3] Vgl. LG, n. 8,2 und UR, n. 3.

[4] «Durch die Taufe, die die Zugehörigkeit zur Kirche Christi begründet, werden die nichtkatholischen Christen ihren eigenen Kirchen und kirchlichen Gemeinschaften eingegliedert (vgl. LG, n. 15; UR, n. 3,1). In diesen von der katholischen Kirche getrennten Kirchen und kirchlichen Gemeinschaften verwirklichen sie ihre christliche Existenz» (P. KRÄMER, *Kirchenrecht*, II, 19).

[5] Den getrennten Kirchen und kirchlichen Gemeinschaften wird vom II. Vatikanischen Konzil eine wirkliche, wenn auch unvollständige, Gemeinschaft mit der katholischen Kirche zuerkannt. Demzufolge ist es unmöglich einerseits eine solche *communio* anzuerkennen, andererseits aber den Gliedern der getrennten Gemeinschaften generell die Ausübung von Rechten und Pflichten im Ambitus der katholischen Kirche zu verneinen. Es wäre ein Widerspruch in sich. Wenn auch gemäß can. 11 des kirchlichen Gesetzbuches rein kirchliche Gesetze direkt nur alle in der katholischen Kirche Getauften oder in sie Aufgenommenen verpflichten, so bleiben die durch dieselben nicht gebundenen nichtkatholisch Getauften als Rechtssubjekte im spezifisch kirchlichen Sinn (*persona in Ecclesia Christi* gemäß can. 96) weiterhin fähig Adressat eines kanonischen Gesetzes zu sein. Bei der Maßgabe des can. 11 handelt es sich lediglich um ein rechtlich-formales, nicht jedoch um ein theologisches Prinzip. Demzufolge hat auch der von der katholischen Kirche, in der die Kirche Jesu Christi verwirklicht ist, erhobene Anspruch, für alle Getauften rechtsverbindliche Anordnungen geben zu können, nach wie vor Gültigkeit: vgl. can. 1075 §2: «Uni quoque supremae auctoritati ius est alia impedimenta pro baptizatis constituere» oder can. 1671: «Causae matrimoniales baptizatorum iure proprio ad iudicem

Näherhin wird der Getaufte nach can. 96 Träger von Rechten und Pflichten in dem Maß, in dem er sich in der kirchlichen Gemeinschaft, d.h. in der Gemeinschaft mit der katholischen Kirche befindet (*quatenus in ecclesiastica sunt communione*). Wie ist diese präzisierende Aussage zu verstehen? Die Kirche Jesu Christi ist vollkommen, wenn auch nicht ausschließlich, in der katholischen Kirche verwirklicht. Aus diesem Grund kann es die Fülle der Rechte und Pflichten eines Christen nur innerhalb der katholischen Kirche geben, wo sich die von Christus eingerichteten Gnaden- und Heilsmittel in ihrer Vollzahl finden[6]. Wer der katholischen Kirche nicht angehört, besitzt demzufolge nicht die Möglichkeit die christlichen Gliedschaftsrechte und -pflichten in ihrer Fülle auszuüben.

Das Maß des aktuellen Besitzes der allgemeinen Gliedschaftsrechte und -pflichten in der Kirche Jesu Christi ist also von dem Maß abhängig, in dem ein Christ sich in der Gemeinschaft mit der katholischen Kirche befindet (*quatenus in ecclesiastica sunt communione*). Mit anderen Worten can. 96 spricht nichtkatholischen Christen weder ihr Personsein in der Kirche Christi überhaupt ab noch die mit diesem Personsein gegebenen Pflichten und Rechte, sondern sagt eine graduell unterschiedliche Verwirklichung des Personseins aus, wobei der Grad der Pflichten und Rechte dieser Personen in der Kirche Christi zu messen ist an ihrem Stehen in der *Communio ecclesiastica*, d.h. am Verwirklichungsgrad der *Communio* mit der katholischen Kirche.

Damit verweist die Formulierung *quatenus in ecclesiastica sunt communione* zunächst auf den Unterschied, der sich in Bezug auf die Verwirklichung der christlichen Gliedschaftsrechte und -pflichten aus der Zugehörigkeit zur «vollen Kirchengemeinschaft» (*Communio plena*: katholische Christen) oder zur «nicht vollen» oder «unvollkommenen» Kirchengemeinschaft (*Communio non plena*: nichtkatholische Christen) ergibt. Darüberhinaus verweist sie aber auch darauf, daß die Rechtsstellung der nichtkatholischen Christen im Hinblick auf die volle Kirchengemeinschaft mit der katholischen Kirche (*Communio plena*) und damit in Bezug auf die Verwirklichung der christlichen Gliedschaftsrechte und -pflichten nicht in jeder Hinsicht die gleiche, sondern — aufgrund des unterschiedlichen Maßes der

---

ecclesiasticum spectant». Daß die Glieder der getrennten Kirchen und kirchlichen Gemeinschaften — anders als im früheren can. 12 — den kirchlichen Gesetzen ihrer verpflichtenden Kraft nach nicht unterstehen ist einerseits rechtspolitisch begründet, da diese Gesetze faktisch ins Leere gingen; andererseits legt die ökumenische Gesinnung ein solches Prinzip nahe (*CCCIC* 16 [1984] 146; F.J. URRUTIA, *Les Normes Générales*, 58; vgl. auch: E. ZANETTI, «Commento al c. 11», 187-190).

[6] Vgl. UR, n. 3.

Übereinstimmung im Glauben — auch untereinander verschieden ist. Die Rechtsstellung von Angehörigen getrennter Kirchen (z.B. orthodoxe Christen) ist im Hinblick auf die volle Kirchengemeinschaft eine nähere als diejenige der Angehörigen von kirchlichen Gemeinschaften (z.B. Protestanten)[7], was zur Konsequenz hat, daß erstere ein höheres Maß an Gliedschaftsrechten und -pflichten in der Kirche Jesu Christi besitzen als letztere. Demzufolge fällt denn auch die ausdrückliche Zuerkennung anfanghafter kanonischer Rechte unterschiedlich aus (vgl. v.a. can. 844 CIC/1983)[8].

Die Einschränkung der Rechte und Pflichten der nichtkatholischen Christen — d.h. solcher Getaufter, die nie der katholischen Kirche angehört haben — hat trotz ihrer u.U. großen Reichweite in keinem Fall Strafcharakter, weil hier nicht von einer persönlich zurechenbaren Schuld ausgegangen werden kann.

Eine weitere in can. 96 sich in Bezug auf die christlichen Gliedschaftsrechte und -pflichten findende Präzisierung verweist darauf, daß die Rechte und Pflichten in der Kirche Christi den Christen «unter Beachtung ihrer jeweiligen Stellung eigen sind». Diese Formulierung nimmt die — trotz des in can. 208 erklärten prinzipiellen Gleichheitsgrundsatzes — unterschiedliche Rechtsstellung in den Blick, die Christen angesichts ihrer persönlichen Bedingungen (*Conditio*) einnehmen und die je verschiedene Rechte und Pflichten mit sich bringt. Die persönlichen Bedingungen können sich ergeben aus Alter (z.B. can. 98 §2), Geschlecht (z.B. can. 1024), geistiger Selbstmacht (z.B. can. 99), Stand.

---

[7] Da die *Elementa ecclesiastica* in den einzelnen nichtkatholischen Kirchen und kirchlichen Gemeinschaften graduell unterschiedlich verwirklicht sind, spricht das kirchliche Gesetzbuch getreu dem Sprachgebrauch des Konzils, je nach dem Grad dieser Verwirklichung, von nichtkatholischen Kirchen oder von nichtkatholischen kirchlichen Gemeinschaften, welche in einer *Communio non plena* mit der katholischen Kirche stehen. Eine begriffliche Festlegung, wann genau von Kirche und wann von einer kirchlichen Gemeinschaft gesprochen werden muß, hat weder das II. Vatikanische Konzil noch der CIC 1983 vorgenommen. Zu den unterschiedlichen Interpretationen (um von Kirche sprechen zu können wird z.B. das je eigene Selbstverständnis der nichtkatholischen Christen [so Kardinal L. JAEGER], oder die Bischofsweihe der Leiter dieser Gemeinschaften, [so A. GRILLMEIER, *LThK.E*, I, 202] zugrundegelegt) vergleiche H. HEINEMANN («Ökumenische Implikationen», 10-13), der in Bezug auf den CIC 1983 überzeugend den Nachweis erbringt, daß diese Unterscheidung sakramententheologisch begründet ist. Nach Heinemann spricht der CIC 1983 von Kirchen, wenn in ihnen nach katholischem Verständnis die Sakramente gültig gespendet werden, ansonsten von kirchlichen Gemeinschaften. P. KRÄMER (*Kirchenrecht*, II, 20) betont: «Von getrennten Kirchen wird nur dort gesprochen, wo die Eucharistie (nach dem Verständnis der katholischen Kirche) in gültiger Weise gefeiert wird (vgl. UR, n. 14; c. 844 §§2-3)».

[8] Vgl. W. AYMANS, «Ökumenische Aspekte».

Schließlich kann die kirchliche Grundstellung für Katholiken nach can. 96 mehr oder weniger weitreichend durch rechtmäßig verhängte Strafen beeinträchtigt sein.

2. Kanon 204 CIC/1983

Das Verfassungsrecht des Kodex beginnt mit der Definition der Christgläubigen, die in can. 204 §1 beschrieben werden als jene, die durch die Taufe Christus eingegliedert, zum Volk Gottes gemacht und dadurch auf ihre Weise des priesterlichen, prophetischen und königlichen Amtes Christi teilhaft geworden sind[9].

Die Norm hebt die (gültig gespendete) Taufe als Grundlage für die Eingliederung eines Menschen in die Kirche hervor[10] und bezeichnet sodann die durch das Sakrament der Taufe Christus eingegliederten Gläubigen mit dem für das II. Vatikanische Konzil so zentralen biblischen Begriff «Volk Gottes»[11]. Als Glieder des Volkes Gottes haben die Christgläubigen teil am priesterlichen, prophetischen und königlichen Amt Christi[12] und sind, wie es dann in can. 204 weiter heißt, gemäß ihrer je eigenen Stellung zur Ausübung der Sendung berufen, die Gott der Kirche zur Erfüllung in der Welt anvertraut hat.

Gelten diese Aussagen über die Christgläubigen, unbeschadet ihrer primären Zielbestimmung im CIC 1983, nämlich die gemeinsame Berufung der katholischen Christen, der Laien, der Ordensleute und der Kleriker zu umschreiben[13], der Sache nach uneingeschränkt auch für die nichtkatholischen Christen?

---

[9] «Christifideles sunt qui, utpote per baptismum Christo incorporati, in populum Dei sunt constituti, atque hac ratione muneris Christi sacerdotalis, prophetici et regalis suo modo participes facti, secundum propriam cuiusque conditionem, ad missionem exercendam vocantur, quam Deus Ecclesiae in mundo adimplendam concredidit» (can. 204 §1).

[10] Vgl. UR, n. 22; LG, n. 11 und n. 14.

[11] Vgl. LG, n. 9.

[12] An verschiedenen Stellen hat das II. Vatikanische Konzil diese Teilhabe aller Getauften am dreifachen Amt Christi ausgesagt und näher umschrieben, so z.B. in AA, n. 2 und n. 3 und LG, n. 10.

[13] Hierzu P. KRÄMER, *Kirchenrecht*, II, 14, Anm.4: «Die in c. 204 §1 aufgezählten Attribute des *christifidelis* sind zunächst auf alle Getauften zu beziehen; aus der Verknüpfung mit §2 ergibt sich aber, daß hier jene Gläubigen angesprochen werden, die zur katholischen Kirche gehören» (Vgl. auch G. GÄNSWEIN, *Kirchengliedschaft*, 12f. und 217f.).

Wenn ja, dann hieße das, daß die nichtkatholischen Christen, die durch die Taufe teilhaben am dreifachen Amt Christi, innerhalb der nichtkatholischen Kirchen und kirchlichen Gemeinschaften, in denen sie ihre christliche Existenz verwirklichen, mitwirken am Sendungsauftrag der Kirche Jesu Christi. Meineserachtens entspricht eine solche, die Aussagen des can. 204 §1 auf die nichtkatholischen Christen ausweitende, Interpretation durchaus dem Geist des II. Vatikanischen Konzils und der von ihm ausgesprochenen Anerkennung der nichtkatholischen Kirchen und kirchlichen Gemeinschaften sowie ihrer Bedeutung im Geheimnis des Heils[14].

Die Grundaussage in can. 204 §1, daß die Christgläubigen durch die Taufe Christus eingegliedert, zum Volk Gottes gemacht und dadurch des dreifachen Amtes Christi teilhaft geworden sind, sowie daß sie gemäß ihrer je eigenen Stellung zur Ausübung der Sendung berufen sind, die Gott der Kirche zur Erfüllung in der Welt anvertraut hat, gilt im Grundsatz für alle, also auch die nichtkatholischen Christen, und zwar, was die Ausübung dieses Sendungsauftrages betrifft, stets entsprechend den realen Verwirklichungsmöglichkeiten des Personseins in der Kirche Jesu Christi[15].

Für die soeben gebotene Interpretation von can. 204 spricht auch die in can. 844 näher umschriebene Möglichkeit des Sakramentenempfanges von Katholiken in nichtkatholischen Kirchen und von nichtkatholischen Christen in der katholischen Kirche. Wenn nichtkatholische Christen nicht grundsätzlich zur Ausübung dieses Sendungsauftrages befähigt wären, könnte die kirchliche Rechtsordnung diesen wechselseitigen Sakramentenempfang im Rahmen der in can. 844 näher aufgeführten Konditionen vom theologischen und rechtlichen Ansatz her gar nicht gestatten.

Kanon 204 §2 gibt wörtlich die Aussage der «Dogmatischen Konstitution über die Kirche» (Lumen Gentium) des II. Vatikanischen Konzils wieder, daß die eine Kirche Jesu Christi in der katholischen Kirche subsistiert

---

[14] «Ebenso sind diese getrennten Kirchen und Gemeinschaften trotz der Mängel, die ihnen nach unserem Glauben anhaften, nicht ohne Bedeutung und Gewicht im Geheimnis des Heiles. Denn der Geist hat sich gewürdigt, sie als Mittel des Heiles zu gebrauchen, deren Wirksamkeit sich von der der katholischen Kirche anvertrauten Fülle der Gnade und Wahrheit herleitet» (UR, n. 3; vgl. auch LG, n. 15). Dazu H.J.F. REINHARDT, «Reflexionen», 105-115; ebenso: H. MÜLLER, «Ekklesiologische Perspektiven», 220-221.

[15] Vgl. hierzu das weiter oben (ss. 71-72) im Zusammenhang mit can. 96 bezüglich der gestuften Verwirklichungsmöglichkeit der christlichen Gliedschaftsrechte und -pflichten von Nichtkatholiken innerhalb der Kirche Jesu Christi Dargelegte.

(verwirklicht ist), die vom Nachfolger Petri und den Bischöfen in Gemeinschaft mit ihm geleitet wird[16].

Das Verlassen der vorkonziliaren Position, welche die Kirche Jesu Christi in ausschließlicher Weise mit der katholischen Kirche identifizierte, wird durch diesen Kanon des CIC 1983 auch für den rechtlichen Bereich *expressis verbis* vollzogen[17].

3. Kanon 205 CIC/1983

Ein ekklesiologischer Schlüsselbegriff des CIC 1983 ist die *Communio*.

Das kirchliche Gesetzbuch beabsichtigt nicht eine Definition dieses Terminus zu geben, sondern behandelt seine rechtliche Dimension. Näherhin versucht es Kriterien dafür festzulegen, wer unter den Getauften als in voller Gemeinschaft (*communio plena*) mit der katholischen Kirche stehend angesehen werden kann und wer nicht.

Die Formulierung des can. 205 lehnt sich an LG 14 und LEF (Schema 1969), can. 7 §1[18] an:

> Voll in der Gemeinschaft der katholischen Kirche in dieser Welt stehen jene Getauften, die in ihrem sichtbaren Verband mit Christus verbunden sind, und zwar durch die Bande des Glaubensbekenntnisses, der Sakramente und der kirchlichen Leitung[19].

Der Wortlaut des can. 205 CIC 1983 läßt erkennen, daß das kirchliche Gesetzbuch eine schon bestehende *Communio* aller Getauften mit der *Ecclesia catholica* anerkennt[20] und weist zugleich auf das zu erreichende Ziel

---

[16] «Haec Ecclesia, in hoc mundo ut societas constituta et ordinata, subsistit in Ecclesia catholica, a successore Petri et Episcopis in eius communione gubernata» (can. 204 §2; vgl. LG, n. 8,2 und auch can. 369 CIC).

[17] R. SOBANSKI, «L'ecclésiologie», 254

[18] Bzw. can. 6 Schema LEF/1980.

[19] «Plene in communione Ecclesiae catholicae his in terris sunt illi baptizati, qui in eius compage visibili cum Christo iunguntur, vinculis nempe professionis fidei, sacramentorum et ecclesiastici regiminis.»

[20] Diese neue Sicht von Kirche und *Communio* (Gemeinschaft), welche unter allen Getauften besteht, führt im neuen CIC zu einem Gesinnungs- und Sprachwandel. In Bezug auf die getauften Nichtkatholiken, vermeidet der neue Kodex die Terminologie des CIC 1917. «Häretiker und Schismatiker» (can. 731 §2 CIC/1917) werden nunmehr genannt: jene, «die nicht in der vollen Gemeinschaft mit der katholischen Kirche stehen» (cann. 383 §3; 844 §4 CIC 1983) oder «Brüder» (can. 825 §2/CIC 1983); «häretische und schismatische Sekten» (cann. 765, 2°; 1240 §1, 1°, 1060 CIC/1917) werden zu «Kirchen und kirchlichen Gemeinschaften» (cann. 908 und 933 CIC/1983). Nur Katholiken, die öffentlich vom Glauben abgefallen sind (ihm

hin, welches die *Communio plena* gemäß dem Willen Jesu Christi für seine Kirche ist[21].

Zu den Wesenselementen, die nach can. 205 zur *Communio plena* mit der katholischen Kirche gehören, zählt das *Regimen ecclesiasticum*, das in can. 204 §2 eine eingehende Spezifizierung findet nämlich auf den Papst als den Nachfolger Petri und die Bischöfe hin, die mit ihm in Gemeinschaft stehen[22]. Außer dem *Regimen ecclesiasticum* gehören zur *Communio plena* mit der katholischen Kirche das Band des Glaubensbekenntnisses und der Sakramente. Nur Getaufte, die über diese drei *Vincula* verfügen, stehen in einer vollen Gemeinschaft mit der *Ecclesia catholica*.

Alle Christen sind der katholischen Kirche also entweder voll eingegliedert[23] oder aber ihr zumindest in einer menschlichem Versagen entzogenen Weise verbunden (*communio non plena*)[24]. Aufgrund dieser fundamentalen Verbundenheit obliegt der katholischen Kirche auch gegenüber den nichtkatholischen Christen eine besondere Verantwortung[25]. Sie äußert sich nicht nur in dem der Weisung des Herrn entsprechenden unablässigen Bemühen, unter allen Christen die volle Einheit wiederherzustellen[26], sondern auch — das zeigen die Beratungen der Kodexreformkommission[27] — in dem nach wie vor erhobenen Anspruch, für alle Getauften rechtsverbindliche Anordnungen geben zu können[28]. Dieser Anspruch folgt aus der trotz aller Spaltungen fortdauernden Sichtbarkeit der Kirche Christi in der katholischen Kirche (vgl. can. 204 §2) und ist durchaus vereinbar mit der Anerkennung der Heilsbedeutsamkeit der nichtkatholischen Kirchen und kirchlichen Gemeinschaften sowie des Rechtes auf religiöse Freiheit[29].

---

abgeschworen haben) werden als Apostaten, Häretiker oder Schismatiker bezeichnet (cann. 1330 und 1364 CIC/1983).

[21] Vgl. can. 755 §1.

[22] Vgl. hierzu cann. 330-341.

[23] LG, n. 14.

[24] LG, n. 15; UR, n. 3.

[25] Vgl. z.B. cann. 383 §3 und 528 §1 Satz 4 CIC 1983.

[26] Vgl. can. 755 CIC.

[27] *CCCIC* 3 (1971) 85; 5 (1973) 214, Anm. 5; 17 (1985) 31-33 und 39; 18 (1985) 332-333; 19 (1987) 21.

[28] Vgl. auch c. 1075 §2 und 1671; hierzu: F.J. URRUTIA, «Adnotationes», 639-643 und 650-652; B. PRIMETSHOFER, «Die kanonische Bewertung der Zivilehe», 419; H. SCHWENDENWEIN, «Das neue kirchliche Eherecht», 201; R. SOBANSKI, «Ökumenismus», 722-723; U. NAVARRETE, «Responsa», 508.

[29] Vgl. W. SCHULZ, «Was ist neu», 152-153 gegen P. KRÄMER, «Was brachte die Reform des Kirchenrechts?», 118.

4. Zusammenfassung

Die Normen des kirchlichen Gesetzbuches von 1983 stehen, wie sich aus der Analyse der cann. 96, 204 und 205, sowie aus dem Wortlaut anderer, hier nicht näher besprochener Kanones[30] ergibt, zur Gänze auf dem Boden der Ekklesiologie des II. Vatikanischen Konzils und tragen der Existenz nichtkatholischer Kirchen und kirchlicher Gemeinschaften in vollem Maße Rechnung.

Der Kodex geht von der Zugehörigkeit aller (gültig) Getauften zur Kirche Jesu Christi aus. Diese eine Kirche Jesu Christi wird nicht mehr in ausschließlicher Weise mit der katholischen Kirche identifiziert, sondern als in ihr verwirklicht gesehen[31]. Von daher werden auch die nichtkatholischen Christen nicht mehr als Angehörige der katholischen Kirche eingeordnet, sondern, auch wenn sie mit derselben in einer grundlegenden Gemeinschaft stehen, als ihr Christsein in ihren eigenen Gemeinschaften verwirklichend. Aufgrund dessen stellt sich die Frage nach einer eventuellen Gesetzgebungsvollmacht nichtkatholischer Konfessionen über die in ihnen Getauften und konkret in Bezug zur Thematik dieser Studie die Frage nach einer *Potestas propria et exclusiva* derselben über die Ehen ihrer Glieder und damit die Frage ihrer Fähigkeit Ehegesetze zu erlassen und in Ehesachen Recht zu sprechen in unverminderter Weise. Das vorstehend Erörterte mag zunächst dazu verleiten diese Frage positiv zu beantworten. Eine nähere Betrachtung wird jedoch zeigen, daß eine undifferenzierte Bejahung theologisch nicht gänzlich problemlos ist.

---

[30] Vgl. cann. 364, 6°; 463 §3; 844; 869 §2; 874 §2; 908; 933; 1124 und 1183 §3.

[31] Vgl. can. 204 §2.

CONCLUSIO

Bislang konnte aufgezeigt werden, daß, die im Laufe der Jahrhunderte unter dem Beistand der göttlichen Offenbarung in immer stärkerem Maße fortgeschrittene Vertiefung der Lehre der katholischen Kirche über die christliche Ehe und vor allem über deren Sakramentalität vor Augen, das Sakrament der Ehe nichts anderes ist als der Ehevertrag selbst, der von Christus dem Herrn zur Würde eines *Signum efficax gratiae* erhoben wurde.

Daraus ergibt sich notwendig, daß der Kirche Jesu Christi, in deren Zuständigkeit unbestreitbarerweise die Sakramente als *Res spiritualia* fallen, aufgrund der absoluten Untrennbarkeit von Ehevertrag und Sakrament, eine angeborene und ausschließliche Vollmacht über die Ehe der Getauften zukommt, eine Vollmacht, von der sie seit ihren Anfängen, wie nachgewiesen werden konnte, unentwegt und mit Selbstverständlichkeit Gebrauch gemacht hat[1]. Bei der *Potestas*, welche der Kirche in Bezug auf die christliche Ehe zu

---

[1] «Aus diesen beiden Glaubenswahrheiten von der sakramentalen Würde der Ehe und von der wesenhaften Einheit von Ehesakrament und Ehevertrag leitet die Kirche ihren Rechtsanspruch auf die volle Ehehoheit über die Ehen der Getauften ab» (C. HOLBÖCK, *Die Zivilehe*, 17).
Wenn nun der Titel unter dem die Kirche ihre Zuständigkeit über die Ehe beansprucht die Sakramentalität derselben, sowie die Einheit von Ehevertrag und Sakrament ist, fragt sich, wie sie ihre Zuständigkeit für die Ehe zwischen einem Getauften und einem Nichtgetauften, die ja nicht Sakrament ist, begründet. Hier greift ein anderer Rechtstitel Platz. Bei der halbchristlichen Ehe wird die Zuständigkeit der katholischen Instanzen mit der Unteilbarkeit des Ehevertrages, an dem ein Getaufter und kanonischem Recht unterworfener Partner beteiligt ist, begründet. Der Ungetaufte wird infolge der Unteilbarkeit des Ehevertrages und aufgrund der Tatsache, daß die kirchliche Jurisdiktion wenn sie in «Konflikt» mit der staatlichen tritt als die moralisch «höherwertigere» anzusehen ist, gleichsam mit in die Gewalt der Kirche, welcher der Getaufte unterliegt, «hineingezogen» («In concursu autem inter auctoritatem civilem ratione partis infidelis et auctoritatem Ecclesiae ratione partis baptizatae, data natura sacra matrimonii, praevalet auctoritas Ecclesiae propter eius superioritatem in ordine morali», U. NAVARRETE, «Competentia ecclesiae in matrimonium», 107). M.A. ORTIZ begründet die Zuständigkeit der Kirche für Ehen zwischen einem Getauften und einem Ungetauften mit der Heiligkeit einer jeden Ehe, sei sie nun sakramental oder nicht («Note circa la giurisdizione», 370-372).

eigen ist, handelt es sich nicht nur um eine pastorale Vollmacht im allgemeinen Sinne, mit deren Hilfe die Kirche, unter Zuhilfenahme aller ihr zur Verfügung stehenden seelsorglichen Mittel, wie z.B. Rat, Ermahnung, Verweis, Unterweisung usw., ihre Gläubigen zur Verwirklichung dessen, was das Sakrament der Ehe seinem Wesen nach ist, führt. Vielmehr geht es um die Ausübung einer wirklichen Jurisdiktionsvollmacht (gesetzgebend, verwaltend und rechtsprechend) durch welche sie die intersubjektiven Beziehungen der Gläubigen in Bezug auf das Eheinstitut regelt, und zwar nicht nur mit vorschreibenden und verbietenden Gesetzen, welche, wenn nötig, auch durch entsprechende Strafen angereichert sein können, sondern auch mit inhabilitierenden und irritierenden Gesetzen, welche die rechtliche Fähigkeit der Gläubigen zum gültigen Eheabschluß determinieren und die Form vorschreiben, nach welcher die Konsensabgabe zu erfolgen hat.

Nachdem nun die Kirche Jesu Christi durch menschliches Versagen sich im Lauf der Jahrhunderte in verschiedene Konfessionen aufgespalten hat, stellt sich die weiterführende Frage wie diese Kirche, welche in unbestreitbarer Weise die volle Hoheit über die Ehen der Getauften besitzt, konkret zu umschreiben ist.

Es konnte aufgezeigt werden, daß sich eine solche Fragestellung bis in die neueste Zeit erübrigte, da mit Selbstverständlichkeit davon ausgegangen wurde, daß die Kirche Jesu Christi in ausschließlicher Weise mit der katholischen Kirche identisch ist und außer derselben keine anderen anzuerkennenden christlichen Konfessionen existieren. Folglich wurde der *Ecclesia catholica* allein auch die *Potestas propria et exclusiva* über die Ehen der Getauften zugesprochen. Das II. Vatikanische Konzil stellte einen Wendepunkt hinsichtlich der ekklesiologischen Einordnung nichtkatholischer christlicher Gemeinschaften dar. Die Kirchenversammlung unterstreicht, daß die eine Kirche Jesu Christi zwar in der katholischen Kirche verwirklicht[2], aber nicht in ausschließlicher Weise mit ihr identisch ist und daß es auch außerhalb der katholischen Kirche kirchebildende Elemente gibt[3]. Dies bedeutete *de facto* eine Anerkennung der nichtkatholischen christlichen Gemeinschaften als solche und damit eine Anerkennung der Tatsache, daß die nichtkatholischen Christen durch die Taufe nicht der katholischen Kirche, sondern ihrer je eigenen Kirche bzw. kirchlichen Gemeinschaft, welche jedoch in einer, wenn auch unvollkommenen Gemeinschaft mit der katholischen Kirche steht, eingegliedert werden und dort ihre christliche Existenz

---

[2] LG, n. 8.
[3] UR, n. 3.

verwirklichen⁴. Diese konziliare Kirchengliedschaftslehre fand eine vollkommene Rezeption auch in der Gesetzgebung der katholischen Kirche. Von daher konnte es nicht ausbleiben, daß in der Folge die Unterworfenheit der Angehörigen nichtkatholischer christlicher Gemeinschaften unter das kanonische Recht hinterfragt wurde, sowie darüberhinaus die Frage nach der Gesetzgebungsvollmacht nichtkatholischer Konfessionen über die in ihnen Getauften und konkret in Bezug zur Thematik dieser Studie die Frage nach einer *Potestas propria et exclusiva* derselben über die Ehen ihrer Glieder und damit die Frage ihrer Fähigkeit Ehegesetze zu erlassen und in Ehesachen Recht zu sprechen gestellt wurde.

Im folgenden soll daher näher untersucht werden,

– ob nunmehr *allen oder zumindest einigen nichtkatholischen christlichen Gemeinschaften* (unter Umständen den Kirchen im engeren Sinne⁵) eine angeborene und ausschließliche gesetzgeberische und rechtsprecherische Vollmacht über alle das Eheband der in ihnen Getauften betreffenden Angelegenheiten zukommt (mit der Konsequenz, daß die katholische Kirche keinerlei Hoheit über die Ehen der in diesen Konfessionen Getauften besitzt);

– oder *sowohl der katholischen Kirche*, in der, wie das II. Vatikanische Konzil betont, die Kirche Jesu Christi in vollkommener Weise verwirklicht ist und mit der alle nichtkatholisch Getauften in einer, wenn auch nicht vollkommenen Gemeinschaft stehen, *als auch allen oder einigen nichtkatholischen christlichen Konfessionen* eine angeborene und ausschließliche gesetzgeberische und rechtsprecherische Vollmacht über die Ehe der in diesen getrennten Gemeinschaften getauften Nichtkatholiken zukommt (mit der Konsequenz, daß neben der katholischen Kirche also auch die nichtkatholischen christlichen Gemeinschaften eine berechtigte Hoheit über die Ehen ihrer Glieder besäßen)⁶;

– oder aber etwa eine Jurisdiktion über die Ehen der Getauften *nur der katholischen Kirche* zukommt?

Würde von den drei soeben genannten Alternativen die erste zutreffen, ergäbe sich die Frage, ob auch fürderhin die christliche Taufe bzw. die Sakramentalität der Ehe zwischen Getauften Titel sein können unter denen

---

⁴ LG, n. 15; UR, n. 3.

⁵ Vgl. s. 72, Anm. 7 dieser Studie zur Definition der Kirchen und kirchlichen Gemeinschaften.

⁶ Zur eventuellen Widersprüchlichkeit der Aussage, daß zwei verschiedene christliche Konfessionen zugleich eine *angeborene und ausschließliche* Jurisdiktion über eine Ehe besitzen können, vgl. in dieser Studie, s. 181, Anm. 10.

die katholische Kirche ihre Zuständigkeit über die Ehe beansprucht[7]. Müßten diese Titel nicht eher durch den der Gliedschaft in der *Ecclesia catholica* ersetzt werden? Kraft dieses Titels wären dann nur die Katholiken unmittelbar Normadressaten des katholischen Eherechts, während der ungetaufte oder nichtkatholisch getaufte Ehepartner eines Katholiken über diesen bzw. über die Ehe mit diesem mittelbar in den Kreis der Normadressaten des kanonischen Rechts träte[8].

Im zweiten Fall müßte wohl der von der katholischen Kirche bislang angewendete Kompetenztitel Taufe bzw. Sakramentalität der Ehe so präzisiert oder ergänzt werden, daß auch die rechtmäßige Ehehoheit nichtkatholischer christlicher Konfessionen zum Ausdruck käme.

Bei der dritten Möglichkeit könnten christliche Taufe bzw. Sakramentalität der Ehe zwischen Getauften als Titel des Kompetenzanspruches der katholischen Kirche unverändert erhalten bleiben[9].

Die soeben angedeuteten Fragenkomplexe sollen im nun folgenden Hauptteil der Arbeit, vor allem auf dem Hintergrund der ekklesiologischen Aussagen des II. Vatikanischen Konzils, einer Beantwortung zugeführt werden.

---

[7] Der Kompetenztitel «Sakramentalität» gibt, im Gegensatz zu dem der «Taufe» (gemeint ist die christliche Taufe zumindest eines Ehegatten), die Bandbreite der Ausdehnung der Jurisdiktion der Kirche über die Ehe insofern nur in unvollkommener Weise wieder als er die Jurisdiktion der Kirche über die Ehen zwischen Getauften und Ungetauften, die ja nichtsakramental sind, nicht erfasst (vgl. in dieser Studie, s. 79, Anm. 1).

[8] Vgl. H. HEIMERL – H. PREE, *Kirchenrecht*, 176.

[9] Unter Berücksichtigung dessen, was s. 79, Anm. 1 angeführt wurde.

ZWEITER TEIL

DIE FÜR DIE NICHTKATHOLISCH GETAUFTEN MASSGEBLICHEN RECHTSORDNUNGEN – DIE GESETZGEBUNGSVOLLMACHT NICHTKATHOLISCHER CHRISTLICHER KONFESSIONEN

V. KAPITEL

Die kirchliche Gesetzgebung vor dem II. Vatikanischen Konzil

**1. Das kirchliche Gesetzbuch von 1917 —
Die Protestanten, Anglikaner und Altkatholiken**

Der ihm zugrundeliegenden ekklesiologischen Auffassung gemäß ging der CIC 1917 von der vollkommenen Identität zwischen der Kirche Jesu Christi und der katholischen Kirche aus und demzufolge von der Mitgliedschaft aller gültig Getauften in derselben. Konsequenterweise bestimmte, der vorausgehenden *Sententia communis* der Gelehrten sowie der bisherigen Rechtspraxis folgend[1], can. 12 dieses Gesetzbuches, daß alle Getauften

---

[1] Wenn auch die *Sententia communis* stets daran festgehalten hatte, daß die nichtkatholisch Getaufen durch alle Gesetze der katholischen Kirche gebunden werden, wenn sie nicht von irgendeinem ausdrücklich ausgenommen sind, gab diese Lehre hier und da immer wieder Anlaß zu Diskussionen unter den Gelehrten. So fehlte es in Bezug auf die die Ehe betreffenden Normen nicht an Autoren größeren Bekanntheitsgrades (V. PICHLER, *Ius Canonicum*, IV/1, n. 98; F.X. SCHMALZGRUEBER, *Ius ecclesiasticum universum*, IV/I, n. 378), die der Auffassung waren, daß die Häretiker, wenigstens *de facto*, durch rein kirchliche Ehehindernisse nicht verpflichtet würden. Jedoch wurde diese Lehrmeinung, vor allem nach den Konstitutionen Papst BENEDIKTS XIV. *Ad tuas manus* vom 8. August 1748 (*CICF*, II, n. 399), *Magnae nobis* vom 29. Juni 1748 (*CICF*, II, n.387), *Singulari nobis*» vom 9. Februar 1749 (*CICF*, II, n. 394), durch welche die von den Häretikern eingegangenen Ehen, denen irgendein die Ehe verungültigendes kanonisches Hindernis entgegenstand, für ungültig erklärt wurden, wieder verworfen. Die eben zitierten päpstlichen Verlautbarungen fanden in der Folge eine Bestätigung durch die Rechtspraxis des Hl. Stuhles (Vgl. F.X. WERNZ - P. VIDAL, *Ius Canonicum*, V, 80, n. 60; F. CAPPELLO, *Tractatus Canonico-Moralis de Sacramentis*, V, n. 66).

Erneut kam die Problematik der Gesetzesunterworfenheit nichtkatholisch Getaufter beim I. Vatikanischen Konzil zur Sprache. Die orientalische Kommission vertrat den Standpunkt, daß die getrennten orientalischen Kirchen von allen rein kirchlichen Ehegesetzen der katholischen Kirche ausgenommen werden sollten. Die Frage kam aber wegen des vorzeitigen Abbruchs des Konzils nicht zur Entscheidung (vgl. MANSI, 50/I, 36, 109).

grundsätzlich an das gesamte kanonische Recht gebunden sind[2].

Der CIC/1917 hatte Geltung für die lateinische Kirche (can. 1). Demzufolge war kraft can. 12 die für die lateinische Kirche erlassene

---

In der Redaktionskommission des CIC 1917 stand dasselbe Thema wiederum zur Behandlung an. Mehrere Bischöfe legten einen Kanonentwurf vor, wonach nichtkatholische Christen den rein kirchlichen Gesetzen nicht mehr unterliegen sollten, und einige Konsultoren sprachen sich in ihren Voten dahin aus, daß die nichtkatholischen Christen zumindest von den rein kirchlichen Ehehindernissen auszunehmen seien. In den *Acta praeparatoria* zum CIC 1917 kann man lesen, daß folgendes allgemeine Prinzip der Prüfung durch die Konsultoren vorgelegt worden sei: «Durch rein kirchliche Gesetze, die die Ehe betreffen, werden nur die in der katholischen Kirche Getauften verpflichtet» (Vgl. P. GASPARRI, *Tractatus canonicus de matrimonio*, I, 161-163, nn. 257 ff., insbes. 161, n. 2; A. VAN HOVE, *De legibus ecclesiasticis*, I/2, nn. 191-194). Doch keiner der eingebrachten Vorschläge wurde angenommen. Eine Ausnahme wurde lediglich für das Hindernis der Kultusverschiedenheit und (wie schon vorher durch das Dekret *Ne temere*) für die kanonische Eheschließungsform statuiert.

Mit dem Ziel das Recht besser den Gegebenheiten des religiösen Lebens der Getauften anzupassen, hielten noch nach der Promulgation des CIC 1917 Autoren dafür, daß die Nichtkatholiken durch die kirchlichen Gesetze nicht verpflichtet würden, die direkt auf das Heil der Seelen bezogen sind, wie z.B. die Normen über Abstinenz und Fasten, über die Feier der Feste, über den Empfang der Sakramente; sehr wohl aber seien sie an die Gesetze gehalten, die auf den Schutz der öffentlichen Ordnung hingeordnet sind, wie es z.B. die *leges inhabilitantes et irritantes* im Eherecht sind (z.B. Cavagnis, De Angelis, Bouquillon, Maroto, Bucceroni, Marc – Gestermann, Loiano, De Jorio. Vgl. hierzu: L. RODERIGO, *Praelectiones theologico-morales comillenses*, II, 118). Diese Unterscheidung in Bezug auf die Unterworfenheit der nichtkatholisch Getauften unter die Gesetze der katholischen Kirche wurde von den Gelehrten nicht aufgrund irgendwelcher Gesetzestexte getroffen, welchen diese Auffassung eher entgegengesetzt scheint, sondern aus der vermuteten Absicht des Legislators ohne Notwendigkeit oder bedeutsamen gemeinsamen Nutzen Gesetze, die er für die Nichtkatholiken als unnütz ansieht, nicht zu urgieren

[2] Kanon 12 CIC 1917: «Legibus mere ecclesiasticis non tenentur qui baptismum non receperunt, nec baptizati qui sufficienti rationis usu non gaudent, nec qui, licet rationis usum assecuti, septimum aetatis annum nondum expleverunt, nisi aliud iure expresse caveatur» (vgl. auch im Dekretalenrecht C.l. X de constitut. I. 2; CONCILIUM TRIDENTINUM, sess. 25, cap. 18; vgl. R.F. REIFFENSTUEL, *Ius canonicum universum*, I/ II, n. 263; ferner G. PHILLIPS, Kirchenrecht, II, 387 f.).

Ausnahme der Bindung aller Getauften an die Gesetze der katholischen Kirche waren die Freistellungen der nichtkatholischen Christen von der kanonischen Eheschließungsform (can. 1099 CIC/1917) sowie vom Ehehindernis der Religionsverschiedenheit (can. 1070 CIC/1917). Während das eben genannte Ehehindernis bis zum CIC/1917 auch für nichtkatholische Christen galt, erfolgte die Freistellung der nichtkatholischen Christen von der kanonischen Formpflicht bereits früher, und zwar erstmals durch Papst BENEDIKT XIV. in der sogenannten *Declaratio Benedictina* von 1741 (in DS 2515-2520; vgl. dazu auch die folgenden auf diese *Declaratio* bezogenen Entscheidungen der KONZILSKONGREGATION von 1741 und 1780, in *CICF*, V, n. 3527 und VI, n. 3811), sowie dann durch das Dekret *Ne temere* (19.4.1908).

Rechtsordnung grundsätzlich nur für die nichtkatholisch Getauften verbindlich, die als «passive Mitglieder» des lateinischen Ritus in Anspruch genommen wurden, mit anderen Worten für die Glieder der getrennten Kirchen und kirchlichen Gemeinschaften des Westens[3].

Da die nichtkatholischen Kirchen bzw. kirchlichen Gemeinschaften als solche nicht anerkannt wurden[4], war es auch unmöglich ihnen legitime Rechtsordnungen zuzugestehen. Allenfalls vorhandene Legislationen galten als Bruch des auch für diese Getauften verbindlichen kanonischen Rechts.

Kanon 1016[5] übertrug die Grundsatzaussage des can. 12 auf das Eherecht[6]. Dementsprechend war für die Ehen der «abendländischen» nicht-

---

[3] Darunter sind alle Konfessionen evangelischen Bekenntnisses, sowie Anglikaner und Altkatholiken zu verstehen. Für die getrennten Orientalen sind nach can. 1 CIC 1917 nur die Normen der lateinischen Gesetzgebung verbindlich, die sie «aus der Natur der Sache» heraus mitbetreffen (Vgl. F.X. WERNZ, *Jus Decretalium*, I, n. 103; H.J. CICOGNANI, *Jus canonicum*, I, 202-208; A. VAN HOVE, *De legibus ecclesiasticis*, I/2, n. 191-194; L. RODERIGO, *Tractatus de legibus*, 158-160; G. MICHIELS, *Normae generales iuris canonici*, I, 351-356).

[4] Die gelegentliche Umschreibung der Vergemeinschaftung nichtkatholischer Christen als *Secta acatholica* o.ä. bedeutet allenfalls ein Zur-Kenntnis-Nehmen, nicht aber eine Anerkennung dieser nichtkatholischen Kirchen bzw. kirchlichen Gemeinschaften.

[5] «Baptizatorum matrimonium regitur iure non solum divino, sed etiam canonico, salva competentia civilis potestatis circa mere civiles eiusdem matrimonii effectus».

[6] Kardinal P. GASPARRI schreibt in seinem *Tractatus canonicus de matrimonio*, I, n. 257: «Ecclesia etiam illos, qui in haeresi vel schismate nati sunt, vult impedimentis matrimonialibus adstringere, excepta forma canonica et impedimento disparitatis cultus. Id certissimum est, ac illi AA catholici qui de hoc dubitant, nesciunt quid dicant».
Auf dieser Grundlage konnten gemäß can. 1960 CIC 1917 und Art. 1 §1 Abs. 1 EPO Ehen zwischen Protestanten, obwohl sie nach dem Recht, unter dem sie geschlossen wurden, gültig waren, für nichtig erklärt werden, wenn ein trennendes Ehehindernis des kanonischen Rechts vorgelegen hatte, z.B. Ehemündigkeitsalter (can. 1067), Blutsverwandtschaft zwischen Geschwisterkindern oder Onkel-Nichte (can. 1076), Schwägerschaft in der Seitenlinie (can. 1077), sofern ein geschiedener Partner eine neue Ehe mit einem Katholiken eingehen wolle. Die Nichtigerklärung konnte auch nur im summarischen Verfahren nach can. 1990 CIC 1917 erfolgen, wenn das Hindernis durch öffentliche Urkunden festgestellt werden konnte (vgl. *LEcc*, III, 4166; IV, 5559). So wurden nach can. 1076 §2 CIC/1917 protestantische Ehen von Großcousin und Großcousine, obwohl nach dem eigenen Recht gültig, insofern das Hindernis der Blutsverwandtschaft zwischen Großcousin und Großcousine in der Zivilgesetzgebung, der die Protestanten unterworfen sind, nicht vorgesehen war, für ungültig erklärt. In gleicher Weise wurden nach can. 1067 CIC/1917 (Fehlen des kanonischen Alters) Ehen von Protestanten, obwohl nach dem Zivilgesetz, dem dieselben unterstellt waren, gültig, für nichtig erklärt. Die Apostolische Signatur antwortete am 26.5.1969, daß eine Ehe zweier Protestanten nach can. 1067 wegen Fehlens des erforderlichen Alters auf Seiten des Mannes für nichtig erklärt werden

katholisch Getauften vom Standpunkt der katholischen Kirche her ausschließlich das lateinische kanonische Recht maßgebend; sie waren lediglich vom Ehehindernis der Kultusverschiedenheit (can. 1070 §1 CIC/1917) und von der kanonischen Eheschließungsform (can. 1099 §2 CIC/1917) ausgenommen. Gerade die letztgenannte Ausnahme führte zu nicht geringen Schwierigkeiten, da der CIC 1917 nicht bestimmte, welches Recht bei der Beurteilung der Formgültigkeit solcher Ehen beachtet werden sollte. Lehre und Rechtsprechung nahm bei den getrennten abendländischen Christen — anders als bei Ungetauften — keine stillschweigende Verweisung auf das staatliche Recht oder analog auf die Rechtsordnung der betreffenden kirchlichen Gemeinschaft an. Sie ließ hier vielmehr jede den Erfordernissen des Naturrechts entsprechende Ehewillenseinigung genügen, selbst, wenn diese gänzlich formlos und sogar ohne Zeugen erfolgte, sofern nur gemäß can. 1088 CIC 1917 bei gleichzeitiger Anwesenheit der Eheschließenden oder ihrer Stellvertreter der mündliche Austausch des Ehekonsenses stattgefunden hatte[7].

2. Die für die getrennten Ostchristen geltenden Legislationen[8]

Die Mitglieder der getrennten orientalischen, d.h. der orthodoxen und der monophysitischen Kirchen[9] waren nur mit gewissen Einschränkungen von

---

könne, obwohl er das Heiratsalter nach der zivilen Gesetzgebung bereits erreicht hatte (*LEcc*, IV, 5559).

[7] Vgl. coram Felici, 8 iunii 1954, p. 438, n. : «Forma canonica non tenentur infideles, qui hac in re propria cuiusque nationis praescripta observant [...] tandem acatholici baptizati; in hos quidem novissimos posset ecclesia catholica observationem debitae formae urgere, at non facit, ne multiplicentur matrimonia invalida. Ex hoc tamen non sequitur, Ecclesiam pro huiusmodi acatholicis adprobare, eoque minus ad valorem retinere formam propriae nationis vel religionis ad quam pertinet. Practice igitur pro his acatholicis unum ius naturale urget». Ähnlich lautet das Urteil der SRR vom 29.10.1968 (coram Annè, 29 octobris 1968, p. 703, n.): «Dum non baptizati quod attinet ad formam matrimonii celebrandi, tenentur lege civili vel consuetudinem vim legis habente, pro baptizatis acatholicis numquam ad veram fidem conversis, inter se contrahentes, sufficit solus matrimonialis consensus quocumque modo manifestatus. Matrimonium inter personas quarum alterutra saltem est baptizata penitus subducitur regimini auctoritatis civilis».

[8] Vgl. hierzu die zusammenfassende Beurteilung bei J. VADAKUMCHERRY, «Marriage Laws», 184.

[9] Als orientalische Nichtkatholiken galten in Bezug auf das anzuwendende Recht nach einigen Autoren auch die in einer orthodoxen oder monophysitischen Kirche getauften Christen, die später zu einer protestantischen Kirche oder Gemeinde übergetreten waren (vgl. z.B. F. GALTIER, *Le mariage*, 279).

den Normen des lateinischen Gesetzbuches betroffen[10]. Dies natürlich unbeschadet des Jurisdiktionsanspruches der katholischen Kirche, der sich auch auf die getrennten orientalischen Kirchen erstreckte, da die Jurisdiktion der Vorsteher dieser Konfessionen über ihre Gläubigen nur als bis zu ihrer Trennung von Rom bestehend anerkannt wurde.

Konkret galt vor Inkrafttreten des in Teilen ab 1949 promulgierten Kirchenrechts der orientalischen Katholiken nach der vorherrschenden Doktrin, daß die getrennten Ostchristen, außer den für die gesamte Kirche vor beziehungsweise nach dem Schisma von 1054 erlassenen Gesetzen, den vom Hl. Stuhl für die Gesamtheit der orientalischen Riten erlassenen Normen und den von der betreffenden nichtkatholischen Ostkirche vor dem Schisma erlassenen Normen, auch gewissen nach dem Schisma für den katholischen Ostritus erlassenen Gesetzen unterworfen waren, zu dem sie vor der Trennung von der katholischen Kirche gehörten[11].

Nicht anerkannt waren von Seiten der katholischen Kirche die nach der Trennung in den getrennten orientalischen Kirchen erlassenen Gesetze und entstandenen Gewohnheiten[12], weil die Jurisdiktionsgewalt ihrer Hierarchen und Synoden aufgrund des Schismas als illegitim angesehen wurde[13].

Nach der Promulgation von Teilen des für die Gesamtheit der orientalischen Kirchen geschaffenen Kirchenrechts in den Jahren 1949-1957 waren für die nichtkatholischen orientalischen Christen zunächst die für die ge-

---

[10] Nach can. 1 CIC/1917 sind für die Orientalen diejenigen Normen des Kodex verbindlich, die sie «aus der Natur der Sache» heraus mit betreffen. Konkret bedeutet dies, daß die nichtkatholischen Orientalen nur insofern an das im CIC enthaltene Recht der lateinischen Kirche gebunden waren, als einzelne Normen desselben göttliches Recht konkretisieren, verbindliche Glaubens- und Sittenlehren beinhalten oder universales Recht der katholischen Gesamtkirche wiedergeben (Vgl. K. WÄHLER, *Interreligiöses Kollisionsrecht*, 263 ff.). Es fehlten allerdings keinesfalls Autoren, die dafür hielten, daß die getrennten Orientalen an die Gesetze des CIC gebunden seien, nicht anders wie die abendländischen nichtkatholischen Christen, z.B. V. DALPIAZ, «An orientales schismatici», 457-459; G. OESTERLE, «Noch einmal eine Russenehe», 680-684.

[11] A. HERMAN, «Regiturne Orientales dissidentes», 10-15; A. COUSSA, *Epitome praelectionum de iure ecclesiastico orientali*, III, 7; K. WÄHLER, *Interreligiöses Kollisionsrecht*, 263-264.

[12] Vgl. A. COUSSA, *Epitome praelectionum de iure ecclesiastico orientali*, I, 20, n. 15; A. HERMAN, «Quibus legibus subiiciantur dissidentes rituum orientalium», 1043-1058.

[13] Noch Papst LEO XIII. erklärte in der Enzyklika *Satis cognitum* vom 29.6.1896, n. 27: «Nemo igitur, nisi cum Petro cohaereat, participare auctoritatem potest, cum absurdum sit opinari, qui extra Ecclesiam est, eum in Ecclesia praeesse» (*CICF*, III, 490).

samte katholische Kirche geltenden vor oder nach dem Schisma von 1054 erlassenen Gesetze verbindlich, sodann die vom Hl. Stuhl für die Gesamtheit der orientalischen Riten erlassenen Normen, insbesondere die soeben erwähnten Teilstücke des orientalisch-katholischen Kirchenrechts, schließlich, soweit diese Neukodifikationen keine Neuregelungen geschaffen hatten, alle im Ritus der betreffenden orientalischen Nichtkatholiken vor dem Schisma erlassenen Normen, und auch gewisse von den Hierarchen der entsprechenden katholischen Rituskirche nach dem Schisma erlassene Gesetze.

Als unverbindlich für die orthodoxen und monophysitischen Christen galten auch weiterhin vom katholischen Standpunkt aus die Gesetze, welche die «häretischen» und «schismatischen» Hierarchen und Synoden ihren Kirchen nach dem Schisma gegeben hatten. Analoges galt für die Entscheidungen der Gerichte der «häretischen» und «schismatischen» orientalischen Kirchen[14].

Das am 22. Februar 1949 inkraftgetretene MP *Crebrae allatae* (CA)[15], durch welches das Eherecht für die katholischen Ostkirchen promulgiert wurde, unterwarf mit bestimmten Ausnahmen die nichtkatholischen Ostchristen den in ihm enthaltenen Gesetzen, auch den bloß kirchlichen[16]. So sah can. 90 §2 CA die Befreiung von der kanonischen Form vor, wenn getrennte Ostchristen untereinander, mit einem nichtorientalischen getauften Nichtkatholiken[17] oder mit einem Ungetauften, die Ehe schlossen[18]. Sie

---

[14] SCSOff, instr. (ad Ep. Rituum Orient.) diei 20 Iunii 1883 in *CICF*, IV, 1076; ebenso A. COUSSA, *Epitome praelectionum de iure ecclesiastico orientali*, I, 24 f.; V.J. POSPISHIL, *Code of Oriental canon law*, 76.

[15] *AAS* 41 (1949) 89-117.

[16] Vgl. MP *Crebrae allatae*, can. 5: «Baptizatorum matrimonium regitur iure non solum divino, sed etiam canonico, salva competentia civilis potestatis circa mere civiles eiusdem matrimonii effectus»; hierzu A. COUSSA, *Epitome praelectionum de iure ecclesiastico orientali*, III, nn. 4-5; A. HERMAN, «Quibus legibus subiiciantur dissidentes rituum orientalium»; ID., «Adnotationes ad Motu Proprio "Crebrae allatae sunt"», 93-125, insbes. 95; D. FALTIN, «De legibus».

[17] Die Formfreiheit galt auch für Ehen zwischen orientalischen Nichtkatholiken einerseits und Protestanten, Anglikanern oder Altkatholiken andererseits, insofern man davon ausging, daß für die Erstgenannten can. 90 §2 MP *Crebrae allatae* und für die Letztgenannten can. 1099 §2 CIC/1917 maßgebend sei (Vgl. M.M. WOJNAR, «Decree on the Oriental Catholic Churches», 173-255, inbes. 223). Vgl. das Responsum der SCSOFF vom 28.3.1962 durch welches die zwischen einem griechisch-orthodoxen und einem protestantischen Partner vor einem Zivilstandsbeamten geschlossene Ehe für gültig erklärt wurde (LEcc, III, n. 3052, col. 4265). Desgleichen coram Annè, 29 octobris 1968, p. 703, n. 3: «[...] dum non baptizati quod attinet ad formam matrimonii celebrandi, tenentur lege civili vel consuetudine vim legis habente, pro baptizatis acatholicis numquam ad veram fidem conversis, inter se contrahentibus, sufficit solus matrimonialis consensus quocumque modo manifestatus».

V. KAPITEL: GESETZGEBUNG VOR DEM II. VAT. KONZIL

konnten, entsprechend der traditionellen Lehre der Kanonistik, eine formgültige Ehe grundsätzlich in jeder mit den Normen des Naturrechts zu vereinbarenden Form schließen. Die Bestimmung des orthodoxen Kirchenrechts, daß die Mitwirkung eines orthodoxen Geistlichen zur Gültigkeit einer jeden Ehe orthodoxer Gläubiger unerläßlich ist, wurde von der kanonischen Gesetzgebung ignoriert[19].

Die *S. Romana Rota* vertrat jedoch wiederholt schon vor dem Zweiten Vatikanischen Konzil den Standpunkt, daß, wenn orthodoxe Christen in einem Gebiet, in welchem zu der betreffenden Zeit nach allgemeiner An-

---

Ebenso: coram Wynen, 31 octobris 1940, pp. 744-760; coram Grazioli, 6 martii 1941, p. 171, n. 4; coram Wynen, 12 iulii 1945, p. 455, n. 6; coram Felici, 8. iunii 1954, pp. 457-465.
Der Gültigkeit einer solchen Eheschließung konnte auch das auf can. 72 Trullanum beruhende trennende Ehehindernis, welches die Heirat zwischen einem orientalischen Christen und einem getauften nichtorientalischen Nichtkatholiken verbot, nicht mehr entgegenstehen. Es galt durch MP *Crebrae allatae* als abgeschafft. Zur äußerst bedeutenden Frage der Bewertung dieses auf can. 72 des Trullanum beruhenden Ehehindernisses durch katholische Gerichte vor bzw. nach dem Inkrafttreten von MP *Crebrae allatae*, vgl. in dieser Studie ss. 111 ff.

[18] Der Gültigkeit der Eheschließung zwischen einem nichtkatholischen Orientalen und einem Ungetauften stand jedoch nach can. 60 §1 MP *Crebrae allatae* das trennende Ehehindernis der Kultusverschiedenheit entgegen.

[19] Die Kongregation für die Ostkirchen antwortete am 12. April 1945 auf die Frage: «An Patricia, baptizata et educata in ecclesia russiaca dissidentium, validum iniit matrimonium cum Roberto, methodista non baptizato, contrahendo matrimonium coram auctoritate civilis tantum iuris, contra praescripta antiquae disciplinae byzantinae?» *Responsum*: «Non constatare de nullitate ex hoc capite» (*LEcc*, II, n. 1826, coll. 2277-2278). Dieselbe Kongregation antwortete ebenfalls am 12. April 1945 auf die Frage, ob die Ehe zwischen einer russisch-orthodoxen Frau und einem Mann, unbekannter Religion in Bezug auf die Form als gültig zu bewerten sei: «Siccome non risulta che i dissidenti russi siano tenuti ad una qualsiasi forma religiosa nella celebrazione del matrimonio, ne deriva che il matrimonio contratto da Maria con Guglielmo sia da ritenersi valido. Tuttavia si potrebbe esaminare meglio la circostanza della religione ignota del Guglielmo, perché se risultasse con certezza che egli non è stato battezzato validamente, allora il suo matrimonio con Maria sarebbe nullo ex capite disparitatis cultus, poiché questo impedimento vale anche per i dissidenti russi, essendo stato sancito nel can. 14 del Concilio di Calcedonia» (*LEcc*, II, n. 1827, col. 2278). In einem Urteil der Römischen Rota vom 11. 12. 1964 coram Sabattani ist zu lesen: «Dorothea vero et Nicolaus, seu partes in causa, erant ambo, tempore nuptiarum, assecale Ecclesiae Graecae Orthodoxae, in qua ambo baptizati fuerant. Ideo, utpote acatholici, quamvis baptizati, non tenebantur ad formam catholicam matrimonii (can. 1099 §2). Eorum consensus nuptialis per se validus erat, dummodo expressus fuerat forma naturaliter valida» (coram Sabattani, 11 decembris 1964, pp. 925-936, hier p. 932, n. 7); vgl. auch coram Wynen, 12 iulii 1945, p. 455, n. 6; ebenso SCSOff am 6. Juni 1964 (Prot. Nr. 3984 m/64). Hierzu: P. WIRTH, *Ehen mit Orthodoxen*, 37.

schauung der orthodoxen Bevölkerung eine gültige Ehe nicht ohne Mitwirkung des Priesters geschlossen werden konnte, lediglich eine Zivilehe eingehen, eine (allerdings im Prozeß zu beweisende) Vermutung dafürspricht, daß die Nupturienten keinen auf Abschluß einer wirklichen Ehe gerichteten Willen hatten, so daß die Ehe wegen Konsensmangels nichtig ist[20]. In diesem Fall würde zur Bewertung der Gültigkeit der Ehe zweier Nichtkatholiken durch ein katholisches Gericht ein aus einer nichtkatholischen Gesetzgebung stammendes Kriterium herangezogen. Eine erste, vorsichtige Annäherung an eine Berücksichtigung von Normen nichtkatholischer christlicher Konfessionen.

3. Zusammenfassung

Zusammenfassend kann gesagt werden, daß nach der vor dem II. Vatikanischen Konzil gängigen Auffassung alle getauften Nichtkatholiken, da sie vom Zeitpunkt ihrer Taufe an als der katholischen Kirche zugehörig angesehen wurden, infolgedessen je nach Provenienz als dem für die lateinischen bzw. für die orientalischen Katholiken geltenden kanonischen Recht unterworfen betrachtet wurden, den auf *ius divinum* beruhenden Normen ebenso wie dem gesamten *ius humanum*, soweit es nicht selbst die *acatholici* ausnahm[21].

---

[20] Coram Grazioli, 6 martii 1941, pp.169-181; coram Grazioli, 3. iunii 1941, pp. 466-487; coram Canestri, 17 februarii 1945, pp. 107-142; coram Wynen, 22 ianuarii 1953, pp. 70-79; coram Felici, 8. iunii 1954, pp. 457-465 (bzgl der Ehe eines orthodoxen Bulgaren mit einer evangelischen Deutschen in Deutschland); vgl. dazu E. EICHMANN - K. MÖRSDORF, *Lehrbuch des Kirchenrechts*, II, 146.

[21] Besondere Probleme ergaben sich zuweilen im Zusammenhang mit der Beurteilung der von Mitgliedern einer nichtkatholischen christlichen Gemeinschaft begründeten Rechtsverhältnisse, insbesondere der von *acatholici* eingegangenen Ehen, bei der Zurechnung der getauften Nichtkatholiken zu den verschiedenen Riten der katholischen Kirche. Welches der verschiedenen Partikularrechte der katholischen Kirche war für einen getauften «Häretiker» oder «Schismatiker» jeweils verbindlich.

VI. KAPITEL

Das II. Vatikanische Konzil

Mit den ekklesiologischen Aussagen des II. Vatikanischen Konzils waren die in der bisherigen west- wie ostkirchlichen Gesetzgebung vorfindlichen Aussagen über die Unterworfenheit aller Getauften unter die rein kirchlichen Normen des kanonischen Rechts nur noch schwer vereinbar.

1. Die getrennten orientalischen Kirchen[1]

Die Aussage der Kirchenkonstitution des II. Vatikanischen Konzils, daß die «Kirche Jesu Christi» in der *Ecclesia catholica* verwirklicht aber nicht ausschließlich identisch mit ihr ist[2] und die daraus sich ergebende — wenn auch indirekte — Anerkennung der nichtkatholischen Kirchen und kirchlichen Gemeinschaften als solche[3], erhielt hinsichtlich der getrennten orientalischen Kirchen eine besondere theologische Qualifikation dadurch, daß denselben ausdrücklich die Fähigkeit zuerkannt wurde, sich nach ihrer eigenen Disziplin zu leiten. Wörtlich erklärte das Konzil:

> Von den ältesten Zeiten her hatten die Kirchen des Orients ihre eigenen Kirchenordnungen, die von den heiligen Vätern und Synoden, auch von ökumenischen, sanktioniert worden sind. Da nun eine gewisse Verschiedenheit der Sitten und Gebräuche [...] nicht im geringsten der Einheit der Kirche entgegensteht, sondern vielmehr ihre Zierde und Schönheit vermehrt und zur Erfüllung ihrer Sendung nicht wenig beiträgt, erklärt das Hl. Konzil feierlich, um jeden Zweifel auszuschließen, daß die Kirchen des Orients, im Bewußtsein der notwendigen Einheit der ganzen Kirche, die Fähigkeit haben, sich nach ihrer eigenen Disziplin zu leiten, wie sie der Geistesart ihrer Gläubigen am meisten entspricht und dem Heil der Seelen am besten dienlich ist. Die vollkommene

---

[1] Vgl. hierzu: I. ZUZEK, «Hat die katholische Kirche».
[2] LG, n. 8.
[3] UR, n. 3.

Beobachtung dieses Prinzips, das in der Tradition vorhanden, aber nicht immer beachtet worden ist, gehört zu jenen Dingen, die zur Wiederherstellung der Einheit als notwendige Voraussetzung durchaus erforderlich sind[4].

Expressis verbis bringt das Konzil, das an anderer Stelle des Ökumenismusdekretes die Gemeinschaft der nichtkatholischen orientalischen Kirchen mit der katholischen Kirche *arctissima* definiert[5], in diesem Artikel für die getrennten Ostkirchen zum Ausdruck, daß ihnen die Fähigkeit eignet, für ihre Gläubigen verbindliche Gesetze zu besitzen und zu erlassen[6]. Der Geltungsanspruch des kanonischen Rechtes wird, unbeschadet göttlichen Rechts, für die getrennten Orientalen aufgehoben, und zwar, wie im folgenden noch aufgezeigt werden wird, mit rückwirkender Kraft[7].

Daß sich der soeben zitierte Text des Ökumenismusdekretes unmittelbar auf die nichtkatholischen Ostkirchen bezieht, ergibt sich zum einen klar aus der Überschrift des Kapitels III dieses Dokumentes, dessen Teil er ist: «Die vom römischen apostolischen Stuhl getrennten Kirchen und kirchlichen Gemeinschaften»[8]. Zum anderen ist auf den Unterschied zwischen der soeben zitierten Stelle und einer ähnlichen Aussage in dem den katholischen Ostkirchen gewidmeten Konzilsdekret *Orientalium Ecclesiarum* hinzuweisen. Anstelle der Wendung des Ökumenismusdekretes *facultatem habere se secundum proprias disciplinas regendi*[9], heißt es im Ostkirchendekret *iure pollere et officio teneri se secundum proprias disciplinas peculiares regendi*[...][10]. Diese Verschiedenheit der Ausdrucksweise erklärt J. Feiner folgendermaßen:

> Das Ostkirchendekret wendet sich direkt nur an die mit Rom unierten Orientalen; ihnen gegenüber kann das Konzil, an dem ja auch die Vertreter dieser Kirchen teilnahmen, von einer Pflicht sprechen. Das Ökumenismusdekret hingegen spricht von den Orientalen ganz allgemein [...] unmittelbarer hat es sogar

---

[4] UR, n. 16.

[5] UR, n. 15.

[6] Vgl. hierzu: J. FEINER, *LThK.E*, II, 102-103; J. WEITZEL, «Zivilehen orthodoxer Christen sind wegen Formmangels ungültig», 484 ff.; U. NAVARRETE, «La Giurisdizione», 106 und J. PRADER, «Interrituelle, interkonfessionelle und interreligiöse Probleme», 409-410, insbes. 411.

[7] Vgl. in dieser Studie, s. 103 mit Anm. 32.

[8] «*De Ecclesiis et de Communitatibus ecclesialibus a Sede Apostolica Romana seiunctis*». Vgl. hierzu die althergebrachte Interpretationsregel: «*A rubro ad nigrum valet illatio*», d.h.: von der Überschrift, vom Titel kann auf die Bedeutung des Textes geschlossen werden (hierzu A. VAN HOVE, *Commentarium Lovaniense*, I/1, 268).

[9] UR, n. 16.

[10] OE, n. 5.

die getrennten Orientalen im Auge. Diesen gegenüber aber eine Pflicht einzuschärfen stand doch wohl einem römisch-katholischen Konzil nicht zu, wenn es auch die Überzeugung hatte, daß diese Pflicht bestehe[11].

Wenn die katholische Kirche nun den getrennten Ostkirchen gegenüber erklärt, daß sie die Fähigkeit besitzen sich nach ihren eigenen Ordnungen zu regieren, d.h. konkret auch Gesetze zu erlassen oder abzuschaffen, dann beinhaltet dies notwendig die Anerkennung einer von den Bischöfen dieser Gemeinschaften ausgeübten wirklichen *Potestas regiminis*[12] (*Potestas iurisdictionis*)[13]. In Bezug auf die Ehehoheit der nichtkatholischen orientalischen Kirchen, die für diese Studie insbesondere von Interesse ist, dürfte aus UR 16 also die Anerkennung einer *Potestas propria et exclusiva* derselben über die Ehen der in ihnen Getauften, sowie die Bindung letztgenannter an die Ehegesetzgebungen dieser Kirchen, insoweit sie göttlichem Recht nicht widersprechen, gefolgert werden können.

1.1 *Die Frage nach der in den getrennten Ostkirchen vorhandenen Potestas iurisdictionis (Potestas regiminis)*

Die soeben aufgrund der Aussagen des Ökumenismusdekretes für die getrennten Ostkirchen angenommene *Potestas iurisdictionis* gilt es im folgenden einer näheren Begründung zuzuführen.

Die auf göttliche Einsetzung zurückgehende *Potestas iurisdictionis*[14] kann in der Kirche Jesu Christi nur von den Bischöfen ausgeübt werden, die gültig

---

[11] J. FEINER, *LThK.E*, II, 104; vgl. auch ebd. 124 ff.

[12] Die *Potestas regiminis* wird unterschieden in gesetzgebende, ausführende und richterliche Gewalt (vgl. can. 135 §1 CIC).

[13] Vgl. auch das der *Nota Explicativa Praevia* (NEP) zu *Lumen gentium* beigefügte Notabene, in welchem zum Ausdruck kommt, daß bei den getrennten Orientalen *tatsächlich* Vollmacht ausgeübt wird, wobei durchaus zugegeben wird, daß über die Erklärung dieser Ausübung verschiedene Lehrmeinungen bestehen: «Die Kommission war aber der Auffassung, daß sie auf die Fragen der Erlaubtheit und Gültigkeit (der Ausübung des sakramental seinsmäßigen Amtes) nicht eingehen sollte, die der theologischen Forschung überlassen bleiben. Insbesondere gilt das von der Vollmacht, die tatsächlich bei den getrennten Orientalen ausgeübt wird und über deren Erklärung verschiedene Lehrmeinungen bestehen».

[14] Kanon 129 §1 des kirchlichen Gesetzbuches bestimmt: «Zur Übernahme von Leitungsgewalt (*Potestas regiminis*), die es aufgrund göttlicher Einsetzung in der Kirche gibt und die auch Jurisdiktionsgewalt (*Potestas iurisdictionis*) genannt wird, sind nach Maßgabe der Rechtsvorschriften diejenigen befähigt, die die heilige Weihe empfangen haben.» Indem diese Norm deutlich unterstreicht, daß die Leitungsgewalt auf göttlicher Einsetzung beruht, bringt sie zum Ausdruck, daß es sich hier nicht um eine bloß kirchliche Ordnungsgewalt handelt, die dem Bedürfnis der Menschen nach Ordnung in der Gemeinschaft entspringt, sondern daß sie vielmehr ein Teilaspekt jener

geweiht sind und in der apostolischen Sukzession stehend ihr Amt in der hierarchischen Gemeinschaft mit dem Nachfolger Petri und dem Bischofskollegium[15] ausüben[16].

Vollmacht ist, die vom Herrn selbst über die Apostel in die Kirche vermittelt worden ist und die als ganze *sacra potestas* (LG, n. 18) oder Kirchengewalt genannt wird. Vgl. hierzu LG: «(Der Herr Jesus) sandte sie (die Apostel) zuerst zu den Kindern Israels und dann zu allen Völkern [...] damit sie in Teilhabe an seiner Gewalt alle Völker zu seinen Jüngern machten und sie heiligten und leiteten» (n. 19). «Um Gottes Volk zu weiden und immerfort zu mehren, hat Christus der Herr, in seiner Kirche verschiedene Dienstämter eingesetzt, die auf das Wohl des ganzen Leibes ausgerichtet sind. Denn die Amtsträger, die mit heiliger Vollmacht ausgestattet sind, stehen im Dienste ihrer Brüder, damit alle, die zum Volke Gottes gehören und sich daher der wahren Würde eines Christen erfreuen, in freier und geordneter Weise sich auf das nämliche Ziel hin ausstrecken und so zum Heile gelangen» (n. 18). Vgl. auch die Erklärung Papst PAULS VI., daß das kanonische Recht sein Fundament in der *Potestas iurisdictionis* habe, die Christus der Hierarchie verliehen hat (Ansprache vom 20. November 1965 an die Kommission für die Reform des CIC, in *AAS* 57 [1965] 985-989).

[15] Zum Begriff der hierarchischen Gemeinschaft schreibt G. GHIRLANDA: «Complexus relationum inter Episcopos et eorum Caput vocatur "hierarchicae communionis vincula, quae Episcopos cum Sede Apostolica coniungunt". Hierarchica communio ipsa robore auget officium episcopale, quia Episcopi ea indigent ut veram Ecclesiae notam catholicam efficiunt atque ostendant. Ad hoc perficiendam necessarium est ministerium Petri Cathedrae, ut centri et principii unitatis fidei et communionis. Ex hoc fluit moderationem ex parte Summi Pontificis potestatis Episcoporum, id est fundamentum omnium actuum auctoritativum qui comprehenduntur in formula hierarchica "communio", originem non habere ex iure ecclesiastico humano, at e contra ex iure divino, videlicet ex ipsa constitutione Ecclesiae» («De notione communionis hierarchicae», 49).
Daß das Amt der Leitung nur in der hierarchischen Gemeinschaft mit dem Haupt und den Gliedern des Bischofskollegiums ausgeübt werden kann, lehrt LG, n. 21 und in der Folge bestimmt can. 375 §2 CIC: «Die Bischöfe empfangen durch die Bischofsweihe selbst mit dem Dienst des Heiligens auch die Dienste des Lehrens und Leitens, die sie aber ihrer Natur nach nur in der hierarchischen Gemeinschaft mit dem Haupt und den Gliedern des Kollegiums ausüben können.»

[16] Unter den Gelehrten bestehen bis heute verschiedene Auffassungen über den «Ursprung» der geistlichen Vollmacht (*Potestas sacra*) und ihrer verschiedenen «Komponenten», u.a. eben die *Potestas iurisdictionis*. Das II. Vatikanische Konzil hat die Frage, ob diese Vollmacht ihren Ursprung und ihre Wurzel unmittelbar und nur im Weihesakrament habe oder ob eine zweite nichtsakramentale hierarchische Quelle hinzukommt nicht entscheiden wollen (vgl. AS III/VIII, 96-97). In der sich an das Konzil anschließenden wissenschaftlichen Diskussion sind die verschiedensten Theorien darüber entwickelt worden, wie das Verhältnis zwischen der in der Weihe gegebenen seinshaften Teilhabe an den heiligen Diensten (*Munera*) und der kanonischen oder rechtlichen Bestimmung durch die hierarchische Autorität (vgl. NEP, n. 2) zu denken ist. Einen Überblick über diese Debatte bieten, jeweils mit weiterführender Literatur: G. GHIRLANDA, «Potestà sacra», bes. 805 ff.; O. STOFFEL, in *Münster-*

Es besteht Klarheit darüber, daß die orthodoxen Bischöfe gültig geweiht sind und in der apostolischen Sukzession stehen. Bezweifelt werden könnte hingegen, ob sie ihr Amt in der hierarchischen Gemeinschaft mit dem Nachfolger Petri und dem Bischofskollegium ausüben.

Die Kirchenkonstitution des II. Vatikanischen Konzils *Lumen Gentium* fordert als Voraussetzung für die Ausübung des Bischofsamtes in den Artikeln 21 und 22 sowie in der Erläuternden Vorbemerkung (*Nota Explicativa Praevia* - NEP) die *Communio* des einzelnen Bischofs «mit Haupt und Gliedern» des Bischofskollegiums und unterstreicht in Artikel 24 die Notwendigkeit der *Missio canonica* zur Amtsausübung.

Wörtlich lehrt *Lumen Gentium*:

Die Bischofsweihe überträgt mit dem Amt der Heiligung auch die Ämter der Lehre und der Leitung, die jedoch ihrer Natur nach nur in der hierarchischen Gemeinschaft mit dem Haupt und Gliedern des Kollegiums ausgeübt werden können[17].

Diese Formulierung, welche die Ausübung des *Munus regendi et docendi* an das Stehen in der *Communio hierarchica* bindet, findet eine nähere Erläuterung in der *Nota Explicativa Praevia* zur Kirchenkonstitution, welche vom in der Weihe übertragenen *Munus* die *Potestas actu expedita* unterscheidet[18]. Zum Vorliegen einer zum Vollzug völlig freigegebenen Vollmacht ist wesentlich ein kanonisch–rechtliches Element erforderlich, die *Missio canonica* seitens der

---

ischer Kommentar, zu can. 336; W. AYMANS - K. MÖRSDORF, *Kanonisches Recht*, I, 385 ff., vor allem 394-395.

[17] Der Text von LG, n. 21 spezifiziert nicht ausdrücklich, ob das «nicht ausgeübt werden können» der *Potestas regendi et docendi* die Gültigkeit oder nur die Erlaubtheit einer eventuellen Ausübung berührt. K. RAHNER (*LThK.E*, I, 220) hält dafür, daß im Konzilstext die Aussage intendiert ist, daß das *Munus docendi et regendi* seiner Natur nach *gültig* nur in der hierarchischen Gemeinschaft mit dem Nachfolger Petri und dem Bischofskollegium ausgeübt werden kann. Auch das *Munus sanctificandi* kann an sich nur in der hierarchischen Gemeinschaft ausgeübt werden, jedoch und deshalb werde es in diesem Text vom *Munus regendi et docendi* abgesetzt, nicht *ad validitatem*.

[18] Vgl. NEP 2. Die *Nota Explicativa Praevia*, unterstreicht, daß der Ausdruck Ämter (*Munera*) und nicht Vollmachten (*Potestates*) in der Kirchenkonstitution mit Bedacht verwendet wurde, weil das letztgenannte Wort von der zum Vollzug völlig freigegebenen Vollmacht verstanden werden könnte. Damit aber eine solche zum Vollzug völlig freigegebene Vollmacht vorhanden sei, muß noch die kanonische, das heißt rechtliche Bestimmung (*Determinatio*) durch die hierarchische Obrigkeit hinzukommen.

hierarchischen Obrigkeit[19]. Durch sie, welche die hierarchische Gemeinschaft mit dem Haupt und den Gliedern des Bischofskollegiums letztlich konstituiert[20], entfaltet sich das *Munus regendi* ebenso wie das *Munus docendi* zur vollziehbaren *Potestas*[21].

---

[19] Es ist davon auszugehen, daß die in der NEP erwähnte *Determinatio* mit der *Missio canonica* gleichzusetzen ist (vgl. G. GHIRLANDA, «De Hierarchica Communione», 38).

[20] «Hierarchica communio cum Collegii Capite et membris ut elementum necessarium ad Episcopum adintegrandum in Collegium, constituitur missione canonica, ut dicitur in LG 24 b. In hac paragrapho magni momenti est quod arcto vinculo coniunguntur missio canonica, communio apostolica et officium episcopale. "Papa renuente" missionem canonicam denegatur communio apostolica (formula aequivalens formulae "hierarchica communio cum Collegii Capite atque membris") et Episcopus officium suum assumere nequit. Hoc modo actus in concedenda vel renuenda missione canonica, directe vel indirecte a Papa positus, statuit Episcopum in hierarchica communione cum Collegii Capite et membris et ideo est actus constituens ipsum officium episcopale, sensu pleno» (G. GHIRLANDA, «De Hierarchica Communione», 44).

[21] In welchem Verhältnis nun letztlich *Munus* und *Potestas* zueinander stehen und auf welche Weise nun das *Munus regendi* und das *Munus docendi* sich mittels *Missio canonica* zu einer vollziehbaren *Potestas* entfalten, lassen die Konzilstexte im Dunkeln. Wie bereits angedeutet hat sich die nachkonziliare Theologie intensiv dieser Frage gewidmet. Zwei Exponenten der beiden Hauptinterpretationslinien sollen im folgenden zu Wort kommen.

Zunächst W. BERTRAMS, der den Ton auf die Übertragung aller geistlicher Vollmacht durch die Weihe legt, sodaß der *iuridica determinatio* (*Missio canonica*) lediglich eine formal-iuridische Rolle zufällt, näherhin der in der Weihe ontologisch grundgelegten Vollmacht innere und äußere Struktur zu verleihen, mit anderen Worten sie rechtlich zu umgrenzen: «Haec potestas episcopalis in ordine sacramentali constituta non est ad actum expedita — saltem quoad functionem docendi et regendi — id est, ipsa qua potestas sacramentaliter constituta non potest exerceri. Ut ipsa exerceri possit, requiritur incorporatio et coordinatio consecrati in communione hierarchica, qua deficiente potestas episcopalis non est plene constituta, scilicet ipsa non est constituta in ordine sociali-iuridico» («De gradibus "Communionis"», 300-301).

Sodann G. GHIRLANDA, nach dem die *iuridica determinatio* nicht in einem bloß formal-rechtlichen Sinn zu deuten ist, sondern ihr auch ein Inhalt gegeben wird. Die *Potestas docendi* und die *Potestas regendi* werden durch die *Missio canonica* überhaupt erst übertragen: «Episcopo legitimo, membro Collegii Episcopalis, a Romano Pontifice, per missionem canonicam Ecclesia particularis assignatur, vel aliud officium peculiare in Ecclesia exercendum. Per ipsam missionem canonicam a Romano Pontifice Episcopo collatam etiam potestatem docendi et gubernandi in Ecclesiam particularem ei commissam exercendam vel potestatem gubernandi particularem ad officium ei assignatum explicandum a Christo confertur (LG 24; NEP 2; cc. 146; 147; 369; 376; 381, §1; 391). [....] Iure divino, tamquam condicio necessaria, hierarchica communio requiritur ut potestas docendi et gubernandi a Christo recipiatur, tamen missio canonica a Romano Pontifice collata requiritur ut illa potestas transmittatur atque ius divinum hierarchicae communionis melius protegatur [...] Quia arctum ligamen statuitur inter munera sacramentaliter recepta et potestas hierarchice trans-

Kann nun davon ausgegangen werden, daß die von den orthodoxen Bischöfen in der Weihe empfangenen *Munera*[22], und hier insbesondere von Interesse das Amt der Leitung, auch zum Vollzug freigegeben sind, d.h. mit anderen Worten, daß das Kriterium der kanonischen Sendung erfüllt wird, welche unabdingbare Voraussetzung für die Ausübung von *Potestas regiminis* und damit unabdingbare Voraussetzung für das Erlassen wirklicher Gesetze in der Kirche Jesu Christi ist?

Die Konzilstexte bieten bei der Beantwortung dieser Frage keine Hilfe. Einerseits geht das Notabene der NEP[23] davon aus, daß bei den getrennten Orientalen tatsächlich Vollmacht ausgeübt wird, andererseits aber wird keine Erklärung geboten, wie die zur Ausübung dieser Vollmacht notwendige *Communio hierarchica* und die zu ihrer letztendlichen Konstituierung erforderliche *Missio canonica* (LG, n. 24 b) gewährleistet sein könnten[24].

Meineserachtens ist bei der Beantwortung dieser Frage ein Konzept der *Communio hierarchica* zugrundezulegen, das sich nicht nach dem «alles oder nichts» Prinzip definiert, sondern Stufen kennt. Man kann den getrennten Ostkirchen, die über das in der apostolischen Sukzession stehende Bischofsamt verfügen und die Sakramente gültig spenden nicht gänzlich die hierarchische Gemeinschaft mit dem Nachfolger Petri und dem Bischofskollegium absprechen. Auch wenn, wie im Falle der getrennten Orientalen, bei Vorhandensein des in der apostolischen Sukzession stehenden Bischofsamtes, nur eine *Communio hierarchica non plena* — mit anderen Worten keine hierarchische Gemeinschaft mit dem Nachfolger Petri und dem Bischofskollegium in vollem Sinne — besteht, kann von einer gültigen und erlaubten Ausübung der Jurisdiktionsvollmacht und des Magisteriums ausgegangen werden[25].

---

missas, qui ad Episcopatum promotus est nisi legitimo detineatur impedimento, debet intra tres menses ab acceptis apostolicis litteris consecrationem recipere, et quidem antequam officii sui possessionem capiat (c. 379)» («De natura, origine et exercitio potestatis regiminis», 162).

[22] LG, n. 21.

[23] Vgl. in dieser Studie, s. 95, Anm. 13.

[24] O. STOFFEL weist mit folgenden Worten auf die Problematik hin: «Für die Mitgliedschaft im Bischofskollegium ist die Bischofsweihe und die *communio hierarchica* gefordert. Bewußt offen gelassen ist die Frage der gültig geweihten Bischöfe, die nicht in hierarchischer Gemeinschaft stehen (NEP 8). Vat. II anerkennt einerseits wahre Leitungsgewalt der orthodoxen Kirchen (UR Art. 16) und hält andererseits an der Notwendigkeit einer apostolischen Gemeinschaft mit dem Papst fest (LG Art. 24b)» (*Münsterischer Kommentar*, zu can. 336, Blatt 2, n.3).

[25] Vgl. hierzu W. BERTRAMS: «Concilium Episcopis acatholicis communionem hierarchicam non denegat simpliciter. Etsi utique ipsis non attribuit simpliciter seu perfecte communionem, attamen communionem ipsam ipsos habere posse Concilium

II. TEIL: GESETZESUNTERWORFENHEIT

In der *Nota explicativa praevia* der Kirchenkonstitution findet sich die Aussage, daß die hierarchische Gemeinschaft nicht aufzufassen ist als irgendein unbestimmtes Gefühl, «sondern als eine organische Wirklichkeit, die eine

---

positive recognovit. Hoc patet ex eo, quod quoad ecclesias separatas Orientales admittitur catholicorum communicatio in sacris [...] Inde sequitur Ecclesiam in hoc casu recognoscere communionem hierarchicam, quia revera in hisce ecclesiis — praeter illa elementa, de quibus supra iam egimus — habetur verus episcopatus sacramentaliter constitutus, habetur verum sacrificium eucharisticum, habentur vera sacramenta. Proinde recognitio communionis congruit illis, quae in hisce ecclesiis cum Ecclesia catholica communia habentur. Hoc autem significat, quod communio hierarchica ab Ecclesia recognoscitur ea mensura, qua ibi elementa communia cum Ecclesia habentur, aliis verbis, etiam communio hierarchica gradus admittit. Neque haec communio ad celebrationem cultus et administrationem sacramentorum restringitur; potius haec communicatio etiam ipsum regimen harum ecclesiarum includit [...] Haec recognitio quidem non significat Ecclesiam admittere potestatem eorum episcopalem in omnibus congruere ordini obiectivo a Domino instituto. Attamen haec recognitio significat Episcopos harum ecclesiarum gaudere vera potestate episcopali [...] Revera potestas episcopalis quae in ecclesiis Orientalibus exercetur, sacramentaliter constituta est; immo Ecclesia recognoscit exercitium huius potestatis, etsi ex natura rei aliqua reservatio se imponit. Altera ex parte validum exercitium potestatis docendi et regendi extra communionem hierarchicam haberi non potest; communio hierarchica ad consecrationem episcopalem accedere debet, ut exercitium validum potestatis docendi et regendi haberi possit. In quantum igitur exercitium validum potestatis docendi et regendi admittitur et recognoscitur, in tantum admittitur etiam communio hierarchica. Proinde communio hierarchica gradus admittit, quatenus communio supponendis suppositis cum Episcopis seiunctis admittitur, non autem plena, quae quoad Episcopos catholicos habetur [...] Conclusio: Secundum doctrinam Concilii Vaticani II Ecclesia admittit cum Episcopis acatholicis communionem hierarchicam seu quoad potestatem episcopalem exercendam. Haec communio non est plena seu perfecta, sed habetur ea mensura, qua ipsi, respective communitates quibus praesunt, profitentur illa, quae hanc communionem hierarchicam sacramentaliter constituunt necnon admittunt illa, quae hanc communionem iuridice constituunt» («De gradibus "Communionis"», 302-304).

U. NAVARRETE schreibt hierzu: «Auch das Konzept der *Communio* und von daher das Konzept der *Communio hierarchica* wurde vom Konzil redimensioniert, indem es vor Augen gestellt hat, daß es sich hier nicht um ein einheitliches Konzept handelt, welches keine Grade zuläßt» («La Giurisdizione», 107-108 [eigene Übersetzung]).

Anderer Auffassung ist V.J. POSPISHIL: «Eastern non-Catholic Churches belong to the Church but are not in hierarchical communion with the Roman Pontiff» (*Eastern Catholic Church Law*, 375). Dennoch spricht Pospishil den getrennten Orientalen die Fähigkeit zu eigene Gesetze zu erlassen: «Because they have preserved all essential characteristics of a Church, such as valid sacraments, especially the priesthood and apostolic succession of the episcopacy, their Churches enjoy also authority over their canon law. Consequently their marriage law is recognized to legal force unless some norm is against divine law in accordance with the teaching of the Catholic Church» (a.a.O., 375).

rechtliche Gestalt verlangt und zugleich von der Liebe beseelt ist»[26]. Diese «organische Wirklichkeit» besteht in Bezug auf die getrennten orientalischen Kirchen gewiß bereits in einem sehr weiten Ausmaß, auch wenn sie noch nicht vollständig ist (*Communio hierarchica non plena*)[27]. Die «rechtliche Gestalt» dieser noch nicht vollständigen hierarchischen Gemeinschaft ist zwar weitestgehend noch zu schaffen, jedoch dürfte sie genügend festgelegt sein, um den Bischöfen der getrennten orientalischen Kirchen zu erlauben, das «Amt der Leitung» sowohl objektiv wie subjektiv gültig und erlaubt auszuüben. Mit anderen Worten, die jurisdiktionellen Akte der Hierarchen der getrennten orientalischen Kirchen sind als in der, wenn auch noch nicht vollkommenen, hierarchischen Gemeinschaft mit der katholischen Kirche, d.h. mit dem Nachfolger Petri und dem Bischofskollegium, gesetzt anzusehen.

Bezüglich der Übertragung der *Missio canonica*, welche Ausdruck der hierarchischen Gemeinschaft des einzelnen Bischofs mit dem Nachfolger Petri und dem Bischofskollegium ist und unbedingte Voraussetzung für die gültige und erlaubte Ausübung der *Potestas iurisdictionis*, heißt es in LG, n. 24:

> Die kanonische Sendung der Bischöfe kann geschehen durch rechtmäßige, von der höchsten und universalen Kirchengewalt nicht widerrufene Gewohnheiten, durch von der nämlichen Autorität erlassene oder anerkannte Gesetze oder unmittelbar durch den Nachfolger Petri selbst.

Die kanonische Sendung geschieht im orthodoxen Orient nach alten Satzungen, welche, wie es scheint, nie aufgehoben wurden[28]. Sie übertrug sich von den Aposteln auf die orientalischen Bischöfe ohne andere ausdrückliche Formalität, als jene einer legitimen Bischofsweihe zu einem bestimmten Sitz, und Rom nahm diesen Stand der Dinge als selbstverständlich an[29].

---

[26] NEP, 3°.

[27] Vgl. UR, n. 15, wo die Gemeinschaft der nichtkatholischen orientalischen Kirchen mit der katholischen Kirche *arctissima* definiert wird.

[28] Vgl. coram De Jorio, 17 octobris 1968, p. 683, n. 10: «Non constat fuisse revocatam consuetudinem orientalem circa canonicam missionem». Zur Frage der Übertragung der *Missio canonica*, vgl. W. BERTRAMS, «De gradibus "Communionis"», 301, Anm. 8.

[29] Aus den von W. DE VRIES (*Der christliche Osten*) gesammelten Urkunden kann man den Schluß ziehen, daß Rom im 2. Jahrtausend betreffs dieses Punktes unschlüssig zu werden begann. Einerseits war es klar, daß im orthodoxen Orient was die *Missio canonica* anbelangte, alles so fortgesetzt wurde wie im ersten Jahrtausend, andererseits war alles für ungültig erklärt, weil es im Zustand der Exkommunikation und des Schismas vollzogen wurde. Das heißt: außerhalb der Gemeinschaft mit Rom. Aus diesem Grund genügte bei der Wiedervereinigung mit Rom manchmal eine *implicita sanatio in radice* der bischöflichen Vollmacht (Florenz), andere Male forderte

Hierzu schreibt U. Navarrete:

> Die Unterscheidung zwischen *Potestas ordinis* und *Potestas iurisdictionis* wurde durch das II. Vatikanische Konzil, wenn auch nicht eliminiert, so doch redimensioniert. In der Tat hat das Konzil den Akzent auf die Einheit sowohl des *Munus sacramentale ontologicum* (das sakramental seinsmäßige Amt) als auch der *Potestas sacra* gesetzt, welche in der Bischofsweihe empfangen werden, wenn es auch, vor allem in der *Nota Explicativa Praevia* unterstrichen hat, daß die *Potestas* ohne die kanonische Sendung oder die rechtliche Bestimmung nicht *expedita ad actum*, nicht zum Vollzug freigegeben ist; eine Sendung (*Missio*), welche jedoch auf jegliche von der Kirche approbierte Art und Weise empfangen werden kann, z.B. durch die Wahl auf einen bestimmten Bischofssitz gemäß der geltenden partikularen Gesetzgebung.
>
> Wenn man das Problem unter diesem Gesichtspunkt sieht und wenn man die Gültigkeit der Bischofsweihe der getrennten Orientalen voraussetzt, scheint es nicht der Fall zu sein, daß eine unüberwindliche Barriere besteht um zuzulassen, daß die getrennten orientalischen Bischöfe zusammen mit der Bischofsweihe für einen bestimmten Sitz auch die kanonische Sendung empfangen und von daher sich im Besitz der *Potestas ad actum expedita* befinden[30].

Schließlich gilt es darauf hinzuweisen, daß die getrennten Orientalen ohne Rücksicht auf ihre persönliche Verantwortung nach der überkommenen Rechtsauffassung seitens der katholischen Kirche als exkommuniziert angesehen wurden. Die Exkommunikation führte nach kanonischem Recht zur Unfähigkeit ein Kirchenamt zu übernehmen. Gewiß stellte auch dies ein gewichtiges Argument gegen die Fähigkeit der getrennten Orientalen Jurisdiktionsgewalt auszuüben dar. Hierzu wiederrum U. Navarrete:

> Was schließlich die Exkommunikation betrifft so gilt es hervorzuheben, daß es sich hier um eine positivrechtlich festgelegte Kirchenstrafe handelt, deren strafmäßige Wirkungen nicht immer dieselben gewesen sind, insbesondere in Bezug auf die Entziehung der Jurisdiktionsgewalt. Darüberhinaus, wenn man die allgemeine Doktrin über die schwere Zurechenbarkeit als Konstitutivelement eines kanonischen Deliktes, sowie die fundamentale Unterscheidung zwischen der Vermutung eines Deliktes und der objektiven Realität berücksichtigt, dann scheint das Argument, welches die Exkommunikation als Beleg für eine den nichtkatholischen Ostkirchen nicht zuzusprechende Jurisdiktionsgewalt nimmt, nicht entscheidend, ja mehr noch ein äußerst wackliges zu sein[31].

Aufgrund des zuvor über die Jurisdiktionsvollmacht der Amtsträger der nichtkatholischen Ostkirchen Gesagten ist davon auszugehen, daß sie diese

---

man eine ausdrückliche *confirmatio status episcopalis* (Lyon); vgl. I. ZUZEK, «Hat die katholische Kirche», 119, Anm. 31.

[30] U. NAVARRETE, «La Giurisdizione», 107 (eigene Übersetzung).
[31] U. NAVARRETE, «La Giurisdizione», 108 (eigene Übersetzung).

bereits vor der Erklärung des Ökumenismusdekretes und unabhängig davon besaßen. Die durch das Konzil ausgesprochene Anerkennung der Jurisdiktion der orthodoxen Hierarchen seitens der katholischen Kirche beruht nicht auf einem rein positivrechtlichen Zugeständnis, sondern ist Feststellung einer auf göttlichem Recht beruhenden Tatsache. Von daher ist sie, wie alle auf göttlichem Recht, das ja schon vor einer solchen Interpretation bestanden hat, fußenden Erklärungen, für alle Fälle, unabhängig von einer zeitlichen Eingrenzung, rückwirkend. Man begegnet in der Tat keinem Element, welches die Interpretation begründen könnte, nach welcher die Ostkirchen eine solche Vollmacht erst seit dem Konzil und aufgrund der Konzilserklärung hätten[32]. Wenn also das II. Vatikanische Konzil im Ökumenismusdekret (UR, n. 16) den getrennten orientalischen Kirchen die Fähigkeit zubilligt, sich gemäß ihrer eigenen Disziplin zu regieren, dann ist hier nicht nur jene antike Disziplin, die schon vor der Trennung der verschiedenen orthodoxen Kirchen von der katholischen galt, sondern auch jene, die nach der Trennung eingeführt wurde, eingeschlossen und als für die Mitglieder dieser Kirchen verbindliches Recht anerkannt[33].

---

[32] «Es gibt keine Argumente die beweisen würden, daß die Bischöfe der nichtkatholischen Ostkirchen eine solche Jurisdiktionsvollmacht erst seit dem Konzil besitzen, kraft Handelns des Konzils oder des Papstes, durch welches die vorhergehende Situation verändert worden sei. Im Gegenteil das Konzil setzt sogar voraus, daß die Bischöfe der nichtkatholischen Ostkirchen eine solche Vollmacht ausüben [...] Man muß von daher schließen, daß die Bischöfe der nichtkatholischen Ostkirchen immer Jurisdiktionsgewalt besessen haben, obwohl die Lehre, auch durch offizielle Dokumente der Kirche bestärkt, sich im Lauf der Geschichte eher in gegenteiligem Sinne geäußert hatte» (U. NAVARRETE, «La Giurisdizione», 106 - eigene Übersetzung). Papst JOHANNES PAUL II. unterstreicht in seinem Apostolischen Schreiben *Euntes in mundum* vom 25. Januar 1988, nach der Zitation des Ökumenismusdekretes des II. Vat. Konzils, Art. 16 über die Befugnis der getrennten Orientalen sich nach ihren eigenen Ordnungen zu regieren: «Aus dem Dekret ergibt sich deutlich die charakteristische Autonomie der Disziplin, der sich die orientalischen Kirchen erfreuen: Sie ist nicht Folge von Privilegien, die die Kirche von Rom ihnen gewährt hätte, sondern des Grundgesetzes selbst, das diese Kirchen seit den apostolischen Zeiten besitzen» (n. 10). Vgl. hierzu auch J. PRADER, «Interrituelle, interkonfessionelle und interreligiöse Probleme», 409-410, insbes. 411.

[33] In diesem Sinne zuerst I. ZUZEK, «Animadversiones quaedam», 268-271; ID., «Ansichten über die künftige Struktur des ostkirchlichen kanonischen Rechts», 668 f., sowie ID., «Hat die katholische Kirche»; hingegen unter Berufung auf Ziff. 16 des Ökumenismusdekretes: W. BASSETT, «The impediment of mixed religion», 394, 401 u. 410 f.; J. WEITZEL, «Zivilehen orthodoxer Christen», 485; vgl. auch K. WÄHLER, *Interreligiöses Kollisionsrecht*, 265 ff. und P. HUIZING, «Grundprobleme», 651 f.

1.1.1 Zusammenfassung

Aus dem soeben Dargelegten kann gefolgert werden, daß die Hierarchen der getrennten Ostkirchen aufgrund des Stehens in der Apostolischen Sukzession, aufgrund der Gültigkeit der von ihnen empfangenen Bischofweihe und aufgrund der Ausübung ihres Amtes in einer, wenn auch noch nicht vollkommenen, Gemeinschaft mit dem Nachfolger Petri und dem Bischofskollegium, *Potestas iurisdictionis* im eigentlichen und wirklichen Sinne besitzen. Als von Autoritäten, welche über die, nach den Satzungen der alten Konzilien erworbene, *Missio canonica*, die letztlich die *Communio hierarchica* konstituiert, verfügen, gesetzte Handlungen sind ihre hoheitlichen Akte juristisch gültig und erlaubt, außer jenen, natürlich, welche der heiligen Schrift, der katholischen Lehre oder dem Naturrecht widersprechen[34]. U. Navarrete:

> Es kann heute kein Zweifel darüber bestehen, daß die katholische Kirche den nichtkatholischen Ostkirchen eine wirkliche Leitungsvollmacht zuerkennt. Diese Vollmacht besaßen die orientalischen Kirchen ununterbrochen im Lauf der Jahrhunderte. In der Tat gibt es keine objektiv feststellbaren Hinweise auf eine Veränderung der vorherigen Situation, auch wenn in Bezug auf die Interpretation dieser Situation, durch offizielle Dokumente gestützte Sentenzen aufgestellt wurden, die dafür hielten, daß die nichtkatholischen Ostkirchen keine Leitungsvollmacht besäßen[35].

1.2 *Die Gewalt der nichtkatholischen Ostkirchen über die christliche Ehe*[36]

Aufgrund des vorstehend allgemein über die in den nichtkatholischen Ostkirchen vorhandene Jurisdiktionsgewalt Gesagten, kann die für diese Studie bedeutsame Frage nach einer *Potestas* über die Ehen der in ihnen Getauften für die getrennten orientalischen Kirchen nur bejaht werden. Die Amtsträger der nichtkatholischen Ostkirchen vermögen, aufgrund der ihnen zukommenden Leitungsgewalt (*Potestas iurisdictionis*), zu der u.a. auch die gesetzgebende (*Potestas legislativa*) und die richterliche Gewalt (*Potestas iudicialis*) gehören, Ehegesetze im eigentlichen und wirklichen Sinne zu erlassen, an welche ihre Untergebenen, unbeschadet göttlichen Rechts, gebunden sind, sowie in Ehesachen Recht zu sprechen.

---

[34] Vgl.: I. ZUZEK, «Hat die katholische Kirche», 127.
[35] U. NAVARRETE, «La Giurisdizione», 110.
[36] Vgl. hierzu U. NAVARRETE, «La Giurisdizione», 110-114.

Bei der *Potestas*, welche die nichtkatholischen Ostkirchen über die Ehe ausüben, handelt es sich um eine angeborene Gewalt (*Potestas propria seu nativa*), mit anderen Worten, von keiner menschlichen Autorität abgeleitet, sondern in der ureigenen Natur der Kirche fussend, so wie sie von Christus eingerichtet worden ist, um eine ausschließliche Gewalt (*Potestas exclusiva*) — jedenfalls was die mit dem Wesen des sakramentalen Ehebundes zusammenhängenden Angelegenheiten betrifft — und um eine unabhängige Gewalt (*Potestas independens*), in dem Sinn, daß die Kirche in der Ausübung dieser Gewalt keiner anderen Gewalt auf Erden untergeordnet ist[37].

2. Die altkatholischen Kirchen und andere nichtorientalische nichtkatholische Kirchen

Das soeben von den getrennten orientalischen Kirchen in Bezug auf ihre Leitungs- und damit ihre Gesetzgebungsvollmacht Gesagte gilt analog von den abendländischen Kirchen, die ekklesiologisch ähnlich zu werten sind wie die getrennten Orientalen, auch wenn das II. Vatikanische Konzil sich hinsichtlich ihrer Fähigkeit sich nach ihren eigenen Ordnungen zu leiten nicht äußert. Meineserachtens ist diesen Kirchen, die über das in der apostolischen Sukzession stehende Bischofsamt verfügen und die Sakramente gültig spenden eine, wenn auch nicht vollständige, hierarchische Gemeinschaft mit dem Nachfolger Petri und dem Bischofskollegium zuzusprechen, die als so hinreichend festgelegt angesehen werden kann, daß ihre Bischöfe das Amt der Leitung subjektiv gültig und erlaubt auszuüben vermögen. Anders formuliert: die jurisdiktionellen Akte dieser Hierarchen sind als in der wenn auch noch nicht vollkommenen hierarchischen Gemeinschaft mit dem Nachfolger Petri und dem Bischofskollegium gesetzt anzusehen. Hinsichtlich der kanonischen Sendung, welche diese innere Wirklichkeit des Stehens eines Bischofs in der hierarchischen Gemeinschaft mit dem Nachfolger Petri und dem Bischofskollegium zum Ausdruck bringt, ist davon auszugehen, daß

---

[37] Die Tatsache, daß den getrennten orientalischen Kirchen eine *Potestas propria, independens et exclusiva* über die Ehen ihrer Glieder zugesprochen wird, bedeutet keineswegs, daß die katholische Kirche, in der die Kirche Jesu Christi in vollkommener Weise verwirklicht ist und mit der die getrennten Orientalen in einer, wenn auch nicht vollkommenen Gemeinschaft stehen, nicht aus ihrer Verantwortung für alle Getauften heraus, Gesetze für diese erlassen könnte. Die ebengenannten die *Potestas* näher kennzeichnenden Attribute (*propria, independens* et *exclusiva*) sind meineserachtens im Sinne einer Abgrenzung der der in den verschiedenen christlichen Konfessionen sich in mehr oder weniger vollkommener Weise verwirklichenden *Kirche Jesu Christi* zukommenden *Potestas* gegenüber *nichtkirchlichen* Institutionen, z.B. Staat oder nichtchristlichen Religionen, nicht aber einzelner christlicher Konfessionen untereinander, zu interpretieren.

sie, wie bei den getrennten Orientalen, durch die rechtmäßige Wahl auf einen bestimmten Sitz gegeben ist.

Die Notwendigkeit die getrennten Kirchen des Westens gleich denen des Ostens zu behandeln, erhellt nunmehr auch aus can. 844 §2 und 3 des CIC/1983 über die *Communicatio in sacris*[38]. Mit den in can. 844 §3 genannten Kirchen, «die nach dem Urteil des Apostolischen Stuhles hinsichtlich der Sakramente in der gleichen Lage sind wie die genannten orientalischen Kirchen» können eigentlich nur die getrennten Kirchen des Abendlandes und hier vor allem die altkatholischen Kirchen der Utrechter Union gemeint sein. Wenn nun mit diesen Kirchen in bestimmten Fällen eine *Communicatio in sacris* möglich ist, wäre es widersprüchlich, wenn man nicht dafürhielte, daß die von ihren Hierarchen gesetzten jurisdiktionellen Akte in einer, wenn auch unvollkommenen *Communio hierarchica* gesetzt wurden[39].

Es ist also meineserachtens davon auszugehen, daß die Hierarchen der getrennten abendländischen Kirchen über *Potestas iurisdictionis* verfügen und ihnen demzufolge auch eine *Potestas propria et exclusiva* über die Ehen ihrer Glieder und damit auch die Vollmacht eine Ehegesetzgebung im eigentlichen Sinne zu erlassen und in Ehesachen Recht zu sprechen, zu eigen ist.

---

[38] Vgl. auch: *Direktorium zur Ausführung der Prinzipien und Normen über den Ökumenismus*, n. 132.

[39] Vgl. hierzu V.J. POSPISHIL: «Members of non-Catholic Churches or ecclesial bodies which have a marriage law of their own are under this law. This principle applies in the first place to the Eastern non-catholic Churches, which Vatican II recognized as possessing their own authentic marriage law, which must be observed by their faithful not less than that of the various Catholic Churches by their own members [...] Churches other than Eastern non-Catholic ones could be placed in this category, if they have preserved the seven sacraments, especially the priesthood and episcopacy, as is the case of the Old Catholics, most of whom are affiliated in the Union of Utrecht» (*Eastern Catholic Church Law*, 370) «Western non-Catholics must be separated in two groups: 1. Those who have preserved the sacraments and the priesthood in accordance with the teaching of the Catholic Church (and also of that of the Eastern non Catholic Churches). The Catholics of the Utrecht Union, although no official confirmation has yet come from Rome, could be treated as Eastern non-Catholics [...]» (a.a.O., 377).

3. Die Evangelischen Gemeinschaften und die Anglikaner[40]

Ebensowenig wie über die Fähigkeit der getrennten Kirchen des Abendlandes sich nach ihren eigenen Ordnungen zu leiten hat sich das II. Vatikanische Konzil, obwohl es sie als Gemeinschaften anerkannte[41], in Bezug auf die von der katholischen Kirche getrennten kirchlichen Gemeinschaften des Abendlandes über eine solche Fähigkeit geäußert.

Meineserachtens kann für letztgenannte eine diesbezügliche Frage jedoch nur negativ beantwortet werden. Der wichtigste Grund dafür ist das Fehlen von in der apostolischen Sukzession stehenden und über die *Missio canonica* verfügenden geweihten Amtsträgern, mit anderen Worten das Nichtvorhandensein des Bischofsamtes. Fehlt nämlich das durch die eben genannten Merkmale ausgezeichnete Bischofsamt, dann fehlt letztlich auch ein Träger der *Potestas regiminis proprie ecclesiastici*. Die Amtsträger kirchlicher Gemeinschaften, die nicht in der apostolischen Sukzession stehen und nicht das Weihesakrament und die kanonische Sendung empfangen haben, vermögen daher, da sie nicht über *Potestas iurisdictionis* und folglich auch nicht über *Potestas legislativa* verfügen, keine Gesetze zu erlassen, die aufgrund ihrer eigenen Autorität Wirkkraft hätten.

Dementsprechend ist auch die Frage nach der *Potestas propria et exclusiva* der getrennten kirchlichen Gemeinschaften des Abendlandes über die Ehen der in ihnen Getauften zu verneinen. Die Amtsträger dieser Konfessionen vermögen, aufgrund der fehlenden *Potestas iurisdictionis*, deren Teil die gesetzgebende Gewalt (*Potestas legislativa*) und die richterliche Gewalt (*Potestas iudicialis*) sind, aus eigener Autorität kein Eherecht im eigentlichen Sinne zu erlassen und in gleicher Weise nicht in Ehesachen Recht zu sprechen[42].

---

[40] «As to the Anglican (Episcopalian) Communion, their teaching is unclear to the degree that neither the Catholic Church nor the Eastern Orthodox Church recognize them as having with preserved the sacrament of the priesthood, including episcopal orders; they must be treated as Protestants» (V.J. POSPISHIL, *Eastern Catholic Church Law*, 377).

[41] Vgl. LG, n. 15, UR, n. 3.

[42] In der Praxis haben die meisten evangelischen Gemeinschaften aufgrund ihres Verständnisses der Ehe als «weltlich Ding» auch kein eigenes «Eherecht» erlassen, sondern anerkennen die staatliche Ehehoheit und damit die Unterworfenheit ihrer Mitglieder unter das staatliche Eherecht und die staatliche Ehegerichtsbarkeit. Da dem Staat nun eigentlich keine Hoheit über die Ehe der Getauften zukommen kann, müßte den staatlichen Gesetzen, denen die Ehen der Mitglieder der nichtkatholischen christlichen Gemeinschaften des Abendlandes *de facto* unterliegen, in gleicher Weise wie den eventuell von diesen Gemeinschaften selbst erlassenen Ehegesetzen, durch einen mit Jurisdiktionsgewalt ausgestatteten kirchlichen Gesetzgeber Rechtskraft ver-

Obwohl das II. Vatikanum die getrennten kirchlichen Gemeinschaften des Abendlandes als Gemeinschaften anerkannte, sprach es ihnen dennoch nicht die Fähigkeit zu sich nach ihren eigenen Ordnungen zu regieren. Für nicht wenige katholische Autoren bedeutete dies eine Inkongruenz. Kann man nichtkatholische Gemeinschaften als selbständige Gemeinschaften anerkennen ohne ihren Amtsträgern Gesetzgebungsvollmacht über ihre Untergebenen zuzuerkennen? Wenn man davon ausgeht, daß das Erlassen von Gesetzen unabdingbar für das Funktionieren eines Gemeinwesens ist, scheint sich in der Tat die Frage aufzudrängen, ob die Anerkennung einer nichtkatholischen kirchlichen Gemeinschaft als solcher nicht auch eine Anerkennung der von ihren Amtsträgern erlassenen Normen als für ihre Mitglieder verbindliche Gesetze zu beinhalten hat?

Solche und ähnliche Gedankengänge veranlaßten verschiedene Gelehrte aus den Texten des II. Vatikanischen Konzils eine *implizite* Anerkennung der Fähigkeit der nichtkatholischen kirchlichen Gemeinschaften sich nach ihren eigenen Ordnungen zu richten, abzuleiten.

Eine erste Belegstelle sahen sie in einer in der Erklärung des II. Vatikanums über die Religionsfreiheit (*Dignitatis Humanae*) vorfindlichen und sich auf alle religiösen Gemeinschaften beziehenden Aussage[43]. *Dignitatis Humanae* stellt fest, daß diesen,

> wenn nur die gerechten Erfordernisse der öffentlichen Ordnung nicht verletzt werden, rechtens die Freiheit zusteht, daß sie sich gemäß ihren eigenen Normen leiten und jene Einrichtungen fördern, in denen die Glieder zusammenarbeiten, um das eigene Leben nach ihren religiösen Grundsätzen zu ordnen[44].

Eine Anwendung dieses Textes auf die Fragestellung nach der Fähigkeit der nichtkatholischen kirchlichen Gemeinschaften Gesetze zu erlassen, an die ihre Mitglieder gebunden sind, scheint mir jedoch höchst fragwürdig, da sich das Konzil mit diesem Satz an die staatlichen Gemeinschaften wendet,

---

liehen werden und sie auf diese Weise zu Gesetzen im eigentlichen und wirklichen Sinne in der Kirche Jesu Christi gemacht werden. Eine solche Rechtskraftverleihung wäre natürlich seitens der getrennten kirchlichen Gemeinschaften des Abendlandes selbst nicht möglich, da ihre Amtsträger nicht über *Potestas iurisdictionis* verfügen, welche eine unabdingbare Voraussetzung für ein solches Unterfangen darstellt. Vgl. dazu in dieser Studie, s. 170 ff.

[43] J. PRADER, «Interrituelle, interkonfessionelle und interreligiöse Probleme», 409-410, insbes. 449; R. SOBANSKI, «Ökumenismus».

[44] DH, n. 4,2 (im Wortlaut übernommen von LEF, Schema 1971, can. 88 §2).

um von ihnen die Religionsfreiheit einzufordern, jedoch keine ekklesiologische Aussage trifft[45].

Desweiteren wurde das Schweigen des Ökumenismusdekretes, in Bezug auf die Fähigkeit der nichtkatholischen kirchlichen Gemeinschaften sich nach ihren eigenen Ordnungen zu leiten, als eine implizite Bejahung dieser Fähigkeit und damit der Legitimität der Rechtsordnungen der nichtkatholischen kirchlichen Gemeinschaften gedeutet. Für R. Sobanski z.B. bedeutet das Fehlen einer ausdrücklichen Feststellung dieser Fähigkeit in den Artikeln von UR, die über die kirchlichen Gemeinschaften der Reformation handeln[46], durchaus nicht die Negation einer solchen Befähigung. Zudem würde, so der Autor, eine Verneinung auch mit den — bereits oben angesprochenen — Aussagen der Konzilserklärung über die Religionsfreiheit[47] nicht übereinstimmen. Das Ausbleiben einer ausdrücklichen Feststellung der Fähigkeit sich nach ihren eigenen Ordnungen zu richten für die abendländischen nichtkatholischen Konfessionen liege, so mutmaßt Sobanski, vielmehr einerseits in der Verschiedenheit dieser Gemeinschaften und ihrer Rechtsstrukturen und andererseits in der geläufigen Meinung, daß in den getrennten Gemeinschaften des Westens den Rechtsstrukturen eine geringere Bedeutung beigemessen werde, begründet. Wenn das Dekret über den Ökumenismus ihre Disziplin *expressis verbis* nicht erwähne, so weise es doch auf den christlichen Lebenswandel dieser Gemeinschaften hin, der sich im Alltag und in religiösen Versammlungen ausdrücke und seine Früchte zeitige, u.a. im lebendigen Gerechtigkeitsgefühl und in tätiger Nächstenliebe[48]. Es anerkenne damit Elemente, die den Inhalt des Rechtslebens bilden, unabhängig davon, ob sie in den betreffenden Gemeinschaften als rechtliche identifiziert werden. Die Billigung des Lebensstils der nichtkatholischen kirchlichen Gemeinschaften und seine hohe Beurteilung durch das Konzil enthalte demzufolge implizit auch eine Feststellung der Fähigkeit, verbindliche Rechtsstrukturen auszubilden, die ja untrennbar mit dem sozialen Leben verbunden sind[49].

---

[45] Dies vorausgesetzt berührt es eigenartig, daß sich in der vom Päpstlichen Rat für die Interpretation der Gesetzestexte herausgegebenen und mit Quellenangaben zu den einzelnen Kanones versehenen Ausgabe des CCEO (Città del Vaticano 1995) unter den Quellen zu can. 780 neben UR, n. 16 auch DH, n. 4 findet.

[46] Vgl. UR, nn. 19 ff.

[47] Vgl. DH, n. 4,2.

[48] UR, n. 23.

[49] R. SOBANSKI, «Ökumenismus und Verwirklichung der Grundrechte der Getauften», 719-720.

Ich möchte Sobanski an dieser Stelle entschieden widersprechen, da meineserachtens die aus UR und DH angeführten Texte keine hinreichende Grundlage bieten, um aus ihnen auf eine implizite Anerkennung der Fähigkeit der aus der Reformation hervorgegangenen kirchlichen Gemeinschaften sich nach ihren eigenen Ordnungen zu richten schließen zu können. Zudem verbleibt seine Argumentation zu sehr im «soziologischen» Bereich, außer Acht lassend, daß Gesetzgebung in der Kirche Jesu Christi mit dem in der apostolischen Sukzession stehenden und in der hierarchischen Gemeinschaft mit dem Nachfolger Petri und dem Bischofskollegium ausgeübten Bischofsamt verknüpft ist.

4. Zusammenfassung

Mit Fug und Recht kann behauptet werden, daß die ekklesiologischen Aussagen des II. Vatikanischen Konzils einen Wendepunkt hinsichtlich der Fragen nach der Unterworfenheit nichtkatholischer Christen unter die Gesetzgebung der katholischen Kirche sowie nach der Gesetzgebungsvollmacht nichtkatholischer christlicher Konfessionen über die in ihnen Getauften darstellen.
In Bezug auf die getrennten orientalischen Kirchen ist auf der Basis der Konzilsaussagen anzunehmen, daß ihren Amtsträgern Jurisdiktionsgewalt zukommt und damit diesen Gemeinschaften die Fähigkeit eignet Ehegesetze im eigentlichen und wirklichen Sinne zu erlassen, an welche ihre Untergebenen, unbeschadet göttlichen Rechts, gebunden sind, sowie in Ehesachen Recht zu sprechen. Dasselbe dürfte, auch wenn eine entsprechende Konzilsaussage fehlt, analog für die abendländischen Kirchen gelten. In Bezug auf die getrennten kirchlichen Gemeinschaften des Westens ist hingegen, die ekklesiologischen Aussagen der Konzilstexte zugrundegelegt, davon auszugehen, daß ihnen wegen der ihren Amtsträgern fehlenden Jurisdiktionsgewalt nicht die Fähigkeit eignet aus eigener Autorität Ehegesetze im eigentlichen Sinne zu erlassen und in Ehesachen Recht zu sprechen.

VII. Kapitel

Die Zeit zwischen der Veröffentlichung des Ökumenismusdekretes und dem Inkrafttreten des kirchlichen Gesetzbuches von 1983 — erste Applikationen der in UR getroffenen Aussagen

1. Die getrennten Orientalen

Der lange und mühsame Weg hin zur Umsetzung der Konzilsaussage von der Fähigkeit der getrennten Ostkirchen sich nach ihren eigenen Ordnungen zu regieren, läßt sich sehr gut anhand der Entscheidungen der römischen Dikasterien und Gerichte in Bezug auf zwei eherechtliche Fragenkomplexe verfolgen: erstens die Beurteilung der Ehen zwischen orthodoxen Gläubigen und nichtkatholischen nichtorientalischen Getauften im Hinblick auf can. 72 des Trullanum, und zweitens die Judikatur nichtkatholischer Ehen, an denen zumindest ein orthodoxer Partner beteiligt ist, im Hinblick auf die orthodoxe Eheschließungsform durch katholische Instanzen. In diesen beiden Bereichen finden sich eine Reihe von Entscheidungen, die Zeugnis geben von einer partiellen Anerkennung des orthodoxen Kirchenrechts für Rechtsbeziehungen von getrennten orientalischen Christen untereinander oder mit anderen *Acatholici* unter Aufgabe der bisherigen Rechtspositionen seitens der katholischen Kirche.

1.1 *Die Anerkennung der orthodoxen Gesetzgebung in Bezug auf can. 72 des Trullanum*

Bereits vor dem Inkrafttreten des Ökumenismusdekretes am 21.11.1964 bestand eine heftige Diskussion über die Verpflichtungskraft des am 2.5.1949 mit dem MP *Crebrae allatae* für die orientalischen Kirchen promulgierten Eherechtes für die nichtkatholischen Ostkirchen. Die Mehrzahl der Autoren sprach sich für die Geltung des *Motu proprio* auch für diejenigen Orientalen, die außerhalb der katholischen Kirche stehen, aus[1].

Einen Streitpunkt stellte vor allem die Frage dar, ob die katholische Kirche bei der Prüfung der materiellen Gültigkeit von Ehen orthodoxer Christen mit anderen nichtkatholischen nichtorientalischen Christen anhand des vorschismatischen Rechts der orthodoxen Kirchen (insbesondere des can. 72 der Trullanischen Synode, wonach Ehen zwischen Orthodoxen und Häretikern nichtig sind[2]) oder nach Maßgabe des MP *Crebrae allatae* vorzugehen habe, durch das nach katholischer Sicht can. 72 des Trullanum für

---

[1] Vgl. V.J. POSPISHIL, *Code of Oriental canon law*, 92 f.; F. GALTIER, *Le mariage*, 133; H. JONE, *Gesetzbuch der lateinischen Kirche*, II, 301 (Anm. zu can. 1070 §1), auch, op. cit., I, 16; F. ARNOLD, «Das Ehegesetz für die orientalische Kirche», 110 f.; anderer Meinung: C. PUJOL, «Orientales».

[2] Die Trullanische Synode (691), die von der Orthodoxie als allgemeines Konzil angesehen wird, bestimmt in can. 72 , daß es keinem orthodoxen Mann gestattet ist, eine Häretikerin zu heiraten; ebenso darf keine orthodoxe Frau einen Häretiker ehelichen. Wenn dies geschieht, ist die Ehe nichtig. Die Partner sind zu trennen. Zuwiderhandlung gegen diese Vorschrift bewirkt den Ausschluß aus der Kirche. «Non licere virum orthodoxum cum muliere haeretica coniungi, neque orthodoxam cum viro haeretico copulari; sed et si quid eiusmodi ab ullo ex omnibus factum apparuerit, irritas nuptias existimare, et nefarium coniugium dissolvi. Neque enim ea quae non sunt miscenda misceri, nec ovem cum lupo, nec peccatores sortem cum Christi parte coniungi opportet. Si quis autem ea quae a nobis decreta sunt, transgressus fuerit, segregetur. Si autem aliqui, qui adhuc sunt infideles, et in orthodoxorum gregem nondum relati sunt, sunt inter se legitimo matrimonio coniuncti, deinde hic quidem, eo quod est honestum electo, ad lucem veritatis accurrerit, ille vero erroris vinculo detentus fuerit, nolens divinos rados fixis oculis intueri si infideli uxori placeat cum viro fideli habitare, vel vice versa infideli cum fideli uxore, ne a se invicem separentur» (CONCILIUM TRULLANUM can. 72, *FCCO*, Ser.I, Fasc. IX, Tom.I, Pars 1, 209).

In der Neuzeit wurde freilich sowohl von der Mehrzahl der getrennten Kirchen des byzantinischen Ritus, als auch der altorientalischen Kirchen der Standpunkt des can. 72 der Trullanischen Synode aufgegeben, Ehen zwischen Gliedern ihrer Gemeinschaft und Christen anderer Konfessionen als nichtig zu betrachten. Als erste hatte die russisch-orthodoxe Kirche im Jahre 1721 verfügt, daß Ehen zwischen orthodoxen Christen und Christen anderer Konfessionen erlaubt sind und daher gültig geschlossen werden können, vorausgesetzt, daß die Trauung durch einen orthodoxen Priester vorgenommen wird (A. PAVLOV, *Corso di diritto ecclesiastico*, 330). Der russisch orthodoxen Kirche folgten 1755 das Patriarchat von Konstantinopel, 1853 die serbische und 1861 die griechische Kirche. Von den altorientalischen Kirchen macht heute noch die äthiopische Kirche eine Ausnahme: eine kanonische Eheschließung zwischen einem Glied dieser Kirche und einem Christen anderer Konfession ist nicht möglich, weil dieser als Häretiker nicht die Kommunion empfangen kann, die ein Wesenselement des Trauungsritus bildet (vgl. P. TZADUA, *The Fetha Nagast*, 85; 142). Zum Ganzen vgl. J. PRADER, *Il matrimonio*, 140 f.; A. COUSSA, *Epitome praelectionum de iure ecclesiastico orientali*, III, 76 f.; S. RAMBACHER, *Formerfordernisse*, 199 ff.

die getrennten Orientalen außer Kraft gesetzt worden war. Das für die Judikatur dieser Fälle zuständige Heilige Offizium entschied für die vor Inkrafttreten des MP *Crebrae allatae* zwischen Orthodoxen und nichtkatholischen nichtorientalischen Christen geschlossenen Ehen unter Berufung auf can. 72 des Trullanum die Nichtigkeit[3], für die nach Inkrafttreten des *Motu proprio* geschlossenen Ehen hingegen die Gültigkeit.

Mit dem Ziel die Frage der Geltung des MP *Crebrae allatae* für die nichtkatholischen Orientalen einer endgültigen Klärung zuzuführen, übermittelte das Heilige Offizium im Jahre 1964 der Päpstlichen Kommission für die Erarbeitung des Kodex der orientalischen Kirchen, die Anfrage, ob die im Promulgationstext des Dekretes *Crebrae allatae* enthaltene Wendung *Christifideles Ecclesiae Orientalis* sich nur auf die orientalischen Katholiken oder auch auf die Schismatiker beziehe[4]. Genannte Kommission antwortete auf diese Anfrage am 23. März 1964 «*pro nunc non expedit et dilata*».

In der Folge setzte Papst Paul VI. eine Kardinalskommission zur Überprüfung dieser Frage ein. Die Kommission, antwortete mit Datum vom

---

[3] Diese Rechtspraxis des Heiligen Offiziums, die sich erstmals im Jahre 1959 feststellen läßt (vgl. P.H. SHANNON, «The diriment impediment of mixed religion», 341-343), steht offenkundig in engem Zusammenhang mit einem 1959 publizierten Aufsatz von Kardinal A. COUSSA («Animadversiones in can. LXXII Trullanae Synodi»), der unter Berufung auf die Anerkennung der Kanones der Trullanischen Synode als Partikularrecht der orientalischen Christen byzantinischen Ritus durch Papst Johannes VIII. (872-882) die Fortgeltung des can. 72 dieser Synode für die Orthodoxen mit der Begründung behauptete, daß die Umwandlung des nach dieser Bestimmung trennenden Ehehindernisses der Bekenntnisverschiedenheit (zwischen orthodoxen und «häretischen» Christen) in ein bloß aufschiebendes Hindernis, die in den orthodoxen Kirchen schon vor Jahrhunderten stattgefunden hat, ignoriert werden müsse, weil den orthodoxen Bischöfen und Synoden nach dem Schisma die Befugnis zur Abänderung der vor dem Schisma in Kraft gesetzten Kanones fehle.
Vgl. hierzu die Entscheidungen der SCSOff vom 19.11.1963 (Nichtigkeitserklärung der Ehe zwischen einem getrennten orientalischen Christen byzantinischen Ritus und einem Lutheraner, aufgrund von can. 72 Trullanum), in *LEcc*, III, n. 3135; vom 6.2.1964, in *LEcc*, III, n. 3164; vom 17.3.1964, *Jurist* 25 (1965) 304 f.; vom 7.5.1965, *CLDig Suppl.* (1966) 17 f.; SCPRoDoctFid Entscheidungen vom 12.10.1966 und 8.6.1967, *Jurist* 28 (1968) 220.

[4] Im Promulgationsdekret des MP *Crebrae allatae* heißt es «Nos autem per Apostolicas has Litteras Motu proprio datas supra recensitos canones promulgamus eisdemque vim legis christifidelibus Ecclesiae Orientalis tribuimus, ubique terrarum hi sunt et tametsi Praelato diversi ritus sunt subiecti. Simulac per Apostolicas has Litteras huiusmodi canones vigere coeperint, sua destituentur vi quodlibet statutum, sive generale sive particulare vel speciale, etiam latum a Synodis speciali forma adprobatis, quaelibet praescriptio et consuetudo adhuc vigens, sive generalis, sive particularis ita ut disciplina sacramenti matrimonii unice iisdem canonibus regatur» (*AAS* 41 [1949] 117).

24.2.1966 *affirmative*, d.h. der Terminus *christifideles* bezieht sich auch auf die getrennten Ostchristen, was zur Konsequenz hat, daß das MP *Crebrae allatae* die getrennten orientalischen Christen bindet[5].

Diese Entscheidung wurde den römischen Dikasterien und Gerichten mitgeteilt. Infolgedessen entschied die nunmehrige Glaubenskongregation auf Gültigkeit der Mischehen zwischen Orthodoxen und getauften nichtorthodoxen Nichtkatholiken (z.B. Protestanten), weil can. 72 des Trullanum seit dem in Kraft treten des MP *Crebrae allatae* am 2.5.1949 als abgeschafft zu betrachten sei[6]. Lediglich die vor dem Inkrafttreten des *Motu proprio* geschlossenen Ehen unterlagen noch dem besagten Kanon.

Namhafte Kanonisten sowie die *Sacra Romana Rota* vertraten jedoch unter Berufung auf die Aussage des Ökumenismusdekretes des II. Vatikanum, welches den getrennten Orientalen die Fähigkeit zusprach sich nach den eigenen Ordnungen zu regieren[7], die gegenteilige Auffassung und wiesen auf, daß die Entscheidung der Kardinalskommission, die der vorkonziliaren Lehre und Rechtsprechung[8] entsprach, in völligem Gegensatz zu diesem Prinzip stand[9].

Daher ernannte der Papst eine neue Kardinalskommission zur Prüfung des Sachverhaltes. Diese entschied am 23.9.1968, daß die Worte *Christifideles Ecclesiae Orientalis* im Promulgationstext des MP *Crebrae allatae*[10] sich nur auf die katholischen Orientalen beziehen[11]. Durch diese deklarative Entscheidung, welche vom Papst am 18.10.1968 approbiert wurde, behielt *Crebrae allatae* Verpflichtungskraft nur noch für die katholischen

---

[5] Vgl. D. STAFFA, «De validitate matrimonii», 25 f.

[6] Am 12.10.1966 entschied die Glaubenskongregation auf Gültigkeit einer zwischen einem Orthodoxen und einer Protestantin geschlossenen Ehe, weil für Ehen, die nach dem 2.5.1949 geschlossen wurden, can. 72 Trullanum durch MP *Crebrae allatae* als abgeschafft gelte. Unter gleichem Datum erteilte das ebengenannte Dikasterium das folgende Responsum: «Canonem 72 supradicti Concilii (Trullani) valorem habuisse usque ad diem 2 maii 1949, quando editus fuit Motu proprio *Crebrae allatae sunt* quo abolita fuit praecedens legislatio circa impedimentum dirimens existens apud orientales, inter partem orthodoxam et partem haereticam» (*LEcc*, III, n. 3477, coll. 5041-5042, hier 5042).
Vgl. hierzu auch: D. STAFFA, «De validitate matrimonii».

[7] UR, n. 16.

[8] Vgl. A. COUSSA, *Epitome praelectionum de iure ecclesiastico orientali*, I, n. 15, p. 20 f.; A. HERMAN, «Quibus legibus subiiciantur dissidentes».

[9] Vgl. C. PUJOL, «Orientales».

[10] Vgl. s. 113, Anm. 4.

[11] Für diese Entscheidung der Kardinalskommission war ausschlaggebend vor allem die oben zitierte Untersuchung von C. PUJOL, «Orientales», 78-110.

Orientalen; für die getrennten Orientalen hingegen war es nicht mehr bindend[12].

Infolge dieser Entscheidung der zweiten Kardinalskommission vom 23.9.1968 hatte die Glaubenskongregation, die Anwendbarkeit des MP *Crebrae allatae* auf die orthodoxen Christen verneinend, can. 72 des Trullanum für die Orthodoxen wieder als weitergeltend angesehen[13]. Damit wandte das Dikasterium, die Jurisdiktion der orthodoxen Amtsträger nicht anerkennend, die vor dem Schisma des Jahres 1054 in Kraft getretenen Normen des orthodoxen Eherechts an, nicht jedoch die in der Folgezeit von den orthodoxen Autoritäten eingeführten Legislationen[14].

An dieser Praxis hielt anfänglich auch die *Sacra Romana Rota* fest, welcher durch die Apost. Konstitution *Regimini ecclesiae universae* vom 15.8.1967 die Zuständigkeit in Ehesachen von Nichtkatholiken übertragen worden war. Begründung für diese Vorgangsweise war, daß die orthodoxen Kirchen keine jurisdiktionelle Befugnis hätten, Gesetze abzuändern oder abzuschaffen, die schon vor der Trennung von der katholischen Kirche in Kraft gewesen seien. Daher könne auch die Abänderung des can. 72 des Trullanum, d.h. die Umwandlung des trennenden Ehehindernisses der Konfessionsverschiedenheit in ein verbietendes Hindernis seitens der orthodoxen Kirchen nicht anerkannt werden[15].

Diese Auffassung wurde zwar durch die herrschende Lehrmeinung bestätigt[16], konnte sich aber auf keine päpstlichen Entscheidungen stützen und widersprach nicht zuletzt abermals der Erklärung des Ökumenismusdekretes, daß die getrennten Ostkirchen die Fähigkeit haben, sich nach ihren

---

[12] Vgl. D. STAFFA, «De validitate matrimonii», 26, ausführlicher hierzu J. Prader, «Interrituelle, interkonfessionelle und interreligiöse Probleme», 412.

[13] Am 30.4.1969 entschied die Glaubenskongregation, daß die 1956 vor einem methodistischen Pastor geschlossene und 1957 geschiedene Ehe zwischen einem griechisch-orthodoxen Mann und einer methodistischen Frau ungültig ist, mit der Begründung: «*Si ritiene ancora in vigore il canone 72 del Concilio Trullano*». Der Papst approbierte die Entscheidung am 9.5.1969 (LEcc, IV, n. 3751; vgl. Jurist 29 [1969] 387, Anm. 13).

[14] Hätte die Glaubenskongregation die von den nichtkatholischen Orientalen nach dem Schisma erlassenen Gesetze anerkannt, hätte sie can. 72 des Trullanum nicht mehr anwenden dürfen, da dieser seitens der meisten orthodoxen Autoritäten längst derogiert war. Vgl. in dieser Studie, s. 112, Anm. 2.

[15] Vgl. die Urteile coram Palazzini, 24 octobris 1967, pp. 687-691; coram Lefebvre, 13 ianuarii 1968, pp. 1-5; coram Fiore, 16 maii 1968 (unveröffentlicht); coram Pinna, 23 ianuarii 1969, pp. 88-94.

[16] Vgl. z.B. A. COUSSA, *Epitome praelectionum de iure ecclesiastico orientali*, I, 24 f.

eigenen Ordnungen zu richten[17], eine Aussage, welche nicht zuletzt auch die Zubilligung des Rechtes in ihren Gemeinschaften geltende überkommene Gesetze abzuändern oder abzuschaffen, beinhaltete[18]. Zudem war diese Sichtweise auch aus praktischen Gründen kaum noch haltbar. Nicht nur die meisten orthodoxen und monophysitischen Kirchen hatten den rigorosen Standpunkt des Trullanum, welches die «häretischen» Christen den Ungetauften gleichstellte und Ehen mit Häretikern als ausnahmslos nichtig betrachtete, längst aufgegeben oder durch Einengung des Häresiebegriffs stark gemildert, sondern auch die katholische Kirche selbst — und zwar sowohl die lateinische Kirche als auch die unierten orientalischen Kirchen — hatte dies getan, indem sie Ehen zwischen Katholiken und häretischen Christen, ebenso wie Ehen zwischen Katholiken und Schismatikern zwar als verboten aber dennoch als gültig behandelte. Diese Sichtweise wurde durch den CIC 1917 für den lateinischen Ritus der katholischen Kirche[19] und das MP *Crebrae allatae* für die orientalischen Riten der katholischen Kirche[20] bestätigt.

Die katholische Gerichtsbarkeit befand sich also in der eigentümlichen Situation, daß die Gültigkeit von Ehen orthodoxer Christen mit nichtkatholischen Nichtorientalen an einem Rechtssatz gemessen werden mußte, der in der Kirche, zu der sie sich bekennen (bzw. zum Zeitpunkt der Eheschließung bekannten), schon seit Jahrhunderten außer Kraft gesetzt war.

In Folge der Aussagen des II. Vatikanischen Konzils über die Fähigkeit der orientalischen Kirchen sich nach ihren eigenen Ordnungen zu richten, wurde schließlich seit 1969 der durch die orthodoxen Kirchen selbst veränderte Rechtszustand in Bezug auf die konfessionsverschiedene Ehe in der Rechtsprechung der Römischen Rota voll und ganz anerkannt. Bahnbrechend hierfür war nicht zuletzt das Urteil der *Sacra Romana Rota* vom 4. Juni 1969 *coram* Abbo, in welchem in aller Ausführlichkeit bewiesen wird, daß das trennende Ehehindernis des can. 72 des Trullanum kraft derogierender Gewohnheit in ein verbietendes umgewandelt worden ist. Von daher können entsprechende Ehen kraft eines Gesetzes, das die Orthodoxen selbst modifiziert haben, nicht für ungültig erklärt werden[21].

---

[17] UR, n. 16; vgl. W. BASSETT, «The impediment of mixed religion», 393 f. u. 401.

[18] Vgl. hierzu: C. PUJOL, «La consuetudine».

[19] Vgl. can. 1060/CIC 1917.

[20] Vgl. can. 50 MP *Crebrae allatae*.

[21] Coram Abbo, 4 iunii 1969, pp. 599-613. Die *Decisio* bezieht sich auf einen Fall aus der Diözese St. Nikolaus der Ukrainer in Chicago. Ein griechisch-orthodoxer Mann hatte die Ehe mit einer methodistischen Frau vor einem protestantischen

Am 30. April 1970 übersandte der Erzbischof von Chicago der Apostolischen Signatur die Petition eines in einer protestantischen Gemeinschaft getauften Mannes die von ihm mit einer russisch-orthodoxen Frau am 17. April 1966 geschlossene Ehe, gemäß can. 72 des Trullanum für nichtig zu erklären, da der Mann eine neue Ehe mit einer katholischen Frau eingehen und selbst zum Katholizismus konvertieren wollte.

Die Apostolische Signatur, unterzog, kraft der dem Kardinalpräfekten vom Papst in einer Audienz am 5. Juli 1971 gewährten Vollmacht, die vorgelegte Frage einem Examen und beschloß, nach Einholung der Voten der PP. Zuzek SJ, Rezac SJ und Tocanel OFMConv, in der Vollversammlung am 1. Juli 1972: «Non constare de nullitate matrimonii, in casu, ob impedimentum dirimens mixtae religionis, vi can. 72 §1 Concilii Trullani»[22].

Soweit also die orthodoxen und monophysitischen Kirchen das in can. 72 des Trullanum statuierte trennende Ehehindernis der Häresie, welches der

---

Geistlichen geschlossen. Der Ehemann erbat die Nichtigkeitserklärung dieser Ehe aufgrund des trennenden Ehehindernisses der Konfessionsverschiedenheit nach Kanon 72 des Trullanum. In dem *pars in iure* des soeben erwähnten Urteils hält Abbo, sich auf die Aussagen verschiedener orthodoxer Autoren und auf den *modus agendi* in den byzantinischen Kirchen stützend, dafür, daß das trennende Ehehindernis der Konfessionsverschiedenheit, welches von der trullanischen Synode aufgestellt wurde, schon seit etlicher Zeit von allen nur noch als verbietendes Ehehindernis angesehen werde. Er schreibt schlußfolgernd: «Daher will sicher auch die katholische Kirche, wenn in der griechisch-orthodoxen Kirche, welche sich legitimerweise von demselben befreite, das trennende Hindernis der Konfessionsverschiedenheit schon seit längerer Zeit nicht mehr verpflichtet, die griechisch-orthodoxen Christen durch ein solches Hindernis nicht binden» (*Ibid.*, p. 608, n. 14 [eigene Übersetzung]). Vgl. hierzu I. A. ABBO, «De impedimento mixtae religionis».

Vgl. auch coram De Jorio, 17 octobris 1968, pp. 669-688; coram Bejan, 17 decembris 1969, pp.1158-1171; coram Lefebvre, 25 aprilis 1970, pp. 384-391; coram Agustoni, 20 octobris 1971, pp. 739-749; coram Ferraro, 28 octobris 1971, pp. 817-824; coram Anné, 28 maii 1974, pp. 373-397.

[22] «Em.mi Patres Cardinales, Membra Signaturae Apostolicae, die prima mensis iulii 1972, in sede eiusdem Supremi Tribunalis legitime congregati ad decidendum casum de quo agitur, proposito dubio: An constet de nullitate, ob impedimentum dirimens mixtae religionis, vi can. 72 §1 Concilii Trullani, matrimonii inter Paulum M., baptizatum in Ecclesia Methodista, et D.nam Mariam N., baptizatam in Ecclesia Orthodoxa, initi coram sacerdote orthodoxo die 17 aprilis 1966 in ecclesia orthodoxa Sancti Pauli, respondendum censuerunt uti respondent:

Non constare de nullitate, ob impedimentum dirimens mixtae religionis, vi can. 72, §1 Concilii Trullani, matrimonii inter Paulum M., baptizatum in Ecclesia Methodista, et D.nam Mariam N., baptizatam in Ecclesia Orthodoxa, initi coram sacerdote orthodoxo die 17 aprilis 1966 in ecclesia orthodoxa Sancti Pauli» (in: Z. GROCHOLEWSKI, *Documenta Recentiora*, II, 58-59, n. 5150; der vollständige Text in *PRMCL* 62 (1973) 11-38 und *Apoll* 46 (1973) 255-277). Dazu D. STAFFA, «De validitate matrimonii».

Ehe eines Orthodoxen (bzw. Monophysiten) mit dem Angehörigen einer anderen als «häretisch» bezeichneten christlichen Kirche entgegenstand, nach dem Schisma von 1054 ausdrücklich oder stillschweigend aufgehoben haben, ist dies auch von der katholischen Gerichtsbarkeit zu respektieren. Solche Mischehen zwischen orthodoxen Christen und nichtkatholischen Christen anderer Konfession können nicht mehr aufgrund des can. 72 des Trullanum für ungültig erklärt werden. Sie können jedoch wegen Formmangels dann als nichtig angesehen werden, wenn die von allen orthodoxen Kirchen zwingend vorgeschriebene Segnung durch den zuständigen orthodoxen Geistlichen nicht stattgefunden hat[23]. Näheres hierzu im folgenden.

1.2 *Die Anerkennung der orthodoxen Eheschließungsform*

Vor dem II. Vatikanischen Konzil wurden Ehen zwischen nichtkatholischen Orientalen oder nichtkatholischen Orientalen und nichtkatholischen nichtorientalischen Christen, welche vor einem kirchlichen Amtsträger, der nicht die Priesterweihe empfangen hatte, oder welche nur unter Wahrung der bürgerlichen Eheschließungsform geschlossen wurden, seitens der katholischen Kirche, gemäß den Bestimmungen des MP *Crebrae allatae*[24] als gültig betrachtet; anderslautende orthodoxe Vorschriften fanden keine Beachtung.

Infolge der Aussagen des II. Vatikanischen Konzils über die Fähigkeit der getrennten Ostkirchen sich nach ihren eigenen Disziplinen zu richten[25], läßt sich jedoch in der katholischen Gerichtsbarkeit in Bezug auf die Anerkennung der orthodoxen Eheschließungsform ein der Anerkennung der orthodoxen Gesetzgebung zu can. 72 des Trullanum ähnlicher Wandel feststellen[26].

---

[23] Coram Abbo, 4 iunii 1969, pp. 599-613; coram Bejan, 17 decembris 1969, pp. 1158-1171 und coram Abbo, 2 februarii 1970, pp. 133-141 (bezüglich einer Ehe zwischen einer syrisch-orthodoxen Ehefrau und einem katholisch getauften, aber in der protestantischen Kirche aufgewachsenen Mann); coram Canals, 30 aprilis 1971, pp. 366-371; coram Mercieca, 3 maii 1971, pp. 382-386.

[24] Can. 90 §2.

[25] UR, n. 16.

[26] Bereits an anderer Stelle (s. 91) wurde darauf hingewiesen, daß die SRR wiederholt schon vor dem Zweiten Vatikanischen Konzil den Standpunkt vertreten hatte, daß, wenn orthodoxe Christen in einem Gebiet, in welchem zu der betreffenden Zeit nach allgemeiner Anschauung der orthodoxen Bevölkerung eine gültige Ehe nicht ohne Mitwirkung des Priesters geschlossen werden konnte, lediglich eine Zivilehe eingehen, eine (allerdings im Prozeß zu beweisende) Vermutung dafürspricht, daß die Nupturienten keinen auf Abschluß einer wirklichen Ehe gerichteten Willen hatten, so daß die Ehe wegen Konsensmangels nichtig ist. Eine erste, vor-

In diesem Zusammenhang stechen zunächst zwei bemerkenswerte Festlegungen des kirchlichen Gesetzgebers, die man als versteckte Anerkennung orthodoxen Kirchenrechts im Bereich der Eheschließungsform betrachten könnte, hervor.

Der erste Erlaß findet sich im Dekret des II. Vatikanischen Konzils über die Ostkirchen von 1964 und besagt, daß für Ehen zwischen nichtkatholischen Orientalen und Katholiken des orientalischen Ritus die kanonische Eheschließungsform nur zur Erlaubtheit vorgeschrieben ist. Zur Gültigkeit einer solchen Ehe genügt die Anwesenheit eines gültig geweihten Amtsträgers (*minister sacer*[27])[28].

Die zweite Anordnung findet sich im Dekret *Crescens matrimoniorum* der Kongregation für die Ostkirchen vom 22.2.1967[29] und bestimmt dasselbe auch für Ehen zwischen orientalischen Nichtkatholiken und Katholiken des lateinischen Ritus[30].

Eine entsprechende Regelung in Bezug auf die protestantische oder anglikanische Eheschließungsform wurde nicht erlassen[31].

---

sichtige Annäherung an eine Berücksichtigung der orientalischen nichtkatholischen Gesetzgebung hinsichtlich der Eheschließungsform.

[27] Unter *minister sacer* wird jeder gültig geweihte Bischof, Priester oder Diakon einer nichtkatholischen Ostkirche (deren Weihen von der katholischen Kirche anerkannt werden) verstanden, nicht hingegen ein protestantischer Geistlicher.

[28] OE, n. 18. Durch diese Bestimmung wurde bzgl. der Ehen zwischen orientalischen Katholiken und orientalischen Nichtkatholiken der Rechtszustand wiederhergestellt, der bis 1949 (Inkrafttreten des MP *Crebrae allatae*) in vielen unierten Ostkirchen bestanden hatte.

[29] *AAS* 59 (1967) 165-166.

[30] Die Kanones 1127 §1 CIC/1983 und 834 §2 CCEO/1990 nehmen diese Bestimmungen auf. Während can. 1127 §1 CIC, wie auch schon OE, n. 18 zur Gültigkeit der Ehe zwischen einem Katholiken des lateinischen Ritus und einem nichtkatholischen Orientalen die Mitwirkung eines geistlichen Amtsträgers vorschreibt, fordert can. 834 §2 CCEO, gemäß östlicher Tradition, die Segnung durch den *Priester*. In der Tat ist nach der Lehre aller Ostkirchen der Ehesegen dem *Priester* vorbehalten (vgl. C. PUJOL, «Adnotationes», 513).

[31] In der Folge des MP *Matrimonia Mixta* vom 31.3.1970 bestimmt can. 1127, §2 CIC 1983 zwar, daß Mischehen zwischen Katholiken und getauften Nichtkatholiken, die dem lateinischen Ritus zugerechnet werden, ohne Einhaltung der kanonischen Form gültig geschlossen werden können, jedoch nur insofern der zuständige Ordinarius Dispens von der Formpflicht erteilt hat. Wenn dies geschehen ist verlangt das Recht für solche Fälle lediglich, daß die Brautleute *aliqua publica forma celebrationis* einhalten, fordert jedoch nicht die Eheschließung nach der Form der Konfession des nichtkatholischen Partners vorzunehmen. Nur die Ausführungen der Deutschen Bischofskonferenz zum MP *Matrimonia mixta* vom 23.9.1970 empfehlen den Brautleuten, die zur Eheschließung vor dem katholischen Pfarrer nicht bereit sind, sich nicht

Ungefähr ab 1968 läßt sich eine bemerkenswerte Veränderung in der katholischen Gerichtspraxis in Bezug auf die orthodoxe Eheschließungsform beobachten. Ehen von orthodoxen Christen untereinander oder mit einem Mitglied einer nichtkatholischen Kirche oder kirchlichen Gemeinschaft des Abendlandes, die ohne priesterliche Einsegnung geschlossen worden waren, wurden in Entscheidungen der *Sacra Romana Rota*[32] sowie der *Signatura Apostolica*[33] wegen *Defectus formae seu ritus sacri* für nichtig erklärt. Damit wurde klargestellt, daß für Ehen zwischen orthodoxen Christen nicht die Formfreiheit des can. 90 §2 MP *Crebrae allatae* galt, sondern die Norm des orthodoxen Kirchenrechts, wonach ohne Mitwirkung des Priesters und den priesterlichen Segen keine gültige Ehe zustandekommt[34].

Eine besondere Bedeutung kommt der Entscheidung der Apostolischen Signatur vom 28. November 1970 zu, in welcher erklärt wird, daß die von zwei rumänisch-orthodoxen Gläubigen nur zivil geschlossene Ehe aufgrund des Fehlens des heiligen Ritus ungültig sei. Die Rechtsgrundlage des Urteils: Die Apostolische Signatur anerkennt das Recht der orthodoxen Kirchen, eine für ihre Gläubigen verbindliche Eheschließungsform zu besitzen. Weil die byzantinisch–rumänische Kirche den *Ritus sacer* für die Gültigkeit der Ehe vorschreibt, ist im konkreten Fall entschieden worden: «Affirmative, seu constare de nullitate matrimonii ob defectum formae seu ritus sacri, in casu»[35].

---

mit einer standesamtlichen Trauung zu begnügen, sondern sich zusätzlich in der Kirche des nichtkatholischen Ehepartners trauen zu lassen.

[32] Coram De Jorio, 17 octobris 1968, pp. 669-688; coram Abbo, 4 iunii 1969, pp. 599-613, hierzu: I.A. ABBO, «De impedimento mixtae religionis»; coram Bejan, 17 decembris 1969, pp. 1158-1171; coram Abbo, 2 februarii 1970, pp. 133-141; coram Canals, 30 aprilis 1971, pp. 366-371; coram Merciecа, 3 maii 1971, pp. 382-386; coram Ferraro, 28 octobris 1971, pp. 817-824; coram Fiore, 16 maii 1972 (unveröffentlicht); coram Canals, 5 iunii 1974, pp. 416-418.

[33] Vgl. vor allem die nachstehend besprochene Entscheidung der Apostolischen Signatur vom 28. November 1970.

[34] Bei den Byzantinern besteht dieses Erfordernis wenigstens nach der Nov. 89 (aus dem Jahr 895) des Kaisers Leo VI; bei den Armeniern schon seit dem 5. Jahrhundert; bei den Chaldäern seit dem 7. Jahrhundert; bei den Syrern seit dem 8. Jahrhundert. Bei den Kopten und Äthiopiern ist die Notwendigkeit des Segens dokumentiert im Nomokanon Ibn-al-Assal (13. Jhd.), der eine Norm aus dem byzantinisch-melchitischen Recht aufnimmt (vgl. hierzu ausführlich S. RAMBACHER, *Formerfordernisse*, 67 ff.).

[35] Der Text des Urteils: «Decisio. Paulo Papa VI feliciter regnante, Pontificatus Dominationis Suae anno VIII, die 28 novembris 1970, Patres Cardinales, membra Supremi Tribunalis Signaturae Apostolicae, in eiusdem Sede legitime congregati, ad decidendam causam nullitatis matrimonii inter D.num N.N. et D.nam N.N., ambo

Dieses Urteil wurde mit ausdrücklicher Genehmigung Papst Pauls VI. veröffentlicht[36] und Anweisung gegeben, es bei gleichliegenden Fällen anzuwenden[37]. Auf diese Weise wurde die Einzelentscheidung

---

orthodoxos ritus byzantini-romeni, coram magistratu civili tantum initi, proposito dubio: "An constet de nullitate matrimonii ob defectum formae seu ritus sacri, in casu", respondendum decreverunt atque respondent: Affirmative, seu constare de nullitate matrimonii ob defectum formae seu ritus sacri, in casu» (Z. GROCHOLEWSKI, *Documenta Recentiora*, II, 56, n. 5140).
In der Urteilsbegründung ist zu lesen: «Apertis verbis in §2, can. 90 M.P. Crebrae allatae collato cum responsione authentica Pont. Commissionis Codicis Iuris Canonici Orientalis diei 8 martii 1962, approbata a Summo Pontefice die 2 aprilis 1962, statuitur acatholicos baptizatos, si inter se vel cum acatholicis non baptizatis contrahant, nullibi teneri ad catholicam matrimonii formam servandam. Attamen, verbis legis attente perpensis, tuto affirmari potest, mentem Ecclesiae fuisse et esse Orientales dissidentes exemptos voluisse a catholica forma servanda in matrimonii celebratione, minime vero a quavis seu omni forma. Concilium Oecumenicum Vaticanum secundum in Decreto de Oecumensimo, promulgato die 21 novembris 1964, in n. 16 ait: [...] "Sacra Synodus ad omne dubium tollendum declarat Ecclesias Orientis memores necessariae unitatis, facultatem habere se secundum proprias disciplinas regendi"[...] Hisce addendum est quoque consideratio quod in Decreto Concilii Vaticani II Orientalium Ecclesiarum, promulgato eodem die 21 novembris 1964, "ad praecavenda matrimonia invalida, quando catholici orientales cum acatholicis orientalibus baptizatis matrimonium ineunt, et ad consulendum nuptiarum firmitati et sanctitati nec non domesticae paci, Sancta Synodus statuit formam canonicam celebrationis pro his matrimoniis obligare tantum ad liceitatem; ad validitatem sufficere praesentiam ministri sacri, servatis aliis de iure servandis" (n. 18). Quod Decreto die 22 februarii 1967 S.C. pro Ecclesiis Orientalibus, extensum est etiam ad catholicos ritus latini quoties matrimonium contrahunt cum christianis orientalibus non catholicis. Implicite proinde agnoscitur ab Ecclesia catholica, quod firmum semper orientales dissidentes habuerunt et habent, ea tantum matrimonia valida esse quae contrahuntur coram ministro sacro seu ritu sacro» (Die Entscheidung der Apostolischen Signatur vom 28.11.1970 wurde veröffentlicht in *LEcc*, V, n. 4138, coll. 6394-6399 sowie in *AKathKR* 139 [1970] 523f., *PRMCL* 60 [1971] 306-308, *Apoll* 44 [1971] 24 f.). Vgl. dazu die Ausführungen von J. WEITZEL, «Zivilehen orthodoxer Christen»).

[36] «SS.mus autem D.N. Paulus Divina Providentia Papa VI, in audientia infrascripto die 28. decembris 1970 impertita, nihil obstare declaravit quominus publicetur decisio a Signatura plenaria die 28 novembris 1970 lata, iuxta quam invalida habenda sunt matrimonia inter orthodoxos inita absque interventu ministri sacri adsistentis ac benedicentis» (APOST. SIGNATUR, *Prot. Nr. 1252/71 VT*, in: Z. GROCHOLEWSKI, *Documenta Recentiora*, II, 56, n. 5141).

[37] Nachdem zu Beginn des Jahres 1970 das kirchliche Gericht der Diözese Speyer mit der Frage der Bewertung einer nur zivil geschlossenen Ehe zweier orthodoxer Christen konfrontiert worden war, legte der zuständige Ortsbischof mit Schreiben vom 19. Mai 1970 der Glaubenskongregation mehrere in diesem Zusammenhang hervorgetretene *Dubia* vor. Die Glaubenskongregation reichte die Anfrage an die Apostolische Signatur weiter. Von dort erhielt der Bischof zunächst nur einen Bescheid, der auf ein bevorstehendes Urteil dieses Gerichtes verwies und eine Antwort

zur allgemein gültigen Norm für die Nichtigerklärung von Ehen getrennter orientalischer Christen erweitert, die ohne priesterlichen Segen geschlossen wurden und zwar ohne Einschränkung auf einen bestimmten Ritus. Mit anderen Worten, es ist ohne Belang ob die betroffenen Gläubigen einer byzantinischen Rituskirche oder einer altorientalischen Kirche angehören[38]. Die Bestätigungsformel enthielt allerdings eine einschränkende Klausel, die vorschreibt, daß im Einzelfall zu prüfen ist, ob die priesterliche Segnung tatsächlich gefehlt hat. Wenn diese Frage positiv zu beantworten ist, ist in der Folge zu verifizieren, ob das Fehlen der priesterlichen Segnung auf die Unmöglichkeit, einen Priester zu finden, zurückzuführen ist[39]. Trifft letzteres

---

zur Sache in Aussicht stellte. In dem *Schreiben vom 27.7.1970 -Prot.Nr. 667/70 V.Z.-*, das von J. M. Pinna, dem Sekretär der Apost. Signatur unterzeichnet ist, heißt es: «A S.C. pro Doctrina Fidei transmissae sunt ad hoc Supremum Tribunal, ratione competentiae, litterae ab Excellentia Tua Reverendissima die 19 maii 1970 missae [...] Ad effectum de quo agitur Excellentiam tuam Reverendissimam certiorem reddo causam non dissimilem commissam esse iudicio huius Supremi Tribunalis, cuius decisio iurisprudentiam praebere potest ad solvendas causas eiusdem generis [...] Statim ac sententia prodierit, nota fiet Curiae isti Rev.mae» (zitiert nach J. WEITZEL, «Zivilehen orthodoxer Christen», 486, Anm. 15). Mit *Begleitschreiben vom 20. Januar 1971* schließlich wurde dem Bischof von Speyer das oben erwähnte Urteil der Apostolischen Signatur vom 28. November 1970 zugesandt: «Hisce adiunctum litteris mitto Excellentiae Tuae exemplar huius decisionis, quam istud Tribunal sequi potest in causa de qua supra definienda [...]» (*Prot. Nr. 667/70 VT*), zitiert nach J. WEITZEL, «Zivilehen orthodoxer Christen», 487, Anm. 19. Vgl. auch coram Lefebvre, 22 martii 1971, pp. 197-206.

[38] Das Urteil der Apost. Signatur vom 28.11.1970 schafft als Entscheidung in einem konkreten Fall Recht zwischen den Parteien (can. 1904 §2 CIC 1917/can. 1642 §2 CIC 1983), besitzt jedoch darüber hinaus keine bindende Kraft. Eine über den konkreten Fall hinausgehende rechtliche Bedeutung hat es erst mit der päpstlichen Bestätigung vom 28.12.1970 erlangt (vgl. J. WEITZEL, «Zivilehen orthodoxer Christen», 486 und K. MÖRSDORF, «Die Autorität der rotalen Rechtsprechung», insbes. 427). Meineserachtens zu Unrecht gegen diese Auffassung B. PRIMETSHOFER: «Der Papst als oberster Gesetzgeber und Gerichtsherr hat [...] lediglich erklärt, es stehe der *Veröffentlichung* des Urteils der Signatura Apostolica nichts im Wege. Von einem weiteren päpstlichen Eingreifen in diese Frage ist zumindest aus dem Text der Entscheidung, die übrigens niemals in den *AAS* veröffentlicht wurde, keine Rede [...] Wenngleich die sprachliche Formulierung alles eher denn als glücklich zu bezeichnen ist, so ist sie doch hinlänglich deutlich, um zwei Aussagen machen zu können: Erstens einmal handelt es sich um ein bloßes *nihil obstat* des Papstes, das keineswegs einer Bestätigung gleichkommt, und zweitens bezieht sich dieses *nihil obstat* nur auf das Urteil selbst, nicht auf die sich daran knüpfenden Weisungen der Signatura Apostolica. Das *nihil obstat* bedeutet keineswegs, daß der Papst als kirchlicher Gesetzgeber in dieser Frage normsetzend eingegriffen hätte («Zur Frage nach dem Normadressaten», 140).

[39] «Quoad autem applicationem huius decisionis perpendendae sunt uniuscuiusque casus circumstantiae, praesertim an revera defuerit benedictio sacerdotis et, quatenus

zu, ist die Ehe für gültig zu halten, auch wenn sie vor Zeugen oder vor einem Standesbeamten geschlossen wurde. Wenn also mit anderen Worten der Tatbestand der Noteheschließung gegeben ist, ist die Ehe zweier Orthodoxer, obwohl nur sehr wenige orthodoxe Kirchen diese Form der Eheschließung kennen[40], gültig. Letztgenannte Einschränkung wurde durch nachfolgende Entscheide der Apostolischen Signatur und durch die Instruktionen der Apostolischen Signatur vom 10. Mai 1976 an den Bischof von Mainz, welche auch anderen Gerichten zugestellt wurden und in denen die bei Ehenichtigkeitsverfahren aufgrund des Fehlens des Heiligen Ritus zu beobachtende Vorgangsweise dargelegt wurde, bestätigt[41].

---

defuerit, an defectus benedictionis sacerdotis tribuendus sit impossibilitati inveniendi sacerdotem» (Z. GROCHOLEWSKI, *Documenta Recentiora*, II, 56, n. 5142).

Das *Schreiben der Apost. Signatur vom 20. Januar 1971 (Prot.N. 667/70 VT)* an den Bischof von Speyer hingegen spricht nicht von der «*impossibilitas sacerdotem inveniendi*», sondern von einem «*grave incommodum*», ebenso wie can. 1098 CIC 1917 (= can. 1116 CIC 1983) und can. 89 MP *Crebrae allatae* (= can. 832 CCEO 1990). «In causa instruenda inquiratur praesertim an matrimonium celebrari potuisset coram sacerdote citra grave incommodum» (Z. GROCHOLEWSKI, *Documenta Recentiora*, II, 57, n. 5145).

Gemeint ist jedoch in beiden Aussagen dasselbe: es ist jeweils zu prüfen, ob nicht eine Noteheschließung vorliegen könnte. Hier hat der Gesetzgeber wohl an can. 1098 CIC 1917 (can. 89 MP *Crebrae allatae*) gedacht. Die Vorbehaltsklausel «wenn ein Priester ohne schweren Nachteil nicht angegangen oder erreicht werden kann» bezieht sich auf den orthodoxen Priester. Es könnte aber der Fall sein, daß orthodoxe Christen den katholischen Priester um die Trauung bitten. Dieser kann dann in diesem Fall die Trauung vornehmen, genauso wie er gemäß c. 844 §3 im Notfall getrennten orientalischen Christen die Sakramente der Buße, der Eucharistie und der Krankensalbung spenden kann; aber zur Gültigkeit der Noteheschließung ist die Mitwirkung des katholischen Geistlichen nicht erfordert.

[40] So kennen z.B. die assyrische (chaldäische/nestorianische) Kirche des Ostens (*Ebediesu*, lat. Übersetzung in *SVNC*, X/1, 45]) und offenbar auch die russisch-orthodoxe Kirche (vgl. hierzu coram Canestri, 17 februarii 1945, p. 131, n. 21) die Noteheschließung. Eine ausdrückliche Erwähnung der Noteheschließung findet sich in der assyrischen Kirche bereits im 8. Jahrhundert (vgl. *FCCO*, Ser. II, Fasc. XV, Caldei, 183-184). Eine in dieser Form geschlossene Ehe ist, wenn auch gültig, jedoch nach orthodoxem Recht nicht sakramental, weil für das Sakrament der Ehe der Segen des Priesters als wesentlich gilt (Vgl. auch A. COUSSA, *Epitome praelectionum de iure ecclesiastico orientali*, III, 204).

[41] Vgl. *LEcc*, V, n. 4449, p. 7206 und Z. GROCHOLEWSKI, *Documenta Recentiora*, nn. 5405-5411, p. 111 f.

«Litteris diei 23 octobris 1975 Eminentia Tua transmisit processum N.-T., et simul proposuit quaesitum generale circa causas nullitatis matrimonii ob defectum ritus sacri.

Circa causam memoratam provisum est per decretum quod hic adnectitur.

Obwohl der Urteilstext selbst nur von den Ehen *inter orthodoxos* spricht, wurde wenigstens seit dem Jahr 1971 die mit päpstlicher Approbation versehene Entscheidung der Apostolischen Signatur vom 28. November 1970 auch auf die Ehen zwischen einem orthodoxen Partner und einem abendländischen getauften Nichtkatholiken angewendet[42].

Quaesitum vero propositum respicit matrimonium civile, initum nempe absque ritu sacro vel inter duos orthodoxos ritus byzantini, vel inter partem orthodoxam ritus byzantini et partem protestantem baptizatam.

Porro, hoc in casu matrimonium est nullum ob defectum formae religiosae seu interventus ministri sacri adsistentis et benedicentis, ut edixit Signatura Apostolica die 28 nov. 1970, et die 23 nov. 1974. Quoties autem legitime petitur a Tribunali ecclesiastico declaratio nullitatis eiusmodi matrimonii, causa vel processu summario vel processu ordinario pertractanda est, videlicet:

1) Cum ex certo et authentico documento, quod nulli contradictioni vel exceptioni obnoxium sit, constiterit de defectu ritus sacri; simulque pari certitudine, ex certo et authentico documento vel etiam alio legitimo modo habita, apparuerit partes matrimonium celebrare potuisse coram sacerdote citra grave incommodum, hoc in casu speciali, praetermissis sollemnitatibus in iure recensitis, poterit Ordinarius loci, citatis partibus et interveniente defensore vinculi, matrimonii nullitatem decreto declarare [...]

2) Attamen, raro nullitas matrimonii, de quo agitur, decerni poterit processu summario; generatim huiusmodi causae sunt complexae, ideoque processu ordinario pertractari debent, id est: praevia citatione partium et dubii concordatione, excutiantur eaedem partes, audiuntur testes si qui sint, colligantur documenta, inquiratur an matrimonium celebrari potuisset coram sacerdote citra grave incommodum et, facta causae discussione inter partium patronos et defensorem vinculi, ad sententiam deveniatur.

3) Ad iudicium secundi gradus quod spectat, servuntur normae iuris communis [...]

4) Quoties partes, de quibus sermo est in quaestio, "sine processu alterum matrimonium contrahant coram ministro sacro orthodoxo, hoc matrimonium pro valido haberi nequit, nisi iuridice constet primum matrimonium initum fuisse sine ritu sacro, et partes potuisse idem matrimonium contrahere coram ministro sacro citra grave incommodum. Ad id obtinendum causam de nullitate praecedentis matrimonii civilis instaurare potest sive Promotor iustitiae sive, suadente parocho vel Ordinario, pars habilis ad accusandum. Officialis est videre num causa processu summario vel processu ordinario pertractanda sit [...]».

[42] Vgl. dazu das *Schreiben der Apost. Signatur v. 23.2.1971 - Prot. Nr. 1325/71 V.T.* - an den Erzbischof von Köln: «In Congressu habito coram E.mo Cardinali Praefecto, propositis precibus ab E.mo Cardinali Archiepiscopo Coloniensi die 28 ianuarii 1971 missis ad causam de qua supra breviori forma pertractandam, decretum est: Tribunal Coloniense postquam certius factum sit pastorem protestanticum, qui alteri matrimonii celebrationi die 21 martii 1964 adstitit, constitutum revera non fuisse in sacro ordine presbyterali, procedat iuxta decisionem a Signatura apostolica die 28 novembris 1970 in causa eiusdem generis latam et a SS.mo in audientia diei 28 decembris 1970 approbatam» (zitiert nach J. WEITZEL, «Zivilehen orthodoxer Christen», 488, Anm. 23). In dem Fall, auf den sich diese Entscheidung bezieht,

VII. KAPITEL: VOM II. VAT. KONZIL BIS ZUM CIC 1983   125

Daß unter Umständen im Fall des Eheabschlußes eines Orthodoxen mit einem getauften nichtorientalischen Nichtkatholiken nach dem Recht einiger weniger orthodoxer Gemeinschaften auch eine Ehenichtigkeit wegen des trennenden Ehehindernis der Häresie vorliegen kann wurde bereits weiter oben besprochen.

Die zitierten Urteile zugrundegelegt, können Ehen zwischen nichtkatholischen Orientalen oder nichtkatholischen Orientalen und nichtorientalischen nichtkatholischen Christen, welche vor einem kirchlichen Amtsträger, der

---

handelte es sich um die Ehe eines evangelischen Mannes mit einer orthodoxen Frau; der zivilen Eheschließung war eine evangelisch-kirchliche Trauung gefolgt.

In einer *Entscheidung der Apostolischen Signatur vom 7. Juli 1971*, welche das Urteil eines Diözesangerichtes approbiert, durch welches die vor einem presbyterianischen Geistlichen geschlossene Ehe zwischen einem russisch orthodoxen Mann und einer Presbyterianerin wegen Fehlens des Heiligen Ritus für nichtig erklärt wurde, heißt es: «Sententia bene exarata videtur: in iure allegatur decisio Signaturae Apostolicae d. 28 novembris 1970; in facto autem animadverti quod actor, si voluisset, facile potuisset obtinere benedictionem sui matrimonii a ministro sacro ecclesiae orthodoxae in qua baptismum recepit, ideoque logice concludit: "Affirmative, seu constare de nullitate matrimonii, in casu"» (*LEcc*, IV, n. 3990, coll. 6135-6136, hier 6135 und *EJCan.* 28 [1972] 268 ff.).

Mit *Urteil vom 18.4.1972* wurde seitens der Apostolischen Signatur die Entscheidung eines englischen Diözesangerichtes approbiert, welches die vor einem anglikanischen Geistlichen geschlossene Ehe zwischen einem griechisch-orthodoxen Mann und einer anglikanischen Frau wegen Fehlens des Heiligen Ritus für nichtig erklärt hatte. Im Begründungsteil des Urteils wird gesagt, daß der anglikanische Geistliche nicht als *minister sacer* angesehen werden kann, weil, in Übereinstimmung mit der Littera Apostolica *Apostolicae curae* Leos XIII. vom 13.9.1896 (*CICF*, III, 494-502, n. 631), die in der anglikanischen Kirche erteilten Weihen nicht als gültig angesehen werden. Desweiteren heißt es in der Urteilsbegründung, daß der klagende Teil mit Leichtigkeit die Segnung der Ehe durch einen *minister sacer* der griechisch-orthodoxen Kirche am Ort hätte erbitten können. «In facto autem iudex animadvertit quod actor, si voluisset, facile potuisset obtinere benedictionem sui matrimonii a ministro sacro ecclesiae graeco-orthodoxae in loco» (*LEcc*, IV, n. 4046, coll. 6257-6258, hier 6258; ebenfalls in *Apoll* 45 [1972] 383-385).

Mit Datum vom *23.11.1974* hat die Apostolische Signatur die Ehe, die zwischen einem armenisch-orthodoxen Christen und einer Methodistin vor einem methodistischen Geistlichen geschlossen wurde, wegen Fehlens des *ritus sacer* für nichtig erklärt. Im Begründungsteil des Urteils ist zu lesen: «Defectus formae praescriptae excusari non potest in casu ob impossibilitatem vel difficultatem inveniendi sacerdotem eiusdem Ecclesiae Armenae et alius Ecclesiae Christianae qui nuptiis adesset et benediceret, nam prope locum in quo matrimonium celebratum est, exstabat paroecia Ecclesiae Armenae» (*LEcc*, V, n. 4334, coll. 6891-6899, hier 6895; *Apoll* 49 [1976] 19-29 und auszugsweise: Z. GROCHOLEWSKI, *Documenta Recentiora*, II, 57-58, nn. 5147-5148). Vgl. auch s. 123, Anm. 41, Instruktionen der Apostolischen Signatur an den Bischof von Mainz vom 10. Mai 1976 und coram Jarawan, 10 martii 1989, p.193, n. 7:«Haec doctrina confirmata est in decisione Supremi Tribunalis Apostolicae Signaturae diei 28 novembris 1970».

nicht die Priesterweihe empfangen hat, oder nur unter Wahrung der bürgerlichen Eheschließungsform geschlossen wurden, von der katholischen Rechtsprechung nicht mehr als gültig angesehen werden[43]. Mit anderen Worten, die kirchlichen Gerichte verweisen in Bezug auf die Eheschließungsform auf das eigene Recht der orthodoxen Kirchen, mit Ausnahme des Falles der Unmöglichkeit einen Priester zu erreichen[44].

---

[43] Verfahrensrechtlich war bis 1976 bei der Überprüfung solcher Ehen Vorschrift, das erstinstanzliche Urteil mit sämtlichen Akten zur Approbation an die Apostolische Signatur zu senden.

Seit 1977 werden solche Fälle von den ordentlichen Gerichten mit ordentlichen Verfahren entschieden. Die Urteile der Diözesan- oder Regionalgerichte sind der Apostolischen Signatur nicht mehr zur Approbation zu unterbreiten. Sie erhalten Rechtskraft gemäß den Bestimmungen des allgemeinen Rechts.

Die Ungültigkeitserklärung kann auch im summarischen Verfahren erfolgen, falls aus einem Dokument, widerspruchslos und einwandfrei, in sicherer Weise das Fehlen der rechtlich vorgeschriebenen Form, d.h. des *ritus sacer*, hervorgeht, und mit gleicher Sicherheit durch ein sicheres und authentisches Dokument oder auf andere rechtmäßige Weise erwiesen ist, daß die Parteien ohne schwere Nachteile keinen orthodoxen Priester angehen konnten. In diesem Fall kann der Richter unter Außerachtlassen der Förmlichkeiten des ordentlichen Prozeßverfahrens, nach Ladung der Parteien und unter Beteiligung des Bandverteidigers nach Norm der cann. 1686-1688 CIC = cann. 1372-1374 CCEO die Nichtigkeit der Ehe durch Urteil feststellen. Der Ehebandverteidiger muß gegen die Nichtigkeit Berufung einlegen, wenn der Mangel der rechtmäßigen Eheschließungsform nicht sicher feststeht (can. 1687 §1). Das Berufungsrecht der Partei, die sich beschwert fühlt, bleibt unangetastet (can. 1687 §2).

In diesem Sinne antwortete die Apostolische Signatur erstmals am 10.5.1976 dem Bischof von Mainz (vgl. weiter oben s. 123, Anm. 41), am 6.6.1977 dem Offizial von Paris und nachfolgend anderen Diözesangerichten (vgl. Z. GROCHOLEWSKI, *Documenta Recentiora*, II, 111 f., nn. 5405-5412).

[44] Diese Ausnahme hat für den *lateinischen Rechtskreis* mangels einer dort vorfindlichen neueren Regelung, nach wie vor Gültigkeit. Wenn ein Gericht über die Gültigkeit der Ehe zweier orthodoxer Christen oder eines orthodoxen Christen mit einem Mitglied einer nichtorthodoxen christlichen Gemeinschaft zu urteilen hat, wird es obige Klausel berücksichtigend, unter Zugrundelegung von can. 1116 §1 CIC/1983 (= can. 1098 CIC/1917) im Fall, daß diese Ehe, die Unmöglichkeit einen Priester zu erreichen vorausgesetzt, vor einem Standesbeamten oder nur vor Zeugen geschlossen wurde, entscheiden: «*Non constat de nullitate*».

Das für den orientalisch-katholischen Rechtskreis geltende Gesetzbuch CCEO bestimmt in can. 781, n.2: «Wenn die Kirche über die Gültigkeit der Ehe von nichtkatholischen Getauften zu entscheiden hat, [...]. 2° anerkennt die Kirche hinsichtlich der Eheschließungsform jedwede gesetzlich vorgeschriebene oder anerkannte Form, an die die Partner zur Zeit der Eheschließung gebunden waren, vorausgesetzt, daß der Ehewille in öffentlicher Form erklärt wurde und, falls einer der Partner einer nichtkatholischen orientalischen Kirche angehört, die Ehe durch die priesterliche Segnung geschlossen wurde». Diese Norm muß von den Gerichten der orientalischen (katholischen) Kirchen beobachtet werden, auf die sie sich direkt bezieht. Deshalb wird der orientalische Richter, indem er auf das Recht der orthodoxen Kirchen ver-

Zusammenfassend kann gesagt werden, daß mit den zuvor wiedergegebenen Gerichtsentscheiden in das System des kanonischen Rechts mit seinem bisher prinzipiell aufrechterhaltenen ausschließlichen Geltungsanspruch für alle gültig getauften Christen im eherechtlich-rechtsprecherischen Bereich eine bedeutsame Bresche geschlagen wurde[45]. Das in Art. 16 des

---

weist, welches in jedem Fall die Segnung des Priesters für die Gültigkeit der Ehe fordert, für die Nichtigkeit der Ehe auch für den Fall entscheiden, daß die orthodoxen Christen sich in der Unmöglichkeit befanden einen Priester zu erreichen, es sei denn, daß die entsprechende orthodoxe Kirche die Noteheschließung kennt. Die Frage, ob can. 781, n. 2 CCEO als Ergänzungsnorm auch von den lateinischen Gerichten, in der Weise, daß der lateinische Richter unter denselben Umständen mit Bezug auf das orthodoxe Recht *pro nullitate* entscheidet, angewendet werden kann, ist unter den Autoren umstritten. J. PRADER spricht sich für eine Anwendung von can. 781, n.2 auch im lateinischen Rechtsbereich gemäß can. 19 CIC im Rahmen der Gesetzesanalogie aus und betont: «Der Verfasser ist daher der Ansicht, daß ein zuständiges lateinisches Gericht, unter Berufung auf UR 16 auch dann für die Nichtigkeit der Ehe infolge eines Formmangels entscheiden kann, wenn der Fall der Noteheschließung gegeben ist» («Die Beurteilung der Formgültigkeit», 102). Nach dem für die katholischen Ostkirchen geltenden Recht wäre demzufolge im vorhinein stets zu prüfen, ob die getrennten Ostkirchen, denen die Ehepartner angehören, die Noteheschließung kennen oder nicht.

[45] In diesem Sinne J. WEITZEL, «Zivilehen orthodoxer Christen», 490. Differenzierter: B. PRIMETSHOFER in Bezug auf das Urteil der Apostolischen Signatur vom 28. November 1970: «Bedeutet das Urteil bzw. die Weisung der Signatura nun tatsächlich, daß eine klare Folgerung aus dem Ökumenismusdekret (N. 16) gezogen wurde, demzufolge die orthodoxen Kirchen sich nach ihrer eigenen Disziplin regieren können? [...] Bei einer eingehenden Untersuchung fällt auf, daß in der Frage der Formpflicht die Signatura Apostolica nicht einfach eine *Verweisung* auf fremdes, d.h. im gegenständlichen Falle auf orthodoxes Recht vorgenommen hat [...] Die Signatura hat keineswegs die Ansicht bestätigt, daß in der Frage der Formpflicht Orthodoxer [...] *ausschließlich* nach dem Recht der orthodoxen Kirchen vorzugehen sei und somit der kirchliche Richter zur Gänze auf fremdes Recht verwiesen werde. Die Signatura hat vielmehr eine Grundsatzentscheidung getroffen, die auf eine [...] Grundnorm der orthodoxen Kirche Bezug nimmt, derzufolge die Gültigkeit der Ehe von der priesterlichen Einsegnung abhängt. Doch wird diese Grundnorm modifiziert und keineswegs mit allen Details übernommen [...] Angesichts der bereits mehrfach erwähnten Aussage des Ökumenismusdekretes (N.16), wonach die orthodoxen Kirchen die Fähigkeit haben, sich nach ihrer eigenen Ordnung zu regieren, und angesichts der schon vor, aber besonders nach dem II. Vatikanischen Konzil zu beobachtenden Tendenz des katholischen Gesetzgebers, die eigene Disziplin der orthodoxen Kirchen nach Möglichkeit anzuerkennen, scheint jener Meinung der Vorzug zu geben zu sein, wonach das *orthodoxe* Recht nach Maßgabe der vom katholischen Gesetzgeber getroffenen Modifikation gilt [...] Für unsere Frage nach dem Normadressaten (im kanonischen Recht, Anm. d. Verf.) soll nun der Versuch unternommen werden, den zu beobachtenden Trend des Gesetzgebers gegenüber den nichtkatholischen Christen festzustellen und daran gewisse Folgerungen zu knüpfen. Für die Orthodoxen lassen [...] sich zwei Prinzipien feststellen. Erstens der katholische

Ökumenismusdekretes des II. Vatikanischen Konzils ausgedrückte Prinzip, nach welchem den getrennten Kirchen des Ostens die Fähigkeit zuerkannt wird, sich nach ihren eigenen Ordnungen zu regieren, erhielt für den eherechtlichen Bereich durch diese von katholischen Instanzen gefällten Entscheidungen eine praktische Anwendung bei der Judikatur der Ehen orthodoxer Christen im Hinblick auf die Eheschließungsform und das Ehehindernis der Konfessionsverschiedenheit. In beiden Fällen ist durch die katholischen Gerichte weitgehend die eigene Gesetzgebung der (oder des) orthodoxen Partner(s) anzuwenden.

In der Folge forderten nicht wenige Autoren das nunmehr in der Rechtsprechungspraxis angewandte Prinzip, daß die nichtkatholischen Orientalen bezogen auf die Eheschließungsform und auf das Hindernis der Konfessionsverschiedenheit nahezu umfassend durch ihre Gesetzgebung verpflichtet werden, in dem Sinne auszuweiten, daß bei der Beurteilung der Gültigkeit von Ehen orthodoxer Christen durch katholische Instanzen, unbeschadet göttlichen Rechts, orthodoxes Kirchenrecht in seiner Gänze appliziert werde.

1978 schrieb Klaus Wähler zu dieser Frage:

> Es bleibt abzuwarten, ob die katholische Kirche künftig auch in anderen vom Kirchenrecht geregelten Rechtsbeziehungen, in denen keine Katholiken aber getaufte orientalische Christen und u.U. auch Christen anderer Konfessionen oder Ungetaufte beteiligt sind, gleichfalls auf das Recht der betreffenden orientalischen Kirche verweisen wird, und ob es, womöglich bei Konflikten zwischen orthodoxem Kirchenrecht und dem Recht einer monophysitischen Kirche paritätische Kollisionsregeln — etwa nach dem Vorbild der allerdings noch wenig entwickelten Regeln für Konflikte zwischen lateinischem und orientalisch-katholischem Kirchenrecht — anwenden wird. Erst dies und nicht schon die jetzt konzedierte Verweisung auf die orientalische Eheschließungsform und die orientalischen Vorschriften über die Zulässigkeit konfessioneller Mischehen würde bedeuten, daß das katholische Kirchenrecht das Recht der orthodoxen und monophysitischen Kirchen, also Rechtsordnungen, die nicht der päpstlichen Rechtsetzungsgewalt unterstehen, generell als dem Recht der katholischen

---

Gesetzgeber anerkennt grundsätzlich die Eigenständigkeit des orthodoxen Rechts und erklärt dieses als für die betreffende Kirche verbindlich. Zweitens: Er verzichtet aber nicht gänzlich darauf, eigene Normen auch für die Orthodoxen zu schaffen. Diese Normen haben teils die Aufgabe bestehendem orthodoxem Kirchenrecht zu derogieren [...] teils haben sie ergänzenden, subsidiären Charakter für den Fall, wo orthodoxes Kirchenrecht es unterläßt, in *notwendigen* Bereichen klare Rechtsnormen zu schaffen» («Zur Frage nach dem Normadressaten», 141-147).

Kirche gleichrangig anerkennen oder — in der Terminologie des kanonischen Rechts ausgedrückt — dieses Recht «kanonisieren» würde[46].

2. Die getrennten christlichen Gemeinschaften des Abendlandes

Auch nach Inkrafttreten des Ökumenismusdekretes wurde für die getrennten christlichen Gemeinschaften des Abendlandes (Kirchen und kirchliche Gemeinschaften) weiterhin die überkommene Regelung angewendet, nach der sie auch den rein kirchlichen Gesetzen des kanonischen Rechts unterliegen[47]. Sie blieben demzufolge im eherechtlichen Bereich nicht nur bei Eheabschluß mit einem Katholiken, sondern auch dann, wenn sie die Ehe untereinander oder mit Ungetauften eingingen, an die rein kirchlichen Ehegesetze des CIC gebunden. Die Gerichte der katholischen Kirche, bei denen Glieder der nichtkatholischen christlichen Gemeinschaften des Abendlandes die Nichtigerklärung ihrer Ehe betreiben, applizierten auf diese Beziehungen das Recht der katholischen Kirche[48]. Verweise auf altkatholisches, anglikanisches oder protestantisches Kirchenrecht, so es überhaupt existiert, sind nicht bekannt, auch nicht in den Bereichen, wo die nicht-

---

[46] K. WÄHLER, *Interreligiöses Kollisionsrecht*, 303.

[47] Mit Ausnahme der kanonischem Eheschließungsform (can. 1099 CIC/1917) und der Kultusverschiedenheit (can. 1070 §1 CIC/1917).

[48] Die Apostolische Signatur entschied am 26. Mai 1969, daß die Ehe zweier Protestanten für ungültig zu erklären ist, weil der Mann zum Zeitpunkt der Eheschließung das im kanonischen Recht festgesetzte Ehemündigkeitsalter nicht erreicht hatte: «Ex canone 12, collato cum can. 87, sequitur quod acatholici occidentales, valide baptizati, subiiciuntur legibus seu praescriptis Codicis iuris canonici, nisi aliud expresse caveatur» (*LEcc*, IV, n. 3754, col. 5559). B. PRIMETSHOFER schrieb 1976: «Der derzeitigen Rechtslage zufolge unterliegen, zumal im eherechtlichen Bereich, die Protestanten dem gesamten Normenkomplex des CIC, insbesondere den Ehehindernissen, sofern nicht in Einzelfällen Ausnahmen verfügt wurden. Dies ist bei der Formpflicht und beim Hindernis der Religionsverschiedenheit (*disparitas cultus*) der Fall. Nachdem die Nichtkatholiken selbstverständlich das katholische Kirchenrecht als nicht verbindlich ansehen wird auch keine Dispens von etwa bestehenden Ehehindernissen nachgesucht, wenn Nichtkatholiken unter sich bzw. mit Ungetauften eine Ehe schließen. Dies bedeutet nun nach dem Standpunkt des kanonischen Rechts, daß die Nichtkatholiken selbst bei Vorliegen eines Hindernisses niederen Grades (c. 1042 §2 CIC), für dessen Dispens überhaupt kein Grund vorhanden sein muß (c. 1054), keine gültige Ehe schließen» («Zur Frage nach dem Normadressaten», 144).

Auf Mischehen zwischen Angehörigen der Kirchen und kirchlichen Gemeinschaften des Abendlandes und getrennten orientalischen Christen wurde hingegen im Zuge der nachkonziliaren Entwicklung der Rechtsprechung in Bezug auf die Eheschließungsform und das Ehehindernis der Konfessionsverschiedenheit das Recht der getrennten Ostkirche angewendet, welcher der eine Partner angehörte (vgl. das vorstehend in Punkt 1. zu dieser Frage Dargelegte).

katholisch Getauften von der Geltung des kanonischen Rechtes ausgenommen waren, d.h. im Bereich der kanonischen Formpflicht[49] und in Bezug auf das Ehehindernis der Religionsverschiedenheit.

3. Zusammenfassung

Das vorstehende Kapitel, zeigt deutlich, daß die katholische Kirche sich, wenn auch zunächst noch zögerlich, infolge der ekklesiologischen und ökumenischen Aussagen des II. Vatikanischen Konzils, zumindest in Bezug auf die orientalischen Kirchen, mit dem Gedanken fremdkonfessionelles Recht anzuerkennen[50], ja gelegentlich sogar anstelle der eigenen materiellen Normen anzuwenden, anzufreunden begann.

---

[49] In der Folge des MP *Matrimonia Mixta* vom 31.3.1970 bestimmt can. 1127, §2 CIC 1983 zwar, daß Mischehen zwischen Katholiken und getauften Nichtkatholiken, die dem lateinischen Ritus zugerechnet werden, ohne Einhaltung der kanonischen Form gültig geschlossen werden können, jedoch nur insofern der zuständige Ordinarius Dispens von der Formpflicht erteilt hat. Wenn dies geschehen ist verlangt das Recht für solche Fälle lediglich, daß die Brautleute «*aliqua publica forma celebrationis*» einhalten, fordert jedoch nicht die Eheschließung nach der Form der Konfession des nichtkatholischen Partners vorzunehmen. Nur die Ausführungen der Deutschen Bischofskonferenz zu MP *Matrimonia mixta* vom 23.9.1970 empfehlen den Brautleuten, die zur Eheschließung vor dem katholischen Pfarrer nicht bereit sind, sich nicht mit einer standesamtlichen Trauung zu begnügen, sondern sich zusätzlich in der Kirche des nichtkatholischen Ehepartners trauen zu lassen.

[50] Was logischerweise auch die Anerkennung der Unterworfenheit der Mitglieder dieser nichtkatholischen christlichen Gemeinschaften unter deren Gesetzgebungen beinhaltet.

VIII. KAPITEL

Das kirchliche Gesetzbuch von 1983

Im folgenden soll dargelegt werden, welche Konsequenzen das kirchliche Gesetzbuch von 1983 für den lateinischen Rechtskreis aus den ekklesiologischen Aussagen des II. Vatikanischen Konzils, sowie aus der nachkonziliaren Entwicklung in Lehre und Rechtsprechung in Bezug auf die (Ehe-)Rechtsordnungen der nichtkatholischen christlichen Gemeinschaften und deren Verbindlichkeit gezogen hat.

1. Kanon 11 CIC/1983

Der geltende Kodex des kanonischen Rechts geht davon aus, daß die nichtkatholischen Christen nicht mehr Angehörige der katholischen Kirche sind, sondern, auch wenn sie mit derselben in einer grundlegenden Gemeinschaft stehen, ihr Christsein in ihren eigenen Konfessionen verwirklichen. Konsequenterweise bestimmt er deshalb in can. 11, daß durch die rein kirchlichen Gesetze der katholischen Kirche nur diejenigen verpflichtet werden, die in der katholischen Kirche getauft oder nach der Taufe in diese aufgenommen worden sind[1].

Durch rein kirchliche Gesetze werden diejenigen verpflichtet, die in der katholischen Kirche getauft oder in diese aufgenommen worden sind, hinreichenden Vernunftgebrauch besitzen und, falls nicht ausdrücklich etwas anderes im Recht vorgesehen ist, das siebente Lebensjahr vollendet haben[2].

---

[1] Aufgrund der Bestimmung von can. 1 CIC/1983 gilt die Aussage von can. 11 CIC/1983 (inkraftgetreten am 27. November 1983), der ein rein kirchliches Gesetz ist, lediglich im lateinischen Rechtskreis. Für den orientalisch-katholischen Rechtskreis gilt die gleiche Regelung aufgrund von can. 1490 CCEO/1990 (inkraftgetreten am 1. Oktober 1991).

[2] «Legibus mere ecclesiasticis tenentur baptizati in Ecclesia catholica vel in eandem recepti, quique sufficienti rationis usu gaudent et, nisi aliud iure expresse caveatur, septimum annum expleverunt». Vgl. can. 1490 CCEO: «Legibus mere

1.1 Die Entstehungsgeschichte von can. 11 CIC/1983[3]

Seit Beginn ihrer Arbeit hatte die zur Reform des Kodex des kanonischen Rechts eingesetzte Kommission nicht nur in der Studiengruppe für die Allgemeinen Normen[4], sondern auch in anderen Gremien, vor allem den mit der LEF[5], und später auch den mit dem Eherecht[6] und den Laien bzw. Vereinigungen der Gläubigen[7] befaßten, über das Für und Wider sowie das Ausmaß der Bindung der nichtkatholischen Christen an die rein kirchlichen Gesetze des kanonischen Rechts diskutiert.

Auf der zweiten Sitzung der Studiengruppe für die Allgemeinen Normen (24.-27. 5. 1966) wurde vorgeschlagen, statt can. 12 CIC 1917 zu formulieren: «Legibus mere ecclesiasticis tenentur soli baptizati pro quibus latae sunt, quique sufficienti rationis usu gaudent, et nisi aliud expresse caveatur, qui septimum aetatis annum expleverunt». Auf diese Weise hätte der Gesetzgeber dann jeweils im Einzelfall festlegen können, ob ein Gesetz auch für nichtkatholische Christen gelten solle oder nicht[8].

Deutlicher macht sich die Tendenz den Geltungsbereich kirchlicher Gesetze einzuschränken in can. 12 des *Schema Canonum Libri I «De Normis*

---

ecclesiasticis tenentur baptizati in Ecclesia catholica vel in eandem recepti, quique sufficientem usum rationis habent et, nisi aliter iure expresse cavetur, septimum annum expleverunt».

[3] Vgl. hierzu, H. SOCHA, in *Münsterischer Kommentar*, zu can. 11.

[4] *CCCIC* 16 (1984) 146-147; 17 (1985) 31-33, 38-39; 19 (1987) 20-21, 56 und 93.

[5] Im *Schema LEF/1980* findet sich folgender Text des can. 7:

§1 «Qui Ecclesiis aut communitatibus ab Ecclesia catholica seiunctis adscripti, in Christum credunt et baptismum rite receperunt, in quadam cum Ecclesia catholica communione, etsi non plena, constituuntur; ideoque christiano nomine iure decorantur, et a filiis Ecclesiae catholicae ut fratres in Domino merito agnoscuntur.

§2 Iidem ordinationibus mere ecclesiasticis directe obligari non intelliguntur, nisi aliud statuatur» (*CCCIC* 12 [1980] 34).

[6] Z.B. cann. 246 und 263 Schema *De Sacramentis*, *CCCIC* 9 (1977) 125-127 und 136.

[7] Vgl. z.B. *CCCIC* 18 (1986) 331-333.

[8] Vgl. *CCCIC* 3 (1971) 85; 17 (1985) 39; vgl. 19 (1987) 21, 56 und 93; can. 12 §1 Schema *Normae Generales*.

Verschiedene Kanonisten sprachen sich vehement gegen eine solche durchaus mögliche Ausdehnung der Formulierung *pro quibus latae sunt* auf jene Getauften, die sei es *bona*, sei es *mala fide* nicht katholisch sind, aus und wollten sie nur auf die Getauften bezogen wissen, die hier und jetzt katholisch sind (z.B.: F.J. URRUTIA, «Adnotationes», 640-643).

Generalibus» von 1977[9] bemerkbar, wonach nichtkatholische Christen durch rein kirchliche Gesetze direkt nicht mehr in Pflicht genommen werden sollen. In diesem Schema findet sich im Anschluß an die Bestimmung «Legibus mere ecclesiasticis tenentur soli baptizati pro quibus latae sunt, quique sufficienti rationis usu gaudent, et nisi aliud expresse caveatur, qui septimum aetatis annum expleverunt» (can. 12 §1) in Bezug auf die nichtkatholischen christlichen Gemeinschaften zugehörigen Getauften folgender Normvorschlag: «Baptizati, qui Ecclesiis aut communitatibus ab Ecclesia Catholica seiunctis adscripti sunt, ordinationibus mere ecclesiasticis directe obligari non intelliguntur, nisi exceptio statuatur» (can. 12 §2)[10].

Die im Schema 1977 vorfindliche Formulierung des can. 12 §2 läßt nun nicht erkennen, ob bei den *adscripti* nur an die Christen gedacht war, die niemals der katholischen Kirche angehörten, oder auch an die ehemaligen Katholiken. Eine Verdeutlichung bietet hier can. 11 des *Schema Codicis Iuris Canonici* aus dem Jahre 1980, der für die in der katholischen Kirche Getauften oder nach der Taufe in sie Aufgenommenen die Geltung rein kirchlicher Gesetze bestimmt (§1)[11], für die Getauften, die von der katholischen Kirche getrennten Kirchen oder kirchlichen Gemeinschaften zugehörig sind, keine direkte Verpflichtung aussagt (§2)[12], um in einem §3

---

[9] Pont. Commissio Codici Iuris Canonici Recognoscendo, *Schema canonum libri I: De normis generalibus*, Città del Vaticano 1977.

[10] In can. 12 §2 Schema NormGen wird freilich der Anspruch aufrechterhalten, die nichtkatholischen Christen verpflichten zu *können*.
Zu can. 12 §2 Schema 1977 äußerte sich R. Sobanski wie folgt: «Die neue Vorschrift basiert auf dem Prinzip, daß die Adressaten des Gesetzes durch den Gesetzgeber bestimmt werden und der kirchliche Gesetzgeber — d.h. der legitime Gesetzgeber der katholischen Kirche — zwar die nichtkatholischen Christen mit seinen Gesetzen binden könnte, es aber nicht will. Sowohl die Formulierung des neuen can. 12 wie auch die Zulassung von Ausnahmen beweisen, daß der katholische Rechtsgeber keinen Zweifel hegt, hinsichtlich seiner grundsätzlichen Befugnis, die getrennten Christen durch seine Gesetze verpflichten zu können, aber er macht von dieser Befugnis keinen Gebrauch. Manche Autoren betonen, daß der kirchliche Gesetzgeber aus Wohlwollen auf das Ausüben seiner gesetzgeberischen Befugnisse gegenüber den nichtkatholischen Christen verzichtet» («Ökumenismus», 722-723). Eine ausführlichere Auseinandersetzung mit der Auffassung R. Sobanskis erfolgt auf ss. 162 ff. dieser Studie.

[11] «Legibus mere ecclesiasticis tenentur baptizati in Ecclesia catholica vel in eandem recepti, quique sufficienti rationis usu gaudent et, nisi aliud iure expresse caveatur, septimum aetatis annum expleverunt».

[12] «Baptizati qui Ecclesiis aut communitatibus ab Ecclesia catholica seiunctis adscripti sunt, ordinationibus mere ecclesiasticis directe obligari non intelliguntur».

fortzufahren: «Firmo praescripto §2 eaedem leges iis applicantur qui ab Ecclesia catholica defecerint, nisi aliud iure expresse caveatur»[13].

Damit war klar, daß ein dem Axiom «*semel catholicus semper catholicus*» entsprechender Grundsatz die Geltung rein kirchlichen Rechts bestimmen sollte.

Die Frage ob nun die in den Schemata implizit ausgesagte indirekte (mittelbare) Unterstellung der nichtkatholischen Gläubigen unter die katholische Rechtsordnung als grundsätzliches Verpflichtetsein oder nur als ausnahmsweises Verpflichtetwerden zu verstehen ist, blieb in den Entwürfen selbst offen[14].

Im Plenum der Kodexreformkommission von 1981 stieß der Kanontext des Schema 1980 auf Kritik. Zu §3 wurde die Frage gestellt, ob eine solche Norm legitim und dem Geist des Evangeliums entsprechend sei. Gegenüber denen, die durch formalen Akt ihren Willen, die katholische Kirche zu verlassen, manifestiert haben, könne eine solche Regelung wie ein Zwangsmittel angesehen und auch angewendet werden, was nicht im Sinne des can. 707 §2 (can. 748 §2 CIC/1983) sei und auch nicht mit dem Zeugnis des Glaubens übereinstimme. Von daher solle §1 des can. 11 um den Zusatz «*nisi actu formali (et publico) ab eadem defecerint*» erweitert, §3 gestrichen werden.

Die Antwort des Sekretariates der Reformkommission war heftig:

Die Bemerkung kann nicht angenommen werden. Sie beruht auf einem irrigen ekklesiologischen Konzept, demzufolge die Kirche sich als eine «Kirche der freien Gefolgschaft» (J. Klein) darstellt, aus der jeder nach Belieben austreten kann. Der Vorschlag würde zu absurden Folgerungen führen und dem kirchlichen Gesetz alle Kraft nehmen: Es würde ausreichen, daß jemand formal erklärte, er verlasse die Kirche, um nicht mehr durch das Gesetz verpflichtet zu werden; die Verpflichtung der Gesetze hinge somit von der Privatperson selbst ab; Apostasie wäre nicht länger ein strafbares Delikt[15].

Die aus der soeben erwähnten Problematik, sowie aus der in der Folge sich ergebenden Frage, ob die von der katholischen Kirche abgefallenen Apostaten und Schismatiker eventuell den kirchlichen Gesetzen nur unterworfen bleiben, wenn sie nicht einer anderen Glaubensgemeinschaft beigetreten sind, resultierende Diskussion führte schließlich zur folgenden Neu-

---

13 *Schema Codicis iuris canonici 1980*, can. 11 §2, *CCCIC* 12 (1980) 34.

14 Vgl. P. LENGSFELD, «Revidiertes Kirchenrecht», 558; P. KRÄMER, «Das Selbstverständnis», 149-162; 183, Anm. 28; V. FAGIOLO, «Le nouveau code», 88; W. SCHULZ, «Was ist neu», 152-153.

15 Eigene Übersetzung aus: PONT. COMMISSIO CODICI IURIS CANONICI RECOGNOSCENDO, *Relatio Complectens Synthesim*, 23.

fassung des can. 11 §2: «Baptizati extra ecclesiam catholicam, qui in eandem recepti non sunt, eisdem legibus directe non obligantur». §3 wurde gestrichen.

Nach diesen Veränderungen bestimmte der Text des *Schema novissimum* von 1982:

> can. 11 §1 - Legibus mere ecclesiasticis tenentur baptizati in Ecclesia catholica vel in eandem recepti, quique sufficienti rationis usu gaudent et, nisi aliud iure expresse caveatur, septimum aetatis annum expleverunt.
>
> § 2 - Baptizati extra Ecclesiam catholicam, qui in eandem recepti non sunt, iisdem legibus directe non obligantur.

In diesem Kanon ist doppelt — einmal positiv, einmal negativ — ausformuliert, daß die Taufe in der katholischen Kirche oder die Aufnahme in diese die irreversible Unterworfenheit unter rein kirchliches Recht bewirken.

In der Endredaktion wurde der auf die nichtkatholischen Christen bezogene und im eigentlichen eine Doppelung darstellende §2 mit der Begründung gestrichen, daß der Kodex nicht intendiere Gesetze für Nichtkatholiken zu erlassen. So erhielt can. 11 schließlich seine endgültige Gestalt[16].

Die Endfassung von can. 11:

> Legibus mere ecclesiasticis tenentur baptizati in Ecclesia catholica vel in eandem recepti, quique sufficienti rationis usu gaudent et, nisi aliud iure expresse caveatur, septimum aetatis annum expleverunt.

1.2 *Die Exegese von can. 11 CIC/1983*

Vom korrespondierenden can. 12 CIC 1917 unterscheidet sich die Endfassung des can. 11
- formal durch die positive Beschreibung der Gesetznehmer[17];
- inhaltlich durch die Einengung der Gesetzesverpflichtung im Hinblick auf die rein kirchlichen Gesetze auf die Katholiken. Mit diesem gegenüber dem CIC 1917 zurückgenommenen Geltungsanspruch — eine der bedeutsamsten Neuerungen im Kodex 1983[18] — hat der Gesetzgeber eine wichtige Schlußfolgerung der Ekklesiologie des II. Vatikanischen Konzils in den

---

[16] Vgl. U. BETTI, «In margine», 631.

[17] Vgl. *CCCIC* 3 (1971) 85; 17 (1985) 31, 33 und 39; J. GAUDEMET, «Réflexions», 81-117, insbes. 96, Anm. 41.

[18] A. BONI («Le fonti», 395) nennt sie revolutionär.

Rechtsbereich umgesetzt, daß nämlich die nichtkatholischen Christen nicht lediglich als von der katholischen Einheit abgefallene Einzelpersonen, sondern als in getrennten Kirchen und kirchlichen Gemeinschaften lebend und dort ihr Christsein verwirklichend einzuordnen sind[19]. Der CIC will daher in keiner Weise direkt die Rechtsverhältnisse nichtkatholischer Christen regeln. Dieselben sind jedoch den Gesetzen der katholischen Kirche unterworfen, soweit diese göttliches Recht wiedergeben oder auslegen. Sodann geraten nichtkatholisch Getaufte in den Bannkreis des kanonischen Rechts, wenn sie Rechtsgeschäfte mit Katholiken eingehen (z.B. die Ehe) oder rechtlich handelnd vor kirchlichen Organen auftreten. Auch wenn Rechtsverhältnisse von nichtkatholisch Getauften, auf welche Weise auch immer, in eine Beziehung mit der katholischen Kirche treten (z.B. die Ehe zweier nichtkatholisch Getaufter im Falle der Wiederverheiratung eines der beiden mit einem Katholiken), unterliegen sie der Beurteilung durch dieselbe[20].

Unter Katholik versteht can. 11 jemanden, der durch die Taufe oder die nach der Taufe in einer nichtkatholischen Kirche oder kirchlichen Gemeinschaft erfolgte Aufnahme in den sichtbaren Verband der katholischen Kirche[21] derselben eingegliedert ist. Der Gesetzestext des can. 11 selbst, wie auch die Kodifikationsgeschichte belegen, daß der in dieser Norm umschriebene Begriff «katholisch» nach dem Grundsatz, «*semel catholicus – semper catholicus*» aufzufassen ist[22].

---

[19] Vgl. hierzu auch cann. 463 §3, 844 §§ 3-4, 869 §2, 874 §2, 1124 und 1183 § 3.

[20] Z.B. cann. 844, 1124-1129, 1476, 1477. Vgl. W. AYMANS, «Ökumenische Aspekte» und W. AYMANS – K. MÖRSDORF, *Kanonisches Recht*, I, 168.

[21] Vgl. can. 204 §2.

[22] Kanon 11 spricht ohne jegliche Einschränkung und Unterscheidung von den «in der katholischen Kirche Getauften oder in sie Aufgenommenen». Die worteigene Bedeutung (vgl. can. 17) dieser Wendung, sowie den Auslegungsgrundsatz «*Ubi lex non distinguit, nec nos distinguere debemus*» zugrundegelegt, ist davon auszugehen, daß dem Kanon der Katholikenbegriff nach dem Grundsatz «*semel catholicus-semper catholicus*» eigen ist. Diese Interpretation findet eine Bestätigung bei einem Vergleich des can. 11 mit anderen Kanones des CIC/1983, welche den Katholikenbegriff anwenden. Dabei zeigt sich, daß das kirchliche Gesetzbuch einerseits, wie in can. 11, von solchen Personen spricht, die einmal Katholiken wurden, und andererseits, wie z.B. in can. 1117, von Personen, die einmal Katholiken wurden und nicht durch formalen Akt von der katholischen Kirche abgefallen sind. Daraus ist zu schließen, daß der Kodex dann, wenn er von Katholiken ohne diesen einschränkenden Zusatz spricht (wie in can. 11 oder auch in can. 1059), alle jemals katholisch gewordenen Personen meint, unabhängig davon, ob sie sich später wieder von der katholischen Kirche getrennt haben oder nicht. Vgl. zur Bedeutung dieser Frage bei der Kodifikation von can. 11, ss. 133-134 dieser Studie.

VIII. KAPITEL: CIC 1983

Für die Gesetzesunterworfenheit hat dies zur Konsequenz, daß den rein kirchlichen Gesetzen[23] all jene unterstehen, die durch Taufe oder Konversion jemals in die katholische Kirche eingegliedert worden sind[24]. Mit anderen Worten abgefallene, ausgetretene, bzw. zu einer anderen christlichen Konfession übergetretene Katholiken bleiben an die Gesetze der katholischen Kirche gebunden[25].

Andere, bereits in can. 12 CIC/1917, vorfindliche und hier nicht näher zu erörternde, da für das Thema dieser Studie weniger relevante Voraussetzungen der Unterworfenheit unter die rein kirchlichen Gesetze des kanonischen Rechts sind der hinreichende Vernunftgebrauch und die Vollendung des siebenten Lebensjahres.

Die Maßgabe des can. 11 beruht auf dem Prinzip, daß die Adressaten eines Gesetzes durch den Gesetzgeber bestimmt werden und stellt eine Verfügung rein kirchlichen Rechts dar[26]. Sie läßt die grundsätzliche Vollmacht

---

[23] Aus systematischen Gründen ist in can. 11 nur vom Gesetzesrecht die Rede; aus der Natur der Sache folgt aber, daß dasselbe auch für Sätze des Gewohnheitsrechts gilt.

[24] Innerhalb der katholischen Kirche ist in Bezug auf die rein kirchlichen Gesetze des lateinischen Kodex hinsichtlich der Angehörigen der katholisch-orientalischen Kirchen zusätzlich can. 1 CIC/1983 (vgl. can. 1 CCEO/1990) zu berücksichtigen.

[25] Diese Sicht hat beispielsweise zur Konsequenz, daß von der Anerkennung der Jurisdiktion orthodoxer Kirchenvorsteher gegenüber ihren Gläubigen die vom katholischen Glauben zur Orthodoxie übergetretenen Katholiken ausgenommen sind. Zur Kritik an dieser «*semel catholicus - semper catholicus*» - Regelung in can. 11 CIC 1983 vgl. etwa: R. SOBANSKI, «L'ecclésiologie», 254-258; ebenso K. LÜDICKE, «Die Kirchengliedschaft», 383-386.

[26] Für den Bereich der Rechtsprechung bedeutet dies, daß die Bestimmung von can. 11, wie jede positivrechtliche Norm des neuen kirchlichen Gesetzbuches, nur auf Rechtsverhältnisse (z.B. Ehen) anzuwenden ist, die nach Inkrafttreten des CIC 1983 eingegangen wurden. Vorsicht ist in diesem Zusammenhang jedoch bei den getrennten orientalischen Kirchen geboten, da deren Unterworfenheit unter die eigenen Rechtsordnungen, vorbehaltlich göttlichen Rechts, nicht auf einer positivrechtlichen Aussage, sondern, aufgrund der ihnen eignenden *Potestas iurisdictionis,* letztlich auf göttlichem Recht beruht und daher auch für Rechtsverhältnisse, die vor 1983 eingegangen wurden, anzunehmen ist. Vgl. H.J.F. REINHARDT, der zu Recht betont, daß die Rechtsfolgen des can. 11 CIC/1983 in Verbindung mit can. 1059 CIC/1983 für die getrennten orientalischen Christen aufgrund der Jurisdiktionsanerkennung, die für diese *expressis verbis* bereits im Ökumenismusdekret des II. Vatikanum erfolgte, auch auf die Ehen zu beziehen sind, die vor 1983 geschlossen wurden («Hat c. 11 CIC 1983», 206). Die gleiche Auffassung vertritt J. PRADER: «Für die getrennten Ostkirchen ist der Geltungsanspruch der rein kirchlichen Gesetze katholischen Rechts bereits seit der Veröffentlichung des Dekretes über den Ökumenismus (21.11.1964) abgeschafft, und zwar mit rückwirkender Kraft» («Interrituelle, interkonfessionelle und interreligiöse Probleme», 411). Vgl. in dieser Studie, s. 94; s. 103 mit Anm. 32.

der katholischen Kirche, in der die Kirche Jesu Christi in ihrer Fülle, wenn auch nicht ausschließlich, verwirklicht ist, für alle Getauften Gesetze zu erlassen, vollkommen unangetastet. Man vergleiche in diesem Zusammenhang nur can. 1075 §2 CIC/1983: «Uni quoque supremae auctoritati ius est alia impedimenta *pro baptizatis* constituere» oder can. 1671: «Causae matrimoniales *baptizatorum* iure proprio ad iudicem ecclesiasticum spectant»[27].

Kanon 11 enthält sich einer Aussage darüber, wie weit die nichtkatholischen Christen dem Recht ihrer eigenen Kirche unterstehen. Von daher entbehrt z.B. die Behauptung von R. Sobanski, daß der tiefere Sinn des Kanon 11 in der Anerkennung des Rechtes der nichtkatholischen christlichen Gemeinschaften als für ihre Gläubigen verpflichtend, als *ius legitimum*, bestehe, jeglicher Grundlage[28].

Aufgrund der Bestimmung von can. 1 CIC gilt die Aussage von can. 11 lediglich im lateinischen Rechtskreis. Für den orientalisch-katholischen Rechtskreis gilt jedoch die gleiche Regelung aufgrund von can. 1490 CCEO[29].

2. Kanon 1059 CIC/1983

In can. 1059 finden die allgemeinen Bestimmungen des can. 11 über die Unterworfenheit bzw. Nichtunterworfenheit unter die rein kirchlichen Gesetze des kanonischen Rechts für den lateinischen Rechtskreis[30] ihre Anwendung auf den eherechtlichen Bereich.

Zudem wird diese Auffassung, wie an anderer Stelle bereits aufgezeigt (ss. 111ff.) auch durch die kirchliche Gerichtsbarkeit belegt.

[27] Hervorhebungen durch den Autor. Vgl. hierzu auch in dieser Studie s. 76.

[28] R. SOBANSKI, «L'ecclésiologie», 254ff. und ID., «Ökumenismus», 713-737.
Wohl erklärte das II. Vatikanische Konzil, «daß die Kirchen des Orients [...] die Fähigkeit haben, sich nach ihren eigenen Ordnungen zu regieren» (UR, n. 16). Diese Erklärung fand aber keine Aufnahme in das kirchliche Gesetzbuch von 1983. Da es sich hier jedoch um eine feierliche Erklärung handelt, ist — auch wenn sich im CIC/1983 keine diesbezügliche Bestimmung findet — davon auszugehen, daß zumindest die getrennten Ostchristen aufgrund dieser «außerkodikarischen» Verlautbarung, unbeschadet göttlichen Rechts, ihren eigenen Rechtsordnungen unterstehen.

[29] Vgl. ss. 131-132, Anm. 2.

[30] Der can. 11 CIC/1983 entsprechende can. 1490 CCEO/1990 erfährt seine eherechtliche Konkretisierung in cann. 780/781 CCEO.

2.1 *Die Entstehungsgeschichte von can. 1059 CIC/1983*[31]

In Bezug auf die rechtliche Stellung der nichtkatholisch Getauften gelangte man bei der Erarbeitung des kirchlichen Gesetzbuches von 1983 nur mühsam zu klaren und einheitlichen Prinzipien. Einerseits legte man schon sehr bald, sowohl in den Vorentwürfen zu einer *Lex Ecclesiae Fundamentalis* (can. 7 §2)[32], als auch in denen zu Buch I *De Normis Generalibus* des CIC (can. 12)[33] das allgemeine Prinzip fest, daß nichtkatholisch Getaufte den rein kirchlichen Gesetzen des kanonischen Rechtes generell nicht unterliegen sollten, andererseits aber wurde in den ersten Schemata zum Eherecht diesem die gesamte neue Gesetzgebung bestimmen sollenden Leitsatz keine Beachtung geschenkt.

So bestimmte denn auch Kanon 245 des Schemas über die Ehe von 1975, die bisherige Lehre wiedergebend:

> Matrimonium, utpote humanae consortionis principium et fundamentum, civilem quoque societatem spectat; sed cum matrimonium inter baptizatos initum adnumeretur inter novae legis sacramenta, disciplina eius et cura, quod ad integritatem sanctitatemque attinet, a Christo Ecclesiae commissae sunt. Matrimonium baptizatorum, etsi una tantum pars sit baptizata, regitur iure non solum divino, sed etiam canonico, salva competentia civilis potestatis circa mere civiles eiusdem matrimonii effectus[34].

Lediglich can. 263 des genannten Schemas enthielt eine Sonderregelung in Bezug auf die Ehehindernisse[35] und bestimmte, daß nur diejenigen, die in der katholischen Kirche getauft oder nach der Taufe in sie aufgenommen wurden, und nicht später durch einen formalen Akt von ihr abgefallen waren[36], durch Hindernisse rein kirchlichen Rechts gebunden werden sollten.

---

[31] Vgl. U. NAVARRETE, «De iure quo».

[32] Vgl. in dieser Studie, s. 132, Anm. 5.

[33] Vgl. in dieser Studie, ss. 132-135.

[34] Vgl. PONT. COMMISSIO CODICI IURIS CANONICI RECOGNOSCENDO, *Schema documenti pontificii quo disciplina canonica de sacramentis recognoscitur*; vgl. auch *CCCIC* 9 (1977) 125-126.

[35] Vgl. PONT. COMMISSIO CODICI IURIS CANONICI RECOGNOSCENDO, *Schema documenti pontificii quo disciplina canonica de sacramentis recognoscitur*; vgl. auch *CCCIC* 9 (1977) 136.

[36] N.B.: In can. 7 §2 *Schema LEF/1980* und in can. 12 des Schema 1977 bzw. can. 11 des Schema 1980 der Allgemeinen Normen betraf die Ausklammerung von rein kirchlichen Gesetzen nur jene, die außerhalb der katholischen Kirche getauft wurden und nicht in diese aufgenommen worden waren, jedoch nicht diejenigen,

Bezogen auf den zweiten Teil des oben zitierten can. 245 Schema 1975 merkten zwei Bischofskonferenzen an, daß hier der geeignete Ort sei um ein Nichtunterstelltsein nichtkatholisch Getaufter, die unter sich oder mit einem Nichtgetauften die Ehe schließen, unter die rein kirchlichen Gesetze zu postulieren.

Ein Konsultor der Reformkommission war der Auffassung, daß die bloße Erklärung, daß die nicht in der katholischen Kirche Getauften oder später in dieselbe Aufgenommenen den rein kirchlichen Gesetzen des kanonischen Rechtes nicht unterstehen, nicht genüge, sondern zudem ein Gesetz vonnöten sei, welches positiv bestimme, welchem Recht die Ehen der Getauften unterstehen, die nicht Glieder der katholischen Kirche sind. Er schlug folgenden Text vor:

> Matrimonium eorum qui extra Ecclesiam catholicam baptizati sunt, nec in eandem recepti, regitur iure divino et iure religioso vel civili, quo regitur (matrimonium) in coetu christiano ad quem quisque pertinet[37].

Darauf erwiderten zwei Konsultoren, daß keinerlei Notwendigkeit für eine solche Norm bestehe, da ja *de facto* das Recht der katholischen Kirche kein Interesse an den Nichtkatholiken habe, und zudem eine Festlegung, welchen Gesetzen rein kirchlichen Rechts die Mitglieder der nichtkatholischen christlichen Gemeinschaften unterworfen sein sollen, im ökumenischen Ambitus schlecht aufgenommen würde. Außerdem würde der Gesetzgeber der katholischen Kirche durch eine solche Bestimmung indirekt die Hoheit anderer nichtkatholischer kirchlicher Gemeinschaften über die Ehe anerkennen.

Hierzu merkten drei Konsultoren an, daß eine solche Legislation, welche die Gesetze anderer Konfessionen in den Blick nehme, nur formalen Charakter habe und nicht die Anerkennung einer Vollmacht jener nichtkatholischen christlichen Gemeinschaften über die Ehe bedeute.

Schließlich erinnerte ein Konsultor an die Bestimmung des can. 7 §2 der LEF[38], daß nichtkatholisch Getaufte durch rein kirchliche Gesetze nicht verpflichtet werden, wenn es nicht ausdrücklich bestimmt wird. Von daher, argumentierte er, scheine eine besondere Norm für den eherechtlichen Bereich nicht von Nöten zu sein. In dem Fall, daß sich die Mehrheit der Kon-

---

welche von der Kirche abgefallen waren. Bezogen auf die Ehehindernisse waren aber nach dem Schema von 1975 auch diese miteingeschlossen.
[37] *CCCIC* 9 (1977) 127.
[38] Vgl. in dieser Studie s. 132, Anm. 5.

sultoren jedoch für eine Legislation ausspräche, könnte diese folgendermaßen lauten:

> Matrimonium eorum qui licet baptizati non ad plenam communionem Ecclesiae catholicae pertinent regitur iure divino necnon normis in communitate ecclesiali ad quam pertinent vigentibus[39].

Bei der Diskussion dieses Normvorschlages wurde über die bereits erwähnten Argumente hinaus gegen einen solchen Kanon u.a. auch vorgebracht, daß das Motiv durch eine Gesetzgebung in dieser Frage eine Gesetzeslücke auffüllen zu müssen sich als nicht so zwingend darstelle, weil die Ehen der nichtkatholisch Getauften ja göttlichem Recht und dem Gewohnheitsrecht unterlägen[40].

Als schließlich über die Opportunität der Einführung einer Norm, die bestimmen sollte, welchem Recht, unbeschadet göttlichen Rechts, die Ehen der getauften Nichtkatholiken unterstehen, abgestimmt wurde, votierten zwei Konsultoren mit Ja, drei mit Nein, einer enthielt sich der Stimme.

Im Schema 1980 hatte can. 1012 schließlich den folgenden Wortlaut:

> Matrimonium baptizatorum, etsi una tantum pars sit baptizata, regitur iure non solum divino, sed etiam canonico, salva competentia civilis potestatis circa mere civiles eiusdem matrimonii effectus.

Zu diesem Kanonentwurf, der einen völligen Rückschritt hinter die durch den Wortlaut des can. 245 des Eherechtsschemas von 1975 entfachte Diskussion darstellte, indem er nicht einmal konform zur Veränderung der Bestimmung des can. 12 CIC/1917, nunmehr can. 11 des Schema 1980, die Freistellung der nichtkatholisch Getauften von den rein kirchlichen Gesetzen des kanonischen Eherechtes enthielt, wird in der *Relatio complectens Synthesim* von 1981 folgendes angemerkt:

1. Es sollte von der «Ehe von Katholiken, auch wenn nur ein Partner katholisch ist [...]» gesprochen werden, damit eine Übereinstimmung mit can. 11 §2 besteht (Kardinäle Ratzinger, Hume, Freeman und Weihbischof O'Connell).
2. Nachdem die Verpflichtung des kanonischen Rechts für Nichtkatholiken aufgehoben wurde (vgl. can. 11 §2), würde eine große Gesetzeslücke geschaffen, wenn der Legislator nicht auf irgendeine Weise den abendländischen nichtkatholischen Gemeinschaften (für die Orientalen hat dies ja bereits das II.

---

[39] *CCCIC* 9 (1977) 127.

[40] Es heißt: «Aliis non videtur necessaria imo periculosa sive quod secus recognosceretur competentia aliarum communitatum ecclesialium, sive quod obstant rationes oecumenicae sive quod ratio lacunae implendae non videtur tam cogens, cum illa matrimonia regantur iure divino et consuetudinario» (*CCCIC* 9 [1977] 127).

Vatikanische Konzil in UR 16 getan) die Fähigkeit zuerkennt, sich gemäß ihrer eigenen Disziplin zu regieren.

Von daher wäre es zu wünschen, daß durch den Legislator positiv festgelegt würde, welche Gesetze, im Falle von Urteilen über die Gültigkeit einer früheren Ehe derer, die, nachdem sie geschieden worden sind, eine neue Ehe mit einem Katholiken einzugehen wünschen, zu beachten sind. Andernfalls wäre anzunehmen, daß nur das Naturrecht zu beachten ist, wenn die Gesetze, denen diese *de facto* unterworfen sind, zur Gänze vernachlässigt werden (Kardinal Parecattil).

Antwort. Zu 1: Das Argument ist zuzulassen. Von daher soll formuliert werden «*catholicorum*». Es sei aber dennoch angemerkt, daß der Kanon nur eine positive Vorschrift in Übereinstimmung mit can. 11 §2 gibt und in keiner Weise intendiert, die Kompetenz der Kirche über die Ehen der nichtkatholisch Getauften zu negieren.

Zu 2: Es scheint, vor allem aus ökumenischen Gründen, nicht opportun daß die Kirche festlegt, welchen Gesetzen jene Ehen unterliegen. Eine allgemeine Kanonisierung der staatlichen Gesetze oder der Gesetze der nichtkatholischen Gemeinschaften in dieser Materie wäre sehr gefährlich[41].

Im *Schema Novissimum* von 1982 findet sich der folgende Text des nunmehrigen can. 1059:

Matrimonium catholicorum, etsi una tantum pars sit baptizata, regitur iure non solum divino, sed etiam canonico, salva competentia civilis potestatis circa mere civiles eiusdem matrimonii effectus.

Bei der Endredaktion schließlich wurde *baptizata* durch *catholica* ersetzt, sodaß sich der folgende im kirchlichen Gesetzbuch von 1983 vorfindliche Text des can. 1059 ergab:

Matrimonium catholicorum, etsi una tantum pars sit catholica, regitur iure non solum divino, sed etiam canonico, salva competentia civilis potestatis circa mere civiles eiusdem matrimonii effectus.

2.2 *Die Exegese von can. 1059 CIC/1983*

In Folge der Grundsatzaussage des can. 11 CIC/1983 über den Geltungsbereich der rein kirchlichen Gesetze bestimmt can. 1059 CIC für den lateinischen Rechtskreis[42], daß sich die Ehe von Katholiken[43] (also nicht

---

[41] PONT. COMMISSIO CODICI IURIS CANONICI RECOGNOSCENDO, *Relatio Complectens Synthesim*, 246 (eigene Übersetzung).

[42] Für den orientalisch-katholischen Rechtskreis, vgl. can. 780 CCEO/1990.

[43] Auch im Zusammenhang mit can. 1059 stellt sich, wie bei can. 11, die Frage, welcher Katholikenbegriff anzuwenden ist. Ist Katholik nur derjenige, der augenblicklich der katholischen Kirche angehört, d.h. sich nicht formal von ihr getrennt hat (wie z.B. in cann. 1086 §1 und 1117) oder ein jeder, der einmal Katholik geworden

mehr wie in can. 1016 CIC/1917 aller Getauften), auch wenn nur ein Partner katholisch ist, nicht allein nach dem göttlichen, sondern auch nach dem kirchlichen Recht richtet, unbeschadet der Zuständigkeit der weltlichen Gewalt hinsichtlich der rein bürgerlichen Wirkungen dieser Ehe.

Im Klartext bedeutet dies: *alle* Ehen unterliegen dem göttlichen Recht, und zwar unabhängig davon, ob etwa die Partner nichtkatholischer christlicher oder gar nichtchristlicher Ehen das göttliche Recht als solches anerkennen oder eine Norm des göttlichen Rechtes im einzelnen akzeptieren[44].

Die Geltung des kanonischen, was in can. 1059 in der Gegenüberstellung zum göttlichen hier des rein kirchlichen Rechtes bedeutet, wird hingegen nur noch für die Ehen von Katholiken ausgesagt.

Bezüglich der rein bürgerlichen Wirkungen der Ehe anerkennt die Kirche die rechtliche Kompetenz des Staates.

Was bedeutet die Bestimmung des can. 1059 nun konkret für die von nichtkatholisch Getauften untereinander oder mit Katholiken geschlossenen Ehen?

In Bezug auf die getrennten Ostkirchen bringt die Ersetzung des Genitivs *baptizatorum* durch *catholicorum* in can. 1059 keinerlei Veränderung in Bezug auf das Recht, dem die Ehen der in ihnen Getauften unterstehen. Abgesehen von der Tatsache, daß eine Reform des Gesetzbuches für die *lateinische* Kirche die Ostchristen, seien sie nun katholisch oder nicht, generell nicht berührt, wird für die nichtkatholischen Orientalen im Ökumenismusdekret des II. Vatikanischen Konzils (UR, n. 16) *expressis verbis* rückwirkend festgestellt, daß sie die Fähigkeit besitzen sich nach ihrer eigenen Disziplin zu richten. Das bedeutet mit anderen Worten, daß die Ehen dieser nichtkatholischen Christen in unveränderter Weise, unbeschadet göttlichen Rechts, als den Gesetzen der getrennten orientalischen Kirchen, denen sie angehören, unterworfen anzusehen sind.

Bezüglich der getrennten Kirchen und kirchlichen Gemeinschaften des Abendlandes jedoch bringt die Ersetzung des Genetivs *baptizatorum* durch

---

ist, unabhängig davon, ob er nachher wieder abgefallen ist oder nicht (nach dem Grundsatz: «*semel catholicus–semper catholicus*»)? Meineserachtens gibt es keinen Anhaltspunkt dafür, daß can. 1059 einen von can. 11 abweichenden Katholikenbegriff hat. Das bedeutet, daß auch in can. 1059 unter Katholik jeder zu verstehen ist, der einmal Katholik geworden ist, unabhängig davon, ob er später von der katholischen Kirche abgefallen ist.

[44] Die katholische Kirche nimmt für sich die Kompetenz in Anspruch, für *alle* Menschen den Inhalt des *ius divinum* authentisch zu erklären (vgl. H. HEIMERL – H. PREE, *Kirchenrecht*, 176; B. PRIMETSHOFER, «Die interkonfessionelle Geltung», 206).

catholicorum in can. 1059 CIC/1983 eine tiefgreifende Veränderung. Die «abendländischen» getauften Nichtkatholiken waren bis zum Inkrafttreten des neuen CIC am 27. November 1983 in Ehesachen an dieselbe Legislation gebunden wie die Katholiken des lateinischen Ritus, ausgenommen lediglich das Hindernis der Kultusverschiedenheit (can. 1087 CIC/1917) und die Formpflicht (can. 1099/CIC 1917). Der CIC 1983 enthält nun die Bestimmung, daß die Nichtkatholiken von den rein kirchlichen Ehegesetzen des Kodex ausgenommen sind und befreit damit die Mitglieder der getrennten Kirchen und kirchlichen Gemeinschaften des Abendlandes von der Unterworfenheit unter die kanonischen Ehegesetze menschlichen Rechts. Er bietet jedoch keine Orientierung über die rein menschlichen Gesetze, denen die von diesen Getauften nach dem 27. November 1983 geschlossenen Ehen unterstehen.

Verschiedentlich wurde die Frage aufgeworfen, wie die Bestimmung des can. 1059 in Bezug auf die konfessionsverschiedenen Ehen, an denen ein Katholik beteiligt ist, zu verstehen sei. Während Einigkeit darüber herrscht, daß die rein katholischen Ehen neben dem göttlichen auch dem rein kirchlichen Recht der katholischen Kirche unterstehen, während letzteres auf «rein nichtkatholische» Ehen nicht anzuwenden ist, divergieren in dieser Frage die Meinungen der Autoren.

Besagt can. 1059,

a) daß konfessionsverschiedene Ehen, an denen ein Katholik beteiligt ist, «nur» nach dem göttlichen und dem rein kirchlichen Recht der katholischen Kirche zu beurteilen sind, oder

b) daß auf konfessionsverschiedene Ehen, an denen ein Katholik beteiligt ist, im Hinblick auf denselben in jedem Fall «auch» (etiam), aber nicht von vornherein ausschließlich, das kanonische Eherecht anzuwenden ist.

Leider ergeben die abgedruckten Diskussionsbeiträge der Konsultoren der CIC-Kodifikationskommission über can. 1059[45] zu diesem Thema keine Interpretationshilfen. Die Autoren eherechtlicher Abhandlungen interpretieren den Kanon dementsprechend auch unterschiedlich. Während Klaus Lüdicke[46] und Reinhold Sebott[47] nicht näher auf diese spezielle Fragestellung eingehen, folgen Urbano Navarrete[48], Matthäus Kaiser[49], Hans

---

[45] Vgl. *CCCIC* 9 (1977) 126-127.
[46] K. LÜDICKE, in *Münsterischer Kommentar*, zu can. 1059, Blatt 1, Abschnitt 3.
[47] R. SEBOTT, *Das neue kirchliche Eherecht*, 31 f.
[48] U. NAVARRETE, «La Giurisdizione», 116-117.
[49] M. KAISER, «Grundfragen», 746.

Heimerl – Helmut Pree[50], Hartmut Zapp[51] und Heinrich J. F. Reinhardt[52] der unter a) und Josef Prader[53] und Antonino Abate[54], jedoch mit verschiedenen Schlußfolgerungen, der unter b) genannten Lösung.

J. Prader begründet seine Auffassung mit dem Wortlaut von can. 11 CIC/1983, welcher die nichtkatholischen Christen von der Verpflichtung der rein kanonischen Gesetze befreit und verbindet sie mit den Aussagen des II. Vatikanischen Konzils vor allem im Ökumenismusdekret[55] und in der Erklärung über die Religionsfreiheit[56]. Nach der Anerkennung der nichtkatholischen Kirchen und kirchlichen Gemeinschaften könne, so der Autor, die Frage, welches Eherecht für nichtkatholische Christen gelte, nur so beantwortet werden, daß katholische Instanzen, unbeschadet göttlichen Rechts, die Rechtsordnungen zu beachten haben, denen nichtkatholische Christen in ihren von der katholischen Kirche anerkannten Gemeinschaften unterworfen sind. Die Frage nach der für die Feststellung der Ehefähigkeit der Partner einer bekenntnisverschiedenen Ehe, in der ein Partner katholisch ist, anzuwendenden Rechtsordnung beantwortet Prader so:

Nach demselben Grundsatz (d.h. nach der Rechtsordnung, der er faktisch untersteht, Anm. d. Verf.) wird man in Hinkunft wohl auch die Ehefähigkeit des nichtkatholischen Partners bei der bekenntnisverschiedenen Ehe beurteilen; denn zur Gültigkeit der Ehe ist erfordert, daß die rechtliche Ehefähigkeit beider Partner gegeben ist. Ein trennendes Ehehindernis macht die Ehe ungültig, auch wenn es bloß auf Seiten eines Partners besteht[57].

Nach J. Prader ist can. 1059 CIC/1983 also durchaus offen für eine Einbeziehung des Rechtes des nichtkatholischen Partners einer bekenntnisverschiedenen Ehe.

Gegen eine ausschließliche Anwendung des kanonischen Rechtes auf bekenntnisverschiedene Ehen, an denen ein Katholik beteiligt ist, äußert sich, allerdings zu einer anderen Schlußfolgerung kommend als J. Prader, auch

---

[50] H. HEIMERL – H. PREE, *Kirchenrecht*, 176.

[51] H. ZAPP, *Kanonisches Eherecht*, 50.

[52] H.J.F. REINHARDT, «Hat c. 11 CIC 1983», 217-218.

[53] J. PRADER, *Das kirchliche Eherecht*, 47; ID., *La legislazione matrimoniale*, 47-48; ID., «Interrituelle, interkonfessionelle und interreligiöse Probleme», 450.

[54] A. ABATE, *Il matrimonio*, 27-28.

[55] UR, nn. 3 und 16.

[56] DH, n. 4. vgl. auch ss. 167 ff. dieser Studie.

[57] J. PRADER, *Das kirchliche Eherecht*, 47; ID., «Interrituelle, interkonfessionelle und interreligiöse Probleme», 450; ID., *La Legislazione matrimoniale*, 48; ID., «Das Eherecht der orientalischen Kirchen», in *Internationales Ehe- und Kindschaftsrecht*, 20.

A. Abate. Obwohl can. 1059 CIC einerseits suggeriert, daß auf die bekenntnisverschiedene Ehe, an der ein Katholik beteiligt ist, nicht ausschließlich kanonisches Recht anzuwenden ist, z.B. nicht in Bezug auf die Bestimmung der Ehefähigkeit des nichtkatholischen Partners, so kann daraus, so der Autor, andererseits nicht automatisch gefolgert werden, daß auf den Nichtkatholiken in bestimmtem Umfang das Recht seiner Kirche oder kirchlichen Gemeinschaft oder das des Staates anzuwenden ist[58].

M. Kaiser und H. Zapp führen an, daß aufgrund der Lehre von der Unteilbarkeit des Ehevertrages sowie aufgrund des Wortlautes des can. 1059 sämtliche Ehen, bei denen ein Partner katholisch ist, als katholische Ehen zu gelten haben, für die ausschließlich das kanonische Eherecht, einschließlich seiner Normen rein kirchlichen Rechts, verbindlich ist. Die Kirche erhebt ihren Jurisdiktionsanspruch auf eine Ehe auch dann, wenn nur ein Partner katholisch ist[59]. Ähnlich äußern sich H. Heimerl und H. Pree. Die Autoren unterstreichen, daß eine Folge von can. 11 die sei, daß der neue Kodex die Jurisdiktion der katholischen Kirche nur mehr über solche Ehen beanspruche, in denen wenigstens ein Partner Katholik sei. Grundlage dieses Jurisdiktionsanspruches sei aber nicht die Sakramentalität der Ehe, weil er sonst auf die Ehen aller Getauften auszudehnen wäre, sondern die Kirchengliedschaft des Katholiken[60]. U. Navarrete betont:

> In der Gesetzgebung des CIC untersteht eine solche Ehe (d.h. die Ehe zwischen einem Katholiken und einem getauften Nichtkatholiken) nur dem kanonischen Recht. Es wird nicht ausdrücklich gesagt, aber der Satz «*etsi una tantum pars sit catholica*», der sich mit Sicherheit auf die Ehe zwischen einem Katholiken und einem Ungetauften bezieht, umfasst auch den Fall der Ehe zwischen einem Katholiken und einem getauften Nichtkatholiken. Das Prinzip gilt zumindest, wenn es sich um einen lateinischen Katholiken und einen «lateinischen» Nichtkatholiken handelt, da ja in keinem Teil des Kodex sich weitergehende Normen über die Relevanz, welche in Bezug auf diese Mischehe dem Recht, dem die

---

[58] A. ABATE, *Il matrimonio*, 27-28.
[59] M. KAISER, «Grundfragen», 746; H. ZAPP, *Kanonisches Eherecht*, 50: «Ausdrück-lich wird der kirchliche Jurisdiktionsanspruch auf eine Ehe auch dann gestellt, wenn nur einer der Partner katholisch ist, d.h. der katholischen Kirche angehört oder ihr einmal angehört hat. (Rechtsprachlich wird dies durch den Genetiv Plural gekennzeichnet, sobald auf einen der Partner die entsprechende Qualifikation zutrifft, z.B. in c. 1059. Sind beide Partner gemeint, steht in der Regel "*inter*" mit Akkusativ Plural; vgl. z.B. cc. 1055, 1061 §1, 1118 §1, 1142) [...]. Als katholisch gelten auf Grund der Lehre über die Unteilbarkeit des Ehevertrages und der positiven Bestimmung des can. 1059 sämtliche Ehen, bei denen der eine Partner Katholik, der andere akatholischer Christ oder Ungetaufter ist; daher ist für diese Ehen das kanonische Eherecht ebenfalls verbindlich.»
[60] H. HEIMERL - H. PREE, *Kirchenrecht*, 176.

Ehe des einer westlichen christlichen Gemeinschaft angehörigen getauften Ehepartners zukommt, finden[61].

U. Navarrete unterscheidet in der soeben zitierten Passage zwischen bekenntnisverschiedenen Ehen von Katholiken und nichtkatholischen Orientalen sowie bekenntnisverschiedenen Ehen von Katholiken und nichtkatholischen abendländischen Christen. In der Tat könnte man aufgrund der Konzilsaussage über die Jurisdiktionsgewalt der orthodoxen Hierarchen (UR, n. 16) davon ausgehen, daß auf eine bekenntnisverschiedene Ehe eines Katholiken mit einem nichtkatholischen Orientalen auch orthodoxes Eherecht anzuwenden ist. Es gibt jedoch im lateinischen Rechtsbereich (vor allem in der Gerichtsbarkeit) keine Hinweise auf eine Sonderregelung für solche Ehen.

Meineserachtens spricht der Wortlaut des Gesetzestextes eindeutig für eine Interpretation des can. 1059 in dem Sinne, daß sämtliche Ehen, bei denen ein Partner (lateinisch[62]) katholisch ist[63], als katholische Ehen zu gelten haben. Mit anderen Worten, für beide Partner ist ohne Unterschied in allen Bereichen, in die das Rechtsverhältnis Ehe unterteilt werden kann (Ehefähigkeit, Konsens, Form und Ehewirkungen), kanonisches Recht anzuwenden. Es heißt im Gesetzestext «*matrimonium catholicorum* [...] *regitur*», also die Ehe von Katholiken als solche und in ihrer Gesamtheit richtet sich nach göttlichem und kirchlichem Recht[64]. Es wird zudem ausdrücklich betont, daß dies gelte, «*etsi una tantum pars sit catholica*». Insofern stellt can. 1059 eine Einschränkung des can. 11 dar. Mit H.J.F. Reinhardt kann gesagt werden:

Nichtkatholiken unterliegen dem rein kirchlichen Recht der katholischen Kirche nicht, es sei denn, sie treten in ein Rechtsverhältnis ein, über das die katholische Kirche Jurisdiktion beansprucht. Es ist also zu unterscheiden zwischen dem besonderen «Rechtsverhältnis» Ehe einerseits und der Frage der allgemeinen Geltung von kirchenrechtlichen Normen für «Personen» andererseits. Aus der allgemeinen Bestimmung, daß Nichtkatholiken den rein kirchlichen Normen der katholischen Kirche nicht unterliegen (c. 11 CIC/1983), kann nicht abgeleitet

---

[61] U. NAVARRETE, «La Giurisdizione», 116-117 (eigene Übersetzung).

[62] Für die orientalischen Katholiken, vgl. can. 780 CCEO/1990.

[63] Also auch die zwischen einem Katholiken und einem getrennten Orientalen geschlossenen Ehen.

[64] Bereits die Formulierung «*matrimonium catholicorum*» drückt den kirchlichen Jurisdiktionsanspruch auch auf die Ehe aus, in welcher nur ein Partner Katholik ist. Würde der Kanon sich nur auf die Ehe zwischen zwei Katholiken beziehen wollen, würde dies rechtsprachlich nicht durch den Genetiv Plural ausgedrückt, sondern durch «inter» mit Akkusativ Plural; vgl. z.B. cann. 1055; 1061 §1; 1118 §1; 1142.

werden, daß sie niemals in ein Rechtsverhältnis gelangen können, über das die katholische Kirche eine Regelungskompetenz beansprucht[65].

Die These, daß die Gültigkeit von konfessions- und religionsverschiedenen Ehen davon abhängt, daß z.B. bei der Feststellung der Ehefähigkeit auch die positivrechtlichen Bestimmungen beachtet werden, an die der nichtkatholische Partner nach seinem Eherecht gebunden ist, widerspricht der Textaussage des can. 1059 CIC[66]. Sie kann sich auch nicht auf das in can. 11 postulierte Prinzip der Gültigkeit rein kirchlicher Gesetze nur für die in der katholischen Kirche Getauften und in sie Aufgenommenen stützen. Kanon 1059 muß bezogen auf das Rechtsverhältnis Ehe, als *lex specialis* gegenüber can. 11 angesehen werden.

Auch wenn die gegenteilige, vor allem von J. Prader vertretene Meinung eher der neueren *mens legislatoris* entsprechen mag, welche sich im Gesetzbuch für die katholischen Ostkirchen (CCEO) von 1990 in can. 780 niedergeschlagen hat, der bestimmt, daß konfessionsverschiedene Ehen, an denen ein Katholik beteiligt ist, auch dem Recht der Kirche oder kirchlichen Gemeinschaft, der der nichtkatholische Partner angehört, unterstehen, ist für das Recht der lateinischen Kirche zu sagen, daß hier eine solche Disposition fehlt und can. 1059 für den Ambitus der lateinischen Kirche weiterhin in der Weise zu interpretieren ist, daß konfessionsverschiedene Ehen, an denen ein Katholik beteiligt ist, ausschließlich kanonischem Recht unterliegen. Das Prinzip des can. 780 CCEO ist auf die lateinische Kirche nicht übertragbar, weil die Kanones des Gesetzbuches für die katholischen Ostkirchen in der lateinischen Kirche keine Gültigkeit beanspruchen können[67]. Die Meinung von B. Primetshofer, der unterstreicht, daß can. 780 «ritusübergreifend» zu deuten sei, kann von daher unter keinen Umständen geteilt werden[68].

Zusammenfassend ist meineserachtens zu sagen, daß das kirchliche Gesetzbuch von 1983 die Frage, nach welchem rein kirchlichen Recht Ehen zu beurteilen sind, bei denen ein Partner nichtkatholisch, der andere aber katholisch ist, nicht offenläßt. Bei konfessionsverschiedenen Ehen, an denen ein Katholik beteiligt ist, ist nach can. 1059 ausschließlich das kanonische Ehe-

---

[65] H.J.F. REINHARDT, «Hat c. 11 CIC 1983», 217-218.

[66] Vgl. hierzu auch can. 17 CIC: «Kirchliche Gesetze sind zu verstehen gemäß der eigenen Bedeutung ihrer Worte». Meineserachtens ist die Bedeutung der Worte des can. 1059 CIC in dieser Hinsicht eindeutig und klar.

[67] Vgl. can. 1 CIC 1983: «Canones huius Codicis unam Ecclesiam latinam respiciunt», sowie can. 1 CCEO 1990: «Canones huius Codicis omnes et solas Ecclesias orientales respiciunt, nisi, relationes cum ecclesia latina quod attinet, aliud expresse statuitur».

[68] Vgl. B. PRIMETSHOFER, «Interrituelles Verkehrsrecht», 363.

recht anzuwenden[69]. Hier hat can. 11 keine neue Rechtslage geschaffen. Kanon 1059 stellt für den nichtkatholischen Ehepartner, sei er nun Mitglied einer getrennten orientalischen Kirche oder einer getrennten Kirche oder kirchlichen Gemeinschaft des Abendlandes[70], der nach can. 11 den rein

---

[69] Nach H.J.F. REINHARDT kann man aus der durch die katholische Kirche ausgesprochenen Anerkennung der nichtkatholischen Kirchen und kirchlichen Gemeinschaften wohl eine «ökumenische Pflicht» ableiten, beim Abschluß einer konfessionsverschiedenen Ehe, mehr als bisher, möglichst auch die jeweiligen Eherechtsnormen zu beachten, an die der nichtkatholische christliche Partner gebunden ist. *Dies aber ist dann nicht mehr als eine Höflichkeit gegenüber der nichtkatholischen Konfession.* Er schreibt: «Besonders dann gilt es zu ermitteln, wie eine nach beider Partner Rechtsordnungen gültige Ehe zustande kommt, wenn die Kirche bzw. kirchliche Gemeinschaft, der der nichtkatholische Partner angehört, einen ähnlichen Rechtsanspruch wie die katholische Kirche zur Regelung des Rechtsverhältnisses Ehe erhebt. Die Grenze der Beachtung derartiger Normen aber ist immer dann gegeben, wenn bei Beachtung dieser Normen eine Ehe gar nicht geschlossen werden könnte; denn dieses ließe sich nicht vereinbaren mit dem in can. 1058 beschriebenen Rechtsanspruch auf Eheschließung. Will man aber unter Beachtung dieser Grenze der genannten "ökumenischen Pflicht" nachkommen, dann hätte das für die Praxis der Verwaltungskanonistik, hier beispielsweise genannt, etwa folgende Konsequenzen:
a) Beim Abschluß einer konfessionsverschiedenen Ehe mit einem orthodoxen Partner in der katholischen Kirche ist zu beachten:
aa) Der orthodoxe Partner sollte auf seine Verpflichtung hingewiesen werden, bei seiner Kirche Dispens vom Hindernis der Bekenntnisverschiedenheit und Erlaubnis für den Eheabschluß in der katholischen Kirche einzuholen;
bb) falls außer dem Ehehindernis der Bekenntnisverschiedenheit noch ein weiteres Ehehindernis nach orthodoxem Recht besteht, sollte der orthodoxe Partner auch hiervon um Befreiung nachsuchen;
cc) die Eheschließung in der katholischen Kirche sollte von einem Priester, nicht von einem Diakon vorgenommen werden;
dd) die Spendung des feierlichen Segens über die Neuvermählten darf nicht unterbleiben. Der Trauungssegen sollte eigens in das Ehevorbereitungsprotokoll eingetragen werden;
ee) der orthodoxe Christ sollte sich nach der katholischen Eheschließung um Anerkennung und Registrierung dieser Eheschließung in seiner Kirche bemühen.
b) Beim Abschluß einer konfessionsverschiedenen Ehe mit einem anderen christlichen Partner in der katholischen Kirche ist ebenfalls zu fragen, ob nach dem Eherecht, an das dieser Partner gebunden ist, der Eheschließung etwas entgegensteht. Gegebenenfalls ist er zu bitten, um Erlaubnis/Dispens bei seiner Kirche bzw. kirchlichen Gemeinschaft zu ersuchen, falls das möglich ist. Die in a und b genannten zusätzlichen Anforderungen berühren aber - wie gesagt - den gültigen Eheabschluß nach kanonischem Recht nicht» («Hat c. 11 CIC 1983», 218).

[70] Für die getrennten Orientalen gilt eigentlich, daß sie die Fähigkeit besitzen sich nach ihren eigenen Rechtsordnungen zu richten (UR, n. 16). Kanon 1059 CIC/1983 jedoch bildet eine Ausnahme zu dieser Festlegung und unterstellt sie im Falle einer Eheschließung mit einem Katholiken zur Gänze kanonischem Recht.

kirchlichen Gesetzen des kanonischen Rechtes nicht unterliegt, eine Ausnahmeregelung zur Allgemeinnorm dieses Kanon dar[71].

Für Paare, die nie zur katholischen Kirche gehört haben, ergibt sich aus can. 1059 eindeutig eine Nicht-Verbindlichkeit der rein kirchlichen Ehegesetze. Die Kirche stellt die nichtkatholischen Ehen, natürlich stets unbeschadet göttlichen Rechts, von ihrer rechtlichen Kompetenz frei. Bei der Beurteilung der Gültigkeit von Ehen nichtkatholisch Getaufter, die nach dem 27. November 1983 geschlossen wurden, sind die rein kirchlichen Gesetze des kanonischen Rechtes nicht mehr anwendbar[72].

---

[71] Vgl. hierzu auch: APOSTOLISCHE SIGNATUR, *Antwort* auf die Frage der Unterstellung des Akatholiken unter das kanonische Prozeßrecht, *AAS* 84 (1992) 549-550 und *ÖAKR* 41 (1992) 428: «Das Gericht hat nach reiflicher Überlegung zunächst festgestellt, daß die Fähigkeit zur Eheschließung (*status liber*) der Eheerwerber nach Maßgabe des kanonischen Rechts gegeben sein muß, wenn diese eine Eheschließung vor der katholischen Kirche anstreben (vgl. cc. 1066, 1085 §2, 1113-1114) und, daß die katholischen Gerichte nach dem kanonischen Recht vorzugehen haben, auch wenn sich ein Akatholik an sie wendet.

Das Gericht stellt ferner folgendes fest:
- "Die Ehe von Katholiken, auch wenn nur ein Partner katholisch ist, richtet sich nicht allein nach dem göttlichen, sondern auch nach dem kirchlichen Recht[...]" (c. 1059); daraus ergibt sich, daß der akatholische Teil in diesem Fall, zumindest indirekt, dem kanonischen Recht untersteht».

[72] So ist die Ehe zweier nichtkatholisch Getaufter, wenn sie nach dem Inkrafttreten des CIC 1983 geschlossen wurde, z.B. auf einen im CIC sich findenden Kanon, der ein Ehehindernis rein kirchlichen Rechts wiedergibt, nicht mehr anklagbar.

IX. Kapitel

Die im CIC 1983 im Hinblick auf die rein kirchlichen Gesetze, denen die Ehen nichtkatholisch Getaufter unterworfen sind, verbliebene Gesetzeslücke und Vorschläge zu ihrer Überwindung

Nachdem vorstehend dargelegt wurde, daß nach dem CIC 1983 nur die rein katholischen Ehen bzw. die Mischehen, an denen ein Katholik beteiligt ist, den bloß kirchlichen Gesetzen der katholischen Kirche unterstehen, stellt sich die weiterführende Frage, welchen Legislationen nun die von den rein kirchlichen Gesetzen des kanonischen Eherechtes freigestellten Ehen nichtkatholisch Getaufter, unbeschadet göttlichen Rechts, unterliegen.

Ein konkretes Beispiel. Welches Recht ist, unbeschadet göttlichen Rechts, bei der Beurteilung der formellen und materiellen Gültigkeit einer zwischen nichtkatholisch Getauften, die niemals katholisch geworden waren, geschlossenen Ehe anzuwenden, wenn einer der beiden zwecks Wiederverheiratung mit einem (lateinischen) Katholiken vor einem katholischen Gericht auf die Ungültigerklärung seiner früheren Ehe klagt[1]? Sofern es sich um Gültigkeitsvoraussetzungen handelt, die im göttlichen Recht begründet sind, kommt allein kanonisches Recht zur Anwendung. Besteht aber der Klagegrund im Mangel einer formellen oder materiellen Gültigkeitsvoraussetzung rein menschlichen Rechts, so ist das kanonische Recht auf Ehen, die nach dem 27. November 1983 geschlossen wurden, nicht anwendbar. Welches Recht stattdessen als maßgebend zu betrachten ist, beantwortet der CIC 1983

---

[1] Nach can. 1476 CIC ist das Klagerecht auch nichtkatholischen Christen sowie den Ungetauften gewährt. Nach dem früheren Recht waren Nichtkatholiken an der Ausübung der aktiven Prozeßfähigkeit beim katholischen kirchlichen Gericht gehindert. Das Klagerecht konnte ihnen nur im Gnadenweg durch das Hl. Offizium gewährt werden (vgl. SCSOFF, *resp.*, 27.1.1929 und *EPO* Art. 35 §3). Diese Einschränkung wurde im Sinne des Ökumenismusdekretes des II. Vatikanischen Konzils und der Apostolischen Konstitution *Regimini Ecclesiae universae* vom 15.8.1967 außer Kraft gesetzt (vgl. PONT. COMMISSIO DECRETIS CONCILII VATICANI II INTERPRETANDIS, *resp.*, 8.1.1973, in *AAS* 65 [1973] 59 und *CCCIC* 5 [1973] 39).

nicht[2], obwohl es, wie die Entstehungsgeschichte des can. 1059 deutlich macht, im Zuge der Erarbeitung des lateinischen kirchlichen Gesetzbuches, Bemühungen gab, eine gesetzliche Regelung für die Judikatur der Ehen nichtkatholisch Getaufter zu schaffen[3].

Das kirchliche Gesetzbuch bietet nicht den geringsten Anhaltspunkt für die Möglichkeit der Anwendung der Eherechtsordnungen der nichtkatholischen Konfessionen, denen die Ehepartner angehören[4]. Staatliche Eherechtsordnungen sind von vorneherein nicht in Betracht zu ziehen, da die Ehe der Getauften, in Bezug auf das Eheband und alles, was mit ihm naturgegeben zusammenhängt der ausschließlichen Kompetenz der Kirche Jesu Christi untersteht und die staatliche Autorität in dieser Materie vollkommen unzuständig ist[5]. Ist demzufolge davon auszugehen, daß die Ehen der nichtkatholisch Getauften[6] lediglich den Normen des göttlichen Rechts unterstehen, so wie die katholische Kirche diese umschreibt[7]? Eine im Hinblick

---

[2] Anders can. 781 CCEO/1990 in Verbindung mit can. 780 CCEO/1990, der jedoch für die lateinische Kirche keine Wirkkraft hat und von der kirchlichen Gerichtsbarkeit im Ambitus derselben nicht angewendet werden kann. Vgl. can. 1 CIC/1983 und can. 1 CCEO/1990. Die nachkonziliare Rechtsprechung hingegen enthält lediglich, wie weiter oben dargelegt, Hinweise darauf, daß zumindest für die Ehen von Mitgliedern der getrennten orientalischen Kirchen, vorbehaltlich göttlichen Rechts, deren Rechtsordnungen anzuwenden sind.

[3] Bereits vor Erscheinen des CIC 1983 hat U. NAVARRETE vor allem im Blick auf die getrennten kirchlichen Gemeinschaften des Westens auf die im Zuge der Revision des can. 12 CIC/1917 (Befreiung der nichtkatholisch Getauften von der Unterworfenheit unter die rein kirchlichen Gesetze) drohende Gesetzeslücke aufmerksam gemacht und konkrete Normvorschläge zur Schließung derselben unterbreitet. Vgl. U. NAVARRETE, «De iure quo», 103-104.

[4] Wenn auch davon auszugehen ist, daß aufgrund der Erklärung von UR, n. 16 zumindest die Ehen nichtkatholischer Orientalen, unbeschadet göttlichen Rechts, deren eigener Rechtsordnung unterstehen, so fanden doch weder die Erklärung des Konzils in Bezug auf die Fähigkeit der nichtkatholischen Orientalen sich nach ihren eigenen Ordnungen zu richten (UR, n. 16) noch die in Folge derselben sich in der katholischen Kirche entwickelt habende Rechtsprechungspraxis in der Ehegesetzgebung des Kodex Berücksichtigung.

[5] Der Staat vermag lediglich in Bezug auf die sogenannten rein bürgerlichen Wirkungen der Ehe zu legiferieren.

[6] Oder zumindest die der nichtkatholisch getauften abendländischen Christen, wenn für die nichtkatholischen Orientalen von einer Gültigkeit der Aussagen von UR, n. 16 — trotz Nichterwähnung im CIC — ausgegangen wird.

[7] Die katholische Kirche, genauer das Lehramt der höchsten kirchlichen Autorität nimmt für sich die Kompetenz in Anspruch, für *alle Menschen* den Inhalt des *Ius divinum* authentisch zu erklären (vgl. H. HEIMERL - H. PREE, *Kirchenrecht*, 176). Hierzu B. PRIMETSHOFER, «Die interkonfessionelle Geltung», 196-200 und 206: «Das kanonische Recht betrachtet im Bereich des göttlichen Rechts und des Naturrechts seine eigene Interpretation dieser Vorgegebenheiten als verbindlich» (206).

IX. KAPITEL: DIE GESETZESLÜCKE UND IHRE ÜBERWINDUNG

auf eine gesellschaftlich so bedeutsame Institution wie die Ehe erschreckende Annahme, fordert doch nicht zuletzt ihre gesellschaftliche Bedeutung eine umfassende Regelung auch durch rein menschliche, z.T. irritierende und inhabilitierende Gesetze[8].

Solange keine explizite für *alle* nichtkatholischen christlichen Gemeinschaften gültige gesetzliche Regelung getroffen wird, werden vor allem hinsichtlich der abendländischen nichtkatholischen Kirchen und kirchlichen Gemeinschaften in der Doktrin stets Unsicherheiten bestehen, wie etwaige Qualifikationsfragen zu beantworten sind, sooft es darum geht, über Gültigkeit oder Ungültigkeit der Ehen von getauften Nichtkatholiken zu entscheiden, wenn diese eine neue Ehe mit einem katholischen Partner eingehen wollen[9].

1. Die Auffassung der Konsultoren der CIC-Kodifikationskommission hinsichtlich der Frage, welchen rein menschlichen Gesetzen die Ehen nichtkatholisch Getaufter unterworfen sind

Die Frage, welchem rein kirchlichen Recht die Ehen nichtkatholisch Getaufter, die niemals katholisch geworden sind, unterliegen, ist, wie bereits zuvor dargelegt[10], seinerzeit von den Konsultoren der CIC-Kodifikationskommission diskutiert worden.

---

[8] «Il matrimonio è principio e fondamento della società umana, per cui deve essere regolato da leggi positive che determinano la idoneità matrimonale delle persone, gli impedimenti, la forma della celebrazione e gli effetti del matrimonio» (J. PRADER, «Differenze», 487).

[9] Zu Recht weist U. NAVARRETE darauf hin, daß durch die Bestimmung des can. 1059 CIC 1983 die Gesetzeslücke, die bereits vor der Inkraftsetzung des neuen Gesetzbuches der lateinischen Kirche in Bezug auf die Eheschließungsform, welcher die von der kanonischen Formpflicht befreiten getauften Nichtkatholiken unterworfen waren, bestand, sich in gefährlicher Weise ausgeweitet habe und nunmehr auch alle trennenden Ehehindernisse und alle anderen irritierenden Gesetze menschlichen Rechtes umfasse. Wörtlich schreibt er: «Bislang hat der Heilige Stuhl keine Antwort auf die von verschiedenen Personen, sowie einigen Organismen unmittelbar nach der Promulgation des CIC 1983 eingereichte Frage gegeben, vielleicht, weil man die Promulgation des CCEO abwarten wollte um dann dieselben Gesetzesprinzipien anzuwenden» («Il Matrimonio in Oriente e Occidente*», 568 - eigene Übersetzung). NAVARRETE an anderer Stelle hinsichtlich des Umgangs mit dieser Gesetzeslücke: «Weil entsprechende Gesetze fehlen, haben die Richter in der lateinischen Kirche heute keine anderen Hilfsmittel als die des can. 19, welche jedoch wiederrum in dieser äußerst wichtigen Materie nicht ausreichend zu sein scheinen» («Acta Tribunalium S. Sedis:», 344 - eigene Übersetzung).

[10] Vgl. weiter oben die Darlegungen zur Entstehungsgeschichte der cann. 11 und 1059, ss. 132-135 bzw. ss. 139-142.

Man hatte durchaus erwogen im Kontext des jetzigen can. 1059 eine entsprechende Norm aufzunehmen. In zwei Textvorschlägen wurde außer der Bindung auch dieser Ehen an das göttliche Recht die Bindung an das je eigene religiöse Eherecht der nichtkatholischen Christen ausgesagt[11]. Gegen eine derartige Legislation wurden jedoch Einwände erhoben. Zum einen würde durch eine die Unterworfenheit der Glieder nichtkatholischer christlicher Gemeinschaften unter die eigenen Rechtsordnungen betonende Normierung der Anschein einer indirekten Anerkennung der Kompetenz derselben über die Ehe erweckt, zum anderen sprächen ökumenische Gründe dagegen im Kodex der lateinischen Kirche Gesetzgebungen für nichtkatholisch Getaufte zu treffen, von denen das Gesetzbuch selbst in can. 11 eindeutig erklärt, daß sie dem kanonischen Recht nicht unterworfen sind[12]. Überdies wurde gegen eine solche Norm vorgebracht, daß das Motiv durch eine Gesetzgebung in dieser Frage eine Gesetzeslücke auffüllen zu müssen sich als nicht so zwingend darstellte, weil die Ehen der nichtkatholisch Getauften ja göttlichem Recht und dem Gewohnheitsrecht unterlägen[13].

Die Einführung eines derartigen Kanon wurde schließlich mehrheitlich nicht für opportun gehalten.

Wenn der CIC 1983 also in der Frage, welchen Gesetzen die Ehen nichtkatholisch Getaufter, unbeschadet göttlichen Rechts, unterliegen, eine Gesetzeslücke enthält, dann spricht, aufgrund des Studiums der Diskussionsbeiträge der Konsultoren der Kodexreformkommission, nicht wenig dafür, daß es sich um eine beabsichtigte *lacuna legis* handelt.

1.1 *Kritische Würdigung der Argumente der Konsultoren der CIC-Kodifikationskommission*

Es seien im folgenden einige Anmerkungen zur Argumentation der Konsultoren der CIC-Kodifikationskommission erlaubt.

– Dem vorgebrachten Einwand, daß ein Verweis auf die Eherechtsordnungen nichtkatholischer christlicher Konfessionen im katholischen Recht als eine *indirekte Anerkennung der Ehehoheit* dieser Gemeinschaften mißverstanden werden könnte, wurde bereits seitens der Konsultoren selbst durch das Argument begegnet, daß es sich hier ja nur um einen formalen Hinweis auf andere eherechtliche Bestimmungen und nicht um eine Kompetenzanerkennung handle.

---

[11] Vgl. in dieser Studie ss. 140-141.
[12] Vgl. R.J. CASTILLO LARA, «La communion ecclésiale», 253-254.
[13] Vgl. in dieser Studie, s. 141, Anm. 40.

– Der zweite Einwand, daß es *aus ökumenischen Gründen nicht opportun* sei, in einem Gesetzbuch der katholischen Kirche Bestimmungen für nichtkatholisch Getaufte zu erlassen beruht meineserachtens auf einer «falschen Bescheidenheit». Ein Blick in die weltliche Rechtswissenschaft, näherhin in den Bereich des Internationalen Privatrechts und hier in die in dieser Sparte des Zivilrechts zeitweise mit Vehemenz geführte Diskussion um die Einführung von Gesetzen, die den Anwendungsbereich ausländischen Rechts durch inländische Normen festlegen (sogn. allseitige Kollisionsnormen), vermag eines Besseren zu belehren. Die Gegner solcher allseitiger Kollisionsnormen staatlicher Rechte empfanden diese als Eingriff in die Souveränität fremder Staaten. Die Befürworter hielten dem jedoch entgegen, daß Souveränitätsinteressen im Internationalen Privatrecht nichts zu suchen haben, gehe es hier doch in erster Linie um die Gewährleistung der Gerechtigkeit zwischen den Einzelnen. Wenn diese durch die Einfügung allseitiger Kollisionsnormen in die Gesetzgebung besser geleistet werden könne, dann sollten diese auch entwickelt werden.

Dasselbe gilt nach meinem Dafürhalten auch für den Bereich des kanonischen Rechts. Die kirchliche Rechtsordnung soll der bestmöglichen Verwirklichung der Gerechtigkeit dienen. Wenn Normen des kanonischen Rechts, die die Gesetzesunterworfenheit von nichtkatholisch Getauften und den Anwendungsbereich nichtkatholischen Rechts regeln, zur Verwirklichung der Gerechtigkeit zwischen den Einzelnen und zur Vermeidung von Rechtsunsicherheiten beitragen, sind sie der Rechtsordnung einzufügen. Solche Gesetze intendieren keinen Eingriff in die «Souveränität» einer anderen christlichen Kirche oder kirchlichen Gemeinschaft, sondern beabsichtigen lediglich im Bereich der katholischen Kirche Rechtsklarheit über die Gesetzesunterworfenheit der nichtkatholisch Getauften zu schaffen sowie die eventuelle Anwendung des in den nichtkatholischen Konfessionen geltenden Rechts im katholischen Ambitus zu regeln. Mit anderen Worten: wenn der katholische Gesetzgeber bestimmt, welchen Rechtsordnungen die nichtkatholisch Getauften, unbeschadet göttlichen Rechts, unterworfen sind, dann tut er das nicht um die nichtkatholischen christlichen Gemeinschaften zu «bevormunden», sondern um Rechtsunsicherheiten im Bereich der katholischen Rechtsprechung vorzubeugen, um also z.B. den katholischen Gerichten eine Hilfe für die Judikatur der Ehen nichtkatholisch Getaufter in einem Inzidentverfahren an die Hand geben zu können.

– Äußerst problematisch ist die Feststellung der Konsultoren der CIC-Reformkommission, daß die Entwicklung einer Norm hinsichtlich der Gesetzesunterworfenheit der Ehen nichtkatholisch Getaufter nicht zwingend sei, da diese Ehen ja göttlichem Recht und *dem Gewohnheitsrecht* unterlägen.

Diese Aussage wurde 1975, zu einer Zeit also als der Kodex des kanonischen Rechts von 1917 noch in Kraft war, unterschiedslos für alle nichtkatholischen christlichen Konfessionen gemacht ohne zu berücksichtigen, daß nach der damals vorherrschenden Rechtsauffassung die abendländischen christlichen Gemeinschaften als unfähig galten gesetzliches Gewohnheitsrecht zu bilden[14], und daß der auch für die abendländischen nichtkatholisch Getauften geltende can. 1041 des eben genannten Gesetzbuches hinsichtlich der Ehehindernisse gar ausdrücklich bestimmte: «Consuetudo novum impedimentum inducens aut impedimentis existentibus contraria reprobatur»[15]. Davon ausgehend, daß die nichtkatholischen christlichen Gemeinschaften des Abendlandes bis 1983 kanonischem Recht unterlagen, beinhaltet diese Gesetzesaussage in letzter Konsequenz das ausdrückliche Verbot der Bildung von Gewohnheiten hinsichtlich der Ehehindernisse in den nichtkatholischen christlichen Gemeinschaften des Abendlandes. Wenn aber das diese nichtkatholischen Gemeinschaften verpflichtende lateinische

---

[14] Wohl bejahten einzelne Kanonisten die Fähigkeit «häretischer oder schismatischer Gruppierungen» sie verpflichtende Gewohnheiten ausbilden zu können mit der Begründung, daß sie, welche ja als Glieder der katholischen Kirche angesehen wurden, durchaus eine die Forderung des can. 26 CIC 1917 erfüllende stabile Gruppe von Gläubigen darstellten, die um ihres Gemeinwohles willen einer rechtlichen Regulation bedurfte. Die Vernünftigkeit der von den getrennten Gemeinschaften gebildeten Gewohnheiten, nach can. 27 CIC 1917 unbedingtes Erfordernis dafür, daß eine Gewohnheit Gesetzeskraft zu erlangen vermochte, wurde damit begründet, daß auch die Gewohnheiten der Häretiker und Schismatiker dem Gemeinwohl dienen können, wenn sie das Recht angesichts neuer Umstände modifizieren. Die Mehrzahl der Kanonisten vertrat demgegenüber jedoch den Standpunkt, daß man die Ausbildung von Gewohnheiten seitens der «Häretiker und Schismatiker» nicht zulassen könne, da diesselben die kirchliche Disziplin verletzen würden und somit letztlich dem Gemeinwohl, dem *bonum comune* der kirchlichen Gemeinschaft in ihrer Gesamtheit abträglich seien und von daher auch nicht als vernünftig gelten könnten. Zudem wurde angeführt, daß eine Anerkennung solcher Gewohnheiten letztlich eine rechtliche Anerkennung dieser Gemeinschaften selbst impliziere. «Haeretici et schismatici incapaces dicendi sunt consuetudinis iuridicae inducendae, quia Ecclesia concedere nequit ut communitates ab ipsa separatae, et nihilominus suae potestati obnoxiae (c. 12), independenter ab ipsa ius condant et leges ecclesiasticas mutent aut abrogent; hoc enim quamdam istarum communitatum involveret recognitionem a iure» (H.J. CICOGNANI–D. STAFFA, *Commentarium in librum I CIC*, II, 69 ff.).

[15] Für die getrennten Orientalen, denen das II. Vatikanische Konzil die Fähigkeit zuerkannt hatte sich nach ihren eigenen Ordnungen zu leiten (UR, n. 16), die von daher also nicht der orientalischen katholischen Gesetzgebung und erst recht nicht der lateinischen Legislation unterlagen, war die Fähigkeit ein eigenes Gewohnheitsrecht auszubilden zum damaligen Zeitpunkt unbestritten. Vgl. hierzu auch die Abhandlungen von D. CARD. STAFFA, «De validitate»; C. PUJOL, «La consuetudine»; I. A. ABBO, «De impedimento mixtae religionis»; I. ZUZEK, «Hat die katholische Kirche».

IX. KAPITEL: DIE GESETZESLÜCKE UND IHRE ÜBERWINDUNG 157

Gesetzbuch ausdrücklich die Bildung von Gewohnheiten im Bereich der Ehehindernisse, welche einen Großteil des rein kirchlichen Eherechtes ausmachen, ausschließt, wie sollten die Ehen ihrer Glieder dann durch das Gewohnheitsrecht geregelt werden?

Das Argument, daß die Ehen der Mitglieder der nichtkatholischen kirchlichen Gemeinschaften des Abendlandes dem Gewohnheitsrecht unterliegen, könnte allenfalls für die Zeit nach dem Inkrafttreten des neuen CIC zugelassen werden. In der Tat bindet der Kodex von 1983 die nichtkatholisch Getauften nicht mehr an rein kirchliche Gesetze, wie z.B. can. 1041 CIC/1917, nunmehr can. 1076. Zudem ist davon auszugehen, daß das jetzige Kirchenrecht schon aufgrund seines ekklesiologischen Umfeldes der Bildung von Gewohnheiten in nichtkatholischen christlichen Konfessionen positiver gegenübersteht. Jedoch stellt sich in diesem Zusammenhang die Schwierigkeit, nach welchen Kriterien die Bildung eines solchen Gewohnheitsrechtes zu beurteilen ist. Die Teile der Kanones 23 ff. des kirchlichen Gesetzbuches über die Bildung von Gewohnheitsrecht, die rein kirchliches Recht wiedergeben, sind laut can. 11 auf die Nichtkatholiken nicht anwendbar. Wäre demzufolge die Rechtskraft der in diesen Gemeinschaften ausgebildeten Gewohnheiten allein nach den natürliches oder positiv göttliches Recht wiedergebenden Elementen der Kanones über die Gewohnheit zu beurteilen oder aber wären zudem, wenn vorhanden, die das Gewohnheitsrecht in den entsprechenden christlichen oder gar staatlichen Gemeinschaften regelnden Elemente rein menschlichen Rechtes mit in Betracht zu ziehen[16]?

Selbst wenn man die Frage nach dem für die Bildung eines Gewohnheitsrechtes in nichtkatholischen christlichen Gemeinschaften erforderlichen Kriterien einer Lösung zuführen könnte, ergäben sich bezüglich der kirchlichen Gemeinschaften des Abendlandes Probleme. Es kann kein Zweifel daran bestehen, daß die von can. 23 CIC geforderte Genehmigung der Gewohnheit durch den Gesetzgeber von der auf göttlichem Recht beruhenden hierarchischen Verfassung der Kirche Jesu Christi vorgegeben und von

---

[16] Vgl. hierzu: B. PRIMETSHOFER «Zum andern führt der Hinweis auf die Bildung von Gewohnheitsrecht (in den von der Westkirche getrennten Kirchen und kirchlichen Gemeinschaften, Anm. des Verfassers) zu der nicht leicht zu lösenden Frage, nach welchen Kriterien die Bildung dieses Gewohnheitsrechts zu beurteilen ist. Der Hinweis auf c. 23 CIC/1983 steht vor der Schwierigkeit, daß dieser *canon* wie auch die folgenden auf die Bildung von Gewohnheitsrecht bezugnehmenden *canones* weitgehend rein kirchliches Recht (*ius mere ecclesiasticum*) darstellen, das zufolge c. 11 auf Nichtkatholiken gar nicht anwendbar ist. Staatliches Recht enthält diesbezüglich, wenn überhaupt, nur sehr sporadische Angaben. Wer beurteilt also, ob aufgrund welcher Voraussetzungen sich rechtmäßig Gewohnheitsrecht gebildet hat?» («Der CCEO», 580-581).

daher auch für die von den nichtkatholischen kirchlichen Gemeinschaften gebildeten Gewohnheiten verbindlich ist[17].

In diesem Zusammenhang stellt sich natürlich wiederrum die bereits vorher erörterte Problematik, ob die Hierarchen der getrennten christlichen Gemeinschaften über *Potestas iurisdictionis* verfügen, um als zuständige Gesetzgeber die geübten Rechtsgewohnheiten (*consuetudines facti*)[18] zu Gewohnheitsrecht erstarken zu lassen.

Bezüglich der orthodoxen und abendländischen Kirchen ist davon auszugehen, daß ihre Amtsträger, da sie über Jurisdiktionsgewalt verfügen, ebenso wie sie Gesetzesrecht erlassen können, auch den von diesen getrennten Gemeinschaften materialiter eingeführten Gewohnheiten Rechtskraft zu verleihen vermögen[19].

Den Amtsträgern der getrennten kirchlichen Gemeinschaften des Abendlandes fehlt jedoch Jurisdiktionsgewalt und von daher die Fähigkeit die in diesen Gemeinschaften bestehenden Rechtsgewohnheiten zu Gewohnheitsrecht erstarken zu lassen.

Da nun die Jurisdiktion, die notwendig ist um eine Gewohnheit zu approbieren sich nicht in der nichtkatholischen Gemeinschaft finden muß, welche die Rechtsgewohnheit setzt, wäre eine Approbation der Rechtsge-

---

[17] Da das Volk Gottes keine autonome Quelle von Autorität in der Kirche Jesu Christi ist, kann keine Norm aus einer Gewohnheit heraus entstehen, welche ihren Wert allein aus dem Faktum bezieht, daß das Volk Gottes, unter Ausschluß oder Ausschaltung der Hierarchie, mit dem Willen sich rechtlich zu verpflichten, in einer gewissen Art und Weise handelt. Die Gemeinschaft der Gläubigen kann die gewohnheitsrechtliche Norm lediglich bezüglich der Inizierung und bezüglich des Inhaltes, d.h. materiell, beeinflußen, die formelle rechtliche Verpflichtung, mit anderen Worten, die Rechtskraft leitet sich jedoch vom Gesetzgeber her.

[18] Die Rechtsgewohnheit ist eine Übung, ein Brauch oder eine Gewohnheit, die zu Gewohnheitsrecht erstarken kann, aber noch nicht Gewohnheitsrecht ist. Daß die nichtkatholischen kirchlichen Gemeinschaften des Abendlandes alle vom Naturrecht bzw. positiv göttlichen Recht geforderten Voraussetzungen erfüllen um *Rechtsgewohnheiten* auszubilden, welche nach Approbation durch einen mit *Potestas iurisdictionis* ausgestatteten Gesetzgeber zu Gewohnheitsrecht erstarken können, kann meineserachtens nicht bezweifelt werden. Sie sind passiv gesetzesfähige Gemeinschaften von Gläubigen, die aus der Absicht heraus handeln Recht zu setzen, an das ihre Glieder gebunden sind. Desweiteren kann den von ihnen geübten Gewohnheiten, so sie göttlichem Recht konform sind, unter keinen Umständen von vornherein die Vernünftigkeit und die Ausrichtung auf das Gemeinwohl der Kirche Jesu Christi abgesprochen werden.

[19] Für den Fall, daß jedoch getrennte orientalische oder abendländische Kirchen für die Bildung von Gewohnheitsrecht keinerlei Intervention der zuständigen kirchlichen Autorität vorsehen würden, würde es sich bei den Übungen der Gemeinschaft lediglich um Rechtsgewohnheiten, nicht aber um Gewohnheitsrecht handeln.

wohnheiten der nichtkatholischen kirchlichen Gemeinschaften des Abendlandes durch den katholischen Gesetzgeber prinzipiell durchaus möglich[20]. Es fragt sich jedoch, ob ein solcher Weg der Anwendbarmachung der Normen nichtkatholischer Kirchen und kirchlicher Gemeinschaften des Abendlandes im Ambitus der katholischen Kirche durch ihre «Erhebung» zu Gewohnheitsrecht sinnvoll ist, da, wie bereits angedeutet, zunächst die in diesem Zusammenhang nicht leicht zu lösende Frage der eventuellen Berücksichtigung der in den *de facto* in den nichtkatholischen Gemeinschaften vorfindlichen «Rechtsordnungen» für die Bildung eines Gewohnheitsrechtes vorhandenen Kriterien einer Beantwortung zugeführt werden müßte.

Wie dem auch sei, aus dem soeben Ausgeführten ergibt sich in aller Deutlichkeit, daß die Behauptung die Ehen der nichtkatholisch Getauften unterstünden dem *Ius consuetudinarium* zumindest für die kirchlichen Gemeinschaften des Abendlandes jeglichen Fundamentes entbehrt, da diese ebenso wie sie aufgrund der nicht vorhandenen Jurisdiktionsgewalt unfähig sind Gesetze zu erlassen auch unfähig sind ein *Ius consuetudinarium* im eigentlichen Sinne des Wortes zu besitzen. Dennoch sprachen verschiedene Autoren, die weiter oben wiedergegebene Feststellung der Konsultoren der CIC-Kodifikationskommission zitierend, von einer Korrektur der bisherigen kanonistischen Doktrin und einer nunmehrigen Anerkennung einer rechtmäßigen Gewohnheitsrechtsbildung nichtkatholischer Kirchen *und kirchlicher Gemeinschaften* seitens der katholischen Kirche und folgerten daraus eine Unterworfenheit dieser Konfessionen unter die von ihnen auf gewohnheitsrechtlicher Basis erzeugten Legislationen[21].

---

[20] Aufgrund der der katholischen Kirche, in der die Kirche Jesu Christi verwirklicht ist, und mit der alle nichtkatholisch Getauften in einer grundlegenden, wenn auch nicht vollkommenen, Gemeinschaft stehen, zukommenden Vollmacht über alle Getauften kann diese Fähigkeit des katholischen Gesetzgebers nicht in Frage gestellt werden.

[21] Vgl. H.J.F. REINHARDT: «Dieser Verweis auf das Gewohnheitsrecht im Hinblick auf die nichtkatholischen Kirchen und kirchlichen Gemeinschaften ist neu. Er korrigiert die bisherige kanonistische Doktrin, daß Häretiker und Schismatiker unfähig seien, gesetzliches Gewohnheitsrecht zu bilden. Die Anerkennung einer rechtmäßigen Gewohnheitsrechtsbildung nichtkatholischer Kirchen und kirchlicher Gemeinschaften ist im Sinne der Anerkennung einer Selbstbindung der nichtkatholischen Christen an die Normen ihrer Kirchen und Gemeinschaften zu verstehen. Dies entspricht den Aussagen des Konzils (etwa UR Art. 3 und 19). Wenngleich also der CIC/1983 selbst keine Bestimmungen darüber enthält, nach welchen Normen Ehen von Nichtkatholiken, hier insbesondere von nichtkatholischen Christen zu beurteilen sind, scheinen zumindest die Konsultoren der Kodifikationskommission darin übereinzustimmen — das zeigen die abgedruckten Diskussionsbeiträge —, daß die Selbstbindung der nichtkatholischen Christen an die Normen ihrer Kirchen bzw. kirchlichen Gemeinschaften Gewohnheitsrecht erzeugt, an das diese Christen

2. Autorenmeinungen hinsichtlich der Frage, welchen rein menschlichen Gesetzen die Ehen nichtkatholisch Getaufter unterworfen sind

Untersucht man die nach dem Inkrafttreten des CIC 1983 zur Frage der Judikatur der Ehen nichtkatholisch Getaufter erschienene Literatur, so reicht die Bandbreite der Autorenmeinungen hinsichtlich des Umgangs mit der im kirchlichen Gesetzbuch sich findenden Gesetzeslücke von dem Vorschlag der lediglichen Anwendung der Normen des göttlichen Rechtes bis hin zum Plädoyer für die Anwendung der in den Kirchen oder kirchlichen Gemeinschaften, denen die Nichtkatholiken angehören, geltenden Normen seitens der katholischen Instanzen.

Eine erste Gruppe von Kanonisten hält dafür, daß, da die nichtkatholisch Getauften einerseits von den rein kirchlichen Gesetzen des kanonischen Rechts ausgenommen sind, andererseits aber positiv nichts über das Recht ausgesagt wird, dem diese Ehen nunmehr unterliegen, eine Judikatur solcher Ehen nur nach göttlichem Recht geschehen könne[22].

---

gebunden sind. Das ist katholischerseits anzuerkennen, ohne daß damit zugleich die Anerkennung einer Jurisdiktion nichtkatholischer Kirchenvorsteher über das Ehesakrament verbunden sein muß. Letzteres ist — wie bereits ausgeführt — bisher nur im Hinblick auf die orthodoxen Kirchen erfolgt, nicht im Hinblick auf die anderen nichtkatholischen Kirchen und kirchlichen Gemeinschaften» («Hat c. 11 CIC 1983», 212).

J. PRADER: «Die Grundsatzaussage des Konzils (UR 16) bezieht sich ausdrücklich nur auf die Ostkirchen, die wahre Sakramente und die apostolische Sukzession besitzen. Für die von der Westkirche getrennten Kirchen und kirchlichen Gemeinschaften hat das Konzil keine analoge Erklärung gegeben. Wohl aber hat das Konzil diese Kirchen und Gemeinschaften als solche anerkannt. "Den Menschen, die in solchen Gemeinschaften geboren sind und in ihnen den Glauben an Christus erlangen, wird die Schuld der Trennung nicht zur Last gelegt — die katholische Kirche betrachtet sie als Brüder; denn wer an Christus glaubt und in rechter Weise die Taufe empfangen hat, steht dadurch in einer gewissen, wenn auch nicht vollkommenen Gemeinschaft mit der katholischen Kirche" (UR 3). Damit ist diesen Kirchen und Gemeinschaften indirekt die Fähigkeit zuerkannt, ein im Sinne des can. 23 rechtmäßiges Gewohnheitsrecht zu schaffen und sich nach ihren eigenen Ordnungen zu leiten» («Das kirchliche Eherecht», 46-47).

[22] R. RODRÍGUEZ-OCAÑA betont hinsichtlich des Rechts, nach welchem die Ehen der Nichtkatholiken, seien sie nun getauft oder nicht, nunmehr zu beurteilen sind: «La cuestión es pacifica pues se entiende que todo matrimonio está sujeto al Derecho divino, natural y positivo, y la Iglesia "est interpres iuris naturalis". El derecho material sobre cuya base deberá ejercer el juez canónico su potestad para juzgar esas causas matrimoniales será, en consecuencia, las normas de derecho natural que afectan al matrimonio» («Notas al Decreto-Declaración del STSA», 658). Vgl. die Aussagen von Kardinal PARECATTIL in PONT. COMMISSIO CODICI IURIS CANONICI RECOGNOSCENDO, *Relatio Complectens Synthesim*, 246 (in dieser Studie, ss. 141-142)

IX. KAPITEL: DIE GESETZESLÜCKE UND IHRE ÜBERWINDUNG 161

Die Mehrzahl der Autoren ist jedoch der Ansicht, daß bei der Beurteilung der formellen und materiellen Gültigkeit der Ehe nichtkatholisch Getaufter, seien es nun getrennte Orientalen oder Mitglieder der getrennten Kirchen und kirchlichen Gemeinschaften des Abendlandes, durch katholische Instanzen, vorbehaltlich göttlichen Rechts, die Rechtsordnungen zu beachten sind, denen die Partner *de facto* unterstehen[23].

Im Zusammenhang mit der letztgenannten Auffassung stellt sich die bereits mehrfach erörterte Frage, ob die christlichen Konfessionen, die mit der katholischen Kirche keine volle Gemeinschaft haben, überhaupt die — den Besitz einer *Potestas iurisdictionis* voraussetzende — Fähigkeit besitzen sich eine eigene (Ehe-)Rechtsordnung zu geben, welche in der Folge Anwendung durch die katholischen Instanzen finden könnte.

Die meisten Autoren treten in diese Problematik nicht ein oder betonen schlichtweg, daß es sich bei der Anwendung fremdkonfessioneller Normen durch katholische Instanzen lediglich um einen formalrechtlichen Akt handle, welcher die Frage der Anerkennung einer *Potestas iurisdictionis* in den nichtkatholischen christlichen Gemeinschaften und somit ihrer Ehehoheit außen vor lasse.

Anderer Meinung ist U. Navarrete, der dafür hält, daß ein Verweis auf die «Rechtsordnungen» der nichtkatholischen christlichen Konfessionen, deren Amtsträger nicht über Jurisdiktionsgewalt verfügen, in jedem Fall einen denselben Rechtskraft verleihenden Akt seitens einer mit *Potestas iurisdictionis*, näherhin *Potestas legislativa*, ausgestatteten kirchlichen Autorität voraussetzt[24].

---

und K. LÜDICKE, in *Münsterischer Kommentar*, zu can. 1059, Blatt 1, Abschnitt 3, der jedoch keine Vertreter dieser Gruppe nennt.

[23] Z.B. U. NAVARRETE, «De iure quo», 97-104; J. PRADER, *Das kirchliche Eherecht*, 46ff.; ID., «Die Auswirkungen des c. 11»; ID., *Il matrimonio in Oriente*, 41ff.; ID., *La Legislazione matrimoniale*, 99-100; ID., «Differenze», 491-492; R. SOBANSKI, «Ökumenismus», 716-720; ID., «L'ecclésiologie», 255; H. HEIMERL - H. PREE, *Kirchenrecht*, 40 und 176; N. RUF, *Das Recht der katholischen Kirche*, 245; A. ABATE, *Il matrimonio*, 25-26; K. LÜDICKE, in *Münsterischer Kommentar*, zu can. 1059, Blatt 1, Abschnitt 3 und zu can. 1671, Blatt 2, Abschnitt 6; H. SCHWENDENWEIN, «Fragen», 294, 295, 297 und 298; H. ZAPP, *Kanonisches Eherecht*, 51; B. PRIMETSHOFER, «Die kanonische Bewertung», 420-421; A.E. HIEROLD, «Systematische und inhaltliche Perspektiven», 166-167; A. HOLLERBACH, «Bemerkungen», 167; A. TACHÈ, «The Code», 406; W. AYMANS, «Kirchenverfassung. II. Römischkatholische Kirche», 1757; M.A. ORTIZ, «Note circa la giurisdizione», 376.

[24] Vgl. in dieser Studie, ss. 170 ff.

Einige Gelehrte schließlich versuchen, von den Aussagen des II. Vatikanischen Konzils über die nichtkatholischen christlichen Gemeinschaften ausgehend, die den Rechtsordnungen der getrennten Kirchen des Ostens sowie denen der getrennten Kirchen und kirchlichen Gemeinschaften des Westens, *per se* innewohnende Rechtskraft und damit die *Notwendigkeit* ihrer Anerkennung und Anwendung seitens der katholischen Kirche zu belegen[25].

2.1 *Die Bejahung der Gesetzgebungsgewalt der getrennten Kirchen und kirchlichen Gemeinschaften durch Remigiusz Sobanski*

Die Fähigkeit der nichtkatholischen christlichen Gemeinschaften, seien es nun Kirchen oder kirchliche Gemeinschaften, Gesetze im eigentlichen und wirklichen Sinne zu erlassen, wird auf der Basis der Aussagen des II. Vatikanischen Konzils von Remigiusz Sobanski unterschiedslos und uneingeschränkt bejaht.

Der Autor anerkennt durchaus, daß es bezüglich der ekklesiologischen Wertung der von der katholischen Kirche getrennten christlichen Gemeinschaften Unterschiede gibt. Er lehnt es jedoch ab diesen Verschiedenheiten eine Bedeutung in Bezug auf die Gesetzgebungsgewalt derselben beizumessen. In einem Kommentar zu can. 11/CIC 1983 schreibt er:

Eine rechtliche Aussage erster Kategorie ist die Aussage des can. 11, daß «durch rein kirchliche Gesetze nur die in der katholischen Kirche Getauften oder in sie Aufgenommenen verpflichtet werden». Man darf diese Bestimmung nicht nur aus einer Perspektive sehen, die bloß unterstreicht, daß die Nichtkatholiken durch die Gesetze der katholischen Kirche nicht gebunden sind [...] Der tiefere Sinn des Kanon 11 besteht in der Anerkennung des Rechtes der kirchlichen Gemeinschaften als für ihre Gläubigen verpflichtend, als *ius legitimum*. Er zieht praktische Schlußfolgerungen aus dem Ökumenismusdekret, das erklärt, daß die Kirchen des Orients «die Fähigkeit haben, sich nach ihren eigenen Ordnungen zu regieren, wie sie der Geistesart ihrer Gläubigen am

---

[25] Z.B. R. SOBANSKI (vgl. in dieser Studie ss. 162 ff.), J. PRADER in einem Teil seiner Schriften (vgl. in dieser Studie ss. 167 ff.), ebenso H. SCHMITZ: «In Zukunft wird es nicht genügen, daß die katholische Kirche die Mitglieder der getrennten Kirchen und kirchlichen Gemeinschaften von ihrem kanonischen Recht ausnimmt. Kraft der ekklesiologischen Aussagen des Vatikanum II ist sie gehalten die Rechtsordnungen der anderen Kirchen und kirchlichen Gemeinschaften anzuerkennen» («Die Reform des kanonischen Rechts», 163) und A. ABATE: «Hier wird also als allgemeines Prinzip betont, daß jede religiöse Gemeinschaft nicht durch Konzession der menschlichen Autorität, sondern durch ihre eigene Natur das Recht hat sich durch ihre eigenen Normen zu leiten, die dem Ziel, das sie verfolgt, adäquat sind und welche die eigenen Mitglieder binden, insofern sie nicht die göttlichen Gesetze, die der anderen Menschen und das rechtmäßige Ziel der Gesellschaft verletzen (DH 4)». (*I ministeri*, 18-19 [eigene Übersetzung]).

meisten entsprechen und dem Heil der Seelen am besten dienlich sind» (n. 16). Eine anders verstandene ekklesiologische Anerkennung der übrigen christlichen Gemeinschaften, drückt das Fehlen einer solchen Erklärung im Zusammenhang mit den nichtkatholischen Kirchen des Abendlandes aus, aber die Tatsache, daß ihr christliches Leben durch den Glauben an Christus genährt wird (UR 23) und ihre Bedeutung im Geheimnis des Heiles (UR 3), bieten ein ausreichendes Fundament für die Ausbildung eines eigenen Rechtes[26].

Eine indirekte Bestätigung findet nach Sobanski die Gesetzgebungsfähigkeit der nichtkatholischen christlichen Gemeinschaften in den Aussagen des II. Vatikanischen Konzils über die Religionsfreiheit[27].

Bezogen auf die nichtkatholischen kirchlichen Gemeinschaften des Abendlandes unterstreicht der Autor sodann, daß die katholische Kirche ausdrücklich in ihnen vorfindliche, den Inhalt des Rechtslebens bildende Elemente anerkenne:

Hinsichtlich der getrennten christlichen Gemeinschaften des Westens fehlt es bislang an einer ihre Rechtsordnung ausdrücklich befürwortenden Disposition. Das hängt zusammen mit der differenzierten ekklesiologischen Beurteilung dieser Gemeinschaften. Doch das Fehlen der ausdrücklichen Feststellung der Befähigung, sich nach eigenen Ordnungen zu regieren, ist durchaus nicht gleichbedeutend mit der Beanstandung einer solchen Befähigung. Das würde mit der [...] Aussage der Deklaration über die Religionsfreiheit nicht übereinstimmen. Das Ausbleiben dieser Feststellung ergibt sich aus der Verschiedenheit dieser Gemeinschaften und ihrer Rechtsstrukturen und wohl auch aus der geläufigen Meinung, daß in den getrennten Gemeinschaften des Westens den Rechtsstrukturen eine geringere Bedeutung beigemessen wird. Obwohl das Dekret über den Ökumenismus ihre Disziplin *expressis verbis* nicht erwähnt, so weist es doch auf den christlichen Lebenswandel dieser Gemeinschaften hin, der sich im Alltag und in religiösen Versammlungen ausdrückt und seine Früchte zeitigt, u.a. im lebendigen Gerechtigkeitsgefühl und in tätiger Nächstenliebe (UR 23). Es werden also Elemente anerkannt, die den Inhalt des Rechtslebens bilden, unabhängig davon, ob sie in den betreffenden Gemeinschaften als rechtliche identifiziert werden. Die Billigung des Lebensstils und seine hohe Beurteilung enthält *implicite* eine Feststellung der Fähigkeit, verbindliche Rechtsstrukturen auszubilden, die ja untrennbar mit dem Stil des sozialen Lebens verbunden sind[28].

Bestärkt werden, nach Sobanski, die Argumente zugunsten der Fähigkeit der nichtkatholischen christlichen Gemeinschaften verbindliche Rechtsstrukturen zu erlassen nicht zuletzt durch Gedankengänge, die im Rahmen

---

[26] R. SOBANSKI, «L'ecclésiologie», 255 (eigene Übersetzung).
[27] R. SOBANSKI, «Ökumenismus», 723.
[28] R. SOBANSKI, «Ökumenismus», 719-720.

der bereits seit geraumer Zeit unter den Kanonisten geführten Diskussion über die Fähigkeit derselben Gewohnheiten zu bilden, angeführt werden. Nach dem Autor kann nicht bestritten werden, daß die in den getrennten kirchlichen Gemeinschaften ausgebildeten Gewohnheiten legitim sind. Ihre Rechtmäßigkeit ist in den diesen Gemeinschaften zugrundeliegenden gemeinschaftsbildenden Elementen verankert, durch welche dem Gemeinwohl dienende Aktivitäten angeregt werden, die sodann im Gewohnheitsrecht ihren Ausdruck finden. Dieses Gewohnheitsrecht tendiert zur Aktualisierung authentischer, wenn auch mit Mängeln behafteter kirchenbildender Elemente und kann von daher nicht als *corruptela iuris* gebrandmarkt werden. Aus solchen Aussagen über das Gewohnheitsrecht der getrennten christlichen Gemeinschaften kann nach Sobanski geschlossen werden, daß, wenn die in den getrennten Gemeinschaften ausgebildeten Gewohnheiten dem Gemeinwohl dienen und als legitim anzusehen sind, nur schwer einzusehen ist, weshalb man dies den in diesen Gemeinschaften erlassenen Gesetzen absprechen sollte[29].

Die — von der auf göttlichem Recht beruhenden Verfassung der Kirche vorgegebene — unersetzbare Beteiligung des Amtes an der Gesetzgebung in der Kirche Jesu Christi löst Sobanski durch einen sehr weit gefassten, von Kategorien, wie apostolischer Sukzession, Weihesakrament und kanonischer Sendung losgelösten Begriff der kirchlichen Autorität bzw. des Amtes in der Kirche.

> An dieser Stelle taucht ein Problem auf, das zwar nicht direkt auf der Linie unserer Erwägungen liegt, aber doch nicht unbeachtet bleiben soll. Es geht um die Frage, wer im Christentum Recht zu setzen befugt ist.
> Nach katholischer Auffassung ist diese Befugnis mit der *potestas sacra* verbunden. Man sollte jedoch diese Verbindung tiefer sehen als lediglich das Resultat eines formellen Auftrages. Sie erklärt sich durch die Nähe so verschiedener Formen der Aktivität wie Verkündigung des Evangeliums und Gesetzgebung — verschiedene Formen, die doch der Glaubensverkündigung dienen. Diese Nähe macht uns klar, warum schon seit den im Neuen Testament beschriebenen Zeiten die Gesetzgebung in der Kirche durch Personen ausgeführt wird, die zur Verkündigung des Wortes Gottes berufen sind. Sie gehört zur kirchlichen Diakonie. Unabhängig von den Schwierigkeiten, die den christlichen Kirchen eine gegenseitige Anerkennung ihrer Ämter immer noch bereitet, müssen wir feststellen, daß in jeder christlichen Gemeinschaft das geistliche Amt als Dienst Christi und der Kirche verstanden wird. Die in den christlichen Gemeinschaften ausgeübten Ämter erfüllen einen Heilsdienst und haben daher eine Heilsbedeutung. Eine solche Interpretation dieser Ämter folgt logischerweise aus der Anerkennung der Kirchlichkeit dieser Gemeinschaften.

---

[29] R. SOBANSKI, «Ökumenismus», 716-717.

Das Bewußtsein der Ausübung eines im Dienste der Verkündigung stehenden Amtes, legitimiert das Ausüben der gesetzgeberischen Gewalt und zwar auch in denjenigen Gemeinschaften, die nach katholischer Überzeugung die apostolische Sukzession nicht bewahrt haben oder auch kein Weihesakrament kennen[30].

2.1.1 Kritische Würdigung

Für Sobanski ist die «*de facto* Anerkennung» der getrennten Kirchen und kirchlichen Gemeinschaften seitens der katholischen Kirche und die ihnen zugesprochene Bedeutung im Geheimnis des Heiles ein ausreichendes Fundament für die Ausbildung auch einer eigenen Rechtsordnung. Wenn eine Gemeinschaft, ja mehr noch in ihr vorhandene, den Inhalt des Rechtslebens bildende Elemente ausdrücklich anerkannt werden, dann beinhaltet dies implizit auch eine Anerkennung der Rechtskraft der Normen, von denen diese *de facto* regiert wird, und damit eine Anerkennung der Gesetzgebungsgewalt ihrer Autoritäten. Die den Amtsträgern dieser Gemeinschaften zukommende *Potestas legislativa* beruht nach Sobanski, auf dem von ihnen in der Gemeinschaft geleisteten Dienst der Verkündigung. Unerwähnt und unberücksichtigt bleibt hingegen, daß Gesetzgebung in der Kirche Jesu Christi den Besitz der den amtlichen Apostelnachfolgern zukommenden Leitungsgewalt (*Potestas iurisdictionis* oder auch *Potestas regiminis*) voraussetzt. Fehlt einer christlichen Gemeinschaft eine mit einer solchen Leitungsvollmacht ausgestattete Autorität ist sie, auch wenn alle anderen zum Erlass von Rechtsnormen notwendigen Elemente vorhanden sein mögen, unfähig Recht zu setzen.

Wenn Sobanski auch nicht die Bindung der gesetzgeberischen Gewalt an das kirchliche Amt leugnet, so entflieht er jedoch der sich für die kirchlichen Gemeinschaften des Abendlandes ergebenden Problematik durch einen «minimalistischen» Amtsbegriff. Das bloße Bewußtsein der Ausübung des Verkündigungsauftrages kann das Ausüben von *Potestas regiminis* und somit gesetzgeberische Tätigkeiten nicht legitimieren.

Die Intervention eines über *Potestas iurisdictionis* im eigentlichen und wirklichen Sinne verfügenden Gesetzgebers ist nun nicht nur bei der Entstehung von Gesetzesrecht, sondern auch bei der von Gewohnheitsrecht vonnöten. Von daher sind die getrennten kirchlichen Gemeinschaften des Abendlandes im Gegensatz zu den orientalischen und den abendländischen *Kirchen*, ebensowenig wie zur Herausbildung von Gesetzesrecht zur Herausbildung eines Gewohnheitsrechtes befähigt. Sobanski, der von der Legi-

---

[30] R. SOBANSKI, «Ökumenismus», 715-716.

timität des Gewohnheitsrechtes der getrennten christlichen Gemeinschaften (ohne Unterscheidung der getrennten orientalischen und abendländischen Kirchen von den getrennten kirchlichen Gemeinschaften des Abendlandes) spricht, ist also klar zu widersprechen.

Das II. Vatikanische Konzil geht davon aus, daß Gestalt und Leib der Kirche von einer komplexen Gesamtheit von unsichtbaren und sichtbaren Gütern aufgebaut werden, die Christus seiner Kirche eingestiftet hat. In ihrer Gesamtheit sind diese Elemente nur in der katholischen Kirche vorhanden. Sie finden sich aber in je verschiedenem, reduziertem Maß auch in anderen christlichen Glaubensgemeinschaften. Der Artikel 3 des Ökumenismusdekretes hebt die kircheschaffenden oder für die Kirche konstitutiven Güter, die sich auch in den von der katholischen Kirche getrennten Gemeinschaften finden, hervor. Nach Sobanski scheint ein «Minimum» von in einer nichtkatholischen christlichen Gemeinschaft vorhandenen ekklesialen Elementen bereits die Ausübung gesetzgebender Gewalt zu rechtfertigen, während die Lehre der Kirche und auch die Texte des Konzils, meineserachtens, die Ausübung dieser Gewalt klar an ein «Maximum» vorhandener kirchenbildender Elemente binden.

Schließlich deutet Sobanski das Fehlen der ausdrücklichen Feststellung der Befähigung der nichtkatholischen Kirchen und kirchlichen Gemeinschaften des Abendlandes sich nach ihren eigenen Ordnungen zu regieren in den Dekreten des II. Vatikanischen Konzils als durchaus nicht gleichbedeutend mit der Beanstandung einer solchen Befähigung. Das Schweigen der Kirchenversammlung in dieser Frage kommt für ihn letztlich einer impliziten Anerkennung derselben gleich. Meineserachtens entbehrt diese Argumentation des Autors jeglicher Grundlage. Hätte das II. Vatikanische Konzil den christlichen Gemeinschaften des Abendlandes die Befähigung sich nach den eigenen Ordnungen zu richten zusprechen wollen, dann hätte es dies, vor allem in Bezug auf eine so delikate Frage wie die Gesetzesunterworfen-heit, wie im Falle der getrennten Orientalen *expressis verbis* getan.

Eine indirekte Bestätigung findet die Gesetzgebungsgewalt der nichtkatholischen kirchlichen Gemeinschaften für Sobanski auch in den Äusserungen des II. Vatikanischen Konzils über die Religionsfreiheit. Die katholische Kirche steht für ihn aufgrund der Aussagen der Erklärung *Dignitatis humanae*[31] unter der zwingenden Forderung die Rechtsordnungen der nichtkatholischen kirchlichen Gemeinschaften anzuerkennen und unter dem Verbot die Glieder derselben der eigenen Rechtsordnung zu unterwerfen.

---

[31] Vgl. vor allem DH, n. 4.

Meineserachtens ist, wie an anderer Stelle bereits erörtert[32], eine Übertragung dieser Aussagen über die Religionsfreiheit, die sich an die staatlichen Gemeinschaften richten, auf die Kirche Jesu Christi, aufgrund des vollkommen verschiedenen Adressaten, nicht möglich.

Zusammenfassend kann gesagt werden, daß die Problematik der Argumentation Sobanskis vor allem im Außerachtlassen der Notwendigkeit einer mit *Potestas iurisdictionis* ausgestatteten Autorität im kirchlichen Gesetzgebungsprozeß und in seiner «minimalistischen» Sicht des Amtes besteht. Es ist ein Trugschluß zu argumentieren, daß, wenn den Gliedern der nichtkatholischen kirchlichen Gemeinschaften zuerkannt wird, daß sie ihr Christsein in den Gemeinschaften verwirklichen, in denen sie die Taufe empfangen haben, d.h. mit anderen Worten diese Gemeinschaften als Gemeinschaften anerkannt werden, damit auch anzuerkennen ist, daß ihre Amtsträger Recht (Gewohnheits- oder Gesetzesrecht) zu setzen vermögen. Bei einer solchen Sicht droht Gesetzgebung in der Kirche Jesu Christi zu einem primär soziologischen Phänomen zu werden, das vollkommen losgelöst von der auf göttlichem Recht beruhenden hierarchischen Struktur der Kirche Jesu Christi gesehen wird und seine Basis in dem Grundsatz «ubi societas, ibi ius» zu finden scheint. Die Anerkennung der nichtkatholischen kirchlichen Gemeinschaften als solche kann niemals zugleich und ohne weiteres eine Anerkennung ihrer Gesetzgebungsvollmacht mitbeinhalten.

2.2 *Die Bejahung der Gesetzgebungsgewalt der getrennten Kirchen und kirchlichen Gemeinschaften durch Josef Prader*

Auf der Basis der Aussagen des Ökumenismusdekretes des II. Vatikanischen Konzils über die Anerkennung der getrennten kirchlichen Gemeinschaften als solche[33] kommt Josef Prader unter Zuhilfenahme der Aussagen der Erklärung über die Religionsfreiheit[34] für die getrennten Kirchen und kirchlichen Gemeinschaften des Abendlandes zu dem Schluß, daß ihre Fähigkeit sich nach den eigenen Gesetzen zu leiten und damit auch Gesetze zu erlassen seitens der katholischen Kirche eine indirekte Anerkennung gefunden hat, während er in Bezug auf die getrennten Ostkirchen dafür hält, daß das II. Vatikanische Konzil ihnen in UR, n. 16 *expressis verbis* die Fähigkeit zuerkannt hat, sich nach den eigenen Gesetzen zu leiten.

---

[32] Vgl. in dieser Studie weiter oben, ss. 108-109.
[33] Vgl. UR, n. 3.
[34] Vgl. DH, n. 4.

Die Grundsatzaussage des Konzils (UR 16) bezieht sich ausdrücklich nur auf die Ostkirchen, die wahre Sakramente und die apostolische Sukzession besitzen. Für die von der Westkirche getrennten Kirchen und kirchlichen Gemeinschaften hat das Konzil keine analoge Erklärung gegeben. Wohl aber hat das Konzil diese Kirchen und kirchlichen Gemeinschaften als solche anerkannt. «Den Menschen, die in solchen Gemeinschaften geboren sind und in ihnen den Glauben an Christus erlangen, wird die Schuld der Trennung nicht zur Last gelegt — die katholische Kirche betrachtet sie als Brüder; denn wer an Christus glaubt und in rechter Weise die Taufe empfangen hat, steht dadurch in einer gewissen, wenn auch nicht vollkommenen Gemeinschaft mit der katholischen Kirche» (UR 3). Damit ist diesen Kirchen und Gemeinschaften indirekt die Fähigkeit zuerkannt, ein im Sinne des can. 23 rechtmäßiges Gewohnheitsrecht zu schaffen und sich nach ihren eigenen Ordnungen zu leiten[35].

Der Autor an anderer Stelle:

Nach dem II. Vatikanischen Konzil, das auch die Kirchen und kirchlichen Gemeinschaften, die sich im Abendland von Rom getrennt haben, als solche anerkannt (UR Art. 19) und deren Glieder als Brüder und Schwestern betrachtet hat, denen die «Trennung nicht zur Last gelegt werden kann» (UR Art. 3), kann auch die Anerkennung ihrer Rechtsordnungen, einschließlich des Gewohnheitsrechtes, nicht mehr in Zweifel gezogen werden. In der Erklärung über die Religionsfreiheit sagt das Konzil: «(Die religiösen) Gemeinschaften haben Rechtens die Freiheit, daß sie sich nach ihren eigenen Normen richten, wenn nur die gerechten Erfordernisse des Gemeinwohles nicht verletzt werden» (DH Art. 4). Mit dieser Aussage wendet sich das Konzil zwar unmittelbar an den Staat. Was aber die Kirche mit Recht vom Staat verlangt, muß sie auch selber tun. Die Aussagen des Konzils würden unglaubwürdig, wenn die Legitimität der eigenständigen Rechtsordnungen der nichtkatholischen Gemeinschaften vor allem in jenen Bereichen nicht anerkannt würde, wo Rechtskonflikte entstehen können, wie dies im Eherecht zutreffen kann. Daher ist bei der Beurteilung der materiellen und formellen Gültigkeit der Ehe zwischen Personen, die nicht an die rein kirchlichen Gesetze gebunden sind, das Recht als maßgebend zu betrachten, dem sie unterstehen, vorbehaltlich des göttlichen Rechts, das alle Menschen bindet[36].

2.2.1 Kritische Würdigung

Josef Prader erklärt die Legitimität der Rechtsordnungen der nichtkatholischen Kirchen und kirchlichen Gemeinschaften des Abendlandes und die

---

[35] J. PRADER, *Das kirchliche Eherecht*, 46ff.; vgl. auch ID., *Il matrimonio in Oriente*, 41ff.; ID., *La Legislazione matrimoniale*, 99-100; ID., «Differenze», 491-492.

[36] Vgl. J. PRADER, «Interrituelle, interkonfessionelle und interreligiöse Probleme», 449; vgl. auch ID., *La Legislazione matrimoniale*, 90 und 99.

Notwendigkeit ihrer Anerkennung[37] und auch Anwendung seitens der katholischen Kirche auf ähnliche Weise wie Remigiusz Sobanski. Die Legitimität der Rechtsordnungen dieser Gemeinschaften beruht auf ihrer Natur als Gemeinschaft. Wo sich eine Gemeinschaft findet, muß es auch eine Rechtsordnung geben, welche die Sozialbeziehungen der einzelnen Glieder regelt. Auch von Prader wird, wie bereits von Sobanski, die Frage nach einer für die Rechtsetzung (Setzung von Gesetzes- wie Gewohnheitsrecht) in der Kirche Jesu Christi unabdingbar notwendigen über *Potestas iurisdictionis* verfügenden Autorität außer acht gelassen.

Die nichtkatholischen christlichen Gemeinschaften, deren Autoritäten keine *Potestas iurisdictionis* eignet, sind unfähig zum Erlassen sowohl von Gesetzes- als auch von Gewohnheitsrecht. Von daher ist auch der Aussage Praders zu widersprechen, daß den nichtkatholischen kirchlichen Gemeinschaften seitens der katholischen Kirche indirekt die Fähigkeit zuerkannt worden wäre, ein im Sinne des can. 23 CIC 1983 rechtmäßiges Gewohnheitsrecht zu schaffen. Da zur Bildung von Gewohnheitsrecht in der Kirche Jesu Christi, das ebenso wie das Gesetzesrecht Recht im eigentlichen und wirklichen Sinne ist, die Intervention einer über *Potestas iurisdictionis* verfügenden kirchlichen Autorität vonnöten ist, können sie, genausowenig wie sie Gesetzesrecht zu bilden vermögen, ein Gewohnheitsrecht ausbilden. Sie vermögen lediglich Rechtsgewohnheiten zu entwickeln, die bei Approbation durch eine zuständige Autorität zu Gewohnheitsrecht werden können. Jede andere Annahme würde der auf göttlichem Recht beruhenden kirchlichen Verfassung entgegenstehen.

Nach Prader wird das Recht der nichtkatholischen kirchlichen Gemeinschaften Rechtsordnungen zu erlassen nicht zuletzt durch die Erklärung des II. Vatikanischen Konzils über die Religionsfreiheit (*Dignitatis humanae*, n.4) untermauert. Bei der Zitation dieser Stelle ist jedoch, wie auch der Autor selbst einräumt, Vorsicht geboten, da sie sich eindeutig auf die staatlichen Ordnungen bezieht, und sie in die Pflicht nimmt, daß die religiösen

---

[37] Es sei an dieser Stelle ausdrücklich unterstrichen, daß J. Prader in seinen Abhandlungen immer wieder die Notwendigkeit der *Anerkennung* der Rechtsordnungen der nichtkatholischen kirchlichen Gemeinschaften fordert. Die Verwendung dieses eminent juristischen Begriffs läßt keinen Zweifel an seiner Haltung in Bezug auf die Legitimität der Rechtsordnungen der nichtkatholischen Kirchen und kirchlichen Gemeinschaften des Abendlandes zu. In seinem 1993 veröffentlichten Werk *La Legislazione matrimoniale* läßt er (vor allem s. 90), nicht zuletzt auch durch die Berufung auf R. Sobanski, keinen Zweifel an der den fremdkonfessionellen Rechtsordnungen *per se* innewohnenden Legitimität und der aus dieser ihnen eigenen Jurisdizität sich notwendig ergebenden Anwendung im Ambitus der katholischen Kirche.

Gemeinschaften in ihrem Gebiet, sich nach ihrem je eigenen Recht leiten können sollen. Aus diesem Kontext ergibt sich meineserachtens eindeutig, daß DH, n.4 kein, nicht einmal ein indirektes, Zugeständnis einer Gesetzgebungsgewalt an die nichtkatholischen kirchlichen Gemeinschaften seitens der katholischen Kirche beinhaltet.

2.3 *Die Bejahung der Gesetzgebungsgewalt der getrennten orientalischen Kirchen und die Betonung der Notwendigkeit der Kanonisation der Eherechtsordnungen der nichtkatholischen kirchlichen Gemeinschaften des Abendlandes seitens des katholischen Gesetzgebers durch Urbano Navarrete*[38]

U. Navarrete unterscheidet, sich auf die Aussagen des II. Vatikanischen Konzils stützend, in Bezug auf die Fähigkeit sich nach den eigenen Ordnungen zu leiten, zwischen den getrennten orientalischen Kirchen und den abendländischen kirchlichen Gemeinschaften.

Im Gegensatz zu den vorgenannten Autoren, welche die Fähigkeit der getrennten kirchlichen Gemeinschaften des Abendlandes sich nach ihren eigenen Rechtsordnungen zu leiten aufgrund der Aussagen des II. Vatikanischen Konzils uneingeschränkt bejahen, spricht sich Navarrete für die Rechtskraft der *de facto* in diesen christlichen Konfessionen vorfindlichen Eherechtsordnungen und für ihre eventuelle Anwendbarkeit im Ambitus der katholischen Kirche nur nach erfolgter Kanonisation[39] seitens der katholischen Kirche aus.

Sein Vorschlag basiert auf dem von ihm erhobenen Einwand, daß die auf göttlichem Recht beruhende Grundvoraussetzung zum Erlassen eines Gesetzes in der Kirche Jesu Christi das Vorhandensein eines über Jurisdiktionsgewalt, bzw. näherhin gesetzgebende Gewalt, verfügenden Gesetzgebers ist.

Während das II. Vatikanische Konzil den orientalischen Kirchen *expressis verbis* zugesteht, sich nach den eigenen Gesetzen zu regieren, schweigt es in dieser Frage in Bezug auf die kirchlichen Gemeinschaften des Westens. Navarrete interpretiert dieses Schweigen als eine klare Verneinung der Gesetzgebungsfähigkeit dieser Konfessionen aufgrund der nicht vorhandenen Jurisdiktionsgewalt. Träger einer solchen Gewalt können, so der Autor, letztlich nur jene Getauften sein, die in der apostolischen Sukzession stehend

---

[38] Vgl. U. NAVARRETE, «De iure quo»; ID., «Competentia».

[39] Der Begriff der «Kanonisation» findet sich auch in der Erwiderung der Kodexreformkommision auf einen Einwand Kardinal PARECATTILS (PONT. COMMISSIO CODICI IURIS CANONICI RECOGNOSCENDO, *Relatio Complectens Synthesim*, 246; vgl. in dieser Studie, ss. 141-142).

die Bischofsweihe und die kanonische Sendung empfangen haben[40]. Die kirchlichen Gemeinschaften, deren Amtsträger diese eben genannten Grundbedingungen nicht erfüllen, vermögen sich keine Gesetze zu geben, die aus der Autorität der eigenen Kirchenführer hervorgehend, Rechtskraft hätten[41]. Auf Dispositionen aber, denen keine Rechtskraft eignet, kann der katholische Gesetzgeber im interkonfessionellen Rechtsverkehr nicht verweisen.

Daher müssen die Normen, denen die *materia religiosa* in den kirchlichen Gemeinschaften des Westens, die mit der katholischen Kirche nicht in voller Gemeinschaft stehen, unterliegt, entweder als Normen betrachtet werden, die Wirkkraft erhalten aus der politischen Gemeinschaft heraus, d.h. Wirkkraft erhalten, insofern Christen Bürger sind, die sich in einer *res religiosa* in derselben Weise der politischen Ordnung unterwerfen, wie die Bürger, die zu anderen Religionen gehören, oder es muß angenommen werden, daß jene Normen aus einer gewissen impliziten Kanonisation heraus Wirkkraft erhalten, d.h. insofern der oberste Gesetzgeber der Kirche Christi jene Normen, die von einem des Ausübens kirchlicher Vollmacht unfähigen Subjekt *materialiter* statuiert wurden, approbiert und ihnen kanonische Wirksamkeit zubilligt[42].

Zur ersten Möglichkeit merkt Navarrete an, daß

eine Ableitung der Wirkkraft der Gesetzesordnungen der nichtkatholischen kirchlichen Gemeinschaften vom Staat für die christliche Religion in Materien, die der ausschließlichen Kompetenz der Kirche unterstehen, wie es die Ehe ja ist, unmöglich ist, weil die politische Gemeinschaft in jenen Fragen für getaufte Bürger gänzlich inkompetent ist[43].

Zur zweiten Möglichkeit:

Die Ehe der Nichtkatholiken unterliegt [...] *de facto* den Normen irgendeines Rechtssystems, nämlich jenes Rechtssystems, zu dem der einzelne gehört. Dies vorausgesetzt scheint es weniger stimmig zu sein, daß die Gesetze, denen eine Ehe faktisch unterliegt und die nach der Auffassung der Nichtkatholiken die Normen sind, an die sie gebunden sind, keine rechtliche Bedeutung haben sollen, weil sie von einer bzgl. der christlichen Ehe unzuständigen Autorität stammen. Die Kirche, die in Bezug auf diese Ehen einzig kompetent ist, kann nun, wenn sie will, jenen Gesetzen Gesetzeskraft zuteilen, indem sie sie kanonisiert, sodaß sie in derselben Weise für die Christen wie für die Nichtchristen gelten würden. Für die Christen ergäbe sich die Rechtskraft aus der Kirche Jesu Christi, die die staatlichen Gesetze kanonisiert hätte [...] Für die Nichtchristen

---

[40] U. NAVARRETE, «Competentia», 104-105.
[41] U. NAVARRETE, «De iure quo», 100.
[42] U. NAVARRETE, «De iure quo», 101 (eigene Übersetzung).
[43] U. NAVARRETE, «Competentia», 102-103 (eigene Übersetzung).

entstünde die juridische Wirksamkeit aus der staatlichen Autorität, weil sie die für die Ehen der Nichtchristen zuständige Autorität ist[44].

2.3.1 Kritische Würdigung

Sich von Sobanski und Prader abhebend unterstreicht Navarrete die, von den genannten Autoren außer acht gelassene, aufgrund der Verfassung der Kirche Jesu Christi jedoch unverzichtbare, Komponente der Mitwirkung einer über *Potestas iurisdictionis*, bzw. näherhin *Potestas legislativa*, verfügenden Autorität im Gesetzgebungsprozeß. Nach dem Autor sind, im Gegensatz zu den getrennten orientalischen Kirchen, deren Hierarchen über eine solche verfügen und die somit die Fähigkeit besitzen Gesetze im eigentlichen und wirklichen Sinne zu erlassen, die nichtkatholischen kirchlichen Gemeinschaften des Abendlandes zu einem gesetzgeberischen Handeln nicht fähig, weil ihren Leitungsorganen gesetzgebende Gewalt fehlt. Demzufolge kann denn auch der katholische Gesetzgeber nicht auf ihre Anordnungen verweisen, da ein solcher Verweis die Jurisdizität der fremdkonfessionellen Dispositionen voraussetzen würde, welche aus dem ebengenannten Grunde nicht gegeben ist. Die in den abendländischen kirchlichen Gemeinschaften *de facto* vorfindlichen «Normen»[45] könnten jedoch Rechtskraft durch die Intervention einer mit *Potestas iurisdictionis* ausgestatteten kirchlichen Autorität erlangen. Navarrete schlägt daher die *Kanonisation* der in den nichtkatholischen kirchlichen Gemeinschaften vorfindlichen Normen durch den katholischen Gesetzgeber vor. Durch die Übernahme dieses Begriffs in den Bereich der interkonfessionellen Rechtsbeziehungen versucht der Autor die notwendige Rechtskraftverleihung für die faktisch in den nichtkatholischen kirchlichen Gemeinschaften des Abendlandes vorfindlichen Normen durch die mit *Potestas iurisdictionis* ausgestattete katholische Autorität zum Ausdruck zu bringen.

Allgemein wird unter Kanonisation eine autoritative Verfügung verstanden, die Anordnungen nichtkanonischer Gesetzgeber, vor allem des Staates, in die kanonische Rechtsordnung eingliedert und ihnen — vorbehaltlich der Vorschriften des *ius divinum* und vorbehaltlich anderer kirchenrechtlicher Bestimmungen — kanonische Verbindlichkeit verleiht. Kanonisation bedeutet also nicht nur einen einfachen Verweis auf nichtka-

---

[44] U. NAVARRETE, «De iure quo», 103 (deutsche Übersetzung durch den Autor dieser Studie). Vgl. auch ID., «Competentia», 106.

[45] Unter dem in diesen Konfessionen *de facto* vorfindlichen Recht wird sowohl das von diesen Konfessionen selbst ausgebildete Recht, als auch das von ihnen anerkannte oder übernommene staatliche Recht verstanden.

nonische Normen sondern ihre formelle Übernahme in das kanonische Recht[46]. Die so in kirchliche Vorschriften umgewandelten Bestimmungen heißen kanonisierte Normen (*normae canonizatae*)[47].

Nach V. Del Giudice setzt die Kanonisation im eigentlichen Sinne Anordnungen voraus, die ungültig sind, sei es wegen der absoluten Inkompetenz des Organs, welches sie erlassen hat, sei es wegen des Fehlens bestimmter rechtlicher Erfordernisse bei der Gesetzgebung[48]. Nach dem Autor besteht die Kanonisation in einer *commixtio* heterogener Normen, sprich in einer vollständigen oder teilweisen Einfügung von Anordnungen, die für das kanonische Recht ungültig, ja mehr noch als Rechtsnormen inexistent

---

[46] J. LISTL, «Die Rechtsnormen», 96; H. SOCHA, in *Münsterischer Kommentar* zu can. 22, Blatt 3, Rdn. 6.

[47] Die im CIC/1983 erstmals vorfindliche Bestimmung des can. 22 verwendet für die Bezugnahme des kanonischen auf das weltliche Recht den Begriff *remittere* (verweisen), worunter im weitesten Sinne jedes Anführen oder Nennen der weltlichen Gesetze zu verstehen ist. Hinsichtlich der rechtlichen Folgen müssen jedoch näherhin unterschieden werden:
- der nicht rezipierende Verweis (*remissio non receptiva*) oder formale Verweis (*rinvio formale*; vgl. P. CIPROTTI, *Contributo*, 22), der einen bloß auf das staatliche Recht hinweisenden, wenn auch hier und da urgierenden Charakter hat und bei welchem die berufene Norm nicht in die eigene kanonische Rechtsordnung eingegliedert wird. Bei dieser Form des Verweises anerkennt die kanonische Rechtsordnung ihre Inkompetenz über die Materie, auf die sie verweist und die sie nicht als Teil ihrer Rechtsordnung sieht (vgl. can. 194 §1, 3°, can. 1072 oder can. 1274 §5 CIC).
- der rezipierende Verweis (*remissio receptiva*) oder materielle Verweis (*rinvio materiale*, vgl. P. CIPROTTI, *Contributo*, 42), der von einer Vielzahl von Autoren mit der Kanonisation gleichgesetzt wird, unter welcher wiederum die Umwandlung staatlicher Bestimmungen in kanonische Vorschriften verstanden wird. Die Kanonisation inkorporiert Anordnungen des Staates in die kirchliche Rechtsordnung und verleiht ihnen so Verbindlichkeit für den kirchlichen Bereich (vgl. can. 1290 CIC). Durch den rezipierenden Verweis wird die kanonisierte Norm Teil der sie aufnehmenden Rechtsordnung ohne jedoch ihren normativen Charakter in der Rechtsordnung, der sie ursprünglich angehört hat, zu verlieren. Es gibt nun Autoren, die von der Kanonisation eine zweite Form des rezipierenden Verweises unterscheiden: die *bloße Anerkennung* weltlichen Rechts, d.h. mit anderen Worten: weltliche Normen bleiben rein staatliche Bestimmungen, können aber kraft der Anerkennungserklärung ihre Wirkungen auch im kirchlichen Rechtbereich entfalten (vgl. can. 1059 CIC). Vgl. hierzu: H. SOCHA, in *Münsterischer Kommentar* zu can. 22, Blatt 2, Rdn. 5 mit weiterführender Literatur).

[48] CH. MINELLI, die Auffassung Del Giudices darstellend, schreibt: «Quanto alle norme civili debbono ritenersi propriamente canonizzate soltanto nei casi in cui si tratti di disposizioni invalide "per l'incompetenza assoluta dell'organo a stabilirle (norme statali in materia ecclesiastica: invalidità materiale) o invalide per la deficienza dei requisiti legali nel porle (norme statali in materia miste: invalidità formale)"(V. DEL GIUDICE, «Il diritto dello Stato», 10)» («La canonizzazione», 452).

sind, als Gesetze in das kanonische Rechtssystem[49]. Die Kanonisation stellt damit einen konstitutiven Akt dar, durch den bestimmte Dispositionen überhaupt erst Gesetze im eigentlichen Sinne werden[50].

P. Ciprotti kritisiert die durch Del Giudice vorgenommene Klassifizierung der durch die Kanonisation erfassten Normen als für das kanonische Recht ungültig bzw. nichtexistent und unterstreicht, daß, statt zu sagen, daß die Kanonisation im wesentlichen staatliche Normen betreffe, die kirchlicherseits als ungültig anzusehen seien, es zutreffender sei zu betonen, daß man bei der Kanonisation von der Gültigkeit oder Ungültigkeit der berufenen staatlichen Normen absehe und daß diese nur für die Rechtsbeziehungen oder Tatbestände kanonisiert würden, für welche der staatliche Gesetzgeber inkompetent sei rechtliche Normen zu erlassen[51]. Auf der Grundlage dieser Erwägungen kann Ciprotti denn auch im Gegensatz zu Del Giudice davon ausgehen, daß sich die rechtliche Natur der Kanonisation auf die Figur der *receptio* oder des materiellen oder rezipierenden Verweises zurückführen lasse, worunter die Einordnung von Rechtsnormen in vollem Sinne, die von einer fremden Ordnung erlassen wurden, in eine Rechtsordnung zu verstehen ist[52].

Ich halte den Einwurf Ciprottis hinsichtlich der Jurisdizität der kanonisierten Normen für berechtigt. In der Tat ist davon auszugehen, daß die große Mehrzahl der von der kirchlichen Autorität kanonisierten Anordnungen von einem kompetenten Gesetzgeber gemäß den im entsprechenden Gemeinwesen für die Gesetzgebung geltenden Kriterien erlassen worden sind und es sich um wirkliche und als gültig zu betrachtende Gesetze

---

[49] V. DEL GIUDICE, «Il diritto dello Stato», 13.

[50] V. DEL GIUDICE, «Il diritto dello Stato», 13. CH. MINELLI schreibt hierzu: «La canonizatio si distingue (secondo Del Giudice), rispetto a qualsiasi altro fenomeno giuridico ad essa in qualche modo somigliante, per il suo carattere eminentemente costitutivo, in quanto conferisce "un efficacia giuridica ex novo" alle norme [...] che vengono recepite» («La canonizzazione», 453).

[51] «Anziché dire che la canonizzazione riguarda essenzialmente norme civili considerate invalide [è più esatto affermare che] nella canonizzazione si prescinde dalla validità o invalidità [...] della norma civile richiamata, ma che questa viene canonizzata solo per i rapporti o fatti per i quali il legislatore civile sarebbe incompetente ad emanare norme giuridiche» (P. CIPROTTI, *Contributo*, 34-35).

[52] P. CIPROTTI, *Contributo*, 44. CH. MINELLI die Bestimmung des Begriffs Kanonisation durch Del Giudice einerseits und durch Ciprotti andererseits vergleichend: «Risulterebbe priva di fondamento l'argomentazione con la quale Del Giudice aveva voluto negare che la *canonizatio* potesse essere ravvicinata all'istituto del rinvio materiale, giacchè le norme civili richiamate, sia pur emanate da un ordinamento estraneo in materia in cui il legislatore canonico afferma la propria competenza, non possono non considerarsi "giuridiche"» («La canonizzazione», 458-459).

handelt, welche lediglich im kirchlichen Bereich, aufgrund der Inkompetenz des Gesetzgebers im *kirchlichen* Ambitus Gesetze zu erlassen, keine Verbindlichkeit beanspruchen können. Durch eine Intervention der kirchlichen Autorität werden diese Gesetze schließlich im kirchlichen Bereich anwendbar gemacht. Es ist also davon auszugehen, daß die kanonisierten staatlichen Anordnungen von einer in ihrem Ambitus kompetenten Autorität erlassene Rechtsnormen im eigentlichen und wirklichen Sinne sind, auch wenn sie ohne Intervention der kirchlichen Autorität im kirchlichen Bereich keine Verbindlichkeit beanspruchen können.

Die Erkenntnis, daß die Auffassung Del Giudices dem in dieser Studie behandelten Phänomen, so es denn mit dem Begriff Kanonisation bezeichnet werden soll, nähersteht, dürfte nicht schwerfallen, handelt es sich doch bei den in den nichtkatholischen kirchlichen Gemeinschaften *de facto* vorfindlichen Rechtsordnungen um ungültige, ja mehr noch unter kanonischem Aspekt nicht existente Anordnungen und damit kann der in diesem Zusammenhang angewendete Begriff Kanonisation nur einen konstitutiven Akt umschreiben, der diese Anordnungen überhaupt erst zu wirklichen Gesetzen werden läßt, auf welche der kanonische Gesetzgeber dann verweisen kann.

Bei analoger Anwendung der von Ciprotti verwendeten, weitergefaßten Definition der Kanonisation auf unseren Themenkomplex würden auch die von den orthodoxen Kirchen erlassenen Gesetze, die zweifelsohne Gesetze im eigentlichen und wirklichen Sinne sind, welche lediglich von einem im Bereich der kanonischen Rechtsordnung inkompetenten Gesetzgeber erlassen wurden, vom Begriff der Kanonisation erfasst. Ein solcher von der Gültigkeit oder Ungültigkeit von Rechtsnormen absehender Begriff der Kanonisation wird allerdings der zwischen den *de facto* in den nichtkatholischen Kirchen und den *de facto* in den nichtkatholischen kirchlichen Gemeinschaften vorfindlichen Rechtsordnungen hinsichtlich ihrer Anwendbarkeit im katholischen Bereich zu treffenden Unterscheidung nicht mehr gerecht.

Zu berücksichtigen ist ferner, daß der Terminus Kanonisation in der kirchlichen Rechtswissenschaft meines Wissens nahezu ausschließlich in Bezug auf die Eingliederung *staatlicher* Gesetze in die kirchliche Rechtsordnung verwendet wird[53], also durch das «Gegenüber» von staatlicher und

---

[53] Vgl. hierzu z.B. H. SOCHA: «Unter Kanonisation (*canonizatio*) versteht man eine autoritative Verfügung, die staatliche Anordnungen in die kirchliche Rechtsordnung eingliedert und ihnen kanonische Verbindlichkeit verleiht» (in *Münsterischer Kommentar* zu can. 22, Blatt 3, Rdn. 6); V. DE PAOLIS - A. MONTAN: «Questo fenomeno per cui il diritto canonico rinvia alle leggi civili recependole, in tutto o in parte, nel proprio ordinamento, costituisce l'istituto giuridico denominato

kirchlicher Rechtsordnung gekennzeichnet ist. Staatliches und kirchliches Recht sind zwar beide Ausdrucksformen von Recht, jedoch sind sie ihrer Art nach verschieden[54]. Diese «Artverschiedenheit» vom kanonischen Recht trifft meineserachtens jedoch nicht auf die *de facto* in den nichtkatholischen kirchlichen Gemeinschaften anzutreffenden «Rechtsordnungen» zu, handelt es sich hier doch um in einer *innerhalb* der Kirche Jesu Christi bestehenden Gruppe vorfindliche und zudem im Unterschied zur von einem kompetenten Gesetzgeber erlassenen staatlichen Rechtsordnung, um jeglicher Rechtskraft entbehrende Anordnungen[55]. Kurzum, das «Gegenüber» von kanonischem Recht und den in den nichtkatholischen kirchlichen Gemeinschaften sich *de facto* findenden Anordnungen, ist ein qualititativ anderes als das «Gegenüber» von kanonischem und staatlichem Recht, welch letztere zwei verschiedenen Gemeinwesen entspringen.

"canonizzazione"» (in *Il Diritto*, I, 273). Vgl. auch CH. MINELLI, die von einem «concetto di *canonizatio*» spricht «con il quale la dottrina tradizionale si limitava ad indicare l'approvazione di leggi civili da parte dell'ordinamento canonico che, in qualche misura, le recepiva» («La canonizzazione», 451).

[54] Kirchliches und weltliches Recht stellen zwei je eigengeartete Verwirklichungsformen von Recht dar. Der Begriff des Rechtes im Sinne einer sittlich verpflichtenden Ordnung des äußeren Gemeinschaftslebens ist auf beide anwendbar, da ebenso wie der Staat auch die Kirche, wenn auch nicht nur, eine wahrhaft menschliche Gemeinschaft ist (vgl. LG, n. 8), deren Leben unter der Forderung einer verbindlichen und durchsetzbaren Regelung steht. In ihrer Ausprägung und Zielsetzung sind kirchliches und weltliches Recht jedoch verschieden. Der Unterschied zum weltlichen Recht liegt darin, daß das Kirchenrecht, welches seine Wurzeln im Willen Gottes durch Jesus Christus hat, da die Gemeinschaft, auf die es sich bezieht, die Kirche, unmittelbar und direkt übernatürliche Werte intendiert, selbst auch auf das übernatürliche Ziel der Kirche hingeordnet und wesentlich davon bestimmt ist, während das weltliche Recht auf die Ordnung des Gemeinschaftslebens, soweit dieses unmittelbar und direkt natürliche Werte intendiert, ausgerichtet ist. F. SOCHA bringt die Besonderheit des kirchlichen Rechtes folgendermaßen zum Ausdruck: «Recht kann allgemein bestimmt werden als eine verbindliche Ordnung gesellschaftlichen Verhaltens zur Ermöglichung eines Grundbestandes von Sittlichkeit, Gerechtigkeit und Sicherheit im menschlichen Zusammenleben. Recht in der Kirche ist die Gemeinschaftsordnung des von Gott gewirkten Neuen Volkes, das nicht aus sich selbst, sondern aus Gott lebt, und in dem die Menschen durch Christi Heilstat innerlich umgewandelt, in einer neuen seinshaften Verbindung zueinander stehen. Damit ist bereits ausgesagt, daß jedes Kirchenrecht einen tiefen Bezug zu Gott hat und in diesem Sinne "göttlich" genannt werden kann» («Grundlegung», 149-150).

[55] Da die getrennten Kirchen und kirchlichen Gemeinschaften des Abendlandes nicht über mit Jurisdiktionsgewalt ausgestattete Amtsträger verfügen, kann den in ihnen vorfindlichen Rechtsordnungen keine Rechtskraft eignen. Sie sind keine Normen, und zwar weder gesetzes- noch gewohnheitsrechtliche, im strengen Sinne. Unter «technischem Aspekt» könnten sie allenfalls unter die Rechtsgewohnheiten (*consuetudines facti*) eingestuft werden.

IX. KAPITEL: DIE GESETZESLÜCKE UND IHRE ÜBERWINDUNG 177

Nicht unproblematisch ist zudem die durch den Begriff der Kanonisation suggerierte «Übernahme» fremdkonfessioneller Anordnungen in das kanonische Recht, da fremdkonfessionelles Recht eigentlich nicht in das kanonische Recht übernommen werden, mit anderen Worten also kanonisches Recht werden und damit u.U. auch für Katholiken gelten soll, sondern lediglich in seinem Bereich auf die ihm unterstehenden Nichtkatholiken anwendbar gemacht werden soll.

Aus dem soeben Dargelegten dürfte erhellen, daß eine Anwendung des Begriffs Kanonisation in unserem Zusammenhang nicht ohne Schwierigkeiten und eventuelle Mißverständnisse möglich ist. Es dürfte von daher sinnvoller sein die von Navarrete zu Recht geforderte rechtsbegründende Intervention der mit *Potestas legislativa* ausgestatteten kirchlichen Autorität gegenüber den *de facto* in den kirchlichen Gemeinschaften des Abendlandes vorfindlichen Anordnungen einfach mit dem allgemeinen Begriff «Rechtskraftverleihung» zu umschreiben. Die mit gesetzgebender Gewalt ausgestattete katholische Autorität verleiht den in den nichtkatholischen kirchlichen Gemeinschaften des Abendlandes *de facto* vorfindlichen, von den nichtkatholischen Gemeinschaften selbst materialiter geschaffenen oder von ihnen übernommenen bzw. anerkannten staatlichen Ordnungen Rechtskraft[56] und macht sie auf diese Weise im Ambitus der katholischen Kirche anwendbar.

---

[56] Der oberste Gesetzgeber der katholischen Kirche, in welcher die Kirche Jesu Christi in vollkommener, wenn auch nicht ausschließlicher Weise verwirklicht ist, besitzt Vollmacht über alle Getauften. Wenn er also Gesetze für alle Getauften erlassen kann, warum soll er den von den nichtkatholischen Gemeinschaften, die zweifelsohne passiv gesetzesfähige Gemeinschaften von Gläubigen sind, erlassenen Ordnungen nicht auch Rechtskraft verleihen können. Es ist nicht erforderlich, daß die Gemeinschaft der Gläubigen, die bestimmte Normen ausbildet, in der *Communio plena* mit der *Ecclesia catholica* steht, damit der katholische Gesetzgeber den von dieser Gruppe eingeführten Ordnungen Gesetzeskraft zuteilen kann. Vgl. hierzu bereits D. STAFFA in Bezug auf die Gewohnheiten der nichtkatholischen Gemeinschaften von Gläubigen: Daß auch nichtkatholische Gemeinschaften von Gläubigen eine Gewohnheit einführen können, «ergibt sich zur Genüge aus der Tatsache, daß sie eine Gemeinschaft bilden, der die Kirche ihre Befehle oder Gesetze auferlegen kann. Es wird von der Lehre nicht gefordert, daß die Gemeinschaft der Getauften in der *Communio plena* mit der *Ecclesia catholica* sei, damit der Papst durch *Consensus legalis* einer von dieser Gruppe eingeführten Gewohnheit Gesetzeskraft zuteilen kann» («De validitate», 20 – eigene Übersetzung –). Was nun von der Gewohnheit gilt, muß auch in Bezug auf die andere Rechtsart, das Gesetzesrecht, gelten.

CONCLUSIO

Die Auffassung, daß die Kirche Jesu Christi in der katholischen Kirche verwirklicht, aber nicht in ausschließlicher Weise identisch mit ihr ist[1], sondern daß es auch außerhalb der katholischen Kirche kirchebildende Elemente gibt[2], bildete die Grundlage für eine faktische Anerkennung der nichtkatholischen Kirchen und kirchlichen Gemeinschaften als selbständige Gruppierungen, in welche die nichtkatholischen Christen durch die Taufe eingegliedert werden, und in denen sie ihre christliche Existenz verwirklichen[3]. Eine solche Anerkennung mußte in der Folge die Frage nach der Legitimität der in diesen nichtkatholischen christlichen Konfessionen vorfindlichen Rechtsordnungen hervorbringen.

Es konnte für die getrennten orientalischen Kirchen zweifelsfrei nachgewiesen werden, daß ihren Autoritäten *Potestas iurisdictionis* zukommt, mit anderen Worten gesetzes- wie gewohnheitsrechtliche Normen dieser Konfessionen sind, unbeschadet göttlichen Rechts, seitens der katholischen Kirche als Rechtsordnungen im eigentlichen und wirklichen Sinn anzuerkennen[4]. Dasselbe ist von den nichtkatholischen Kirchen des Westens zu sagen.

Für die nichtkatholischen kirchlichen Gemeinschaften des Abendlandes, deren Amtsträger nicht über *Potestas iurisdictionis* verfügen, konnte eine gleichlautende Feststellung nicht getroffen werden. Das in ihnen faktisch vorfindliche Recht kann allenfalls aufgrund eines rechtskraftverleihenden

---

[1] LG, n. 8,2.

[2] UR, n. 3.

[3] LG, n. 15; UR, n. 3.

[4] Es ist nicht immer leicht, in den Dokumenten des II. Vatikanischen Konzils die rechtlich relevanten Sätze festzumachen, doch ist meines Erachtens dafür zu halten, daß es sich bei der feierlichen Erklärung des Ökumenismusdekretes, daß die Kirchen des Orients die Fähigkeit haben, sich nach ihren eigenen Ordnungen zu regieren (UR, n. 16), um einen solchen handelt. Auch wenn er im CIC 1983 keine Wiederholung findet, so bleibt er dennoch gültig, da das gegenwärtig geltende kirchliche Gesetzbuch keine ihm widersprechende Norm enthält.

Aktes seitens einer mit *Potestas iurisdictionis* ausgestatteten kirchlichen Autorität Anwendung im katholischen Ambitus finden.

Für den eherechtlichen Bereich bedeutet dies, daß den getrennten orientalischen und abendländischen Kirchen eine *Potestas propria et exclusiva* über die Ehe ihrer Gläubigen sowie die Fähigkeit Ehegesetze zu erlassen, bzw. ein Gewohnheitsrecht in diesem Bereich auszubilden, an das ihre Mitglieder gebunden sind, zuzusprechen ist. Die den getrennten Orientalen eigenen Eherechtsordnungen sind, auch wenn das kirchliche Gesetzbuch in dieser Hinsicht schweigt, im Bedarfsfall, so sie göttlichem Recht nicht entgegenstehen, aufgrund der Aussagen des Ökumenismusdekretes des II. Vatikanischen Konzils, Artikel 16, seitens der katholischen Kirche anzuwenden, unbeschadet selbstverständlich der grundsätzlich gegebenen Befähigung der katholischen Kirche für alle Getauften verbindliche Gesetze zu erlassen[5]. Auch wenn für die Rechtsordnungen der nichtkatholischen Kirchen des Abendlandes aufgrund ihrer ekklesiologischen Stellung dasselbe gelten müßte wie für die getrennten Orientalen, ist mangels konkreter gesetzlicher Aussagen im Bereich der lateinischen Kirche, meineserachtens augenblicklich jedoch von einer Anwendung ihrer Rechtsordnungen im katholischen Ambitus eher Abstand zu nehmen.

Im Unterschied zu den getrennten Ostkirchen besitzen die kirchlichen Gemeinschaften des Abendlandes keine *Potestas propria et exclusiva* über die Ehe der in ihnen Getauften und vermögen auch kein gesetzliches oder gewohnheitsrechtliches Eherecht zu bilden, welches aus der Autorität ihrer Amtsträger heraus Rechtskraft hätte, bzw. staatliches Eherecht zu «kanonisieren». Das faktisch in diesen nichtkatholischen christlichen Konfessionen vorfindliche «Eherecht» wird nur dann, wenn die Rechtskraftverleihung durch den zuständigen Gesetzgeber, in diesem Falle den katholischen, erfolgt, zu einer Eherechtsordnung im eigentlichen und wirklichen Sinne innerhalb der Kirche Jesu Christi. Es kann kein Zweifel bestehen, daß diese Ordnungen nur aufgrund einer Rechtskraftverleihung seitens der katholischen Kirche, vorbehaltlich göttlichen Rechts, gegebenenfalls durch deren rechtsprechende Organe anwendbar sind, bzw. auf sie verwiesen werden kann, unbeschadet natürlich der grundsätzlich gegebenen Befähigung der katholischen Kirche, in der die Kirche Jesu Christi in vollkommener Weise verwirklicht ist, für alle Getauften verbindliche Gesetze zu erlassen[6].

Das vorstehend Dargelegte bietet nun auch den Schlüssel zur Beantwortung der eingangs gestellten Frage, inwieweit der katholischen Kirche und

---

[5] Vgl. in dieser Studie s. 76 und ss. 137-138.
[6] Vgl. in dieser Studie s. 76 und ss. 137-138.

inwieweit den nichtkatholischen christlichen Konfessionen eine angeborene und ausschließliche gesetzgeberische und rechtsprecherische Vollmacht über die Ehen der nichtkatholisch Getauften zukommt[7]. Es ist meineserachtens davon auszugehen, daß eine solche Jurisdiktion *sowohl* der katholischen Kirche, in der, wie das II. Vatikanische Konzil betont, die Kirche Jesu Christi in vollkommener Weise verwirklicht ist und mit der alle nichtkatholisch Getauften in einer, wenn auch nicht vollkommenen Gemeinschaft stehen und welcher von daher eine besondere Verantwortung auch gegenüber den nichtkatholischen Christen zukommt[8], *als auch* allen getrennten orientalischen und abendländischen Kirchen[9], deren Amtsträger über *Potestas iurisdictionis* verfügen, zuzuerkennen ist[10]. Hierbei ist jedoch zu präzisieren, daß, während der katholischen Kirche aus dem soeben erwähnten Grund die Vollmacht über die Ehen *aller* nichtkatholisch Getauften, seien sie nun Mitglieder der getrennten orientalischen Kirchen oder aber der Kirchen und kirchlichen Gemeinschaften des Abendlandes, zukommt, sie den orientalischen und abendländischen Kirchen, da in ihnen die Kirche Jesu Christi nicht in vollkommener Weise verwirklicht ist, nur für die in ihnen Getauften zukommen kann. Den nichtkatholischen kirchlichen Gemeinschaften des Abendlandes hingegen kann, wegen der ihren Amtsträgern fehlenden *Potestas iurisdictionis*, eine Vollmacht über die Ehen der in ihnen Getauften nicht zugesprochen werden.

Die katholische Kirche verzichtet nun *in genere* darauf über Ehen der Angehörigen nichtkatholischer christlicher Konfessionen zu legiferieren oder diesselben zu judizieren. Diese Haltung muß zu Konsequenzen hinsichtlich des Titels, unter dem sie in der interkonfessionellen Praxis ihre rechtliche Zuständigkeit über die Ehe beansprucht, führen. Aufgrund ihrer Selbstbescheidung hinsichtlich der Vollmacht über die Ehen nichtkatholisch Getaufter reicht hier, obwohl theologisch exakt und weiterhin gültig, der

---

[7] Vgl. in dieser Studie, ss. 80-82.

[8] Vgl. LG, n. 8; n.15 und UR, n. 3.

[9] Vgl. UR, n. 16.

[10] Die Tatsache, daß damit den getrennten Kirchen eine *Potestas propria, independens* et *exclusiva* über die Ehen ihrer Glieder zugesprochen wird (vgl. U. NAVARRETE, «La giurisdizione», 111), bildet keinen Gegensatz zu der Tatsache, daß der *Potestas* der katholischen Kirche über die Ehe aller Getauften diese Attribute in gleicher Weise zukommen, da die ebengenannten die *Potestas* näher kennzeichnenden Qualitäten meineserachtens eher im Sinne einer Abgrenzung der der in den verschiedenen christlichen Konfessionen sich in mehr oder weniger vollkommener Weise verwirklichenden *Kirche Jesu Christi* zukommenden *Potestas* gegenüber *nichtkirchlichen* Institutionen, z.B. Staat oder nichtchristlichen Religionen, nicht aber einzelner christlicher Konfessionen untereinander, interpretiert werden müssen.

Jurisdiktionstitel «Sakramentalität der Ehe» nicht mehr aus, da ja alle zwischen Getauften geschlossenen Ehen Sakrament sind[11]. Präziser sollte deshalb davon ausgegangen werden, daß die direkte Kompetenz der katholischen Kirche über die Ehe durch die unverlierbare Gliedschaft mindestens eines der Ehepartner in dieser Kirche bestimmt wird[12].

Wenn man nun einerseits davon ausgeht, daß die Eherechtsordnungen der getrennten orientalischen Kirchen im II. Vatikanischen Konzil eine rückwirkende feierliche Anerkennung seitens der katholischen Kirche gefunden haben und andererseits davon, daß die *de facto* in den getrennten kirchlichen Gemeinschaften des Abendlandes vorfindlichen «Eherechtsordnungen» durch eine Rechtskraftverleihung seitens der katholischen Autorität Rechtskraft erlangen und, auf diese Weise, ebenso wie die Eherechtsordnungen der Orientalen katholischerseits Anwendung finden können, könnte in die kanonische Gesetzgebung eine Norm eingefügt werden, welche unter Berücksichtigung der voraufgegangenen Überlegungen über die Fähigkeit der nichtkatholischen Kirchen und kirchlichen Gemeinschaften Rechtsnormen im eigentlichen und wirklichen Sinn zu erlassen, die bislang im lateinischen Rechtsbereich bestehende Gesetzeslücke in Bezug auf die Frage, welchen rein kirchlichen (Ehe-)Gesetzen die nichtkatholisch Getauften unterworfen sind, schließt und die damit verbundenen Rechtsunsicherheiten ein für allemal beseitigt[13].

Ein dieser Forderung entsprechender Kanon sollte nach Möglichkeit einen Platz bereits in den Allgemeinen Normen finden, wenn nicht, dann jedoch

---

[11] Der Kompetenztitel «Sakramentalität der Ehe» bietet zudem angesichts der Tatsache Probleme, daß die Kirche Jesu Christi Jurisdiktion auch über die Ehen zwischen Getauften und Ungetauften, und die katholische Kirche dementsprechend Gewalt über die Ehen zwischen Katholiken und Ungetauften, beansprucht, die nun keineswegs als sakramentale Ehen eingestuft werden können (vgl. in dieser Studie, s. 79, Anm. 1).
Zu dieser Fragestellung: H. HEIMERL - H. PREE, *Kirchenrecht*, 176.

[12] Die Gegebenheit, daß der Titel, unter dem die katholische Kirche nunmehr Kompetenz über die Ehe beanspruchen kann, die Kirchengliedschaft ist, bedeutet jedoch nicht, daß sie, in der die Kirche Jesu Christi in vollkommener Weise verwirklicht ist, nicht aus ihrer in eben dieser Aussage gründenden Verantwortung für alle Getauften heraus, Ehegesetze, an die auch die Glieder der getrennten Kirchen und kirchlichen Gemeinschaften gebunden wären, erlassen könnte, wenn ein begründeter Anlaß besteht.

[13] Obwohl diese Gesetzeslücke wie vorstehend dargelegt eigentlich nur die Kirchen und kirchlichen Gemeinschaften des Abendlandes betrifft, sollte das kirchliche Gesetzbuch um Rechtsunsicherheiten zu vermeiden dennoch eine alle nichtkatholischen christlichen Konfessionen berücksichtigende Norm enthalten.

zumindest in den einleitenden Kanones des Eherechts, für das eine interkonfessionelle Regelung wohl am notwendigsten ist.

Eine in die Allgemeinen Normen im Zusammenhang mit Kanon 11 aufzunehmende Norm könnte z.B. folgendermaßen lauten:

> Durch rein kirchliche Gesetze werden diejenigen verpflichtet, die in der katholischen Kirche getauft oder in diese aufgenommen worden sind, hinreichenden Vernunftgebrauch besitzen und, falls nicht ausdrücklich etwas anderes im Recht vorgesehen ist, das siebente Lebensjahr vollendet haben.
> Nichtkatholisch Getaufte unterstehen, unbeschadet göttlichen Rechts, dem in der Kirche oder kirchlichen Gemeinschaft, der sie angehören, faktisch vorfindlichen Recht[14].

Die hier vorgeschlagene Formulierung, deren Text eine implizite Anerkennung der bzw. eine Rechtskraftverleihung für fremdkonfessionelle Rechtsordnungen durch die katholische Autorität beinhaltet, wäre durchaus ausreichend, da die Erörterung der Frage, auf welche Weise die Rechtsordnungen der nichtkatholischen christlichen Konfessionen nun im katholischen Bereich anwendbar werden, nicht eigentlich Aufgabe einer Rechtsnorm ist. Sollte dennoch ein doktrineller Hinweis auf die unterschiedliche Einordnung der Rechtsordnungen der getrennten Kirchen und der kirchlichen Gemeinschaften erfolgen, dann könnte die Norm folgendermaßen lauten:

---

[14] Eine unter die Einleitungskanones des Eherechtes (der günstigste Ort wäre wohl im Zusammenhang mit can. 1059) aufzunehmende Norm könnte folgendermaßen lauten:
can. 1059 §1. Die Ehe von Katholiken, auch wenn nur ein Partner katholisch ist, richtet sich nicht allein nach göttlichem, sondern auch nach dem kirchlichen Recht, unbeschadet der Zuständigkeit der weltlichen Gewalt hinsichtlich der rein bürgerlichen Wirkungen dieser Ehe.
– §2. Die Ehe zwischen einem katholischen Partner und einem nichtkatholisch getauften Partner richtet sich, unbeschadet des göttlichen Rechts, auch:
1. nach dem eigenen Recht der Kirche oder der kirchlichen Gemeinschaft, der der nichtkatholische Partner angehört, wenn diese Gemeinschaft ein eigenes Eherecht hat;
2. nach dem Recht, durch das der nichtkatholische Partner verpflichtet ist, wenn die kirchliche Gemeinschaft, der er angehört, kein eigenes Eherecht hat.
– §3. Wenn die Kirche die Gültigkeit der Ehe von nichtkatholisch Getauften zu beurteilen hat,
1. ist hinsichtlich des Rechts, durch das die Partner zur Zeit der Eheschließung verpflichtet waren, die Vorschrift des can. 1059 §2 zu beachten;
2. bezüglich der Eheschließungsform anerkennt die Kirche jedwede vom Recht vorgeschriebene oder anerkannte Form, der die Partner zur Zeit der Eheschließung unterlagen, sofern der Ehewille in öffentlicher Form und, falls einer der Partner einer nichtkatholischen orientalischen Kirche angehört, die Ehe mit dem heiligen Ritus geschlossen wurde (vgl. hierzu cann. 780/781 CCEO, in dieser Studie ss. 196 ff.).

Durch rein kirchliche Gesetze werden diejenigen verpflichtet, die in der katholischen Kirche getauft oder in diese aufgenommen worden sind, hinreichenden Vernunftgebrauch besitzen und, falls nicht ausdrücklich etwas anderes im Recht vorgesehen ist, das siebente Lebensjahr vollendet haben.

Nichtkatholisch Getaufte unterstehen, unbeschadet göttlichen Rechts, dem in der Kirche oder kirchlichen Gemeinschaft, der sie angehören, faktisch vorfindlichen Recht, welches der oberste Gesetzgeber der katholischen Kirche, insoweit es nicht göttlichem Recht widerspricht oder das kanonische Recht eine andere Bestimmung trifft,

1° in Bezug auf die nichtkatholischen orientalischen Kirchen und die anderen Kirchen, die nach dem Urteil des Apostolischen Stuhles hinsichtlich der Sakramente in der gleichen Lage sind, anerkennt;

2° in Bezug auf die nichtkatholischen kirchlichen Gemeinschaften mit Rechtskraft ausstattet[15].

Die soeben vorgeschlagene Norm trifft eine auf ekklesiologischen Kriterien beruhende Unterscheidung zwischen den Rechtsordnungen der ge-

---

[15] Eine unter die Einleitungskanones des Eherechtes (der günstigste Ort wäre wohl im Zusammenhang mit can. 1059) aufzunehmende Norm könnte folgendermaßen lauten:

can. 1059 §1. Die Ehe von Katholiken, auch wenn nur ein Partner katholisch ist, richtet sich nicht allein nach göttlichem, sondern auch nach dem kirchlichen Recht, unbeschadet der Zuständigkeit der weltlichen Gewalt hinsichtlich der rein bürgerlichen Wirkungen dieser Ehe.

– § 2. Die Ehe zwischen einem katholischen und einem getauften nichtkatholischen Part-ner richtet sich, unbeschadet des göttlichen Rechts, auch

1. nach dem eigenen Recht der Kirche oder kirchlichen Gemeinschaft, der der nicht-katholische Partner angehört, wenn diese Gemeinschaft ein eigenes Recht hat und welches der oberste kirchliche Gesetzgeber, insoweit es nicht göttlichem Recht widerspricht oder das kanonische Recht eine andere Bestimmung trifft,

– in Bezug auf die nichtkatholischen orientalischen Kirchen und die anderen Kirchen, die nach dem Urteil des Apostolischen Stuhles hinsichtlich der Sakramente in der gleichen Lage sind, anerkennt;

– in Bezug auf die nichtkatholischen kirchlichen Gemeinschaften mit Rechtskraft ausstattet;

2. nach dem Recht, durch das der nichtkatholische Partner verpflichtet ist, wenn die kirchliche Gemeinschaft, der er angehört, kein eigenes Eherecht hat und welchem der oberste kirchliche Gesetzgeber Rechtskraft verleiht.

– § 3. Wenn die Kirche die Gültigkeit der Ehe von nichtkatholisch Getauften zu beurteilen hat,

1. ist hinsichtlich des Rechts, durch das die Partner zur Zeit der Eheschließung verpflichtet waren, die Vorschrift des can. 1059 §2 zu beachten;

2. bezüglich der Eheschließungsform anerkennt die Kirche jedwede vom Recht vorgeschriebene oder anerkannte Form, der die Partner zur Zeit der Eheschließung unterlagen, sofern der Ehewille in öffentlicher Form und, falls einer der Partner einer nichtkatholischen orientalischen Kirche angehört, die Ehe mit dem heiligen Ritus geschlossen wurde (vgl. hierzu cann. 780/781 CCEO, in dieser Studie ss. 196 ff.).

trennten Orientalen und den Kirchen, die hinsichtlich der Sakramente in der gleichen Lage sind[16], auf der einen sowie denen der getrennten kirchlichen Gemeinschaften des Abendlandes auf der anderen Seite.

Für die in Bezug auf die «ekklesiologische Wertigkeit» am höchsten stehenden orientalischen Kirchen wiederholt sie feststellend die Anerkennung, die ihren Rechtsordnungen bereits durch das II. Vatikanische Konzil ausgesprochen wurde[17]. Analoges bestimmt sie für die Kirchen, die hinsichtlich der Sakramente in der gleichen Lage sind wie die getrennten Ostkirchen.

Hinsichtlich der in den getrennten kirchlichen Gemeinschaften des Abendlandes, denen eine «geringere ekklesiologische Wertigkeit» zukommt, vorfindlichen Ordnungen spricht die Norm eine Rechtskraftverleihung aus und ermöglicht so ihre Anwendung im katholischen Ambitus.

Für den Fall, daß eine Norm nach dem einen oder anderen soeben vorgeschlagenen Muster nicht erlassen würde, wären meineserachtens die Ehen der getauften abendländischen Nichtkatholiken, da das lateinische Gesetzbuch nichts über die Gesetzesunterworfenheit der nichtkatholisch Getauften bestimmt, im lateinischen Rechtsbereich im Bedarfsfall nach dem göttlichen Recht zu beurteilen[18]. Für eine Anwendung der diesen christlichen Konfessionen eigenen Rechtsordnungen durch den katholischen Richter gibt es keinen Anhaltspunkt[19]. Die Ehen der orientalischen Nichtkatholiken

---

[16] *De facto* sind dies nur die altkatholischen Kirchen des Westens.

[17] Die Norm beinhaltet für die getrennten Orientalen also keine Anerkennung ihrer Rechtsordnungen im Sinne einer Rechtskraftverleihung, sondern einer bloßen Feststellung.

[18] Vgl. in dieser Studie, s. 160-161, Anm. 22.

[19] Auf die Auffassung J. PRADERS, eines der vielen Autoren, welche die Unterworfenheit der Ehen der Mitglieder der nichtkatholischen Kirchen und kirchlichen Gemeinschaften des Abendlandes, vorbehaltlich göttlichen Rechts, unter das Recht ihrer Gemeinschaften befürworten, bezugnehmend, betont U. NAVARRETE zu Recht: «Leider konnte der Autor [...] keinen einzigen Gesetzestext zitieren, auf welchen er seine These stützen könnte, nach welcher die Ehe der abendländischen getauften Nichtkatholiken sich nach deren eigenem Recht richtet; eine These von einer solchen juristischen Bedeutung [...] dürfte nicht so unbestimmt bleiben, der Diskussion der Kanonisten und der [...] Applikation der Jurisprudenz überlassen» («Il Matrimonio in Oriente e Occidente*», 568 [eigene Übersetzung]). Nach NAVARRETE handelt es sich bei der Praderschen These um einen «Gedankengang, den vielleicht nicht alle mit der moralischen Sicherheit annehmen werden um sich über die Nichtigkeit einer Ehe zu äußern. Es ist klar, daß die Materie zu bedeutend ist und zu viele Personen berührt als daß man sowohl die Lehre wie auch im besonderen die Jurisprudenz im Ungewissen lassen darf. Es wäre deshalb wünschenswert, daß möglichst bald die in den cann. 780 § 2 und 781 des CCEO enthaltenen Normen, wenn nötig in angepasster

hingegen wären im lateinischen Rechtskreis seitens der katholischen Autorität auf der Basis der Aussage des Ökumenismusdekretes, Artikel 16, unbeschadet göttlichen Rechts, nach dem in ihren Gemeinschaften geltenden Eherecht zu beurteilen.

Form, auch in das Eherecht der lateinischen Kirche übernommen würden» (*Ibid.*, 568-569).

DRITTER TEIL

DAS KATHOLISCHE INTERKONFESSIONELLE EHERECHT

X. KAPITEL

**Begriff, Name und Aufgabe
des katholischen interkonfessionellen Eherechtes**

Die eine Kirche Jesu Christi ist durch menschliches Versagen gespalten in verschiedene Kirchen und kirchliche Gemeinschaften, die entweder über eigene Eherechtsordnungen verfügen oder aber die jeweiligen staatlichen Ehegesetzgebungen anerkennen.

Auf der Basis der Aussagen des II. Vatikanischen Konzils über die getrennten Kirchen und kirchlichen Gemeinschaften eröffnet sich, wie vorstehend dargelegt, die Möglichkeit einer, wenn auch je verschieden zu begründenden, Anwendung der die Ehe betreffenden Legislationen dieser nichtkatholischen christlichen Konfessionen seitens der katholischen Kirche.

Der katholische Gesetzgeber steht in diesem Falle vor der Tatsache, daß ein Rechtsverhältnis wie die Ehe, innerhalb der Kirche Jesu Christi, in Bezug auf Anordnungen rein menschlichen Rechts, durch mehrere Legislationen legitimerweise verschieden geregelt zu werden vermag. Damit ergeben sich im Bereich der konfessionsverschiedenen Ehen notwendigerweise Normenkollisionen, mit anderen Worten ein Widerstreit eherechtlicher Vorschriften für den Fall, daß die verschiedenen konfessionellen Rechtsordnungen bezüglich einer eherechtlichen Materie voneinander divergierende Dispositionen enthalten.

In logischer Konsequenz ist die Entwicklung von Normen zu fordern, die bestimmen, welche Legislation in einem Kollisionsfall, d.h. beim Aufeinandertreffen von Rechtsnormen gleicher Geltungskraft, die von verschiedenen Gesetzgebern erlassen sind und dasselbe Rechtsverhältnis, im Falle dieser Studie, die Ehe, betreffen, anzuwenden ist[1].

---

[1] Das Faktum der durch legitimerweise nebeneinanderstehende Rechtsordnungen hervorgebrachten Normenkollisionen ist für das kanonische Recht nicht völlig neu, da es innerhalb der katholischen Kirche verschiedene gleichberechtigte Rechtsordnungen für den lateinischen und die verschiedenen katholischen orientalischen Riten gibt. Die

Solche Normen, welche die Beziehungen des kanonischen Rechts zu fremdkonfessionellen (Ehe-)Legislationen regeln, könnten unter dem Begriff «Katholisches Interkonfessionelles (Ehe-)Recht»[2] zusammengefasst werden.

Normen, welche die Rechtsverhältnisse der Angehörigen verschiedener Riten untereinander regeln, werden als interrituelles Recht und dementsprechend die die Ehe zweier ritusverschiedener Partner regelnden, als interrituelles Eherecht bezeichnet. Der meines Wissens erstmals von A. PERATHONER (*Das kirchliche Gesetzbuch*, 49, Anm. 4) und A. KOENIGER (*Katholisches Kirchenrecht*, 114) geprägte Begriff «interrituell», dem H. DAUSEND 1939 ein eigenes Buch gewidmet hat (*Das interrituelle Recht im Codex Iuris Canonici*) ist weder im Wortschatz des CIC/1983 noch in dem des CCEO/1990 anzutreffen. In der Lehre ist der Begriff indes zu einem festen *terminus technicus* geworden, wobei allerdings verschiedene Begriffsinhalte festzustellen sind. Folgt man beispielsweise der von Dausend vorgenommenen Aufbereitung des Themas, so zeigt sich, daß unter ein und demselben Begriff durchaus Verschiedenes verstanden wird. Ausgehend vom CIC 1917 subsumiert Dausend unter «interrituell» alle Kanones, die irgendwie auch Orientalen berühren, ohne daß es sich dabei um Bestimmungen handelt, die Rechtsbeziehungen zwischen dem lateinischen Ritus und den orientalischen Riten zum Gegenstand haben (*Das interrituelle Recht im Codex Iuris Canonici*, 32-47). Im engeren Sinn versteht Dausend dann allerdings unter interrituellem Recht «nur jene Normen, die wirklich interrituell sind, d.h. nur jene, die den Verkehr der Angehörigen verschiedener Riten untereinander, den Übertritt von einem Ritus zum anderen, überhaupt ihr Verhältnis zueinander regeln» (a.a.O., 47). W. AYMANS nennt «interrituelles Verkehrsrecht» «alles, was die Beziehungen der Gläubigen beider Rechtskreise (d.h. des lateinischen und des orientalischen, Anm. d. Verf.) miteinander anbelangt» (W. AYMANS – K. MÖRSDORF, *Kanonisches Recht*, I, 105).

[2] Es ist nicht einfach, diesem Teil des kanonischen Rechtes einen Namen zu geben. Nicht ratsam wäre es die Normen, welche die Beziehungen zwischen kanonischem Recht und den verschiedenen anderen fremdkonfessionellen Legislationen regeln, wie in einem ersten Moment von J. MALDONADO (*Curso*, 234; ID., «Nuevas relaciones», 408 f.) in Erwägung gezogen, unter den Begriff des *Ius canonicum externum* (äußeres Kirchenrecht) zu fassen, mit dem im *Ius publicum Ecclesiasticum* die namentlich auf den Staat gerichtete kirchenrechtliche Ordnung im Gegensatz zur Ordnung der inneren kirchlichen Verhältnisse bezeichnet wurde. Der Grund liegt darin, daß es sich hier letztlich doch um interne Normen der Kirche Jesu Christi und weniger um im Sinne des *Ius Publicum Ecclesiasticum* «äußere» Normen handelt.

Der Begriff «interpotestatives Recht», den C. JANNACCONE (*I fondamenti*), vor allem im Hinblick auf die Beziehungen zwischen der kirchlichen Rechtsordnung und staatlichen, bzw. überstaatlichen Rechtsordnungen geprägt hat, erweist sich in diesem Zusammenhang mißverständlich, da er die nichtkatholischen Kirchen und kirchlichen Gemeinschaften als *Potestates* darstellt und von daher eine zwangsläufig in ihnen allen vorhandene *Potestas iurisdictionis* suggerieren könnte. Die Bezeichnung «Recht der Beziehungen zu anderen nichtkatholischen christlichen Rechtssystemen», obschon er exakt ist, ist nicht kurz genug.

Bleibt die Bezeichnung «Interkonfessionelles Recht», den ich A. BERNÁRDEZ CANTÓN (*Curso*, 167), H. J. F. REINHARDT («Hat c. 11 CIC 1983», 212) und P. H. NEUHAUS («Zum Verhältnis», 121-122) entnommen habe und den auch J. MAL-

Seiner Art nach wäre das Katholische Interkonfessionelle (Ehe-)Recht ein Kollisionsrecht[3] bestehend aus Kollisionsnormen (Grenznormen)[4], welche

---

DONADO (*Curso*, 234; ID., «Nuevas relaciones», 408 f.) verwendet, den er dann aber wieder verwirft, da die fremdkonfessionellen Rechtsordnungen nur einen Teil der Rechtsordnungen darstellen, zu denen die kanonische Rechtsordnung in Beziehung zu treten vermag (es bleiben z.B. die Beziehungen zu den staatlichen oder anderen nichtchristlichen religiösen Rechtsordnungen außer Acht). Da in dieser Studie jedoch nur die Beziehungen zwischen der katholischen Eherechtsordnung und den Eherechtsordnungen der nichtkatholischen christlichen Konfessionen behandelt werden sollen, kann meineserachtens im folgenden ohne größere Schwierigkeiten der Begriff des Interkonfessionellen Rechts, bzw. näherhin des Interkonfessionellen Eherechtes Verwendung finden.

[3] Kollisionsrecht kann allgemein definiert werden als ein Recht bestehend aus Rechtsanwendungsnormen (Kollisionsnormen), das entscheidet, welches materielle Recht, bestehend aus Sachnormen, anzuwenden ist (vgl. G. KEGEL, *Internationales Privatrecht*, 16). Es ist der Oberbegriff für alle Regeln, die die Sachnormanwendung auf grenzüberschreitende Fälle regeln. Dem Begriff «Kollisionsrecht» liegt die Vorstellung zugrunde, die vom konfessionsüberschreitenden Tatbestand berührten konfessionellen Rechtsordnungen würden gleichsam einander stoßend (kollidierend) um die Anwendung ringen, d.h. im Anwendungskonflikt liegen, den dann ein Kollisionsrecht, wie es z.B. das Interkonfessionelle Eherecht ist, durch die Auswahl der maßgeblichen Rechtsordnung löst. Dem soeben Dargelegten zufolge würde das kanonische Recht sich also gleichsam aus 2 Schichten zusammensetzen. Den Unterbau bilden die Sachnormen, den Überbau die Normen des interkonfessionellen Rechtes. Bei Vorliegen eines interkonfessionellen Rechtsverhältnisses beginnt die Ermittlung der auf dasselbe anzuwendenden Normen stets auf der Ebene der interkonfessionellen Norm des eigenen Rechtes, welche sodann entweder unmittelbar die anzuwendenden fremd- oder eigenkonfessionellen Sachnormen bestimmt (Sachnormverweisung) oder aber im Rahmen einer Gesamtverweisung zunächst auf das Kollisionsrecht der berufenen fremdkonfessionellen Rechtsordnung, so ein solches überhaupt existiert, verweist. Im letztgenannten Fall kann es sodann seitens der fremdkonfessionellen interkonfessionellen Norm entweder zu einer Verweisung auf die Sachnormen des fremden Rechtes kommen oder aber zu einer Rückverweisung auf das kanonische Recht im Sinne einer direkten Verweisung auf die Sachnormen desselben oder aber im Sinne einer Gesamtrückverweisung auch auf die interkonfessionellen Normen desselben, welch letztere jedoch, aufgrund des sich ergebenden *Circulus* nach internationalprivatrechtlichem Vorbild meineserachtens mit der Anwendung der Sachnormen des kanonischen Rechtes abzubrechen ist. Möglich wäre jedoch auch eine Weiterverweisung der interkonfessionellen Kollisionsnormen des fremdkonfessionellen Rechtes auf die interkonfessionellen Normen (Gesamtweiterverweisung) oder auch nur auf die Sachnormen des Rechtes einer dritten Konfession, wobei im Falle einer Gesamtweiterverweisung hier wiederum auf das Recht einer vierten Konfession verwiesen werden könnte usf.

[4] Die Kollisionsnorm ist ein Teil der Rechtsordnung, der als ein Rechtssatz formuliert ist, der einen anderen Rechtssatz für anwendbar erklärt. Oder anders: Eine Kollisionsnorm gibt an, welche Sachnormen anzuwenden sind, wenn sich die Sachnormen in bestimmter Weise (z.B. räumlich oder zeitlich) unterscheiden (vgl. G. KEGEL, *Internationales Privatrecht*, 32ff.).

entweder nur den Anwendungsbereich der eigenen, also der kanonischen (Ehe-)rechtsordnung festlegen (einseitige Kollisionsnormen) oder aber außerdem auch angeben, wann fremdes, d.h. fremdkonfessionelles (Ehe-)recht anzuwenden ist (zweiseitige, allseitige oder vollkommene Kollisionsnormen).

Näherhin könnte das katholische interkonfessionelle Recht nun folgendermaßen umschrieben werden:

Unter katholischem interkonfessionellem Recht versteht man die Gesamtheit der Rechtssätze des kanonischen Rechtes, die festlegen, ob kanonisches oder welches fremdkonfessionelle Recht anzuwenden ist, wenn ein Rechtstatbestand Beziehungen hat, die über den Ambitus der katholischen Kirche hinausreichen[5].

Dementsprechend würde die Definition des katholischen interkonfessionellen Eherechtes lauten:

Unter katholischem interkonfessionellem Eherecht ist die Gesamtheit der Rechtssätze des kanonischen Rechtes zu verstehen, die bestimmen, ob kanonisches oder welches fremdkonfessionelle Eherecht anzuwenden ist, wenn das Rechtsverhältnis Ehe über den Ambitus der katholischen Kirche hinausreicht.

Es sei an dieser Stelle in aller Deutlichkeit herausgestellt, daß es sich beim interkonfessionellen (Ehe-) Recht um das (Ehe-) Recht einer Konfession handelt. Das heißt mit anderen Worten katholisches interkonfessionelles (Ehe-) Recht ist kanonisches und kein «ökumenisches» (Ehe-) Recht. Seine Eigenart besteht lediglich darin, daß es das für Tatbestände, die über den Ambitus der katholischen Kirche hinausreichen, d.h. mit anderen Worten nichtkatholische christliche Konfessionen berühren, z.B. bekenntnisverschiedene Ehen, maßgebliche Recht bestimmt.

Die Notwendigkeit eines solchen «Katholischen interkonfessionellen Rechtes» und damit auch eines «Katholischen interkonfessionellen Eherechtes» wird von den Gelehrten durchaus gesehen und seine Erarbeitung immer wieder gefordert.

Bereits 1966 schrieb P. H. Neuhaus:

Nachdem das Konzil die anderen christlichen Religionsgemeinschaften als Kirchen anerkannt hat, läge die Konsequenz nahe, auch das Recht dieser Gemeinschaften als für deren Glieder maßgebend anzuerkennen und demgemäß

---

[5] Ein andere mögliche Definition wäre: Unter katholischem interkonfessionellem Recht versteht man die Gesamtheit der Rechtsanwendungsnormen (Kollisionsnormen) des kanonischen Rechts, die bestimmen, welcher Kirche oder kirchlichen Gemeinschaft Recht anzuwenden ist, wenn ein Rechtstatbestand eine nichtkatholische christliche Konfession berührt.

Vgl. zur Definition des katholischen interkonfessionellen Rechtes auch: H. ENGELHARDT, «Zwischenkirchliches Recht», 37.

zweiseitige Kollisionsnormen des interreligiösen und interkonfessionellen Eherechts zu entwickeln[6].

Im gleichen Tenor forderte P. Gismondi 1968, daß man fürderhin eine besondere juridische Beachtung den Beziehungen zwischen dem kanonischen Recht und den Rechtsordnungen der anderen Kirchen und kirchlichen Gemeinschaften, besonders den nichtkatholischen Ostkirchen schenken müße[7].
Ähnlich äußerte sich J. Maldonado:

Die Koexistenz verschiedener konfessioneller Rechte und die Möglichkeit, daß im religiösen Rechtsleben Untergebene und Elemente derselben in Beziehung zueinander treten, fordert notwendigerweise Normen, welche die auf die verschiedenen Aspekte, die diese Beziehungen haben können, anwendbare konfessionelle Rechtsordnung bestimmen[8].

An anderer Stelle fordert er, daß, wenn die kanonische Rechtsordnung vollkommen sein will, sie nicht von der Aufgabe absehen kann und darf, für Rechtssicherheit der katholischen Christen im Verkehr mit fremden Rechtsordnungen zu sorgen, damit sie nicht ins Spannungsfeld von Rechtskonflikten geraten[9].

Der evangelische Kirchenrechtler A. Stein unterstreicht die Notwendigkeit einer solchen interkonfessionellen Legislation mit folgenden Worten[10]:

In der Mitte zwischen einem feindlichen oder gleichgültigen Nebeneinanderherleben und einem die Verschmelzung zu neuer Einheit anstrebenden Aufeinanderzugehen von Teilkirchen liegt der weite Bereich von Möglichkeiten, ein in gegenseitiger Anerkennung geübtes Miteinander auf das Ziel einer von

---

[6] P. H. NEUHAUS, «Zum Verhältnis», 121-122; vgl. hierzu in dieser Studie s. 8, Anm. 5.

[7] P. GISMONDI, *Lezioni di diritto canonico*, 134: «Niun dubbio che da tale angolo visuale l'incontro fra gli ordinamenti di diverse istituzioni possa dare vita ad un ordinamento generale più complesso. In altri termini gli incontri multilaterali tra chiese confessionalmente divergenti possono essere istituzionalizzati a somiglianza degli incontri tra ordinamenti statali (diritto internazionale pubblico)».

[8] «La coesistenza di vari diritti confessionali e la possibilità che nella vita giuridica religiosa vengano in relazione sudditi ed elementi degli uni e degli altri, pone la necessità di norme che determinano la legislazione confessionale applicabile ai diversi aspetti che queste relazioni possono porre» (J. MALDONADO, Curso, 217, in italienischer Übersetzung zitiert in: F. HÜBLER, «Riflessi dell'Ecumenismo», 159).

[9] J. MALDONADO, «Nuevas relaciones», 407 ff.

[10] Im folgenden Text benutzt der Autor für die verschiedenen christlichen Konfessionen den Terminus «Teilkirchen». Gemeint sind die verschiedenen Kirchen und kirchlichen Gemeinschaften. Desweiteren unterscheidet der Autor im folgenden, evangelischer Auffassung gemäß, nicht zwischen Kirchen und kirchlichen Gemeinschaften. Dort wo er von Kirchen spricht, wäre nach katholischem Verständnis stets von «Kirchen *und kirchlichen Gemeinschaften*» zu sprechen.

Reibungen und Mißverständnissen möglichst befreiten Nachbarschaft hin zu ordnen. Eine solche Ordnungsaufgabe wird dringlicher dadurch, daß die Mobilität moderner Lebensformen die Zahl gegenseitiger Kontakte der Teilkirchen stark vermehrt hat. Wanderungsbewegungen, Massentourismus und wirtschaftliche wie politische internationale Verflechtungen lassen Begegnungen zwischen Kirchen und Christen auch da immer häufiger werden, wo lange Zeit eine Teilkirche in einem geschlossenen Siedlungsgebiet selbstgenügsam für sich leben konnte. Heute erkennen Kirchen immer deutlicher die Aufgabe, auch bei Fehlen der Voraussetzungen zu einem kirchlichen Zusammenschluß doch schon die Gliedschaft an dem einen Christusleib in der Art und Weise des Umgangs miteinander zum Tragen zu bringen. Sie wird zwar nur durch den guten Willen von im Glauben davon überzeugten Christen wirklich gelöst werden. Die dienenden, anleitenden und konfliktverhütenden Hilfsmöglichkeiten des Kirchenrechts sollten aber auch hier nicht unterschätzt werden[11].

---

[11] A. STEIN, *Evangelisches Kirchenrecht*, 178.

XI. Kapitel

Interkonfessionelle Normen im kanonischen Eherecht

Obwohl bislang nicht von der Existenz eines umfassenden Katholischen Interkonfessionellen Eherechtes gesprochen werden kann, finden sich in der kanonischen Gesetzgebung durchaus einzelne interkonfessionelle eherechtliche Normen[1].

Neben einseitigen eherechtlichen Kollisionsnormen wie z.B. cann. 1059, 1117[2] oder 1127[3] in Verbindung mit 1108[4] des CIC/1983 finden sich neuerdings in der kanonischen Gesetzgebung, näherhin im Gesetzbuch für die katholischen orientalischen Kirchen (CCEO) auch zweiseitige eherechtliche Kollisionsnormen. In den Kanones 780 und 781 CCEO legt der Gesetzgeber genau fest, in welchen Fällen im eherechtlichen Bereich seine eigenen

---

[1] Über die Existenz interkonfessioneller privatrechtlicher Kollisionsnormen im kanonischen Recht im allgemeinen — von ihr als «Interkonfessionelles Privatrecht» bezeichnet — schreibt F. HÜBLER: «Sicher, auch wenn man diese Normen als "Interkonfessionelles Privatrecht" bezeichnet, darf man nicht erwarten, daß sie, obwohl ähnlich, exakt genauso, d.h. nach den gleichen Gesetzmäßigkeiten funktionieren wie die Normen des Internationalen Privatrechtes. Dies ist auch allgemein von der Lehre zugelassen. Aber wir glauben, indem wir eine Ähnlichkeit *cum grano salis* annehmen, d.h. indem wir berücksichtigen, daß wir uns hier vor einer von der von den Internationalprivatrechtlern studierten verschiedenen Wirklichkeit befinden, und daß in allen konfessionellen Systemen Kollisionsnormen nur selten vorkommen, dennoch, daß man heute in der Gesetzgebung der katholischen Kirche durchaus von der Existenz von Normen dieser Art sprechen kann, deren Mangel ein Teil der Lehre schon beklagt hatte» («Riflessi», 158 [eigene Übersetzung]). Vgl. auch R. QUADRI, *Lezioni di diritto internazionale privato*, Napoli, 1967, 244; 20-30; E. VITTA, *Diritto internazionale privato*, Torino 1972, I, 76ff; A. K. ELGEDDAWI, *Relations entre systèmes confessionel et laique en droit international privé*, Paris 1971.

[2] Vgl. can. 834 §1 CCEO.

[3] Vgl. can. 834 §2 CCEO.

[4] Vgl. can. 828 CCEO.

Sachnormen Anwendung finden, und in welchen Fällen das Recht anderer christlicher Konfessionen heranzuziehen ist.

Da diese Normen des orientalischen Rechtskreises hinsichtlich der konfessionsverschiedenen Ehen, an denen ein Katholik beteiligt ist, meineserachtens, dem heutigen ökumenischen Empfinden gemäßere allseitige interkonfessionelle Bestimmungen beinhalten, sowie hinsichtlich der Ehen zwischen getauften Nichtkatholiken eine im lateinischen Rechtskreis vorhandene Gesetzeslücke des interkonfessionellen Rechts schließen, und von daher Anregungen für eine mögliche Verbesserung der lateinischen Gesetzgebung bieten, sollen sie im folgenden näher vorgestellt und analysiert werden.

1. Die Kanones 780 und 781 CCEO

Can. 780 - §1. Die Ehe von Katholiken, auch wenn nur ein Partner katholisch ist, richtet sich nicht allein nach dem göttlichen, sondern auch nach dem kanonischen Recht, unbeschadet der Zuständigkeit der weltlichen Gewalt hinsichtlich der rein bürgerlichen Wirkungen der Ehe.

Can. 780 - §2. Die Ehe zwischen einem katholischen und einem getauften nichtkatholischen Partner richtet sich unbeschadet des göttlichen Rechts auch:
1° nach dem Recht der Kirche oder der kirchlichen Gemeinschaft, der der nichtkatholische Partner angehört, wenn diese Gemeinschaft ein eigenes Eherecht hat;
2° nach dem Recht, durch das der nichtkatholische Partner verpflichtet ist, wenn die kirchliche Gemeinschaft, der er angehört, kein eigenes Eherecht hat.

Can 781 - Wenn die Kirche die Gültigkeit der Ehe von nichtkatholischen Getauften zu beurteilen hat:
1° ist hinsichtlich des Rechtes, dem die Partner zur Zeit der Eheschließung unterstanden, die Vorschrift des can. 780, §2 zu befolgen;
2° hinsichtlich der Eheschließungsform anerkennt die Kirche jedwede gesetzlich vorgeschriebene oder anerkannte Form, der die Partner zur Zeit der Eheschließung unterlagen, vorausgesetzt, daß der Ehewille in öffentlicher Form erklärt wurde und, falls einer der Partner einer nichtkatholischen orientalischen Kirche angehört, die Ehe durch den heiligen Ritus geschlossen wurde.

1.1 *Die Entstehungsgeschichte der cann. 780 und 781 CCEO*

Bereits in den beiden Arbeitssitzungen des *Coetus de Matrimonio* im Frühjahr 1977 sowie im Frühjahr 1978 wurden von den Konsultoren auch ausführlich die Fragen diskutiert, welcher Rechtsordnung Ehen, an denen ein Katholik und ein Nichtkatholik beteiligt sind, unterliegen und nach welchem Recht Ehen von getauften und ungetauften Nichtkatholiken zu beurteilen sind, wenn deren Gültigkeit etwa wegen einer beabsichtigten neuen Eheschließung mit einem Katholiken seitens katholischer Instanzen zu überprüfen ist[5]. Weitgehende Übereinstimmung bestand darin, daß aufgrund der Aussagen des II. Vatikanischen Konzils und der in seiner Folge getroffenen Entscheidungen für getaufte Nichtkatholiken, ebenso wie für die Ungetauften, die rein kirchlichen Gesetze des katholischen Eherechts nicht länger Verbindlichkeit beanspruchen sollten. Dennoch wurde für die Ehe zwischen einem Katholiken und einem Nichtkatholiken zunächst folgender Kanon vorgeschlagen: «Matrimonium inter partem catholicam orientalem et partem baptizatam non catholicam vel partem non baptizatam, regitur iure canonico catholico orientali»[6]. Dieser Text, welcher das bislang geltende Recht widerspiegelte, wurde von den Konsultoren sogleich kontrovers diskutiert[7]. Schließlich wurden zusätzlich zu dem bereits zitierten Text noch 2 weitere Formulierungen vorgeschlagen, welche zusammen mit diesem einem weitergehenden Studium unterworfen werden sollten: «Baptizati non catholici et non baptizati, si cum catholicis matrimonium ineunt, quod attinet ad conditiones habilitatis quae non sunt iuris divini positivi vel naturalis, propria lege reguntur, servatis de iure servandis» und «Matrimonium

---

[5] Vgl. *Nuntia* 5 (1977) 52-57; *Nuntia* 8 (1979) 5-7.

[6] *Nuntia* 5 (1977) 61.

[7] *Nuntia* 5 (1977) 61. Die Gründe *zugunsten* dieser Formulierung: «a) in eo nonnisi ius vigens affirmatur; b) si pars orthodoxa propria lege teneretur plura matrimonia mixta de facto celebrari coram Ecclesia Catholica nequirent, quia Hierarchiae orthodoxi dispensationes ab impedimentis dirimentibus vix concedant; c) etiam Orthodoxi, in matrimoniis cum Heterodoxis, legem orthodoxam exclusive applicant; d) omnes incertitudines in tribunalibus Catholicorum hac in re textus removet». *Gegen* diesen Gesetzesvorschlag wurde angeführt: « a) Formula proposita doctrinam traditionalem affirmat quae revisenda esse videtur, cum praeiudicium afferat principio a Concilio Vaticano secundo enuntiato quo disciplina Orthodoxorum ut legitima agnoscitur (cfr. Decr. de Oecumenismo, n. 16); b) formula proposita libertatem conscientiae Orthodoxorum graviter laedit; c) ex eo quod aliquae Ecclesiae Orthodoxae nondum sunt proclives ad statuendas normas minus rigidas pro matrimoniis mixtis cum Catholicis, nihil in favore textus erui potest; d) textus non eliminat plures difficultates relate ad recognitionem validitatis matrimonii mixti ex parte auctoritatis civilis, praecipue illis in regionibus in quibus "statuta personalia" vigent, in quibus documentum status libertatis ab utraque parte exigitur: iamvero status liber sponsorum est eorum immunitas ab omnibus quae in foro externo validae et licitae celebrationi matrimonii obstare possent; e) secundum textum propositum non baptizati, si cum catholicis matrimonium contrahunt, solummodo impedimentis iuris naturalis obnoxii essent, dum adhuc probabilitate gaudet etiam sententia secundum quam pars non baptizata impedimentis ab auctoritate propria statutis tenetur» (*Ibid*. 61-62).

catholicorum cum acatholicis invalide contrahitur nisi pars non catholica libera sit ab impedimentis quibus lege cui subiacet tenetur»[8].

Für die Beurteilung nichtkatholischer Ehen wurde folgender in einen Kanon zu fassende Regel vorgeschlagen «In diiudicanda validitate matrimonii inter personas quae legibus ecclesiasticis non sunt subiectae, leges propriae, quibus ipsae tenentur, attendendae sint, salvo iure divino positivo aut naturali»[9]. Diese Bestimmung wurde ausdrücklich nicht als *Canonizatio* nichtkatholischen Rechts verstanden, sondern lediglich als formale Anerkennung der Disziplin, durch die Nichtkatholiken gebunden sind[10]. Am Ende der Diskussion billigten die Konsultoren am 22. März 1977 die folgende Formulierung als vorläufigen Entwurf des neu zu fassenden Kanons, der auf der Sitzung des kommenden Jahres jedoch noch einmal behandelt werden sollte: «In diiudicanda validitate matrimonii initi inter personas non catholicas applicandae sunt leges propriae quibus ipsae reguntur, salvo iure divino positivo aut naturali prout ab Ecclesia Catholica declaratur»[11].

In der Sitzung vom Frühjahr 1978 wurden die Fragen, welcher Rechtsordnung Ehen zwischen einem Katholiken und einem Nichtkatholiken unterliegen und nach welchem Recht Ehen von getauften und ungetauften Nichtkatholiken zu beurteilen sind, wenn deren Gültigkeit etwa wegen einer beabsichtigten neuen Eheschließung mit einem Katholiken seitens katholischer Instanzen zu überprüfen ist, erneut behandelt. Für die Ehe zwischen einem Katholiken und einem Nichtkatholiken schlugen die Konsultoren nach langer Diskussion folgenden Kanontext als can. 5 (*novus*) vor:

> In matrimonio ineundo inter partem baptizatam in Ecclesia Catholica vel in eandem receptam et partem baptizatam quae ad plenam communionem cum Ecclesia Catholica non pervenerit, aut partem non baptizatam, quod attinet ad impedimenta quae non sunt iuris positivi divini vel naturalis, lex propria utriusque partis servetur, a qua tamen auctoritas catholica dispensare potest[12].

Für die Ehe zweier Nichtkatholiken wurde folgender Vorschlag eines can. 4 (*novus*) unterbreitet:

> Ubi ecclesia iudicare debet de validitate matrimonii initi inter personas quae legibus mere ecclesiasticis non tenentur, normae sequentes servandae sunt:

---

[8] *Nuntia* 5 (1977) 62.
[9] *Nuntia* 5 (1977) 53.
[10] Vgl. *Nuntia* 8 (1979) 6.
[11] *Nuntia* 5 (1977) 57.
[12] *Nuntia* 8 (1979) 9.

1° Quod attinet ad impedimenta quae non sunt iuris divini positivi aut naturalis attendendae sunt leges quibus ipsae tenentur;
2° Quod attinet ad formam celebrationis matrimonii Ecclesia agnoscit quamlibet formam lege praescriptam vel agnitam cui partes tempore celebrationis matrimonii subiectae fuerint, dummodo consensus expressus sit forma publica et, ubi una saltem pars sit christiana non catholica orientalis, matrimonium initum fuerit ritu sacro, salvo praescripto CA can. 89[13].

Gegenüber der Fassung des Jahres 1977 fällt auf, daß can. 4 (*novus*) in der Formulierung von 1978 das katholischerseits zu beachtende Eigenrecht, dem Nichtkatholiken bei ihrer Eheschließung unterstehen, aufgliedert in die Ehehindernisse menschlichen Rechts und in die jeweils vorgeschriebene oder zugelassene Eheschließungsform.

1.1.1 Das *Schema Canonum de Cultu Divino et praesertim de Sacramentis* von 1980

Die mit cann. 4 (*novus*) und 5 (*novus*) vorgeschlagenen allseitigen interkonfessionellen Kollisionsnormen wurden mit einer einzigen substantiellen Änderung als cann. 118 und 119 in das *Schema de Sacramentis* von 1980 aufgenommen. Gegenüber der Fassung von 1978 enthielt can. 119 des Schema 1980 nicht mehr die Klausel über die Noteheschließung nach can. 89 CA.

In den Praenotanda ist zu lesen:

Die Kanones 118 und 119 sind neu und werden [...] vorgeschlagen, um eine in der Jurisprudenz häufig sich stellende Frage einer Lösung zuzuführen. Es handelt sich um das Problem, welches Gesetz anzuwenden ist, wenn die Kirche die Gültigkeit einer Ehe zwischen Personen, die, wie vorgeschlagen wird, durch die speziellen Instruktionen des Apostolischen Stuhles nicht verpflichtet werden, zu beurteilen hat[14].

Kanon 118 (*novus*) des Schema 1980 statuierte:

In matrimonio ineundo inter partem baptizatam in Ecclesia catholica vel in eandem receptam et partem baptizatam quae ad plenam communionem cum Ecclesia catholica non pervenerit aut partem non baptizatam, quod attinet ad impedimenta quae non sunt iuris divini positivi vel naturalis, lex propria utriusque partis servetur, a qua tamen auctoritas catholica competens dispensare potest[15].

---

[13] *Nuntia* 8 (1979) 7.
[14] Vgl. *Nuntia* 10 (1980) 12 (eigene Übersetzung).
[15] Vgl. *Nuntia* 10 (1980) 41.

Zu dieser für ein Gesetzbuch der katholischen Kirche völlig neuartigen Norm nahmen 5 Konsultationsorgane Stellung, von denen eines die Streichung dieses Kanon forderte. Die Begründung war, daß man aufgrund dieser Bestimmung zu der Überzeugung gelangen könnte, «daß die häretischen Gemeinschaften und die nichtchristlichen Religionen die Vollmacht hätten wirkliche Gesetze über die Ehe zu promulgieren, was theologisch wohl nicht richtig ist»[16].

Andere Anmerkungen waren weniger gegen den Kanon selbst als gegen seine letzte Klausel gerichtet, welche mit dem kanonischen Konzept der Dispens scheinbar nicht in Einklang zu bringen war, bzw. waren redaktioneller Natur.

Dem Konsultationsorgan, das die Streichung der Norm vorschlug, antwortete die Studiengruppe, in Bezug auf jene christlichen Gemeinschaften, die von ihm als häretische Gemeinschaften bezeichnet wurden, mit dem Konzilsdekret über den Ökumenismus (UR, nn. 3 und 16), aus dessen Wortlaut sich die Notwendigkeit zu ergeben scheint, daß die Gesetzgebung, der die nichtkatholischen Gemeinschaften faktisch unterworfen sind, durch einen förmlichen Verweis anerkannt werde, welcher jedoch nicht zugleich auch die Anerkennung einer *Competentia propria* dieser Gemeinschaften Gesetze über die sakramentale Ehe zu erlassen, beinhalte. Um nun die Interpretation zu vermeiden, daß es sich bei den Rechtsordnungen der nichtkatholischen Gemeinschaften um wirkliche Gesetze handle, und mit Rücksicht auf die Nichtgetauften, ersetzte die Studiengruppe die Worte «*lex propria*» durch den Ausdruck «*ius proprium [...] nisi iure divino contrarium sit*».

Die Klausel «*a qua tamen auctoritas catholica dispensare potest*» wurde schließlich aufgrund der Tatsache, daß eine kanonische Dispens sich auf rein kirchliche Gesetze bezieht, auf Vorschlag zweier Konsultationsorgane ausgelassen.

Der aufgrund dieser Anmerkungen verbesserte Text des Kanon hatte folgenden Wortlaut:

> In matrimonio ineundo inter partem catholicam et partem baptizatam non catholicam aut partem non baptizatam, quod attinet ad impedimenta quae non sunt iuris divini, ius proprium utriusque partis servetur, nisi iure divino contrarium sit[17].

---

[16] Vgl. *Nuntia* 15 (1982) 58 (eigene Übersetzung).
[17] Vgl. *Nuntia* 15 (1982) 58 - 59.

Ebenfalls neu war die allseitige Kollisionsnorm des can. 119 (*novus*) des Schema 1980:

> Ubi ecclesia iudicare debet de validitate matrimonii initi inter personas quae legibus matrimonialibus mere ecclesiasticis non tenentur, normae sequentes servandae sunt:
> 1) quod attinet ad impedimenta quae non sunt iuris divini positivi vel naturalis attendendae sunt leges quibus ipsae tenentur;
> 2) quod attinet ad formam celebrationis matrimonii Ecclesia agnoscit quamlibet formam lege praescriptam vel agnitam cui partes tempore celebrationis matrimonii subiectae fuerint, dummodo consensus expressus sit forma publica et, ubi una saltem pars sit baptizata non catholica orientalis, matrimonium ritu sacro ineatur[18].

Wegen des bereits im Hinblick auf den vorgenannten Kanon gemachten Einwurfs bezüglich der Wendung *lex propria*, welche sich auch in diesem Kanon findet, formulierte die Studiengruppe den Kanon um, indem sie das Wort *lex* durch das Wort *ius* ersetzte.

Nach der Vornahme einiger weiterer kleiner Veränderungen, war der Wortlaut des Kanon der folgende:

> Ubi ecclesia iudicare debet de validitate matrimonii initi inter personas quae legibus matrimonialibus mere ecclesiasticis non tenentur, normae sequentes servandae sunt:
> 1) quod attinet ad impedimenta quae non sunt iuris divini attendendum est ius quo ipsae tenentur;
> 2) quod attinet ad formam celebrationis matrimonii Ecclesia agnoscit quamlibet formam iure praescriptam vel agnitam cui partes tempore celebrationis matrimonii subiectae fuerint, dummodo consensus expressus sit forma publica et, ubi una saltem pars sit baptizata non catholica ritus orientalis, matrimonium ritu sacro initum fuerit[19].

1.1.2 Das *Schema Codicis Iuris Canonici Orientalis* von 1986

Im Schema 1986 hatten die beiden soeben besprochenen Kanones, eingeordnet als cann. 775 und 776, den folgenden Wortlaut:

> can. 775 - In matrimonio ineundo inter partem catholicam et partem baptizatam acatholicam aut partem non baptizatam, quod attinet ad impedimenta, quae non sunt iuris divini, ius proprium utriusque partis servetur, nisi iure divino contrarium est.

---

[18] Vgl. *Nuntia* 10 (1980) 41.
[19] Vgl. *Nuntia* 15 (1982) 58-60.

can. 776 - Si ecclesia iudicare debet de validitate matrimonii initi inter personas, quae legibus matrimonialibus mere ecclesiasticis non tenentur, normae sequentes servandae sunt:
1° quod attinet ad impedimenta, quae non sunt iuris divini, attendendum est ius quo ipsae tenentur.
2° quod attinet ad formam celebrationis matrimonii, Ecclesia agnoscit quamlibet formam iure praescriptam vel admissam, cui partes tempore celebrationis matrimonii subiectae erant, dummodo consensus expressus sit forma publica et, si una saltem pars est christifidelis alicuius ecclesiae orientalis acatholicae, matrimonium ritu sacro celebratum sit.

Zu diesen beiden Kanones wurden seitens der Mitglieder der päpstlichen Kommission für die Revision des Ostkirchenkodex (Codex Iuris Canonici Orientalis = CICO) verschiedene Stellungnahmen eingereicht, die im folgenden wiedergegeben werden.

1) Es ist bekannt, daß die Ehen aller Getauften der Jurisdiktion der Kirche unterstehen [...] Nach dem CIC 1917 waren die nichtkatholisch getauften Lateiner an alle irritierenden und inhabilitierenden Ehegesetze mit Ausnahme des Ehehindernisses der Kultusverschiedenheit und der kanonischen Formpflicht gebunden. Der Kodex von 1983 jedoch wurde nur für die Katholiken promulgiert. Weil aber nun der Legislator bzgl. der Gesetzgebung, welcher die Ehen der nichtkatholisch Getauften unterstehen, keine Vorsorge getroffen hatte, verblieb eine unbedingt zu schließende Gesetzeslücke [...]
Davon ausgehend, daß auch der Ostkirchenkodex sich nur an die Katholiken richten soll, hat die Kommission in den zitierten Kanones eine lobenswerte Anstrengung zur Vermeidung einer Gesetzeslücke unternommen. Der Versuch überrascht jedoch dahingehend, daß das Schema *per modum unius* die Ehe der Nichtkatholiken (Getaufte und Nichtgetaufte) behandelt. Das Problem aber stellt sich nur in Bezug auf die Ehen der getauften Nichtkatholiken, da keiner in Zweifel zieht, daß die Ehe der Nichtgetauften durch das staatliche Recht geregelt wird.
Es wird vorgeschlagen diese Frage wegen ihrer großen doktrinalen und jurisprudenzialen Bedeutung mit großem Ernst zu studieren. Zudem gilt es die zuständigen Autoritäten auf das im lateinischen Kodex noch nicht gelöste Problem aufmerksam zu machen und darauf hinzuweisen, daß eine einheitliche Lösung für die ganze Kirche geschaffen werden möge.
Die Bestimmung *ius proprium utriusque partis servetur* des can. 775 ist, aufgrund der Tatsache, daß gemäß einer äußerst begründeten Lehrmeinung — welche auch durch die kirchliche Praxis bestätigt wird — die Ehe zwischen einem Getauften und einem Ungetauften, auch in Bezug auf die Bestimmung der Ehefähigkeit des nichtgetauften Partners, unter die *Potestas exclusiva* der Kirche fällt, einer aufmerksamen Betrachtung zu unterziehen.
Der Satz des can. 776 *quae legibus mere ecclesiasticis non tenentur* ist überaus zweideutig, da er sowohl auf die Nichtgetauften wie auch auf die getauften Nichtkatholiken angewendet wird. Der Unterschied aber ist wesentlich, insofern auf die Nichtgetauften die rein kirchlichen Gesetze nicht angewendet werden,

weil sie der Zuständigkeit der Kirche nicht unterstehen, während sie auf die nichtkatholisch Getauften nicht angewendet werden, weil die Kirche sich dafür entschieden hat. Aus diesem Grunde haben die Worte des can. 776, n. 1 *ius, quo ipsae tenentur* und jene von n. 2 *cui partes, tempore celebrationis matrimonii subiectae erant*, wenn es sich um Getaufte handelt, keinen Sinn, insofern *tenentur* und *subiectae erant* sich nur auf Gesetze beziehen, die formal auf die ein oder andere Weise von der kirchlichen Autorität erlassen werden, welche in dieser Materie allein kompetent ist (so 1 Kommissionsmitglied).
2) [...] Es wäre wünschenswert, daß can. 776 die Frage beantworten würde, wie die Orientalen einzuordnen sind, die in ihrer Kindheit in einer nichtkatholischen orientalischen Kirche getauft wurden, aber in der Folge zu einer protestantischen Konfession übergetreten sind [...] Was wäre über einen Protestanten zu sagen, der in eine nichtkatholische orientalische Kirche aufgenommen wurde? [...]
3) Kanon 775 füllt eine Lücke im Recht, aber es ist vonnöten, daß auch Vorsorge für die Fälle getroffen wird, in denen die Gesetze beider Parteien nicht beobachtet werden können, z.B. wenn eine orthodoxe Kirche fordert, daß man orthodoxer Christ werden muß um in dieser Kirche heiraten zu können, oder wenn das islamische Gesetz vorschreibt, daß eine dem Islam angehörige Frau nur einen Moslem heiraten kann (so 1 Mitglied).
4) Kanon 775 soll folgenden Wortlaut erhalten:
«In matrimonio ineundo inter partem catholicam et partem baptizatam acatholicam, quod attinet ad impedimenta, quae non sunt iuris divini, ius proprium utriusque partis servetur, quantum fieri potest».
Die Gründe für diese Formulierung:
1. Das «Recht» der katholischen Kirche reicht für jegliche Legitimität aus;
2. Die Orthodoxen sehen mit Unbehagen jede Ehe ihrer Gläubigen, welche in der katholischen Kirche geschlossen wird und sind nicht kooperationsbereit;
3. Bezogen auf die Worte: *aut partem non baptizatam* sind die Gründe für ihre Streichung analog und noch viel schwerwiegender;
4. Die letzten Worte *nisi iure divino contrarium sit* können gestrichen werden, weil dies klar ist und sie sich auch auf den katholischen Teil beziehen.
Darüberhinaus sind die Worte *ritu sacro* in can. 776, n. 2 der «größeren Klarheit», sowie der größeren Übereinstimmung mit can. 828 §2 wegen durch den Ausdruck *coram ministro sacro* zu ersetzen (so 1 Mitglied)[20].

Auf alle diese Einwände wurde eine einzige, zudem recht kurz gefasste Antwort gegeben: Die Kanones sind notwendig um eine allen bekannte Gesetzeslücke auszufüllen. Dennoch sind sie neu zu formulieren und zwar in der folgenden Weise: can. 775 wird, mit einem neuen Text versehen, in can.

---

[20] *Nuntia* 28 (1989) 104-106 (eigene Übersetzung).

774[21] inkorporiert, dessen §2 er wird, während can. 776, auch dieser mit neuem Text, für sich stehen bleibt[22].

Die Neuformulierung:

can. 774 §1 - Matrimonium catholicorum, etsi una tantum pars est catholica, regitur iure non solum divino sed etiam canonico, salva competentia civilis auctoritatis circa mere civiles matrimonii effectus.
§ 2 - Matrimonium inter partem catholicam et partem baptizatam acatholicam salvo iure divino regitur etiam:
1° iure proprio Ecclesiae vel Communitatis ecclesialis, ad quam pars acatholica pertinet, si haec communitas ius matrimoniale proprium habet;
2° iure, cui pars acatholica subicitur, si communitas ecclesialis, ad quam pertinet, iure matrimoniali proprio caret.

can. 775 wurde in can. 774 eingegliedert.

can. 776 - Si quando Ecclesia iudicare debet de validitate matrimonii acatholicorum baptizatorum:
1° quod attinet ad ius, quo partes tenebantur tempore celebrationis matrimonii, servetur can. 774 §2.
2° quod attinet ad formam celebrationis matrimonii, Ecclesia agnoscit quamlibet formam iure praescriptam vel admissam, cui partes tempore celebrationis matrimonii subiectae erant, dummodo consensus expressus sit forma publica et, si una saltem pars est christifidelis alicuius ecclesiae orientalis acatholicae, matrimonium ritu sacro celebratum sit[23].

Bezüglich dieser Neuformulierungen der cann. 775 (bzw. 774 §2) und 776 des Schemas 1986 durch den «*Coetus de expensione observationum*»

---

[21] Kanon 117 Schema 1980 (= «Vorgänger» von can. 774 des Schemas 1986) lautete: «Matrimonium baptizatorum, etsi una tantum pars sit baptizata, regitur iure non solum divino sed etiam canonico, salva competentia civilis potestatis circa mere civiles eiusdem matrimonii effectus et salvis canonibus 118 et 119 qui sequuntur». Bei der Besprechung der Kanones des Schema 1986 stellte sich, inspiriert von der Gesetzgebung des neuen Kodex der lateinischen Kirche (vor allem cann. 11 und 1059 CIC 1983) die Frage, ob die Formulierung des can. 774 des Schemas 1986 «Matrimonium baptizati regitur iure non solum divino sed etiam canonico, salva competentia civilis potestatis circa mere civiles eiusdem matrimonii effectus» nicht verändert werden müßte und man dem CIC 1983 folgend nicht besser formulieren würde: «Matrimonium catholicorum etsi una tantum pars est catholica, regitur [...]». Der Vorschlag wurde angenommen und Kanon 774 folgendermaßen eingeleitet: «Matrimonium catholicorum, etsi una tantum pars est catholica, regitur iure non solum divino sed etiam canonico, salva competentia civilis auctoritatis circa mere civiles matrimonii effectus» (*Nuntia* 28 [1989] 103).

[22] Vgl. *Nuntia* 28 (1989) 106.

[23] Vgl. *Nuntia* 28 (1989) 106.

wurden von den Mitgliedern der päpstlichen Kommission für die Revision des CICO während der Vollversammlung im November 1988 keine besonderen Einwände vorgebracht.

Im Verlauf der Debatte machte ein Mitglied wohl den Vorschlag, die obenerwähnten Normen auszulassen, weil sie sich auf die Orthodoxen bezögen, während der Ostkirchenkodex nur die orientalischen katholischen Kirchen betreffe. Dieser Vorschlag fand in der Versammlung, welche es vorzog die Linie, die vom «*Coetus de expensione observationum*» angezeigt worden war, beizubehalten, keinerlei Unterstützung. Diese Kanones, so der Vizepräsident, seien nicht für die Orthodoxen erstellt worden, sondern für die Gerichte der katholischen Kirche mit dem Ziel eine Gesetzeslücke, die allen gut bekannt sei, auszufüllen[24].

Im Unterschied zu den Neuformulierungen schienen die vorausgehenden Textvorschläge davon auszugehen, daß das kanonische Konsensrecht als ganzes naturrechtlicher Art ist und daher auch auf Ehen von Nichtkatholiken anzuwenden ist, weshalb auch nur in Bezug auf die Ehehindernisse auf das je eigene Eherecht der Nichtkatholiken verwiesen wurde. Der nunmehrige Text, wie auch die spätere Endfassung der Kanones, in welchen der Verweis, unbeschadet göttlichen Rechts, auf das gesamte Recht der Kirche oder kirchlichen Gemeinschaft, der der Nichtkatholik angehört, ausgedehnt wurde, machten jedoch deutlich, daß diese Annahme nicht zutreffend war.

1.2 *Die Exegese von cann. 780 und 781 CCEO*

can. 780 §1 - Matrimonium catholicorum, etsi una tantum pars est catholica, regitur iure non solum divino, sed etiam canonico, salva competentia auctoritatis civilis circa effectus mere civiles matrimonii.

§ 2 - Matrimonium inter partem catholicam et partem baptizatam acatholicam salvo iure divino regitur etiam:
1° iure proprio Ecclesiae vel Communitatis ecclesialis, ad quam pars acatholica pertinet, si haec Communitas ius matrimoniale proprium habet;
2° iure, quo pars acatholica tenetur, si Communitas ecclesialis, ad quam pertinet, iure matrimoniali proprio caret.

can. 781 - Si quando Ecclesia iudicare debet de validitate matrimonii acatholicorum baptizatorum:
1° quod attinet ad ius, quo partes tempore celebrationis matrimonii tenebantur, servetur can. 780, §2;

---

[24] Vgl. *Nuntia* 29 (1989) 60-61 aus dem «Resoconto dei lavori dell'Assemblea Plenaria dei Membri della Commissione del 3-14 novembre 1988».

2° quod attinet ad formam celebrationis matrimonii, Ecclesia agnoscit quamlibet formam iure praescriptam vel admissam, cui partes tempore celebrationis matrimonii subiectae erant, dummodo consensus expressus sit forma publica et, si una saltem pars est christifidelis alicuius Ecclesiae orientalis acatholicae, matrimonium ritu sacro celebratum sit.

1.2.1 Kanon 780 CCEO

a) *Kanon 780 §1 CCEO*

Kanon 780 CCEO bestimmt in §1, daß die Ehe von Katholiken, auch wenn nur ein Teil katholisch ist, neben dem göttlichen auch dem kanonischen Recht unterliegt, unbeschadet der Zuständigkeit der weltlichen Gewalt hinsichtlich der rein bürgerlichen Wirkungen der Ehe und entspricht damit wörtlich can. 1059 CIC. Die Beifügung *etsi una tantum pars est catholica* in can. 780 besagt, wenn sie auf die Ehe zwischen einem Katholiken und einem Nichtgetauften bezogen wird, wie in der Parallelnorm des lateinischen Gesetzbuches, daß jene Ehe nur kirchlichem Recht untersteht. In Bezug auf die Mischehe zwischen einem Katholiken und einem nichtkatholisch Getauften jedoch, erfährt diese Beifügung im Unterschied zu can. 1059 CIC eine Einschränkung, da in §2 desselben Kanon 780 bestimmt wird, daß eine solche Ehe *regitur etiam*, d.h. über das kanonische Recht des CCEO hinaus, auch dem Recht der entsprechenden nichtkatholischen Kirchen oder kirchlichen Gemeinschaften untersteht.

b) *Kanon 780 §2 CCEO*

Kanon 780 §2 bestimmt, daß die Ehe zwischen einem katholischen Partner und einem getauften nichtkatholischen Partner[25] sich, unbeschadet göttlichen Rechts, auch nach dem eigenen Recht der Kirche oder kirchlichen Gemeinschaft des Nichtkatholiken richtet, sofern diese eigenes Recht ausgebildet hat. Ist dies nicht der Fall, dann wird jenes Recht als verbindlich erklärt, dem der nichtkatholische Teil untersteht (*tenetur*).

Die Zugehörigkeit zu einer nichtkatholischen Kirche oder kirchlichen Gemeinschaft und damit die Unterworfenheit unter ihre Eherechtsordnung bemißt sich, und dies ist eine auf göttlichem Recht beruhende Feststellung,

---

[25] Es ist klar, daß die Wendung *partem catholicam* sich nur auf den orientalisch katholischen Partner bezieht, insofern die Legislation des CCEO nur die orientalischen Katholiken betrifft. Wenn hingegen von *partem acatholicam* gesprochen wird, dann sind sowohl die orientalischen wie auch die abendländischen Nichtkatholiken gemeint. Es handelt sich demnach also um die Mischehe zwischen einem orientalisch-katholischen Partner und einem nichtkatholisch getauften Partner.

nach der gültig empfangenen Taufe[26] in derselben oder der nach der Taufe erfolgten Aufnahme in diese, wobei der getaufte Nichtkatholik jedoch niemals katholisch gewesen sein darf[27]. Andere Kriterien, nach denen nichtkatholische christliche Gemeinschaften die Konfessionszugehörigkeit bemessen, sind für das katholische interkonfessionelle Recht unerheblich[28].

Der Begriff *ius* ist in can. 780 §2 als auf das materielle Eherecht beschränkt zu interpretieren. Mit anderen Worten: can. 780 §2 schließt für die konfessionsverschiedene Ehe keine Berücksichtigung der Formvorschriften des nichtkatholischen Partners einer konfessionsverschiedenen Ehe ein. Der Grund ist die Verpflichtung des Katholiken zur Beachtung der kanonischen Eheschließungsform[29].

Die Norm des can. 780 §2 CCEO findet nun unter den Kanonisten eine unterschiedliche Auslegung.

Die Mehrzahl der Autoren hält dafür, daß bezüglich der Bestimmungen über die Ehemündigkeit, bezüglich der Ehehindernisse sowie bezüglich der

---

[26] Im allgemeinen kann davon ausgegangen werden, daß folgende nichtkatholische Kirchen und kirchliche Gemeinschaften gültig taufen: orthodoxe Kirchen; altkatholische Kirchen; evangelisch-lutherische und reformierte Gemeinschaften; evangelische Gliedkirchen der Union; anglikanische Kirchen; Mennoniten; Herrnhuter Gemeinde; Siebten-Tages-Adventisten; Baptisten und neuapostolische Gemeinden. Keine gültige Taufe wird gespendet bei den Mormonen, den Zeugen Jehovas, den Quäkern, den Mitgliedern der Christlichen Wissenschaft und den verschiedenen Jugendsekten. Für den Fall, daß jemand einer Gruppierung angehört, die nicht gültig tauft, wäre jedoch zusätzlich zu prüfen, ob der Betreffende nicht vor seiner Aufnahme in diese Gruppierung bereits gültig getauft worden ist. Wenn das der Fall ist, handelt es sich, wenn diese Person einen Katholiken zu heiraten beabsichtigt um eine konfessionsverschiedene Ehe. Der Betreffende wird weiterhin als der Konfession zugehörig betrachtet, in der er gültig die Taufe empfangen hat (vgl. hierzu: H.J.F. REINHARDT, *Die kirchliche Trauung*, 82).

[27] Es ist stets darauf zu achten, daß von der katholischen Kirche Abgefallene dem kanonischen Recht unterworfen bleiben. «*Semel catholicus, semper catholicus!*» Ein z.B. zur orthodoxen Kirche übergetretener Katholik untersteht von daher zum Zeitpunkt des Eheabschlußes nicht dem orthodoxen Eherecht. Er bleibt durch das kanonische Eherecht verpflichtet. Es gibt für ihn lediglich gewisse Ausnahmebestimmungen, z.B. bezüglich der Eheschließungsform.

[28] Ein Ungetaufter, auch wenn er aufgrund seiner Abstammung z.B. von protestantischen Eltern von der entsprechenden protestantischen Gemeinschaft als Mitglied betrachtet würde, fiele nicht unter den Sachverhalt der cann. 780/781 CCEO. Dies zu betonen ist besonders wichtig angesichts protestantischer Staatskirchen (z.B. in einigen skandinavischen Ländern), in denen die Mitgliedschaft durch Abstammung von protestantischen Eltern automatisch auch ohne Taufe zustandekommt.

Für die Evangelische Kirche in Deutschland gilt, daß die Gliedschaft in der Kirche durch die Taufe begründet wird.

[29] Vgl. auch in dieser Studie ss. 226-227.

Konsensmängel des menschlichen Rechts in der Person des nichtkatholischen Partners die Rechtsordnung zu beachten ist, an die er *de facto* gebunden ist, näherhin für die Mitglieder einer nichtkatholischen orientalischen Kirche das Recht derjenigen Kirche, der sie angehören, für die Angehörigen einer getrennten Kirche oder kirchlichen Gemeinschaft des Abendlandes (protestantische Kirchengemeinschaften, Anglikaner und Altkatholiken) in der Regel, da diese durchwegs eines eigenen Eherechtes entbehren, das jeweils für sie maßgebende staatliche Recht[30].

Eine differenziertere Interpretation von can. 780 CCEO hingegen bietet U. Navarrete. Während er in Bezug auf die getrennten orientalischen Kirchen der soeben zitierten Auffassung zustimmt, betont er in Bezug auf die getrennten Kirchen und kirchlichen Gemeinschaften des Abendlandes:

---

[30] J. PRADER: «Nei cann. 780 §2 e 781 il legislatore richiama con semplice rinvio formale le normative matrimoniali dei battezzati acattolici, non per farle proprie, ma riconoscendo la loro giuridicità e prescrivendo alle istanze cattoliche orientali di applicarle sia nella celebrazione del matrimonio misto, sia nel giudizio di validità o nullità di matrimonio celebrato fra battezzati acattolici o fra battezzato acattolico e non battezzato. Si deve dunque ricorrere al diritto proprio della parte battezzata acattolica, per sapere se essa è abile e libera da impedimenti per contrarre matrimonio con parte cattolica. Può darsi, infatti, il caso che la parte battezzata acattolica abbia già contratto matrimonio che poi è stato sciolto con il divorzio. Non potendo la Chiesa riconoscere la sentenza di divorzio, essa potrà esaminare se il matrimonio è stato contratto validamente a norma di diritto e potrà dichiarare la nullità del matrimonio applicando, per quanto concerne i requisiti richiesti dalla legge umana per la validità, il diritto proprio delle parti, in conformità al disposto del can. 781 CCEO» («Differenze», 488). ID.: «Katholisches Eherecht – Das Eherecht der orientalischen Kirchen», 20, Fußnote 5.

S. RAMBACHER: «Über das Ökumenismusdekret des II. Vatikanischen Konzils hinaus, das allein den Ostkirchen das Recht auf ihre eigene kanonische Disziplin zuerkennt, bezieht c. 780 §2, n.1 CCEO alle Kirchen sowie auch die kirchlichen Gemeinschaften ein, denen aufgrund fehlender kirchenbildender Elemente, insbesondere des Weihesakramentes, die Bezeichnung Kirche nicht zukommen kann. Dabei wird für die nichtkatholischen Kirchen, worunter in der Hauptsache eben die Ostkirchen zu verstehen sind, die Existenz eines eigenen Eherechtes vorausgesetzt. Hinsichtlich der kirchlichen Gemeinschaften, die größtenteils protestantischen Ursprungs sind, wird in c. 780 §2, n.2 der rechtlichen Wirklichkeit entsprechend auch dafür vorgesehen, daß diese kein eigenes Eherecht besitzen. In dem Fall ist jenes Recht anzuerkennen, an das der nichtkatholische Ehepartner nach dem Verständnis der kirchlichen Gemeinschaft, der er angehört, gebunden ist. Dafür kommt *de facto* nur das staatliche Eherecht in Betracht, soweit es mit dem göttlichen Recht in Einklang steht» (*Formerfordernisse*, 51-52).

V. J. POSPISHIL: «With the 1983 CIC, Protestants are completely free of the marriage law of the Catholic Church. However they come now under the State law because their own denominations have declared marriages to be secular affairs and have subjected it to the civil law. Consequently, they must now follow for the validity of their marriages the law of the state» (*Eastern Catholic Church Law*, 379).

Äußerst schwierig wird die Sache hingegen, wenn ein orientalischer Katholik die Ehe mit einem abendländischen nichtkatholisch Getauften zu schließen beabsichtigt [...] Die abendländischen Nichtkatholiken befinden sich in der Tat in einer in Bezug zu den orientalischen Nichtkatholiken vollkommen verschiedenen Rechtsposition. Bei der Anwendung von n. 2 des can. 780 §2 auf diese Ehen, stellt sich sofort die praktische Frage bezüglich der Feststellung des Eherechts, an das der nichtkatholische Partner gebunden ist, welcher einerseits [...] seit dem 27. November 1983 nicht mehr dem CIC unterliegt, während andererseits der Gesetzgeber kein Kriterium angegeben hat, nach welchem Recht sich nunmehr jene Ehe zu richten hat [...] Von der aktuellen Situation des lateinischen Eherechts ausgehend, wird, was die getauften Nichtkatholiken betrifft, die Ehe zwischen einem orientalischen Katholiken und einem abendländischen Nichtkatholiken meineserachtens nur durch das im CCEO enthaltene kanonische Recht regiert [...] Die Berufung auf Vermutungen über das Recht, dem die Ehe der abendländischen Nichtkatholiken nach dem 27. November 1983 untersteht oder auf die in can. 19 zur Schließung von Rechtslücken angegebene Analogie, gibt meines Erachtens keine ausreichende Sicherheit um einen orientalischen Katholiken der Ausübung des Rechtes auf die Ehe zu berauben, der die Ehe mit einem abendländischen getauften Nichtkatholiken zu schließen beabsichtigt, welcher wiederum nach der Rechtsordnung, welcher er unterliegt, z.B. der staatlichen durch irgendein Hindernis (z.B. das erforderliche Mindestalter oder bestimmte Grade der Blutsverwandtschaft) gehindert wäre, während dies nicht zuträfe, wenn auf ihn das Recht des CCEO angewendet würde.
Aus dem soeben Dargelegten resultiert mit immer größerer Klarheit welche Schwierigkeiten sich, auch im Bereich der Auslegung und Anwendung des CCEO aus der Tatsache ergeben, daß sich im CIC keine Norm in Bezug auf das Recht, dem die Ehe der nichtkatholisch Getauften unterliegt, findet, nachdem diese von der Legislation des CIC 1917 ausgenommen wurden. Und dies nicht nur wegen der dringenden Notwendigkeit um den Richtern die notwendigen Werkzeuge zur eventuellen Beurteilung der Gültigkeit einer zwischen zwei abendländischen Nichtkatholiken geschlossenen Ehe an die Hand zu geben, sondern auch um eine einheitliche Gesetzgebung für die ganze Kirche, die orientalische und die abendländische in einer Materie, die zutiefst die Grundrechte der Gläubigen berührt, zu erhalten[31].

U. Navarrete weist in seiner Interpretation von can. 780 §2 meineserachtens zu Recht auf einen von den anderen Autoren übersehenen Gesichtspunkt hin. Der für den Ambitus der orientalischen Kirchen erlassene Kodex (CCEO) partizipiert an der im CIC 1983 bestehenden Gesetzeslücke hinsichtlich der Gesetzesunterworfenheit der abendländischen getauften Nichtkatholiken, insofern als er durch einen Verweis auf das Recht, dem der Nichtkatholik unterworfen ist, genau in den gesetzesfreien Raum des lateinischen Gesetzbuches hineinstößt, welches zwar die nichtkatholisch

---

[31] U. NAVARRETE, «La Giurisdizione», 122-124 ff. (eigene Übersetzung).

Getauften von den rein kirchlichen Gesetzen freistellt, aber nicht bestimmt, welchen Rechtsordnungen sie nunmehr unterliegen. Das orientalische Gesetzbuch selbst kann, da es im lateinischen, abendländischen Ambitus keine Gültigkeit hat, nicht bestimmen, an welches Recht die aus der Verpflichtungskraft der rein kirchlichen Gesetze des lateinischen Kodex entlassenen abendländischen nichtkatholischen Kirchen und kirchlichen Gemeinschaften nunmehr gebunden sein sollen. Diese Aufgabe obliegt dem lateinischen Gesetzbuch.

Unter Berücksichtigung des berechtigten Einwurfes von U. Navarrete ist meineserachtens can. 780 § 2 folgendermaßen zu interpretieren:

Der Gesetzgeber zeigt zwei Hypothesen auf a) daß die Kirche oder kirchliche Gemeinschaft, zu welcher der Nichtkatholik gehört, ein eigenes Eherecht hat (can. 780 §2, n.1); b) daß diese Kirche oder kirchliche Gemeinschaft kein eigenes Eherecht besitzt (can. 780 §2, n.2).

Zu der in can. 780 §2, n. 1 benannten Kategorie gehören nach der momentanen Rechtslage konkret alle orientalischen Kirchen, deren Amtsträger Jurisdiktionsgewalt besitzen und deren Rechtsordnungen von daher auch Rechtsordnungen im eigentlichen und wirklichen Sinne sind. Ihre Fähigkeit sich nach den eigenen durchwegs vorhandenen Eherechtsordnungen zu richten wurde durch das II. Vatikanische Konzil (UR, n. 16) feierlich anerkannt. Davon ausgehend, daß can. 780 §2, n.1 eine «implizite» Rechtskraftverleihung für die von orientalischen nichtkatholischen christlichen Gemeinschaften, deren Amtsträger nicht über *Potestas iurisdictionis* verfügen, erlassenen eherechtlichen Normen beinhaltet, wären auch diese «Eherechtsordnungen», die ansonsten im katholischen Ambitus nicht anwendbar wären, von dieser Norm erfasst. Im Osten dürfte es allerdings kaum christliche Konfessionen geben, welche nicht unter den Begriff Kirche zu fassen sind und deren Amtsträger nicht über *Potestas iurisdictionis* verfügen.

Kanon 780 §2, n. 2 sieht den Fall vor, daß die orientalische christliche Gemeinschaft, zu der der Nichtkatholik gehört, über keine eigene Rechtsordnung verfügt. In diesem Falle ist jenes Recht anzuwenden, an das der nichtkatholische Ehepartner nach dem Verständnis der Konfession, der er angehört, faktisch gebunden ist. Das Wort *tenetur* ist hier also im weiten Sinne auszulegen, um einfach die Eherechtsordnung zu bestimmen, welche man faktisch bei der Regulierung der Ehe der Mitglieder dieser nichtkatholischen christlichen Gemeinschaften anwendet[32]. Auch hier ist davon auszu-

---

[32] Vorausgesetzt, daß der getaufte Nichtkatholik, wie der Katholik keiner Eherechtsordnung unterworfen sein kann, welche nicht als formale Quelle die Autorität

gehen, daß um die Anwendung im katholischen Ambitus zu ermöglichen diesem «Recht» seitens der katholischen Autorität implizit Rechtskraft zugeteilt wird.

In can. 780 §2, n.2 geht es nicht um den Fall, daß Eherechtsordnungen, die materiell von einer nichtkirchlichen Autorität, z.B. der staatlichen, erlassen wurden, formal auf die eine oder andere Weise von der entsprechenden mit *Potestas iurisdictionis* ausgestatteten kirchlichen Autorität übernommen wurden und somit die formale Wirkkraft eines kirchliches Gesetzes besitzen. In einem solchen Fall wäre die rechtliche Position des nichtkatholischen Partners unter can. 780 §2, n.1 zu fassen, d.h. unter den Fall, daß der nichtkatholische Teil zu einer Kirche oder kirchlichen Gemeinschaft gehört, die ein *ius matrimoniale proprium habet*, nämlich das formal von der nichtkirchlichen Autorität übernomme.

Um es nocheinmal in aller Deutlichkeit zu unterstreichen: aus can. 780 §2 können keine Schlüße hinsichtlich der Gesetzesunterworfenheit der Mitglieder der getrennten Kirchen und kirchlichen Gemeinschaften des Abendlandes gezogen werden. Da das «zuständige» Gesetzbuch der lateinischen Kirche für sie außer einer Freistellung von den rein kirchlichen Gesetzen des kanonischen Rechtes keine Bestimmung hinsichtlich ihrer Gesetzesunterworfenheit trifft, kann *nicht* davon ausgegangen werden, daß sie
– entweder gemäß can. 780 §2, n.1 den ihren Konfessionen eigenen Eherechtsordnungen im eigentlichen Sinne, insoweit ihre Amtsträger *Potestas iurisdictionis* besitzen, unterstehen;
– oder gemäß can. 780 §2, n.1 den ihren Konfessionen eigenen Rechtsordnungen «im weiteren Sinne» unterstehen, welchen, insoweit ihren Amtsträgern *Potestas iurisdictionis* fehlt, von der katholischen Autorität Rechtskraft verliehen würde;
– oder gemäß can. 780 §2, n.2 dem Recht, an das sie nach dem Verständnis der Konfession, der sie angehören, faktisch gebunden sind und welchem von der katholischen Autorität Rechtskraft verliehen würde[33].

---

der Kirche hat, kann der Satz *iure, quo pars acatholica tenetur* keinen streng juridischen Sinn haben.

[33] Diese letztgenannte Möglichkeit träfe auf fast alle kirchlichen Gemeinschaften des Abendlandes zu. In der Tat besitzen sie in der Regel keine eigenen Eherechtsordnungen im weiteren Sinne (zum Erlaß eines Eherechtes im eigentlichen Sinne fehlt ihren Amtsträgern ja die *Potestas iurisdictionis*), da sie die Ehe, welche sie zum allergrößten Teil auch nicht zu den Sakramenten zählen, als eine weltliche Einrichtung und somit der Vollmacht des Staates und seinen Gesetzen unterworfen, betrachten. Als Recht, an das diese Getauften *de facto* gebunden sind, käme eigentlich nur das staatliche Eherecht in Betracht, soweit es mit dem göttlichen Recht in Einklang steht.

Für die konfessionsverschiedene Ehe zwischen einem orientalischen Katholiken und einem abendländischen getauften Nichtkatholiken gilt nach dem augenblicklichen Stand der Dinge wohl allein das Recht des CCEO. Das ergibt sich meineserachtens nach Hinzuziehen der Bestimmung des can. 1059 CIC, nach welcher, als Ausnahme zu can. 11, der nichtkatholisch Getaufte, der eine Ehe mit einem lateinischen Katholiken eingeht, ausnahmslos der kanonischen Gesetzgebung unterliegt. Den in can. 1059 CIC manifestierten Willen des Gesetzgebers, daß der nichtkatholisch Getaufte — hier speziell der abendländische getaufte Nichtkatholik — im Falle des Eingehens einer Ehe mit einem Katholiken der kanonischen Gesetzgebung unterstehen soll, vorausgesetzt, kann die konfessionsverschiedene Ehe zwischen einem orientalischen Katholiken und einem abendländischen getauften Nichtkatholiken nur und allein den Kanones des CCEO unterliegen.

Die von den cann. 780/781 CCEO propagierte Anwendung der je eigenen Rechtsordnung der nichtkatholischen Christen beinhaltet noch eine weitere Schwierigkeit. Welcher Rechtsordnung ist, unbeschadet göttlichen Rechts, der Vorrang zu geben, wenn die beiden anzuwendenden Legislationen bezüglich des gleichen Sachverhaltes voneinander divergierende Normen enthalten, mit anderen Worten es zu einer Normenkollision kommt?

Hier müssen nun meineserachtens in aller Deutlichkeit drei Bereiche voneinander unterschieden werden:

– Kollisionen eheverungültigender Normen im Bereich der Ehefähigkeit der Partner einer konfessionsverschiedenen Ehe;
– Kollisionen eheverungültigender Normen in den übrigen eherechtlichen Bereichen;
– Kollisionen nicht eheverungültigender Normen.

+ Kollisionen eheverungültigender Normen im Bereich der Ehefähigkeit der Partner einer konfessionsverschiedenen Ehe

Die Bestimmung der Ehefähigkeit der Partner (Feststellung eventuell vorliegender Ehehindernisse) geht dem Abschluß des unteilbaren Ehevertrages voraus und bezieht sich auf die beiden die Ehe schließenden Personen vor dem Eheabschluß[34]. Demzufolge ist es durchaus möglich hinsichtlich der Feststellung der Ehefähigkeit bei einer bekenntnisverschiedenen Ehe, an der ein katholischer Partner beteiligt ist, auf den katholischen Partner kanonisches und auf den nichtkatholischen Partner, vorbehaltlich göttlichen Rechts, das Recht seiner Konfession anzuwenden. Es würden also nicht

---

[34] Vgl. U. NAVARRETE, «Competentia», 109.

beide Rechtsordnungen auf beide Partner angewendet[35], oder gar nur eine der beiden auf beide, sondern die katholische auf den Katholiken und die nichtkatholische auf den Nichtkatholiken (teilweise oder ungleiche Koppelung, bzw. gekoppelte oder distributive Rechtsanwendung).

Für eine Übernahme dieser Form der Koppelung zweier Rechte bei der Feststellung der Ehefähigkeit der Partner einer konfessionsverschiedenen Ehe könnte ein Prinzip sprechen, das sich ausdrücklich in can. 790 CCEO findet und das eine nicht zu unterschätzende Begründung für eine solche Regelung beinhaltet[36].

Paragraph 2 des can. 790 CCEO lautet: «Ein Hindernis macht die Ehe ungültig, auch wenn es bloß auf Seiten eines Partners besteht»[37]. In dieser Norm des orientalischen Kodex wurde das auf der Zweiseitigkeit *sui generis* des Ehekonsenses beruhende Prinzip[38] bewahrt: ein Hindernis, auch wenn es bloß auf Seiten eines Partners besteht, verungültigt die Ehe für beide Gatten[39]. Auf der Basis dieses Prinzips hatte sich im Bereich des interrituellen Rechts eine solide Rechtsprechung herausgebildet, welche auf dem Grundsatz beruhte, daß es im Falle einer abweichenden Gesetzgebung den Forderungen des Hindernisses gemäß den eigenen Rechtsordnungen der beteiligten Parteien Rechnung zu tragen gilt[40].

---

[35] Und zwar in dem Sinne, daß sowohl die katholische Rechtsordnung als auch die nichtkatholische Rechtsordnung auf beide Partner angewendet würde. Dies könnte dazu führen, daß, wenn die Ehe zwischen einem Katholiken des lateinischen Ritus und einem Orthodoxen eingegangen wird, und bzgl. der Feststellung der Ehefähigkeit beide Rechtsordnungen auf beide Partner anzuwenden wären, die Ehe ungültig wäre, wenn auf den katholischen Partner des lateinischen Ritus z.B. ein nur in der orthodoxen Rechtsordnung vorliegendes Ehehindernis zuträfe.

[36] Vgl. hierzu: J. PRADER, *Il matrimonio in Oriente*, 75-76.

[37] Diese Norm, die sich ebenfalls in can. 1036 §3 CIC/1917 fand, wurde in den neuen lateinischen Kodex nicht aufgenommen, weil sie für «selbstverständlich und im Recht nicht von Bedeutung» gehalten wurde (*CCCIC* 9 [1977] 135).

[38] Vgl. can. 1057 §2 CIC; can. 817 §1 CCEO: «Consensus matrimonialis est actus voluntatis, quo vir et mulier foedere irrevocabili sese mutuo tradunt et accipiunt ad constituendum matrimonium».

[39] Vgl. bereits THOMAS VON AQUIN: «Matrimonium est relatio aequiparantiae; sed talis relatio aequaliter est in utroque; ergo, si sit impedimentum ex parte unius, non erit matrimonium ex parte alterius» (*STh*, Suppl., q. 47, a.4).

[40] Gemäß diesem Kriterium wurde beispielsweise von der römischen Rota eine Ehesache zwischen zwei Orientalen des melkitischen und des maronitischen Ritus, das Ehehindernis der Schwägerschaft im zweiten Grad betreffend, judiziert (coram Canestri, 19 iunii 1943, pp. 482-492). Vgl. auch die Ungültigerklärung der Ehe eines Lateiners mit einem katholischen Orientalen, welch letzterer einem in der lateinischen Rechtsordnung nicht vorhandenen Hindernis der Blutsverwandtschaft unterworfen war, durch die Kongregation für die Ostkirchen am 9.5.1932 mit Rücksicht darauf,

Darüberhinaus ist die in der Lehre sich findende Kontroverse bekannt, ob der Ungetaufte, der die Ehe mit einem Katholiken schließt, den von der staatlichen Gemeinschaft, der er angehört, aufgestellten Ehehindernissen unterliegt oder nicht. Die Lehrmeinung, welche die Zuständigkeit des Staates negiert, setzt voraus, daß die Einheit des Ehevertrages fordert, daß nicht nur Form, Inhalt, Wirkungen und Auflösung der Ehe, sondern auch die Ehefähigkeit der Partner von ein und derselben *Potestas* regiert werde, welche in diesem Fall aufgrund ihres Vorrangs vor der staatlichen die kirchliche sei. Die Lehrmeinung, die die Zuständigkeit des Staates bestätigt, bestreitet diese Auffassung mit der Begründung, daß die Ehefähigkeit dem unteilbaren Ehevertrag selbst vorausgehe und sich nicht auf den Vertrag beziehe, sondern auf die beiden Eheschließenden. Von daher unterliege die Ehefähigkeit des Ungetauften, unbeschadet göttlichen Rechts, dem staatlichem Recht[41]. Nach der vorherrschenden Lehre schließlich gilt der Ungetaufte als von den von der staatlichen Ordnung festgelegten Ehehindernissen ausgenommen[42].

Aus dem soeben Dargelegten könnte sich in Bezug auf das interkonfessionelle Recht ergeben, daß bei einer bekenntnisverschiedenen Ehe, an der ein Katholik beteiligt ist, ein im nichtkatholisch getauften Partner vorliegendes Ehehindernis seiner Rechtsordnung die Ehe verungültigen würde. Mit anderen Worten: die Eheunfähigkeit des nichtkatholischen Partners nach der nichtkatholischen Rechtsordnung, verungültigt die Ehe für beide Teile. Kanon 780 CCEO scheint mir für die Anwendung eines solchen Prinzips offen. Wenn hier bestimmt wird, daß eine bekenntnisverschiedene Ehe, an der ein Katholik beteiligt ist, kanonischem und auch dem Eherecht des nicht-

---

daß der orientalische Partner der Rechtsordnung der eigenen Kirche unterworfen ist, gemäß dem Prinzip, daß die Unfähigkeit eines Partners die Ehe zu schließen, die Ehe für beide Teile verungültigt. Hierzu P. GASPARRI: «Cum CIC Ecclesiam orientalem in re disciplinari non obliget, matrimonium est nullum, si pars orientalis impedimento detinetur, non autem pars latina» (*Tractatus canonicus de matrimonio*, I, n. 707). Coram Staffa, 23 martii 1956, p. 260, n. 2: «Nupturientes proinde diversi ritus, in matrimonio ineundo, propriae manent disciplinae obnoxii, etiam quoad impedimenta matrimonialia. [...] F. M. Capello tenet partem exemptam ab impedimento exemptionem suam communicare cum altera parte (*De Matrimonio* ed. 1950, n. 517), at haec norma eruenda esset a positivo praescripto, quia simplex norma iuris naturalis exigit ut utraque pars sit omnimode libera ab impedimento ut valide contrahere possit; norma autem iuris positivi deest».

41 Vgl. J. SCHEEPERS, *De regimine matrimonii disparis*, 48-49.

42 «Wenn wir die Sache in ihrer Gesamtheit betrachten, scheinen eher die Sentenzen zu begünstigen zu sein, die die Kompetenz des Staates auch bezüglich der Bestimmung der Ehefähigkeit des Nichtgetauften negieren» (U. NAVARRETE, «Competentia», 109 [eigene Übersetzung]).

katholischen Partners untersteht, dann könnte dies, da die Art und Weise der Anwendung beider Rechtsordnungen nicht näher angegeben wird, in Bezug auf die Feststellung der Ehefähigkeit der beiden Partner durchaus eine Anwendung beider Eherechte in dem Sinne beinhalten, daß die Ehefähigkeit des Katholiken nach kanonischem Recht und die des Nichtkatholiken nach der Rechtsordnung, der er untersteht, zu prüfen ist[43]. J. Prader unterstützt ein solches Prinzip mit der Feststellung, daß aufgrund des Naturrechts die Ehefähigkeit eines jeden Partners sich nach dem eigenen Recht zu bestimmen habe[44].

Analog läßt sich das hier über die bekenntnisverschiedenen Ehen, an denen ein Katholik beteiligt ist, Gesagte auch auf die Feststellung der Ehefähigkeit der Partner bei bekenntnisverschiedenen Ehen übertragen, an denen kein Katholik beteiligt ist und die im Rahmen eines Inzidentverfahrens von der katholischen Autorität zu beurteilen sind. Der Wortlaut des Kanon 781 CCEO, welcher diese Form der bekenntnisverschiedenen Ehen bespricht, steht einem solchen Prinzip denn auch keineswegs entgegen.

---

[43] Ausdrücklich vertritt diese Auffassung U. NAVARRETE: «Ancora una questione: il c. 780 §2 nel prescrivere che il matrimonio misto fra cattolici orientali e acattolici battezzati è retto oltre che dal diritto canonico anche dal diritto matrimoniale al quale è soggetta la parte acattolica, sembra dia adito a dei conflitti di difficile soluzione [...] Per quanto concerne l'abilità delle persone non può esserci conflitto, in quanto per poter contrarre matrimonio debbono essere abili tutti e due, ciascuno secondo il proprio ordinamento. Se si tratta di impedimenti assoluti, ad es. l'età, non c'e difficoltà. Tutti e due debbono avere l'età richiesta dal proprio diritto. Se si tratta di un impedimento relativo, ad es. la consanguineità, si dovrà prendere come misura quel diritto che inabilita in più gradi rispetto all'altro. Per una eventuale dispensa dagli impedimenti, ciascuno dei due contraenti la dovrà ottenere dal proprio Superiore competente, osservando la prassi della propria Chiesa o Comunità ecclesiale» («La giurisdizione», 124). Vgl. auch J. PRADER: «Deve constatare che ambedue le parti siano libere da impedimenti che rendono inabili le persone a norma del diritto divino ed ecclesiastico. Se il matrimonio viene celebrato nella Chiesa cattolica, il parroco che deve fare le indagini sullo stato libero delle parti, deve tener conto anche del diritto ecclesiastico di quella Chiesa orientale alla quale appartiene la parte cattolica orientale (can. 780 §2, n. 1 CCEO). Ciascuna parte deve essere libera da impedimenti stabiliti dal diritto della Chiesa alla quale appartiene» (*La Legislazione matrimoniale*, 54-55).
Eine solche teilweise oder ungleiche Koppelung findet sich auch in den Normen des deutschen IPR. Art 13 des *Einführungsgesetz zum Bürgerlichen Gesetzbuche neue Fassung (EGBGB n.F.)* bestimmt:
(1) Die Voraussetzungen der Eheschließung unterliegen für jeden Verlobten dem Recht des Staates, dem er angehört.
[44] J. PRADER, *Il matrimonio in Oriente*, 75-76; vgl. hierzu auch A. COUSSA, *Epitome*, III. De Matrimonio, 43.

Für den Fall einer Anerkennung der Unterworfenheit des nichtkatholischen Partners einer konfessionsverschiedenen Ehe unter die Ehehindernisse der nichtkatholischen christlichen Gemeinschaft stellt sich natürlich die weiterführende Frage der *Dispens* von diesen Hindernissen. Näherhin: ist bei der Eheschließung eines Katholiken mit einem nichtkatholisch Getauften bezüglich der rein menschlichen, fremdkonfessionellen Hindernisse, denen der Nichtkatholik unterliegt, eine Befreiung zur Gültigkeit der Ehe vonnöten oder berührt eine fehlende Dispens den gültigen Eheabschluß nicht? Meineserachtens kann man, wenn man, in Bezug auf die Ehehindernisse, vorbehaltlich göttlichen Rechts, den nichtkatholischen Partner einer bekenntnisverschiedenen Ehe seiner eigenen Rechtsordnung unterstellt, dies nicht nur «teilweise» tun, indem man nämlich für den Bereich des Dispenswesens dieses Prinzip wieder zurücknimmt und erklärt, daß die im Nichtkatholiken bestehenden Ehehindernisse rein kirchlichen Rechts seiner eigenen Rechtsordnung, wenn von ihnen nicht dispensiert wurde, die Gültigkeit der Ehe nicht in Frage stellen. Von daher ist das Erfordernis einer Dispens vom im nichtkatholischen Partner vorliegenden Ehehindernis der nichtkatholischen Eherechtsordnung klar gegeben.

Eine andere Frage ist, ob eine solche, notwendige Dispens von einem in der nichtkatholischen Kirche oder kirchlichen Gemeinschaft bestehenden Hindernis von der zuständigen nichtkatholischen kirchlichen Autorität erteilt werden muß, oder ob sie nicht auch von der katholischen Autorität erteilt werden kann.

Für die Dispenserteilung von einem in einer nichtkatholischen Konfession bestehenden Ehehindernis rein kirchlichen Rechts durch die katholische Autorität spricht generell der Anspruch der katholischen Kirche für alle Getauften rechtsverbindliche Anordnungen erlassen zu können. Besitzt die katholische Kirche *Potestas legislativa*, die Teil der *Potestas iurisdictionis* ist, über alle Getauften, dann ist ihr auch Dispensgewalt über dieselben zu eigen. Nun gilt aber, daß die katholische Kirche, trotz prinzipieller Befähigung, die nichtkatholisch Getauften nicht durch rein kirchliche Gesetze verpflichten will. Von daher würde ich in Bezug auf die Frage der Dispenserteilung für getaufte Nichtkatholiken durch katholische Instanzen — trotz Bejahung einer grundsätzlich möglichen Dispensgewalt der katholischen Autorität — eher dafür plädieren, daß bei einer konfessionsverschiedenen

Ehe jeder der Eheschließenden «*ad validitatem*» eine Dispens von den Hindernissen von der eigenen zuständigen Autorität zu erwirken hat[45].

---

[45] Vgl. die Bemerkungen zu can. 118 Schema CICO in *Nuntia* 15 (1982) 58: «Die Klausel "*a qua tamen auctoritas catholica dispensare potest*" wird ausgelassen auf Vorschlag zweier Konsultationsorgane, aufgrund der Tatsache, daß eine kanonische Dispens sich auf kirchliche Gesetze bezieht» (eigene Übersetzung), welchen, so könnte man hinzufügen allerdings nichtkatholisch Getaufte nicht mehr unterliegen. In Bezug auf die Eheschließung zweier orientalischer Nichtkatholiken vor einem katholischen Priester schreibt J. PRADER: «Wenn der katholische Priester Kenntnis davon gewinnt, daß ein rein kirchliches Ehehindernis der gültigen Eheschließung entgegensteht und es sich als unmöglich herausstellt den eigenen Hierarchen der Ehegatten zu erreichen, darf er die Ehe nicht segnen, *da er, da es sich um ein nichtkatholisches Gesetz handelt, von den Ehehindernissen nicht dispensieren kann*» (*La Legislazione matrimoniale*, 74 [eigene Übersetzung]).
In ähnlicher Weise äußert sich auch U. NAVARRETE in Bezug auf die Dispensregelung für die konfessionsverschiedene Ehe zwischen einem (orientalischen) Katholiken und einem nichtkatholisch Getauften: «Für eine eventuelle Dispens von den Hindernissen, hat jeder der beiden Eheschließenden diese vom eigenen zuständigen Oberen zu erwirken, die Praxis der eigenen Kirche oder kirchlichen Gemeinschaft beobachtend» («La giurisdizione», 124 [eigene Übersetzung]). Vgl. auch B. PRIMETSHOFER: «Von einem in der fremden (verwiesenen) Rechtsordnung bestehenden Ehehindernis erteilt die nichtkatholische Kirchenleitung nach Maßgabe ihrer eigenen Rechtsordnung Dispens. Die ohne eine solche Dispens geschlossene Ehe wäre auch nach katholischem Verständnis ungültig» («Die interkonfessionelle Geltung», 201).
Im Einzelnen könnte sich nun für die Dispensen im katholischen interkonfessionellen Recht folgende Regelung ergeben. Im Falle einer konfessionsverschiedenen Ehe betrifft sowohl das absolute, wie auch das relative Ehehindernis nur den der entsprechenden Rechtsordnung unterworfenen Partner und, wegen der Eheunfähigkeit des unterworfenen Teils, indirekt den dieser Rechtsordnung nicht unterworfenen Partner. Das Wort «indirekt» kann hier in Bezug auf absolute und relative Hindernisse gleich verstanden werden: bei einer konfessionsverschiedenen Ehe besteht nämlich keine Veranlassung zu einer besonderen Rücksichtnahme auf die ansonsten bei einem relativen Ehehindernis vorliegende wechselseitige Beziehung. Eine solche besteht bei einer konfessionsverschiedenen Ehe nicht, es sei denn in dem Sinn, in dem auch das absolute Hindernis wechselseitig genannt werden kann.
Der Klarheit wegen sollen im folgenden verschiedene, in einer konfessionsverschiedenen Ehe bezogen auf absolute und relative Ehehindernisse mögliche Fälle aufgezeigt werden und zwar näherhin hinsichtlich der Entstehung des Hindernisses und seiner Dispens:
1) Nur die katholische Kirche vermag ein rein kirchliches Ehehindernis (ein absolutes oder relatives) festzulegen, an das der Katholik gebunden ist, und indirekt, d.h. aufgrund seiner Beziehung zu dem Katholiken der einer nichtkatholischen christlichen Gemeinschaft Zugehörige. Der Katholik wird durch die Beseitigung des Hindernisses ehefähig und *eo ipso* wird auch der nichtkatholisch getaufte Partner ehefähig. Die nichtkatholische Autorität braucht dem ihr unterstehenden nichtkatholischen Partner keine Dispens zu gewähren, da er ja mit keinem Hindernis behaftet ist. Gleichzeitig kann sie natürlich auch dem Katholiken keine Dispens erteilen, da dieser ihr nicht unterworfen ist und durch ein Hindernis gebunden, welches nicht der Rechtsordnung der nichtkatholischen Gemeinschaft zugehört.

Gesetzt den Fall, daß der Nichtkatholik die für ihn zuständige Autorität unter keinen Umständen angehen kann, gilt, meineserachtens, jedoch, daß die katholische Autorität, wegen ihrer grundsätzlichen Vollmacht über die Ehen aller Getauften, für dieses Hindernis, das nicht Teil ihrer Rechtsordnung ist, um Dispens angegangen werden kann. Der Beweggrund für eine Dispenserteilung durch die katholische Autorität wäre die Ermöglichung der Verwirklichung des Grundrechts auf die Ehe, in einem Fall, in dem am Rechtsverhältnis ein Angehöriger der eigenen Kirche beteiligt ist[46]. In einer

---

2) Nur die entsprechende nichtkatholische Gemeinschaft vermag, seit dem Verzicht der katholischen Kirche dies für nichtkatholisch Getaufte zu tun, ein rein kirchliches (absolutes oder relatives) Hindernis für den nichtkatholisch getauften Partner einer konfessionsverschiedenen Ehe festzulegen, durch welches dieser dann gebunden wird und indirekt, d.h. aufgrund seiner Beziehung zu dem nichtkatholisch Getauften, der Katholik. Die nichtkatholische Gemeinschaft ist für die Dispens ihres Untergebenen von einem in ihr geltenden rein kirchlichen Ehehindernis zuständig. Die katholische Autorität braucht in diesem Fall den indirekt vom Hindernis betroffenen Katholiken nicht zu dispensieren, da Ehehindernisse rein kirchlichen Rechts einer nichtkatholischen Gemeinschaft den Katholiken nicht verpflichten, er also direkt mit keinem Hindernis behaftet ist. Ebenso wird sie den ihrer Rechtsordnung nicht untergebenen nichtkatholischen Partner im Normalfall nicht von einem Ehehindernis, das nicht ihrer Rechtsordnung zugehört, dispensieren.

3) In dem Fall, daß die katholische Rechtsordnung und die Rechtsordnung der nichtkatholischen Gemeinschaft exakt dasselbe (absolute oder relative) rein kirchliche Ehehindernis festlegen, gilt, daß der Katholik aufgrund seiner Unterworfenheit unter das kanonische Recht direkt diesem Hindernis untersteht (und indirekt aufgrund der Eheunfähigkeit seines nichtkatholischen Partners aufgrund dessen Unterworfenheit unter das in der nichtkatholischen Rechtsordnung vorhandene gleiche Hindernis) und der nichtkatholisch Getaufte direkt aufgrund des Vorkommens dieses Hindernisses in der Rechtsordnung seiner Gemeinschaft (und indirekt aufgrund der Eheunfähigkeit seines katholischen Partners aufgrund dessen Unterworfenheit unter das im kanonischen Recht vorhandene gleiche Hindernis). Bezüglich der Dispens gilt in einem solchen Fall, daß diese von beiden kirchlichen Autoritäten für ihren Untergebenen zu erteilen ist, vollkommen gleich, ob es sich um ein absolutes oder um ein relatives Hindernis handelt, oder ob die Ausdehnung des Hindernisses gleich ist oder verschieden. Der Grund: durch die von der katholischen Autorität erteilte Dispens kann ein in einer nichtkatholischen Rechtsordnung bestehendes Hindernis nicht aufgehoben werden und umgekehrt.

Die hier wiedergegebenen Dispensregelungen für konfessionsverschiedene Ehen sind den von J. SCHEEPERS entwickelten Regelungen für religionsverschiedene Ehen nachgebildet (vgl. *De regimine matrimonii disparis*, 25-27).

[46] Vgl. hierzu can. 1058 CIC und can. 778 CCEO: «Alle können die Ehe schließen, die rechtlich nicht daran gehindert werden».

Unter den gleichen Umständen kann die katholische Autorität, meineserachtens, auch im Falle der Eheschließung zweier Nichtkatholiken, die die Eheschließung vor einem katholischen Priester erbitten, weil sie einen Amtsträger ihrer eigenen Konfession nicht erreichen können, von einem fremdkonfessionellen Ehehindernis dispensieren.

solchen Notsituation handelt es sich nicht um eine illegitime Einmischung in die Rechtsordnung einer anderen Konfession, sondern um die Realisierung der Verpflichtung der katholischen Kirche, in der die Kirche Jesu Christi verwirklicht ist, zur Hirtensorge gegenüber ihren Gliedern sowie gegenüber allen Getauften[47]. Letztere Auffassung findet eine Bestätigung durch die analoge Heranziehung der cann. 795/796 CCEO für ein interkonfessionelles Recht. Der neue Kodex für die Ostkirchen gibt für den Normalfall dem Ortshierarchen die Dispensvollmacht über die eigenen Untergebenen, auch über jene, die sich außerhalb des eigenen Territoriums aufhalten, sowie über alle Gläubigen der eigenen Kirche *sui iuris*, die sich in seinem Territorium aufhalten (can. 795). Bei schwerem Nachteil hingegen und in Todesgefahr kann der Ortshierarch (und jede andere mit Dispensgewalt ausgestattete Person) seine Dispensgewalt über die ihm untergebenen Gläubigen und über alle Gläubigen, die sich augenblicklich in seinem Gebiet aufhalten, auch wenn sie nicht seiner Kirche *sui iuris* angehören, ausüben (cann. 796 und 797). Wenn man dieses Prinzip auf das interkonfessionelle Recht überträgt, ergibt sich genau die Regelung, daß, wenn der nichtkatholische Amtsträger nicht um Dispens angegangen werden kann, der katholische Amtsträger auch den Nichtkatholiken vom Hindernis, mit dem er behaftet ist, dispensieren kann.

Sollte die katholische Autorität nun für den Fall, daß ein nichtkatholischer Ehewerber von einem nur in der Rechtsordnung seiner Kirche bestehenden Ehehindernis keine Dispens erhält (z.B. Wiederheirat eines zum dritten Mal verwitweten Ehewerbers, oder Schwägerschaft in der geraden Linie in der orthodoxen Kirche), die katholische Autorität aber aufgrund ihrer Normen mit einer Gewährung keine Schwierigkeit hätte, von diesem Hindernis der fremden (nichtkatholischen) Rechtsordnung Dispens erteilen? Die Frage ist meineserachtens mit einem klaren Nein zu beantworten. Die katholische Kirche kann einerseits nicht die nichtkatholisch Getauften von den Normen des

---

[47] Eine Alternative zu einer von der katholischen Autorität einem Nichtkatholiken im Dringlichkeitsfall erteilbaren Dispens könnte aus zwei allerdings nie offiziell veröffentlichten und daher kaum beachteten Erlassen des früheren Hl. Offiziums vom 27.1. bzw. 22.12.1949 abgeleitet werden. Es handelt sich dabei um eine deklarative Entscheidung, wonach rein kirchliche Ehehindernisse (mit Ausnahme der Priesterweihe und Schwägerschaft in gerader Linie) bei Unmöglichkeit der Dispenseinholung — genannt werden China und Länder mit gleich schwierigen politischen Verhältnissen — nicht verpflichten (vgl. U. MOSIEK, *Kirchliches Eherecht*, 80). In analoger Weise könnte man daraus für die Angehörigen nichtkatholischer Konfessionen folgern, daß in all jenen Fällen, in denen ihnen eine Dispenseinholung unmöglich ist, die von ihrem kirchlichen Gesetzgeber aufgestellten rein kirchlichen Ehehindernisse nicht verpflichten.

kanonischen rein kirchlichen Rechts freistellen und ihr Unterworfensein unter die Rechtsordnung ihrer eigenen Konfession feststellen[48], andererseits hingegen die rein kirchlichen Gesetze dieser Konfessionen, z.B. das Nichtdispensieren von bestimmten Ehehindernissen rein kirchlichen Rechts, nicht ernst nehmen[49]. Aufgrunddessen gilt es also zu präzisieren, daß die katholische Autorität, wenn der nichtkatholische Amtsträger nicht um Dispens angegangen werden kann, nur dann vom in der nichtkatholischen Rechtsordnung bestehenden Ehehindernis befreien sollte, wenn auch die nichtkatholische Autorität davon zu dispensieren pflegt.

Für den Fall, daß die Ehe zweier nichtkatholisch Getaufter von einem katholischen Gericht zu bewerten ist, gilt, daß, da die Rechtsordnung der Konfession, der sie zum Zeitpunkt der Eheschließung angehört haben, für diese Ehe maßgebend ist, wenn von einem trennenden Ehehindernis, von dem nach der Legislation der entsprechenden Konfession Dispens einzuholen war, keine Dispens gewährt wurde, die Ehe als ungültig zu bewerten ist, insofern in der entsprechenden Konfession eine fehlende Dispens als eheverungültigend angesehen wird[50].

---

[48] Wie es der CCEO in can. 780 tut.

[49] Bereits vor Inkrafttreten der Normierung des CCEO hat J. PRADER diese Frage aufgeworfen, vgl. hierzu «Die Ehehindernisse», 61f.
B. PRIMETSHOFER spricht sich klar für eine Dispensmöglichkeit der katholischen Autorität in diesem Falle aus: «Angesichts der Formulierung von can. 780 CCEO kann die Dispensvollmacht der katholischen Kirche in diesem Fall nicht in Zweifel gezogen werden. Denn die konfessionell gemischte Ehe untersteht, was die persönliche Ehefähigkeit des nichtkatholischen Partners betrifft, nicht ausschließlich der Rechtsordnung von dessen eigener Kirche, sondern auch dem kanonischen Recht (can. 780 §1), womit in diesem Zusammenhang nur das katholische Kirchenrecht gemeint sein kann. Der in can. 780 §2 enthaltene Verweis auf die Beachtlichkeit der fremden (nichtkatholischen) Rechtsordnung ist nicht in eine das katholische Kirchenrecht ausschließende Form gekleidet, sondern bedeutet zusätzliche Beachtlichkeit der fremden Rechtsordnung» («Interrituelles Verkehrsrecht», 362, Fußnote 33).

[50] In diesem Zusammenhang sei auf eine Besonderheit des in den meisten orthodoxen Kirchen geltenden Dispensrechtes verwiesen: Wenn in der orthodoxen Kirche z.B. vom Hindernis des Alters keine Dispens erteilt wurde, wird die zunächst ungültig geschlossene Ehe mit Erreichen des Ehemündigkeitsalters, d.h. bei Wegfall des Ehehindernisses von selbst gültig. Eine Rückfrage nach einer eventuell von der orthodoxen Kirche eingeholten Dispens wäre also, wenn inzwischen das Ehemündigkeitsalter erreicht wurde, überflüssig, da die Ehe als gültig anzusehen wäre.
Eine unter nichtkatholisch Getauften geschlossene Ehe kann schließlich auch nichtig sein, aufgrund einer von der nichtkatholischen Autorität gewährten, aber ungültigen Dispens von einem die Ehe verungültigenden Tatbestand. Es gilt also stets zu überprüfen, ob nach den Normen der nichtkatholischen Rechtsordnung eine Dispens auch gültig erteilt wurde. Bevor jedoch in einem solchen Fall die Ungültigkeit einer Ehe festgestellt wird, muß zunächst wiederrum überprüft werden, ob eine ungültige

XI. KAPITEL: INTERKONFESSIONELLE NORMEN

Im Bereich der Dispensen stellt sich nun ebenso wie im Bereich der Gesetzgebung die Frage nach der *Potestas iurisdictionis*. Da es sich bei der Dispens um eine Lockerung eines kirchlichen Gesetzes für einen Einzelfall handelt, ist es nicht mehr als logisch, daß sie an die Jurisdiktionsgewalt gebunden ist. Nur eine mit ausführender Gewalt (*Potestas executiva*), die eine Funktion der hoheitlichen Leitungsvollmacht (*Potestas iurisdictionis*) darstellt[51] ausgestattete Autorität kann von Gesetzen dispensieren[52]. Insofern die kirchlichen Gesetzgeber zugleich *Potestas executiva* innehaben, sind sie *per se* Träger der Dispensgewalt. Wer Gesetze erlassen kann, kann auch von Gesetzen dispensieren.

Das Ausgestattetsein nichtkatholischer Amtsträger[53] mit *Potestas iuris-*

Dispens in der betreffenden nichtkatholischen Rechtsordnung eine Ehe auch wirklich verungültigt oder nicht. Wenn auf diese oft kaum einhellig zu beantwortenden Fragen keine Antwort zu finden ist, gilt nach can. 1060 CIC (= can. 779 CCEO) der *favor iuris*. «Die Ehe erfreut sich der Rechtsgunst; deshalb ist im Zweifelsfall an der Gültigkeit der Ehe so lange festzuhalten, bis das Gegenteil bewiesen wird».

Natürlich besteht auch im Bereich der Anerkennung der durch andere Konfessionen ausgesprochenen Dispensen der Vorbehalt des göttlichen Rechts. Es könnte sein, daß z.B. bestimmte Konfessionen eine Dispens von dem auf natürlichem Recht beruhenden Ehehindernis der Impotenz erteilen. In diesem Fall kann eine Dispens katholischerseits natürlich nicht anerkannt werden. Die Ehe ist als ungültig zu beurteilen.

[51] Vgl. *CCCIC* 3 (1971) 89-90; 9 (1987) 72-76; 104, 184-186; *CCLTI* 22 (1990) 270; 23 (1991) 44.

[52] Vgl. can. 129 CIC und 979 CCEO. «Die Dispens ist ein Verwaltungsakt, welcher Leitungsgewalt voraussetzt, die wiederum, nach Maßgabe des Rechtes von denen ausgeübt wird, die die heilige Weihe empfangen haben» (H. ALWAN, «Gli Impedimenti», 154-155 [eigene Übersetzung]). Da es bei der Dispens nicht um die Aufstellung und Außerkraftsetzung allgemeinverbindlicher Verhaltensregeln geht, sondern es sich um einen Verwaltungsakt, ein Reskript durch das für einen ganz bestimmten Fall eine Vergünstigung gewährt wird (vgl. can. 35 mit can. 59 CIC und can. 1510 §2 CCEO), handelt, wird sie nicht mehr als eine Betätigung der Gesetzgebungsbefugnis oder einer mit dieser verbundenen Jurisdiktion, sondern als zur Gesetzesanwendung gehörig gesehen, welche der ausführenden oder vollziehenden Vollmacht (*Potestas executiva*) unterliegt. Die Dispens von den Hindernissen ist ein Verwaltungsakt, der nach can. 35 CIC/can. 1510 CCEO von denjenigen erlassen werden kann, die ausführende Gewalt besitzen. Wie jede ausführende Gewalt kann die Vollmacht zu dispensieren sowohl für den Einzelfall, wie auch für die Gesamtheit der Fälle nach Maßgabe der cann. 137-144 CIC/cann. 988-995 CCEO delegiert werden (vgl. hierzu H. SOCHA, in *Münsterischer Kommentar* zu can. 85, Blatt 2, Rdn. 7 und H. ALWAN, «Gli Impedimenti», 146; zum Ganzen auch L. VELA, «Dispensa», 420).

[53] Z.B. der Hierarchen der getrennten orientalischen Kirchen.

dictionis, welche *Potestas executiva* beinhaltet, bringt *eo ipso* die Notwendigkeit einer Anerkennung ihrer Dispensvollmacht mit sich.

Da den Amtsträgern der getrennten kirchlichen Gemeinschaften des Abendlandes seitens der katholischen Kirche keine *Potestas iurisdictionis* und somit auch keine *Potestas executiva* zuerkannt wird, ist eine Anerkennung des von ihnen eventuell ausgeübten Dispenswesens nicht möglich. Bliebe als einziger Ausweg, daß in diesem Falle die katholische Autorität dispensiert, oder aber, was aufgrund des zuvor Dargelegten zu bevorzugen wäre, da ja die Unterworfenheit der getauften abendländischen Nichtkatholiken unter die faktisch in ihren Gemeinschaften vorfindlichen Eherechtsordnungen anerkannt wird, daß in einem eigenen Gesetzestext auch eine, unbeschadet göttlichen Rechts, rechtskraftverleihende Anerkennung der von den nichtkatholischen christlichen Gemeinschaften erteilten, bzw. soweit diese sich staatlichen Eherechtsordnungen unterwerfen, der von der staatlichen Autorität erteilten Dispensen erfolgt[54].

+ Kollisionen eheverungültigender Normen
in den übrigen eherechtlichen Bereichen

Aufgrund der Unteilbarkeit des Ehevertrages kann seine Gültigkeit nicht, wie es bei der soeben besprochenen Beurteilung der Ehefähigkeit, die ja dem Ehevertrag vorausgeht, durchaus möglich ist, für die einzelnen Partner nach ihrem je eigenen Recht bestimmt werden[55]. Es spricht jedoch nichts dagegen, daß der Ehevertrag als ganzer zwei verschiedenen Rechtsordnungen unterworfen wird. Dies könnte hinsichtlich der nicht die Ehehindernisse betreffenden eheverungültigenden Normenkollisionen beispielsweise bedeuten, daß eine Ehe nur dann als gültig angesehen werden kann, wenn sie nach den Rechtsordnungen beider Nupturienten gültig zustandegekommen ist[56].

---

[54] Z.B. nach can. 1078 CIC und can. 795 CCEO.

[55] Hieraus könnte sich dann z.B. das Absurdum ergeben, daß er für den einen Partner gültig und für den anderen Partner ungültig wäre.

[56] Vgl. hierzu B. PRIMETSHOFER. Er wendet die in Bezug auf die Ehehindernisse getroffene Regelung des can. 790 §2 CCEO («Ein Hindernis macht die Ehe ungültig, auch wenn es bloß auf Seiten eines Partners besteht») im Bereich des interrituellen Rechts analog auf die Eingehung einer Ehe unter einer Bedingung an. «Es stellt sich die interrituelle Frage nach dem anzuwendenden Recht, wenn es um Eheschließungen zwischen Lateinern und Orientalen geht. Die Möglichkeit der Eingehung einer Ehe unter einer Bedingung bildet auf Seiten jedes Ehewerbers eine der sachlichen Voraussetzungen für die Eheschließung. Hier ist m. E. ein Analogieschluß zu der in can. 790 §2 CCEO in bezug auf Ehehindernisse getroffenen Regelung geboten, d.h. wenn die Rechtsordnung auch nur eines Ehewerbers die bedingte Eheschließung mit Nichtigkeitssanktion untersagt, dann macht die Beifügung einer Bedingung, gleich-

Negativ formuliert, die Ehe ist dann als ungültig zu bewerten, wenn sie nach der Rechtsordnung eines Partners ungültig ist. Meineserachtens garantiert dieses Prinzip hinsichtlich der delikaten Entscheidung über die Gültigkeit oder Ungültigkeit der Ehe im Vergleich zu anderen[57] die bestmögliche Berücksichtigung beider im Spiel seiender Rechtsordnungen. Wenn die Ehe also nur nach der Rechtsordnung einer Konfession gültig wäre, wäre sie im Gesamt als ungültig zu bewerten. Bei einer solchen Form der Kumulierung zweier Legislationen gilt der Grundsatz, daß die strengere, weitreichendere Rechtsordnung entscheidet, die ungünstigere Folge tritt ein (kumulative Anwendung nach dem Grundsatz des schwächeren Rechts).

Diese Form der Kumulation zweier Rechtsordnungen findet sich in den meisten staatlichen interreligiösen Kollisionsrechten, die bei religiösen Mischbeziehungen den Eintritt einer Rechtsfolge in der Regel davon abhängig machen, daß sie von beiden beteiligten religiösen Rechtsordnungen

---

gültig, von seiten welchen Ehewerbers dies geschieht, die Ehe ungültig. Die anstehende Frage hat aber nicht nur eine (katholisch) interrituelle, sondern darüber hinaus auch eine interkonfessionelle, ja sogar interreligiöse Komponente. Denn auch wenn der lateinische Katholik, dessen Rechtsordnung die bedingte Eheschließung zuläßt, die Ehe mit einem getauften Nichtkatholiken schließt, dessen Recht keinen bedingten Eheabschluß zuläßt, so kommt diese Ehe nicht gültig zustande. Hierbei ist es gleichgültig, ob es sich bei dieser für den Nichtkatholiken geltenden Rechtsordnung um die einer Kirche bzw. kirchlichen Gemeinschaft handelt, oder um eine andere (staatliche), an die der Nichtkatholik gebunden ist (c. 780 §2 nn. 1 und 2). Letzteres wäre u.a. bei den Protestanten gegeben, die für die Eingehung ihrer Ehen grundsätzlich das im Territorium geltende staatliche Recht als verbindlich betrachten» («Interrituelles Verkehrsrecht», 361).

Ebenso S. RAMBACHER, der in Bezug auf can. 781 CCEO betont: «Klar ergibt sich aus dem Wortlaut des Gesetzestextes, daß c. 781 CCEO sich auf Ehen getaufter Nichtkatholiken gleicher wie auch verschiedener Konfession beziehen kann. Im zweiten Fall ist für die Beurteilung der Gültigkeit der Ehe das Eherecht beider nichtkatholischer Kirchen bzw. kirchlicher Gemeinschaften anzuwenden. Auf Ungültigkeit der Ehe wäre zu erkennen, wenn sie nach den Rechtsvorschriften auch nur einer der beiden Konfessionen nichtig ist» (*Formerfordernisse*, 55). Dieselbe Auffassung vertritt der Autor in Bezug auf das interrituelle Recht: «Im Anschluß an can. 780 §2, der von der Ehe der Katholiken handelt, wäre eine allgemeine Regelung für das interrituelle Eherecht sinnvoll gewesen. Sie hätte etwa beinhalten können, daß im Fall einer Normenkollision das weitergehende Recht zu beachten ist (*Formerfordernisse*, 64); vgl. auch K.TH. GERINGER, «Die bedingte Eheschließung», 82 f., Anm. 66.

[57] Z.B. der Kumulation nach dem Prinzip des stärkeren Rechts: eine Ehe ist als gültig anzusehen, wenn sie nach der Rechtsordnung eines der beiden Nupturienten gültig zustande gekommen ist.

bejaht wird[58]. Desgleichen findet sie sich in der kirchlichen Rechtsprechungspraxis in Bezug auf ritusverschiedene Ehen[59].

+ Kollisionen nicht eheverungültigender Normen

Wenn im eherechtlichen Bereich auch in erster Linie die inhabilitierenden oder irritierenden Gesetze, d.h. die Gesetze, von denen die Gültigkeit der Ehe abhängt, von Bedeutung sind, so soll doch an dieser Stelle wenigstens kurz auf mögliche Kollisionen zweier Rechtsordnungen im Bereich von nicht die Ehe verungültigenden Gesetzen eingegangen werden. Meineserachtens sollte hier nach dem Prinzip vorgegangen werden, daß im Falle zweier im Konflikt stehender verschiedenkonfessioneller nicht irritierender oder inhabilitierender eherechtlicher Normen die Rechtsordnung des Ehepartners angewendet wird, die dem jeweiligen Sachverhalt günstiger gegenübersteht[60].

Die vorstehend angesprochenen Präzisierungen der cann. 780/781 CCEO hinsichtlich der Anwendung verschiedenkonfessioneller Rechtsordnungen, sowie hinsichtlich der Zuständigkeit für die Dispensen bei konfessionsverschiedenen oder rein nichtkatholischen Ehen, sollten, um Unstimmigkeiten in der Interpretation der beiden Kanones und daraus resultierende Rechtsunsicherheiten zu vermeiden, unbedingt Aufnahme in die kirchliche Gesetzgebung finden.

Abschließend gilt es noch zu erörtern, welcher Rechtsordnung ein getaufter Nichtkatholik, der niemals katholisch war, und der von einer nichtkatholischen christlichen Konfession zu einer anderen übergetreten ist, letztlich unterliegt. Meineserachtens ist aufgrund des Wortlautes der cann. 780/781 CCEO klar davon auszugehen, daß er durch die Rechtsordnung der Konfession gebunden ist, welcher er im Augenblick der Eheschließung angehört(e)[61], nicht jedoch durch die Rechtsordnung der Konfession, in

---

[58] Vgl. hierzu K. WÄHLER, *Interreligiöses Kollisionsrecht*, 375.

[59] So offenbar M. CABREROS - A. A. LOBO - S. A. MORAN, *Commentarios*, III, n. 260, p. 243; ebenso B. PRIMETSHOFER, «Interrituelles Verkehrsrecht», 361.

[60] Man vergleiche hierzu auch: *Regula Iuris* 56 (D. 50,17): «*Semper in dubiis benigniora praeferenda sunt*» oder Regula Iuris 15, aus den *Regulae iuris* in VI°: «*Odia restringi et favores convenit ampliari*».

[61] Vgl. can. 781 CCEO, 1°: «*ius, quo partes tempore celebrationis matrimonii tenebantur*». Diese Bestimmung ist meines Erachtens analog auch auf den nichtkatholischen Partner einer konfessionsverschiedenen Ehe, an der ein Katholik beteiligt ist (can. 780 §2), anzuwenden.

welcher er ursprünglich die Taufe empfangen hat, selbst wenn diese Konfession in ähnlicher Weise wie das kanonische Recht, bezüglich der Mitgliedschaft eine *semel–semper* Regel kennen würde, oder der Konfession, zu der er nach der Eheschließung übergetreten ist. Dieser Grundsatz ist im übertragenen Sinn auch auf die in einem Inzidentverfahren zu beurteilende Ehe zweier nichtkatholisch Getaufter anzuwenden.

Wer sich von seiner nichtkatholischen Kirche oder kirchlichen Gemeinschaft getrennt hat ohne jedoch einer anderen christlichen Konfession beigetreten zu sein, gilt, wegen des durch die Taufe bewirkten unauslöschlichen Prägemals, weiterhin als Glied der Kirche Jesu Christi, näherhin der christlichen Gemeinschaft, die er verlassen hat. Die von dieser Person mit einem Katholiken geschlossene oder zu schließende Ehe wird trotz des Austritts aus der christlichen Gemeinschaft und eventuellen Übertritts zu einer anderen nichtchristlichen Religion oder Sekte (z.B. Zeugen Jehovas) als konfessionsverschiedene Ehe gewertet. Das Recht der nichtkatholischen Kirche oder kirchlichen Gemeinschaft, der er zum Zeitpunkt der Eheschließung zuzuschreiben wäre, würde, für den Fall, daß er die Ehe mit einem orientalischen Katholiken zu schließen beabsichtigt, nach can. 780 CCEO zusammen mit dem kanonischen Recht auf diese Ehe anzuwenden sein. Analoges gilt für die Beurteilung der Ehe zweier nichtkatholisch Getaufter in einem Inzidentverfahren, wenn einer oder beide Partner nach Verlassen ihrer nichtkatholischen christlichen Gemeinschaft keiner anderen christlichen Konfession mehr beigetreten sind. Diese Ehe ist nach dem Recht der christlichen Konfession(en) zu beurteilen, der (denen) die Ehepartner zum Zeitpunkt des Eheabschlußes zugehörig waren oder — für den Fall eines Abfalls vom Christentum vor dem Eheabschluß — gegebenenfalls zugehörig gewesen wären[62].

1.2.2 Kanon 781 CCEO

Mit den Bestimmungen des can. 781 bietet das Gesetzbuch für die orientalischen Katholiken eine Lösung für die Judikatur der zwischen getauften Nichtkatholiken geschlossenen Ehen durch katholische Instanzen.

---

[62] Anderer Auffassung scheint S. RAMBACHER zu sein: «Grundsätzlich erfassen cc. 780 §2 und 781 CCEO auch getaufte Nichtkatholiken, die noch vor der Eheschließung zu einer nichtchristlichen Religionsgemeinschaft übergetreten sind, da die gültige Taufe ein unauslöschliches Prägemal bewirkt, das durch den Abfall vom Glauben nicht verlorengeht und eine bleibende Kirchengliedschaft begründet. In einem solchen Fall wäre dann zu prüfen, ob die nichtkatholische Kirche oder Gemeinschaft, in der der Abgefallene die Taufe empfangen hat, diesen aufgrund seines Übertritts zu einer nichtchristlichen Religionsgemeinschaft als von ihrem rein kirchlichen Eherecht entbunden betrachtet (*Formerfordernisse*, 55).

Bezüglich der Beurteilung der Ehe zweier nichtkatholisch Getaufter durch ein kirchliches Gericht im Rahmen eines Inzidentverfahrens ist gemäß can. 781 n.1 in Bezug auf das Recht, dem die Partner zum Zeitpunkt der Eheschließung unterstanden, can. 780 §2 entsprechend anzuwenden, wobei natürlich auch betreffs dieser Bestimmung das von U. Navarrete hinsichtlich der im CIC 1983 bestehenden Gesetzeslücke bezüglich der Gesetzesunterworfenheit der abendländischen getauften Nichtkatholiken und ihrer Auswirkungen auf die Gesetzgebung des CCEO zu beachten ist. Während sich die Gesetzesunterworfenheit der konfessionsverschiedenen Ehe zwischen einem abendländischen getauften Nichtkatholiken und einem orientalischen Katholiken unter Zuhilfenahme von can. 1059/CIC, welcher den abendländischen Nichtkatholiken, der die Ehe mit einem Katholiken schließt, als Ausnahme zu can. 11, als weiterhin der kanonischen Gesetzgebung unterstellt ansieht, bestimmen läßt[63], bleibt die Frage, welche Legislationen bei der Judikatur der Ehe eines getrennten Orientalen mit einem abendländischen getauften Nichtkatholiken bzw. der Ehe zweier abendländischer getaufter Nichtkatholiken in einem Inzidentverfahren anzuwenden sind, offen. Es bleibt dem katholischen Richter im ersten Fall eigentlich nur die Möglichkeit davon auszugehen, daß der getrennte Orientale, unbeschadet göttlichen Rechts, den Rechtsordnungen seiner Konfession unterliegt, während der abendländische getaufte Nichtkatholik lediglich göttlichem Recht untersteht und im zweiten Fall daß die Ehe allein nach göttlichem Recht zu judizieren ist.

Eine gesonderte Regelung wird in can. 781 n.2 in Bezug auf die Eheschließungsform getroffen. Die Kirche, so heißt es, anerkennt die vorgeschriebene oder zugelassene Eheschließungsform jener Rechtsordnung, der die Ehewerber zur Zeit der Eheschließung unterworfen waren, wobei natürlich auch betreffs dieser Bestimmung das von U. Navarrete hinsichtlich der im CIC 1983 bestehenden Gesetzeslücke bezüglich der Gesetzesunterworfenheit der abendländischen getauften Nichtkatholiken und ihrer Auswirkungen auf die Gesetzgebung des CCEO Angeführte zu beachten ist.

Die Tatsache, daß in can. 781 zwischen *ius* und *forma* unterschieden wird, läßt darauf schließen, daß *ius* nur das materielle Eherecht umfasst. Hierzu S. Rambacher treffend:

> Von daher ergibt sich ein wichtiger Rückschluß auf den Umfang des nach c. 780 §2 CCEO mitzubeachtenden *ius* einer nichtkatholischen Kirche oder Gemeinschaft, wenn deren Angehörige die Ehe mit einem Katholiken eingehen.

---

[63] Vgl. in dieser Studie, s. 212.

Das in diesem Fall zu berücksichtigende Recht muß auf das materielle Eherecht beschränkt verstanden werden; es bezieht also nicht etwaige eigene, besondere Formvorschriften nichtkatholischer Kirchen ein. Als Grund für diese Einschränkung ist die nach c. 828 i.V. m. c. 834 §1 CCEO prinzipiell zur Gültigkeit der Ehe bestehende Verpflichtung orientalischer Katholiken anzusehen, die kanonische Eheschließungsform einzuhalten, von der allein der Apostolische Stuhl oder der Patriarch aus sehr schwerwiegendem Grund dispensieren kann, wie es c. 835 CCEO statuiert. Eine Ausnahme bildet allerdings die konfessionsverschiedene Ehe zwischen einem Katholiken und einem ostkirchlichen Nichtkatholiken. Hier schreibt c. 834 §2 CCEO in Übernahme der Regelung von Art. 18 OE die Einhaltung der kanonischen Form nur zur Erlaubtheit vor; zur Gültigkeit der Form genügt die Segnung der Ehe durch einen Priester. Das Ausklammern der Eheschließungsform aus dem nach c. 780 §2 CCEO zu beachtenden Eherecht nichtkatholischer Kirchen oder Gemeinschaften sichert die Formgültigkeit einer nach den kanonischen Vorschriften der katholischen Kirche gefeierten Ehe eines Katholiken mit einem getauften Nichtkatholiken, selbst wenn nach dem Recht dessen eigener Konfession die im katholischen Ritus gefeierte Ehe als nicht formgültig betrachtet würde[64].

Kanon 781 knüpft die Anerkennung der nichtkatholischen Eheschließungsform an zwei Voraussetzungen:

1) Es muß sich um eine in öffentlicher Form abgegebene Konserserklärung handeln[65];

2) Wenn zumindest ein Eheteil einer nichtkatholischen orientalischen Kirche angehört, muß die Ehe mit einem *ritus sacer* abgeschlossen worden sein (can. 781, 2°)[66].

Die Anerkennung der jeweiligen nichtkatholischen Eheschließungsform durch die katholische Kirche ist nun nicht so zu verstehen, daß diese über die beiden soeben genannten Formbedingungen hinaus für nichtkatholische Christen keine weiteren Formvorschriften aufstellen würde, sondern in dem

---

[64] S. RAMBACHER, *Formerfordernisse*, 52-53. Während S. Rambacher unter das in can. 780 §2 und 781 CCEO angesprochene *ius*, meineserachtens zu Recht (vgl. hierzu das im Zusammenhang mit der Kodifikationsgeschichte dieses Kanon auf s. 205 dieser Studie Angeführte), das gesamte *materielle* Eherecht fasst, betont D. SALACHAS, meineserachtens zu Unrecht: «L'applicazione del diritto proprio delle Chiese o Comunità non cattoliche riguarda solo gli impedimenti di diritto puramente ecclesiastico, cioè che non sono di diritto divino positivo o naturale secondo l'interpretazione autentica della Chiesa cattolica; inoltre, non riguarda le leggi circa i difetti e i vizi del consenso, neppure lo scioglimento del vincolo e la convalidazione e la sanazione in radice del matrimonio» («Implicanze ecumeniche», 85-86).

[65] Vgl. hierzu S. RAMBACHER, *Formerfordernisse*, 60-61.

[66] Vgl. hierzu S. RAMBACHER, *Formerfordernisse*, 62-63 und B. PRIMETSHOFER, der gegen die beiden in can. 781 postulierten Voraussetzungen Bedenken anmeldet («Interrituelles Verkehrsrecht», insbes. 363ff.).

Sinn, daß sie die Formgültigkeit einer solchen Ehe nach den eigenen Vorschriften der betreffenden nichtkatholischen Konfessionen beurteilt. Dies resultiert in aller Deutlichkeit aus dem einleitenden Konditionalsatz des can. 781, welcher die folgenden Aussagen als Bedingungen der Gültigkeit einer Ehe nichtkatholisch Getaufter qualifiziert; ebenso aus der Parallele zu can. 781 n. 1 bzw. can. 780 §2, denenzufolge sich nichtkatholische bzw. konfessionsverschiedene Ehen auch nach dem für den Nichtkatholiken verbindlichen eigenen Eherecht seiner Konfession richten.

Kanon 781 n. 2 spricht von der vom Recht der getauften Nichtkatholiken *vorgeschriebenen* oder *zugelassenen* Eheschließungsform. Diese Unterscheidung ist deshalb von Bedeutung, weil viele christliche Konfessionen kein eigenes Eheschließungsrecht besitzen und von daher auch keine besondere Eheschließungsform diktieren, sondern die des staatlichen Rechts anerkennen und weil verschiedene christliche Konfessionen wohl über eine eigene Eheschließungsform verfügen, diese jedoch nicht zur Gültigkeit der Ehe vorschreiben. Nach S. Rambacher kann die Ehe von nichtkatholisch Getauften nur dann als ungültig betrachtet werden, wenn die vom Eigenrecht zur *Gültigkeit* vorgeschriebene Form nicht eingehalten wurde und von ihr auch nicht dispensiert worden ist[67].

2. Der Verweis auf fremdkonfessionelle Rechtsordnungen

Es ist an dieser Stelle in aller Deutlichkeit darauf hinzuweisen, daß, wenn das Gesetzbuch für die katholischen Ostkirchen in den cann. 780/781 die Vorschrift der Beachtung fremden Rechts beinhaltet, es sich hier um eine Festlegung handelt, aus der keine theologischen Rückschlüsse gezogen werden können. So wird hinsichtlich der nichtkatholischen Kirchen und kirchlichen Gemeinschaften durch eine solche Regelung in keinster Weise in Frage gestellt, daß der Gesetzgeber der katholischen Kirche auch ihre Glieder durch seine Gesetze zu binden vermag[68]. Desweiteren wird durch die unter dem Vorbehalt göttlichen Rechts stehende formale Bestimmung der Unterworfenheit der nichtkatholisch Getauften unter die Eherechtsordnungen der Gemeinschaften, denen sie angehören, nicht zugleich eine Anerkennung

---

[67] S. RAMBACHER, *Formerfordernisse*, 59-60.

[68] Vgl. hierzu *Nuntia* 28 (1989) 104: «*Der Satz des can. 776 "quae legibus mere ecclesiasticis non tenentur"* ist überaus zweideutig, da er sowohl auf die Nichtgetauften wie auch auf die getauften Nichtkatholiken anwendbar ist. Der Unterschied aber ist wesentlich, insofern auf die Nichtgetauften die rein kirchlichen Gesetze nicht angewendet werden, weil sie der Zuständigkeit der Kirche nicht unterstehen, während sie auf die nichtkatholisch Getauften nicht angewendet werden, weil die Kirche sich dafür entschieden hat».

der Kompetenz der nichtkatholischen christlichen Konfessionen, vor allem der nichtkatholischen kirchlichen Gemeinschaften, über die Ehe und damit deren Fähigkeit ein eigenes Eherecht zu erlassen, welches als dem kanonischen Eherecht in jeglicher Hinsicht gleichgestellt angesehen werden könnte, ausgesprochen[69]. In der Tat vermögen die in den kirchlichen Gemeinschaften *de facto* vorfindlichen «Rechtsordnungen», im Gegensatz zu denen der getrennten Kirchen, nur nach erfolgter Rechtskraftverleihung durch den katholischen Gesetzgeber Anwendung im katholischen Ambitus zu finden. Der Grund: Die «Rechtsordnungen» der nichtkatholischen kirchlichen Gemeinschaften sind nach katholischer Auffassung, unbeschadet der «konfessionsinternen» faktischen Gebundenheit der Mitglieder dieser christlichen Gemeinschaften an dieselben, keine Legislationen im eigentlichen Sinne. Von daher kann der katholische Gesetzgeber auch nicht, ohne ihnen zumindest in impliziter Weise Rechtskraft verliehen zu haben, auf diese verweisen.

3. Der Geltungsbereich der cann. 780 und 781 CCEO

Die Kanones 780 und 781 des CCEO besitzen im Bereich der lateinischen Kirche keinerlei Gültigkeit.

B. Primetshofer schreibt daher meines Erachtens zu Unrecht:

C. 780 CCEO ist, ohne daß dies ausdrücklich gesagt wird, ganz sicher «ritusübergreifend», d.h. er gilt nicht nur für das Verhältnis der unierten und nichtunierten orientalischen Kirchen, sondern auch für die lateinische Kirche. Damit ist nunmehr vom Gesetzgeber das ausgesprochen worden, was sich in der Lehre, wenngleich mit einem gewissen Zögern, bereits herausgebildet hatte, daß z.B. in Bezug auf die Ehen von Protestanten, die (wie schon gesagt) kein eigenes kirchliches Eherecht ausgebildet haben, jenes Recht anzuwenden ist, das sie für sich als verbindlich erachten, d.h. staatliches Recht. Nach Maßgabe dieses Rechts ist die Gültigkeit der Ehen jener Nichtkatholiken zu beurteilen, die kein eigenes Recht kennen (c. 781 §1)[70].

Der Annahme der Gültigkeit der cann. 780 und 781 des CCEO auch für die lateinische Kirche kann meineserachtens nur vehement widersprochen

---

[69] Hierzu *Nuntia* 15 (1982) 58-59. Vgl. S. RAMBACHER: «Die mit c. 780 §2 n.1 CCEO auch den kirchlichen Gemeinschaften zuerkannte Fähigkeit zu einer eigenen Ehegesetzgebung ist als eine im Hinblick auf die Regelung des interkonfessionellen Verkehrs faktisch zugestandene Fähigkeit zu qualifizieren, unbeschadet der katholischen Lehre von der notwendigen Einheit der Weihe- und Hirtengewalt [c. 979 §1 CCEO; c. 129 §1 CIC/1983] (*Formerfordernisse*, 64, Anm. 1).

[70] B. PRIMETSHOFER, «Interrituelles Verkehrsrecht», 363; ID., «Der CCEO», 579-580.

werden, da sie in klarem Gegensatz zu can. 1 des CCEO steht («Canones huius Codicis omnes et s o l a s Ecclesias orientales catholicas respiciunt, nisi, relationes cum Ecclesia latina, quod attinet, aliud e x p r e s s e statuitur»). Da laut can. 1499 CCEO (= can. 17 CIC) kirchliche Gesetze gemäß der eigenen Bedeutung ihrer Worte, die im Text und Kontext zu betrachten ist, zu verstehen sind und die Bedeutung des can. 1 CCEO keineswegs zweifelhaft und dunkel ist, ist klar dafür zu halten, daß die cann. 780 und 781, in denen in Bezug auf die lateinische Kirche mitnichten *aliud expresse statuitur*, Gültigkeit nur für den Ambitus der katholischen orientalischen Kirchen besitzen.

Da es sich bei CIC und CCEO um denselben Gesetzgeber handelt, kann aus der Entstehungsgeschichte der cann. 780 und 781 CCEO und ihrer letztendlichen Formulierung in Verbindung mit verschiedenen Aussagen des II. Vatikanischen Konzils über die getrennten Kirchen und kirchlichen Gemeinschaften wohl auf die *Mens legislatoris* auch für den Ambitus der lateinischen Kirche geschlossen werden. Von daher vermögen sie auch gemäß can. 19 neben anderen allgemeinen Rechtsprinzipien im Rahmen der Rechtsanalogie bei der Schließung der Gesetzeslücke im lateinischen Recht herangezogen zu werden[71]. Es kann jedoch nicht behauptet werden, daß die cann. 780 und 781 CCEO Rechtskraft auch für die lateinische Kirche besäßen.

Die Normen der cann. 780 und 781 des CCEO sind also lediglich im Geltungsbereich des Gesetzbuches für die orientalischen katholischen Kirchen bei der Eheschließung eines Katholiken mit einem nichtkatholisch Getauften wie auch bei der Beurteilung der Gültigkeit der Ehe zwischen zwei nichtkatholisch Getauften anzuwenden, wobei zudem die Schwierigkeiten zu berücksichtigen sind, die durch die Gesetzeslücke des CIC 1983 hinsichtlich der Gesetzesunterworfenheit der nichtkatholisch Getauften auch im orienta-

---

[71] Vgl. hierzu auch S. RAMBACHER: «Die Frage der Anwendbarkeit von cc. 780 §2 und 781 CCEO innerhalb der lateinischen Kirche ist vielmehr über c. 19 CIC/1983 zu beantworten […] C. 781 CCEO stellt […] eine erweiternde Normierung von Art. 16 UR und der nachkonziliaren höchstrichterlichen Rechtsprechung dar, so daß er, unter Einbeziehung all dessen, aufgrund von c. 19 CIC/1983 auch im Bereich der Lateinischen Kirche, konkret von ihren Gerichten, anzuwenden ist. Schwieriger gestaltet sich die Antwort auf die Frage, ob dasselbe auch von c. 780 §2 zu sagen ist […] Da c. 1059 CIC/1983 bezüglich der Regelung konfessionsverschiedener Ehen keine absolute Gesetzeslücke offen läßt, die nur durch Anwendung von Gesetzen, die für ähnlich gelagerte Fälle erlassen worden sind, zu schließen wäre, kann die Norm von c. 780 §2 nicht schlechthin mit dem Hinweis auf c. 19 CIC/1983 in der Lateinischen Kirche Geltung beanspruchen» (*Formerfordernisse*, 56-57).

lischen Ambitus entstehen, und auf die U. Navarrete in aller Deutlichkeit hingewiesen hat.

4. Der Unterschied zwischen der lateinischen und der orientalischen Gesetzgebung in Bezug auf die Legislationen, denen konfessionsverschiedene Ehen, an denen ein Katholik beteiligt ist sowie die Ehen nichtkatholisch Getaufter unterworfen sind

Mit Inkrafttreten des Kodex für die orientalischen katholischen Kirchen im Jahr 1991 gelten in der katholischen Kirche zwei verschiedene Prinzipien für die Judikatur konfessionsverschiedener Ehen, an denen ein Katholik beteiligt ist. Während das Gesetzbuch der lateinischen Kirche bestimmt, daß auf solche Ehen ausschließlich kanonisches Recht anzuwenden ist[72], bestimmt der CCEO in can. 780 §2, daß die Ehe zwischen einem katholischen und einem nichtkatholischen getauften Partner sich, unbeschadet göttlichen Rechts, auch nach dem Recht der Kirche oder der kirchlichen Gemeinschaft, der der nichtkatholische Partner angehört, richtet. Bezüglich der Beurteilung der Ehen nichtkatholisch getaufter Partner in einem Inzidentverfahren weist das lateinische Gesetzbuch im Gegensatz zum Gesetzbuch für die orientalisch katholischen Kirchen eine Gesetzeslücke auf, welche jedoch zumindest für die getrennten Ostkirchen unter Zuhilfenahme der Aussagen des II. Vatikanischen Konzils (UR, n. 16) geschlossen werden kann.

Die Nichtretroaktivität der gesetzlichen Regelungen des CIC/1983 und des CCEO/1990 in Rechnung stellend wird der Tatbestand noch komplexer.

So gilt etwa, daß nur die Ehen, zwischen «der lateinischen Kirche zuzurechnenden nichtkatholisch Getauften»[73], die nach dem 27. November 1983[74] geschlossen wurden, im Falle der Wiederheirat eines der beiden mit einem lateinischen Katholiken, nach dem Grundsatz der cann. 11 und 1059 CIC/1983 zu behandeln sind, d.h. mit anderen Worten, daß die auf rein kirchlichem Recht beruhenden Bestimmungen des kanonischen Eherechts auf sie nicht anzuwenden sind[75]. Für die Ehen zwischen «der lateinischen Kirche zuzurechnenden nichtkatholisch Getauften», die vor dem 27. November 1983 geschlossen wurden, gilt, im Falle der Wiederheirat eines

---

[72] Can. 1059 CIC.

[73] Protestanten, Altkatholiken, Anglikaner.

[74] Datum des Inkrafttretens des CIC.

[75] Welches Recht jedoch anzuwenden ist wenn eine solche nach dem 27. November 1983 geschlossene Ehe für den Fall einer zweiten Eheschließung mit einem Katholiken, von einem katholischen Gericht zu judizieren ist, wird für den lateinischen Rechtskreis bislang nicht bestimmt.

der beiden mit einem lateinischen Katholiken, die Regelung des CIC 1917, daß alle Getauften auch an die rein kirchlichen Gesetze des kanonischen Rechtes gebunden sind. Auf diese Ehen ist demzufolge das kanonische Recht in ganzer Breite anzuwenden, wenn sie von einem katholischen Gericht judiziert werden müssen.

Für die Ehe, zwischen einem in einer getrennten Kirche oder kirchlichen Gemeinschaft des Abendlandes Getauften und einem Katholiken gilt im lateinischen Rechtskreis, daß sowohl die vor dem 27. November 1983 als auch die nach diesem Datum geschlossenen Ehen, aufgrund des Wortlautes des can. 1059 ausschließlich kanonischem Recht unterliegen.

Wenn die Ehe zweier nichtorientalischer getaufter Nichtkatholiken in einem Inzidentverfahren von einem katholischen Gericht zu richten ist, weil einer der beiden einen orientalischen Katholiken ehelichen möchte, dann gilt für alle vor dem 1. Oktober 1991[76] zwischen nichtorientalischen getauften Nichtkatholiken geschlossenen Ehen, daß auf sie das kanonische Recht des CIC 1917 anzuwenden ist, für alle nach dem 1. Oktober 1991 geschlossenen Ehen gelten die cann. 1490 und 780/781 des CCEO, die einen jedoch nach der momentanen Rechtslage lückenhaft gebliebenen Verweis auf das Recht, dem diese Ehen unterliegen, enthalten[77].

Für die Judikatur einer nach dem 1. Oktober 1991 geschlossenen konfessionsverschiedenen Ehe zwischen einem orientalischen Katholiken und einem nichtorientalischen getauften Nichtkatholiken gilt im Prinzip, daß sie unter Berücksichtigung auch der nichtkatholischen Rechtsordnung zu judizieren ist, der der nichtkatholische Partner unterliegt[78]. Aufgrund der Gesetzeslücke des lateinischen Gesetzbuches hinsichtlich der Gesetzesunterworfenheit nichtkatholisch Getaufter bleibt jedoch, wie bereits an anderer Stelle betont[79], bei Rückgriff auf die Bestimmung von can. 1059 CIC über konfessionsverschiedene Ehen, an denen ein Katholik beteiligt ist, nur die Judikatur nach den Kanones des CCEO. Für die vor dem 1. Oktober 1991 geschlossene Ehe gilt, daß sie ausschließlich nach kanonischem Recht zu beurteilen ist.

Für die Beurteilung der Ehe zweier getrennter orientalischer Christen, durch ein katholisches Gericht im Falle der Zweitehe eines der beiden mit

---

[76] Datum des Inkrafttretens des CCEO.

[77] Zur Problematik der in cann. 780/781 CCEO ausgesprochenen Verweisung auf das Recht, dem die nichtkatholisch getauften abendländischen Christen unterstehen, ss. 208 ff. dieser Studie.

[78] Zur Problematik der genauen Bestimmung dieser nichtkatholischen Rechtsordnung, in dieser Studie ss. 208 ff.

[79] Vgl. in dieser Studie, s. 212.

einem lateinischen Katholiken, gilt, aufgrund der Rückwirkung der feierlichen Erklärung des Ökumenismusdekretes des II. Vatikanischen Konzils, Artikel 16 über die Fähigkeit der getrennten Orientalen sich nach ihren eigenen Ordnungen zu richten, nicht nur für die ab dem 27. November 1983 geschlossenen Ehen, daß sie den rein kirchlichen Gesetzen des kanonischen Rechts nicht unterliegen.

Analog gilt in Bezug auf die Beurteilung der Ehe zweier getrennter orientalischer Christen durch ein katholisches Gericht im Falle der Zweitehe eines der beiden mit einem orientalischen Katholiken nicht erst für die ab dem 1. Oktober 1991[80] geschlossenen Ehen, daß sie den rein kirchlichen Gesetzen des kanonischen Rechts nicht unterliegen[81], sondern auch für die früheren Datums seienden.

Für die konfessionsverschiedene Ehe zwischen einem lateinischen Katholiken und einem getrennten orientalischen Christen gilt, daß nach der lateinischen Rechtsordnung, aufgrund des einschränkenden Wortlautes des can. 1059 CIC, gleichgültig zu welchem Zeitpunkt die Ehe geschlossen wurde, auf sie ausschließlich kanonisches Recht anzuwenden ist.

Für die konfessionsverschiedene Ehe zwischen einem orientalischen Katholiken und einem getrennten orientalischen Christen gilt, daß die vor dem 1. Oktober 1991 geschlossene Ehe ausschließlich kanonischem Recht unterliegt, die nach diesem Datum geschlossene laut can. 780 §2 CCEO auch der nichtkatholischen Legislation.

5. Die Übernahme der cann. 780/781 CCEO in das lateinische Recht

Die im kirchlichen Gesetzbuch von 1983 durch den Verzicht auf die Anwendung der rein kirchlichen Gesetze des kanonischen Rechts auf die Ehen nichtkatholisch Getaufter entstandene *lacuna legis* in Bezug auf die rein menschlichen Gesetze, denen sie nunmehr unterliegen, könnte fürs Erste[82] durch eine Übernahme des in den zweiseitigen interkonfessionellen Kollisionsnormen der cann. 780/781 CCEO enthaltenen formalen Verweises auf die Gesetzgebungen anderer christlicher Konfessionen in den CIC 1983, konkret in can. 1059[83], geschlossen werden. Eine solche Übernahme scheint

---

[80] Datum des Inkrafttretens des CCEO.
[81] Vgl. can. 1490 CCEO mit can. 780/781 CCEO.
[82] Vgl. in dieser Studie, ss. 235-236.
[83] Ein Vorschlag zur Erweiterung von can. 1059 CIC 1983:
can. 1059 §1- Matrimonium catholicorum, etsi una tantum pars sit catholica, regitur iure non solum divino sed etiam canonico, salva competentia civilis potestatis circa mere civiles eiusdem matrimonii effectus.

mir, unabhängig von einer im Zusammenhang mit can. 11 CIC/1983 bzw. can. 1490 CCEO/1990 eventuell getroffenen allgemeinen gesetzlichen Regelung hinsichtlich der Gesetzesunterworfenheit nichtkatholisch Getaufter, unabdingbar, da die cann. 780/781 CCEO nicht nur allgemeine Bestimmungen hinsichtlich der Gesetzesunterworfenheit nichtkatholisch Getaufter enthalten, sondern zusätzlich, wenn auch unvollständige und noch zu ergänzende Bestimmungen für den Fall von Normenkollisionen verschiedenkonfessioneller eherechtlicher Bestimmungen bieten. Durch eine Übernahme dieser beiden Normen würde aber nicht nur die im lateinischen Recht bestehende Gesetzeslücke hinsichtlich der Judikatur der Ehen zwischen nichtkatholisch Getauften geschlossen, sondern es würde auch zu einer Vereinheitlichung der bislang divergierenden Prinzipien hinsichtlich der Judikatur der konfessionsverschiedenen Ehe, an der ein Katholik beteiligt ist, kommen und damit zusätzliche nicht unerhebliche Rechtsunsicherheiten beseitigt. Darüberhinaus würde, zuguterletzt, auch die augenblicklich in Folge einer fehlenden lateinischen Gesetzgebung in dieser Sache im Kodex für die orientalischen Kirchen bestehende Lücke hinsichtlich der Gesetzesunterworfenheit der abendländischen getauften Nichtkatholiken geschlossen.

Von daher sollte der oberste kirchliche Gesetzgeber es sich um der bestmöglichen Verwirklichung der Gerechtigkeit willen alsbald zur Aufgabe machen die vorstehend angesprochenen Rechtsunsicherheiten im interkonfessionellen Bereich zu beheben.

---

§2 - Matrimonium inter partem catholicam et partem baptizatam acatholicam salvo iure divino regitur etiam:
1° iure proprio Ecclesiae vel Communitatis ecclesialis, ad quam pars acatholica pertinet, si haec Communitas ius matrimoniale proprium habet;
2° iure quo pars acatholica tenetur, si Communitas ecclesialis ad quam pertinet, iure matrimoniali proprio caret.
§ 3 Si quando Ecclesia iudicare debet de validitate matrimonii acatholicorum baptizatorum:
1° quod attinet ad ius. quo partes tempore celebrationis matrimonii tenebantur, servetur can. 1059 §2;
2° quod attinet ad formam celebrationis matrimonii, Ecclesiae agnoscit quamlibet formam iure praescriptam vel admissam, cui partes tempore celebrationis matrimonii subiectae erant, dummodo consensus expressus sit forma publica et, si una saltem pars est christifidelis alicuius ecclesiae orientalis acatholicae, matrimonium ritu sacro celebratum est.

CONCLUSIO

Aufgrund der, wenn auch je verschieden zu erklärenden, Möglichkeit der Anwendung fremdkonfessioneller Rechtsordnungen im katholischen Ambitus kann an der Notwendigkeit eines interkonfessionellen Eherechtes nicht gezweifelt werden. Obwohl, wie vorstehend aufgezeigt werden konnte, die Existenz, auch zweiseitiger, interkonfessioneller eherechtlicher Kollisionsnormen in der kanonischen Rechtsordnung keinesfalls verneint werden kann, ist dennoch festzuhalten, daß man von einer umfassenden Ausarbeitung eines katholischen interkonfessionellen Eherechtes auch nach der Neukodifizierung des *Ius canonicum* noch weit entfernt ist[1].

Eine Übernahme der cann. 780/781 CCEO in die lateinische Gesetzgebung wäre gewiß ein erster Schritt in die richtige Richtung. In der Folge sollten unbedingt die vorgenannten Kanones präzisierende interkonfessionelle Normen geschaffen werden, die beispielsweise klären, wie die Eherechtsordnungen der Partner einer konfessionsverschiedenen Ehe hinsichtlich der Ehehindernisse, denen die beiden Partner unterliegen, zueinander ins Verhältnis gesetzt werden sollen, bzw. wie die nicht die Ehehindernisse betreffenden trennenden Ehegesetze verschiedener Konfessionen am besten miteinander kumuliert werden können. Vonnöten wären ebenfalls interkonfessionelle Normen, die klare Aussagen bezüglich der Dispenserteilung bei konfessionsverschiedenen Ehen treffen, sowie explizite Festlegungen hinsichtlich der Bedeutung eines Konfessionswechsels oder eines Kirchenaustritts nichtkatholisch Getaufter für deren Gesetzesunterworfenheit beinhalten. Weniger dringlich, aber von großem Interesse wäre schließlich auch die Schaffung von Normen eines katholischen interkonfessionellen Verfahrensrechtes, das sich mit der möglichen Anerkennung von über Erstehen nichtkatholisch Getaufter seitens der zuständigen nichtkatholischen Autorität ergangenen Ehenichtigkeitsurteilen durch ein katholisches Gericht beschäftigt.

---

[1] Vgl. P.H. NEUHAUS, «Zum Kollisionsrecht», 52.

Der Gesetzgeber sollte es sich aus Gründen der bestmöglichen Verwirklichung der Gerechtigkeit alsbald zur Aufgabe machen die vorstehend angesprochenen Gesetzeslücken und Rechtsunsicherheiten im interkonfessionellen Bereich zu beheben.

SCHLUSSWORT

In der vorliegenden Studie wurde, von der Lehre über die Vollmacht der Kirche Jesu Christi über die Ehen der Getauften ausgehend, versucht die Frage der Jurisdiktion der nichtkatholischen Kirchen und kirchlichen Gemeinschaften, in denen sich nach der Lehre des II. Vatikanischen Konzils ebenso wie in der katholischen Kirche, wenn auch in nicht vollkommener Weise, die Kirche Jesu Christi verwirklicht, über die Ehen ihrer Mitglieder zu klären. Insbesondere wurde der Frage nachgegangen ob die nichtkatholischen christlichen Konfessionen die Fähigkeit besitzen Eherechtsordnungen im eigentlichen und wirklichen Sinne zu erlassen, welche im Bedarfsfall Anwendung durch katholische Instanzen zu finden vermögen.

Es kann davon ausgegangen werden, daß eine eventuelle Anwendbarkeit der Eherechtsordnungen der getrennten orientalischen Kirchen im katholischen Bereich, vorbehaltlich göttlichen Rechts, gegeben ist. Die Begründung liegt in der ohne Zweifel ihre Amtsträger auszeichnenden und im Weihesakrament, der apostolischen Sukzession und der kanonischen Sendung gründenden *Potestas iurisdictionis* (bzw. näherhin der *Potestas legislativa*). Die getrennten Orientalen vermögen für ihre Gläubigen Gesetze zu erlassen, die ohne Rechtskraftverleihung seitens des katholischen Gesetzgebers, vorbehaltlich göttlichen Rechts, im Bedarfsfall durch katholische Instanzen angewendet werden können[1].

Auch wenn für die Eherechtsordnungen der nichtkatholischen Kirchen des Abendlandes und hier vor allem der altkatholischen Kirchen aufgrund ihrer ekklesiologischen Stellung dasselbe gelten müßte wie für die getrennten Orientalen, ist, mangels konkreter gesetzlicher Aussagen im Bereich der lateinischen Kirche, meineserachtens, von einer Anwendung ihrer die Ehe betreffenden Legislationen im katholischen Ambitus eher Abstand zu nehmen. Der Gesetzgeber hat bislang hinsichtlich der Gesetzesunterworfenheit der abendländischen nichtkatholisch Getauften und damit auch der

---

[1] Vgl. UR, n. 16; LG, *Notabene* zur NEP.

Glieder der nichtkatholischen Kirchen des Abendlandes noch keine konkrete Festlegung getroffen.

Die getrennten kirchlichen Gemeinschaften des Abendlandes, die nach katholischer Auffassung nicht über mit *Potestas iurisdictionis* (und damit *Potestas legislativa*) ausgestattete Amtsträger verfügen, können ihre Eherechtsordnungen zwar inhaltlich bestimmen, Rechtskraft kann ihnen jedoch nur von einem mit Jurisdiktionsgewalt ausgestatteten Gesetzgeber, z.B. dem katholischen, verliehen werden. Erst aufgrund einer solchen Rechtskraftverleihung kann das faktisch in diesen Konfessionen vorfindliche Recht Anwendung im katholischen Ambitus finden. Die «Rechtsordnungen» der nichtkatholischen kirchlichen Gemeinschaften des Abendlandes sind demnach nach katholischer Auffassung, unbeschadet der «konfessionsinternen» faktischen Gebundenheit der Mitglieder dieser christlichen Gemeinschaften an dieselben, keine Legislationen im eigentlichen Sinne. In der Praxis haben nun die meisten kirchlichen Gemeinschaften des Abendlandes kein eigenes Eherecht «erlassen» sondern anerkennen die staatliche Ehehoheit und damit die Unterworfenheit ihrer Mitglieder unter das staatliche Eherecht und die staatliche Ehegerichtsbarkeit. Da aber dem Staat eigentlich keine Hoheit über die Ehe der Getauften zukommen kann, müßte den staatlichen Gesetzen, denen die Ehen der Mitglieder der nichtkatholischen christlichen Gemeinschaften des Abendlandes *de facto* unterliegen, in gleicher Weise wie den eventuell von diesen Gemeinschaften selbst erlassenen Ehegesetzen, durch einen mit Jurisdiktionsgewalt ausgestatteten kirchlichen Gesetzgeber Rechtskraft verliehen werden, mit anderen Worten, sie müßten kanonisiert und auf diese Weise zu Gesetzen im eigentlichen und wirklichen Sinne in der Kirche Jesu Christi gemacht werden. Eine solche Kanonisation wäre seitens der getrennten kirchlichen Gemeinschaften des Abendlandes selbst nicht möglich, da ihre Amtsträger nicht über *Potestas legislativa* verfügen, welche eine unabdingbare Voraussetzung für ein solches Unterfangen darstellt. Bleibt auch hier also nur die Rechtskraftverleihung durch den katholischen Gesetzgeber.

Aus dieser Standortbestimmung der Eherechtsordnungen nichtkatholischer christlicher Konfessionen ergibt sich, daß *sowohl* der katholischen Kirche, in der, wie das II. Vatikanische Konzil betont, die Kirche Jesu Christi in vollkommener Weise verwirklicht ist und mit der alle nichtkatholisch Getauften in einer, wenn auch nicht vollkommenen Gemeinschaft stehen und welcher von daher eine besondere Verantwortung auch gegenüber den nichtkatholischen Christen zukommt[2], *als auch* allen getrennten orientalischen und

---

[2] Vgl. LG, n. 8; n.15 und UR, n. 3.

abendländischen Kirchen, deren Amtsträger über *Potestas iurisdictionis* verfügen[3], Vollmacht über die Ehen nichtkatholisch Getaufter zuzuerkennen ist[4]. Hierbei ist zu präzisieren, daß, während der katholischen Kirche, in der die Kirche Jesu Christi in vollkommener Weise verwirklicht ist, die Vollmacht über die Ehen *aller* nichtkatholisch Getaufter, seien sie nun Mitglieder der getrennten orientalischen Kirchen oder aber der Kirchen und kirchlichen Gemeinschaften des Abendlandes zukommt, sie den orientalischen und abendländischen Kirchen, in denen die Kirche Jesu Christi nicht in vollkommener Weise verwirklicht ist, nur für die in ihnen Getauften zukommen kann. Den nichtkatholischen kirchlichen Gemeinschaften des Abendlandes hingegen kann, wie bereits angedeutet, wegen der ihren Amtsträgern fehlenden *Potestas iurisdictionis* eine Vollmacht über die Ehen der in ihnen Getauften nicht zugesprochen werden.

Die katholische Kirche verzichtet nun im allgemeinen darauf über Ehen der Angehörigen nichtkatholischer christlicher Konfessionen zu legiferieren oder auch dieselben zu judizieren. Diese Haltung dürfte nun in der interkonfessionellen Praxis zu Konsequenzen in Bezug auf den Titel unter dem sie ihre rechtliche Zuständigkeit über die Ehe beanspruchen führen. Aufgrund ihrer Selbstbescheidung hinsichtlich der Jurisdiktion über die Ehen nichtkatholisch Getaufter ist, obwohl theologisch exakt und weiterhin gültig, der Titel «Sakramentalität der Ehe» im interkonfessionellen Verkehr nicht mehr ausreichend, da ja alle zwischen Getauften geschlossenen Ehen Sakrament sind[5]. Präziser sollte deshalb davon ausgegangen werden, daß die direkte Kompetenz der katholischen Kirche über die Ehe durch die unverlierbare Gliedschaft mindestens eines der Ehepartner in dieser Kirche bestimmt wird[6].

---

[3] Vgl. für die getrennten Orientalen: UR, n. 16; LG, *Notabene* zur NEP.

[4] Vgl. hierzu in dieser Studie s. 181, Anm. 10.

[5] Der Kompetenztitel «Sakramentalität der Ehe» bietet zudem angesichts der Tatsache Probleme, daß die Kirche Jesu Christi Jurisdiktion auch über die Ehen zwischen Getauften und Ungetauften, und die katholische Kirche dementsprechend Gewalt über die Ehen zwischen Katholiken und Ungetauften, beansprucht, die nun keineswegs als sakramentale Ehen eingestuft werden können.
Zu dieser Fragestellung: H. HEIMERL - H. PREE, *Kirchenrecht*, 176.

[6] Die Gegebenheit, daß der Titel, unter dem die katholische Kirche nunmehr Kompetenz über die Ehe beanspruchen kann, die Kirchengliedschaft ist, bedeutet jedoch nicht, daß sie, in der die Kirche Jesu Christi in vollkommener Weise verwirklicht ist, nicht aus ihrer in eben dieser Aussage gründenden Verantwortung für alle Getauften heraus, Ehegesetze, an die auch die Glieder der getrennten Kirchen und kirchlichen Gemeinschaften gebunden wären, erlassen könnte, wenn ein begründeter Anlaß besteht.

Die Tatsache, daß es nun innerhalb der einen Kirche Jesu Christi verschiedene «autonome» Gemeinschaften mit — und dies ist die Konsequenz aus der vorstehend nochmals in groben Zügen dargelegten rechtstheologischen Ortsbestimmung nichtkatholischer Legislationen — im Ambitus der katholischen Kirche anwendbaren (Ehe-)Rechtsordnungen gibt, fordert Normen des kanonischen Rechts, welche die nunmehr möglichen Beziehungen zwischen den Legislationen der verschiedenen christlichen Konfessionen regeln. Solche Normen eines interkonfessionellen Rechtes finden sich im kanonischen Eherecht bereits. Sie regeln welche konfessionelle Rechtsordnung anzuwenden ist, wenn das Rechtsverhältnis Ehe über den Ambitus der katholischen Kirche hinausreicht.

Leider ist, wie aufgezeigt werden konnte, das kanonische Recht von einem ausgefeilten und umfassenden katholischen interkonfessionellen kollisions(ehe)rechtlichen System noch weit entfernt. Angesichts der zunehmenden interkonfessionellen Rechtsbeziehungen sollte es jedoch eine der wichtigsten Herausforderungen der Kanonistik darstellen sich, wenn möglich in Zusammenarbeit mit den anderen christlichen Konfessionen, soweit diese sich für die Schaffung interkonfessioneller Normen begeistern lassen[7], in verstärktem Maße seiner Ausarbeitung zu widmen[8]. Eine Übernahme der cann. 780/781 CCEO in das lateinische Gesetzbuch wäre demzufolge ein erster Schritt in die richtige Richtung.

---

[7] Die interkonfessionellen Rechte der verschiedenen christlichen Konfessionen sollten zur Vermeidung von Rechtsunsicherheiten im interkonfessionellen Verkehr, welche in erster Linie aufgrund mangelnder Einheitlichkeit der Normen der interkonfessionellen Rechte der einzelnen Gemeinschaften entstehen, sinnvollerweise aufeinander abgestimmt sein. Von daher wäre es wünschenswert, daß in den Erarbeitungsprozeß eines katholischen interkonfessionellen Kollisionsrechtes bereits frühzeitig auch die nichtkatholischen Kirchen und kirchlichen Gemeinschaften beratenderweise miteinbezogen würden.

[8] Als Forschungsschwerpunkt ist ein katholisches interkonfessionelles Kollisionseherecht beziehungsweise allgemein ein katholisches interkonfessionelles Recht, durch das die Rechtsbeziehungen zwischen den verschiedenen christlichen Konfessionen geregelt würden, vor allem auch in Bezug auf seine theologisch-ekklesiologischen Grundlagen, noch nicht in umfassender Weise behandelt worden. Bislang haben sich nur einige wenige Kanonisten oder Zivilrechtler in Aufsätzen oder am Rande andere Inhalte behandelnder Abhandlungen zu diesem von ungeheurer Aktualität und Dringlichkeit seienden Thema geäußert.
Beispielsweise: B. PRIMETSHOFER, «Interrituelles Verkehrsrecht»; ID., «Die interkonfessionelle Geltung»; ID., «Der CCEO»; J. PRADER, *Das kirchliche Eherecht*, 48; ID., *La Legislazione matrimoniale*, 51ff.; J. MALDONADO, «Nuevas relaciones»; K. WÄHLER, *Interreligiöses Kollisionsrecht*; H.J.F. REINHARDT, «Hat c. 11 CIC 1983», 213-215 und 221; P.H. NEUHAUS, «Zum Verhältnis», 121-122; ID., «Zum Kollisionsrecht», 44f.

ABKÜRZUNGSVERZEICHNIS

a.	anno; ante
a.A.	anderer Ansicht
a.a.O.	am angegebenen Ort
AA	II. Vatikanisches Konzil, Dekret *Apostolicam Actuositatem*
AAS	*Acta Apostolicae Sedis*, 1909 ff.
Abs.	Absatz
AKathKR	*Archiv für katholisches Kirchenrecht*, Innsbruck 1857ff. (Mainz 1862 ff.)
a.M.	anderer Meinung
AnGr	Analecta Gregoriana, Roma 1930 ff.
Anh.	Anhang
Anm.	Anmerkung
Anton	*Antonianum*, Roma 1926 ff.
Anz.	Anzeiger
Apg	Apostelgeschichte
Apoll	*Apollinaris. Commentarium Iuris Canonici*, Roma 1928ff.
Apost. Konst.	Apostolische Konstitution
App.	Appendix
Art.	Artikel
AS	*Acta Synodalia Sacrosancti Concilii Oecumenici Vaticani II*, cura et studio Archivii Concilii Oecumenici Vaticani II, Città del Vaticano 1970-1978
ASS	*Acta Sanctae Sedis* (1865 - 1908)
AT	Altes Testament
Aufl.	Auflage
Ausg.	Ausgabe
Bd.	Band
Bde.	Bände
bes.	besonders
BGB	Bürgerliches Gesetzbuch
betr.	betreffend(e, er, es)
bzw.	beziehungsweise
c.	canon

C.	Causa im Decretum Gratiani in CIC(L) oder Codex im CIC(B)
CA	Motu Proprio *De disciplina sacramenti Matrimonii pro Ecclesia Orientali (Crebrae allatae)*, 22. Feb. 1949, *AAS* 41 (1949) 89-119
ca.	circa
can.	canon
cann.	canones
Cath(M)	*Catholica*, Münster 1932 ff.
cc.	canones
CCCIC	– *Communicationes. Pontificia Commissio Codici Iuris Canonici Recognoscendo*, 1969-1983
	– *Communicationes. Pontificia Commissio ad Codicem Iuris Canonici Authentice Interpretandum*, 1984-1988
CCEO	*Codex Canonum Ecclesiarum Orientalium* auctoritate Ioannis Pauli PP. II promulgatus
CCLTI	*Communicationes. Pontificium Consilium de Legum Textibus Interpretandis*, 1989-.
CCSL	Corpus Christianorum seu nova Patrum collectio, Series latina, Turnhout – Paris 1953 ff.
CD	II. Vatikanisches Konzil, Dekret *Christus Dominus*
cf.	confer
CIC/1917	*Codex Iuris Canonici* Pii X Pontificis Maximi iussu digestus Benedicti Papae XV auctoritate promulgatus
CIC/1983	*Codex Iuris Canonici* auctoritate Ioannis Pauli PP. II promulgatus
CIC(B)	*Corpus Iuris Civilis*, ed. P. Krueger – T. Mommsen – R. Schoell – G. Kroll, Hildesheim 1993[16]
CICF	*Codicis Iuris Canonici Fontes*, I-IX, ed. P. Gasparri – I. Serédi, Roma 1923-1939
CIC(L)	*Corpus Iuris Canonici*, ed. Lipsiensis secunda A. Friedberg, I-II, Nachdruck Graz 1959
CICO	*Codex Iuris Canonici Orientalis*
CivCatt	*La Civiltà Cattolica*, Roma 1850 ff.
CLDig Suppl.	*The Canon Law Digest – Supplement*, Milwaukee 1948 ff.
CleR	*Clergy review*, London 1931 ff.
Com(I)	*Communio*, Milano 1972 ff.
Com. Lovan.	A. VAN HOVE, *Commentarium Lovaniense in Codicem Iuris Canonici*, I/1-5, Mechelen – Roma, 1928 ff.
Conc(D)	*Concilium*, Internationale Zeitschrift für Theologie, Einsiedeln – Zürich – Mainz 1965 ff.
Conc. Trid.	Concilium Tridentinum
Const.	Constitutio

Const. Apost.	Constitutio Apostolica
Crebrae allatae	Motu Proprio *De disciplina sacramenti Matrimonii pro Ecclesia Orientali*, 22.2.1949, *AAS* 41 (1949) 89-119
CR	Corpus reformatorum, ed. C.G. Bretschneider – H. Bindseil, Nachdruck New York – London – Frankfurt 1963ff.
CSCO	Corpus scriptorum christianorum orientalium, Paris 1903 ff.
CSEL	Corpus scriptorum ecclesiasticorum latinorum, ed. Wiener Akademie, Wien 1866 ff.
CT	*Concilium Tridentinum. Diariorum, Actorum, Epistularum, Tractatuum nova collectio*, ed. Societas Goerresiana promovendis inter Catholicos Germaniae Studiis, Freiburg i. Brsg. 1901 ff.
C.Th.	*Codex Theodosianus. Theodosiani libri XVI cum constitutionibus Sirmondianis* ed. Th. Mommsen – P.M. Meyer, Berlin 1971[4]
D	H. DENZINGER, *Enchiridion Symbolorum, Definitionum et Declarationum de rebus fidei et morum*, Freiburg – Basel, Ausgaben vor 1963
D.	Distinctio, aus dem ersten Teil des Decretum Gratiani, vgl. CIC(L) oder Digesta, vgl. CIC(B)
DDC	*Dictionnaire de droit canonique*, I-VII, Paris 1935-1965
Dec.	Decisio
DEc	*Il Diritto Ecclesiastico*, Rom 1890 ff.
Decl.	Declaratio
Decr.	Decretum
Deut	das Buch Deuteronomium
DH	II. Vatikanisches Konzil, Erklärung *Dignitatis humanae*
d.h.	das heißt
Dig.	Digesta, vgl. CIC(B)
DS	H. DENZINGER – A. SCHÖNMETZER, *Enchiridion Symbolorum, Definitionum et Declarationum de rebus fidei et morum*, Barzelona – Freiburg/ Brsg. 1976[36]
DThC	*Dictionnaire de théologie catholique*, I-XV, Paris 1903-1950
ed.	herausgegeben von
EGBGB	Einführungsgesetz zum Bürgerlichen Gesetzbuch neue Fassung vom 25. Juli 1986, in *Bundesgesetzblatt*, I, 1992
Einl.	Einleitung
EJCan	*Ephemerides Iuris Canonici*, Rom 1945ff.
entspr.	entsprechend(e, er,es)
Enz.	Enzyklika
Ep.	Epistula

Eph	Epheserbrief
EThL	*Ephemerides theologicae Lovaniensis*, Brügge 1924 ff.
EPO	*Eheprozeßordnung für die Diözesangerichte*, 15. August 1936, in *AAS* 28 (1936) 313-361
etc.	et cetera
evtl.	eventuell
EStL	*Evangelisches Staatslexikon*, I-II, ed. R. Herzog – *al.*, Stuttgart 1987³
Ez	das Buch Ezechiel
f.	folgende (Seite)
FamRZ	*Zeitschrift für das gesamte Familienrecht*, Bielefeld 1954 ff.
fasc.	fasciculus
FC	Apostolisches Schreiben *Familiaris Consortio* von Papst Johannes Paul II. über die Aufgaben der christlichen Familie in der Welt von heute
FCCO	*Fonti della Codificazione Orientale*, ed. Pontificia Commissio ad Redigendum Codicem Iuris Canonici Orientalis, Serie I, Città del Vaticano 1930 ff.; Serie II, Città del Vaticano 1935 ff.; Serie III, Città del Vaticano 1943 ff.
ff.	folgende (Seiten)
Fs.	Festschrift
GCS	Die griechischen christlichen Schriftsteller der ersten Jahrhunderte, ed. Berliner Akademie, Berlin 1897 ff.
gem.	gemäß
Gen	das Buch Genesis
Gr	*Gregorianum*, Rom 1920ff.
GS	II. Vatikanisches Konzil, Pastoralkonstitution *Gaudium et Spes*
Hdb.	Handbuch
HKG(J)	*Handbuch der Kirchengeschichte*, ed. H. Jedin, Sonderausgabe, Freiburg/Brsg. 1985
HKKR	*Handbuch des katholischen Kirchenrechts*, ed. J. Listl – H. Müller – H. Schmitz, Regensburg 1983
Hos	das Buch Hosea
hrsg. (v.)	herausgegeben (von)
Hrsg.	Herausgeber
HThK	Herders Theologischer Kommentar zum Neuen Testament, ed. A. Wickenhauser, Freiburg 1953 ff.
HV	Enzyklika *Humanae vitae* von Papst Paul VI.
Ibid.	ebendort
ID.	derselbe
i.d.F.	in der Fassung

IKaZ	*Internationale katholische Zeitschrift Communio*, Frankfurt/Main, 1972 ff.
insb.	insbesondere
Inst.	Institutiones
Instr.	Instruktion
IPE	Ius Publicum Ecclesiasticum
IPR	Internationales Privatrecht
IThK	Internationale Theologische Kommission
Jb.	Jahrbuch
JC	*Jus Canonicum*, Pamplona 1961 ff.
JE	*Jus Ecclesiae*, Roma 1989 ff.
Jer	das Buch Jeremia
Jes	das Buch Jesaja
Jhd.	Jahrhundert
Joh	Evangelium nach Johannes
Jurist	*The Jurist*, New York 1941 ff.
JusEccl	*Jus Ecclesiasticum*, Beiträge zum evangelischen Kirchenrecht und zum Staatskirchenrecht, München 1965 ff.
Kap.	Kapitel
Kol	Kolosserbrief
Kor	Korintherbrief
l.	liber
Lb.	Lehrbuch
l.c.	loco citato
LEcc	*Leges Ecclesiae post Codicem Iuris Canonici editae*, ed. X. Ochoa – D. Andrés Gutiérrez, I–VII, Roma 1966-1994
LEF	*Lex Ecclesiae Fundamentalis*
LG	II. Vatikanisches Konzil, Dogmatische Konstitution *Lumen Gentium*
lib.	liber
Lit.	Literatur
Lk	Evangelium nach Lukas
LM	*Lutherische Monatshefte*, Hamburg 1962 ff.
LThK	*Lexikon für Theologie und Kirche*, Freiburg – Basel – Wien, 1957-1968² (Sonderdruck 1986)
LThK(E)	*Lexikon für Theologie und Kirche*. Ergänzungsbände: Das Zweite Vatikanische Konzil, I-III, Freiburg – Basel – Wien 1966-1968 (Sonderdruck 1986)
Mal	das Buch Maleachi
Mansi	*Sacrorum Conciliorum nova et amplissima collectio*, I-LIII, ed. G.D. Mansi *al.*, Nachdruck Graz 1960-1962
m.a.W.	mit anderen Worten

MBR.C	*Bullarii Romani Continuatio = Magnum bullarium Romanum. Continuatio*, Prato 1835-1857 (Nachdruck Graz 1963-1964)
ME	*Monitor Ecclesiasticus,* Rom 1876 ff.
MigThC	*Theologiae cursus completus*, ed. J.P. Migne, Paris 1838 ff.
MGH.Cap	*Monumenta Germaniae Historica. Legum sectio II. Capitularia Regum Francorum*, I-II, Hannover – Berlin 1883-1897
Mk	Evangelium nach Markus
MP	Motu Proprio
MP *Matrimonia Mixta*	Paul VI., Motu Proprio *Matrimonia Mixta*, 31. März 1970, *AAS* 62, 257-263
Mt	Evangelium nach Matthäus
MThZ	*Münchener Theologische Zeitschrift*, München 1950 ff.
Münsterischer Kommentar	*Münsterischer Kommentar zum Codex Iuris Canonici*, ed. K. Lüdicke, Essen 1985 ff.
n.	Nummer
NDDC	*Nuovo Dizionario di Diritto Canonico*, ed. C. Corral Salvador – V. De Paolis – G. Ghirlanda, Torino 1993
NEP	*Nota explicativa praevia* zu LG
n.F.	neue Fassung
nn.	Nummern
Nov.	Novelle, vgl. CIC(B)
NR	J. NEUNER – H. ROOS, *Der Glaube der Kirche in den Urkunden der Lehrverkündigung*, neubearb. v. K. Rahner – K.H. Weger, Regensburg 1986[12]
Nr.	Nummer
Nrn.	Nummern
NRTh	*Nouvelle revue théologique*, Tournai – Louvain – Paris, 1869 ff.
NT	Neues Testament
Nuntia	*Nuntia*, ed. Pontificia Commissio Codici Iuris Canonici Orientalis recognoscendo, Città del Vaticano 1975 ff.
o.	oben
ÖAKR	*Österreichisches Archiv für Kirchenrecht*, Wien 1950 ff.
OCP	*Orientalia Christiana Periodica*, Rom 1935 ff.
OE	II. Vatikanisches Konzil, Dekret *Orientalium Ecclesiarum*
OR	*L'Osservatore Romano*, Città del Vaticano 1861 ff.
PB	Papst Johannes Paul II, Apostolische Konstitution *Pastor Bonus*, 29. Juni 1988, in *AAS* 80 (1988) 841-934

PCI	Pontificia Commissio ad Codicem Iuris Canonici Authentice Interpretandum
PCOR	Pontificia Commissio Codici Iuris Canonici Orientalis Recognoscendo
PCR	Pontificia Commissio Codici Iuris Canonici Recognoscendo
Petr	Petrusbrief
PG	Patrologiae cursus completus, series graeca, ed. J.P. Migne, 161 Bde. (mit lateinischer Übersetzung), Paris 1857-1866
Phil	Philipperbrief
PL	Patrologiae cursus completus, series latina, ed. J.P. Migne, 217 Bde. und 4 Registerbde., Paris 1844-1855
PraKan	*Prawo kanoniczne*, Warszawa, 1958 ff.
PRCan	*Periodica de re canonica*, Rom 1991
PRMCL	*Periodica der re morali canonica liturgica*, Rom 1905-1990
q., qu.	quaestiones
QD	Quaestiones disputatae, Freiburg/Brsg. 1958 ff.
QDirEc	*Quaderni di diritto ecclesiale,* Milano 1988 ff.
RabelsZ	*Zeitschrift für ausländisches und internationales Privatrecht*, begründet von Ernst Rabel, Tübingen 1927 ff.
RDC	*Revue de droit canonique*, Strasbourg 1951 ff.
Rdnr.	Randnummer
Resp.	Responsum
REU	Papst Paul VI., Apost. Konst. *Regimini Ecclesiae universae*, 15. August 1967, *AAS* 59 (1967) 885-928
Riv.Lit.	*Rivista Liturgica*, Torino – Nuova Serie 51 (1964ff.)
Röm	Römerbrief
s.	siehe
s.	sequens
s.	Seite
SalTer	*Sal terrae*, Santander 1912 ff.
SC	II. Vatikanisches Konzil, Konstitution *Sacrosanctum Concilium*
SC	Sources chrétiennes, ed. H. de Lubac – J. Daniélou, Paris 1941 ff.
SCC	Sacra Congregatio Concilii
SCEcclOr	Sacra Congregatio pro Ecclesiis Orientalibus
SCProDoctFid	Sacra Congregatio pro Doctrina Fidei
SCPropF	Sacra Congregatio de Propaganda Fide
SCSOff	Sacra Congregatio Sancti Officii

Schema
(CIC) 1980   *Schema Codicis Iuris Canonici iuxta animadversiones S.R.E. Cardinalium, Episcoporum Conferentiarum, Dicasteriorum Curiae Romanae, Universitatum Facultatumque ecclesiasticarum necnon Superiorum Institutorum vitae consecratae recognitum*, Città del Vaticano 1980

Schema
(CIC) 1982   *Pontificia Commissio Codici Iuris Canonici Recognoscendo, Codex Iuris Canonici. Schema novissimum iuxta placita Patrum Commissionis emendatum atque Summo Pontifici praesentatum*, Città del Vaticano 1982

Schema LEF   *Schema Legis Ecclesiae Fundamentalis. Textus emendatus*, Città del Vaticano 1971

Schema
NormGen   *Schema canonum libri I de normis generalibus*, Città del Vaticano 1977

Schema
PopDei   *Schema canonum libri II de Populo Dei*, Città del Vaticano 1977

Schema
EcclMunSanct   *Schema canonum libri IV de Ecclesiae munere sanctificandi*, Città del Vaticano 1977

Schema Sacr   *Schema documenti Pontificii quo disciplina canonica de Sacramentis recognoscitur*, Città del Vaticano 1975

Sess.   Sessio
sent.   sententia
Sir   das Buch Jesus Sirach
s.o.   siehe oben
sog.   sogenannt(e/es)
Sp.   Spalte(n)
Spr   das Buch der Sprichwörter
S.Romana Rota,
  SRR, S.R.Rota   Sacra Romana Rota
R.R. Dec.   Rotae Romanae Decisiones, Rom 1909 ff.
ss.   sequentes
ss.   Seiten
StCan   *Studia canonica*, Ottawa 1967 ff.
StMor   *Studia moralia*, Roma 1963 ff.
StZ   *Stimmen der Zeit*, Freiburg /Brsg. 1871 ff.
StGB   *Strafgesetzbuch*
StGiu   Studi Giuridici
STh   *Summa Theologiae des Thomas von Aquin*
StRo   *Studi Romani*, Roma 1953 ff.
s.u.   siehe unten

Suppl.	Supplementum
SVNC	*Scriptorum veterum nova collectio e vaticanis codicibus edita*, I-X, ed. A. Mai, Rom 1825-1838
t.	tomus (Band)
Teilbd.	Teilband
ThBl	*Theologische Blätter*, Leipzig 1922 ff.
Thess	Thessalonicherbrief
ThGl	*Theologie und Glaube*, Paderborn 1909 ff.
ThJb(L)	*Theologisches Jahrbuch*, Leipzig 1958 ff.
ThPQ	*Theologisch-Praktische Quartalschrift*, Linz/Donau, 1848 ff.
ThQ	*Theologische Quartalschrift*, Tübingen 1819 ff.
ThRv	*Theologische Revue*, Münster 1902 ff.
ThSe	*Theologie und Seelsorge*, Paderborn 1943-1944
Tim	Timotheusbrief
tit.	titulus
Tit.	Titusbrief
tom.	tomus (Band)
tr.	tractatus
TRE	*Theologische Realenzyklopädie*, ed. G. Kraue – G. Müller, Berlin – NewYork 1977 ff.
TThSt	Trierer Theologische Studien, Trier 1941 ff.
TThZ	*Trierer Theologische Zeitschrift*, Trier 1947 ff.
u.	und; unten; unter
u.a.	unter anderem(n); und andere(s)
u.ä.	und ähnliches
u.a.m.	und andere(s) mehr
Übers.	Übersetung; Übersetzer
unv.	unverändert(e,er,es)
UR	II. Vatikanisches Konzil, Dekret *Unitatis redintegratio*
Urt.	Urteil
usw.	und so weiter
u.U.	unter Umständen
v.	von
v.a.	vor allem
Vat.	Vatikanisch(e, er, es)
Vat(icanum) II	II. Vatikanisches Konzil
Verf.	Verfasser; Verfassung
vgl.	vergleiche
VI°	*Liber VI Bonifacii VIII*, vgl. CIC(L)
Vol.	Volumen (Volumina)
WA	*Martin Luther, Werke. Kritische Gesamtausgabe* (Weimarer Ausgabe) 58 Bde., Weimar 1883-1948
X	Liber Extra (= Decretales Gregorii IX, 1234)

z.B.	zum Beispiel
ZEvKR	*Zeitschrift für evangelisches Kirchenrecht*, Tübingen 1951 ff.
ZKTh	*Zeitschrift für katholische Theologie*, (Innsbruck) Wien 1877 ff.
Ziff.	Ziffer
zit.	zitiert
ZSavRGkan	*Zeitschrift der Savigny-Stiftung für Rechtsgeschichte. Kanonistische Abteilung*, Weimar 1911 ff.
Zschr.	Zeitschrift
z.T.	zum Teil
z.Z., z. Zt.	zur Zeit

LITERATURVERZEICHNIS

1. Primärliteratur

1.1 *Heilige Schrift*

Die Bibel - Altes und Neues Testament, Freiburg – Basel – Wien 1980.
Novum Testamentum Graece et Latine, ed. E. Nestle – K. Aland, Stuttgart 1979[26].

1.2 *Kirchenväter*

AMBROSIUS, *Epistulae* 19, PL 16, 982-994.
———, *Epistulae* 43, PL 16, 1129-1135.
———, *De Abraham*, PL 14, 417-500.
———, *Expositio evangelii secundum Lucam* (*In Lucam*), PL 15, 1527-1850; CCSL 14, 1-400 und SC 45 und 52.
———, *De institutione virginis*, PL 16, 305-334.
ATHENAGORAS, *Legatio pro Christianis*, PG 6, 889-972 und SC 379, 70-209.
AUGUSTINUS, *De nuptiis et concupiscentia*, PL 44, 413-474 und CSEL 42, 211-319.
———, *In Ioannis Evangelium Tractatus* (*In Ioannem*), PL 35, 1379-1976 und CCSL 36.
———, *De bono coniugali*, PL 40, 373-396 und CSEL 41, 185-231.
BASILIUS, *Epistulae* 199, PG 32, 715-732.
CLEMENS VON ALEXANDRIEN, *Stromata*, PG 8, 685-1382 und GCS 52 (15).
CYRILL VON ALEXANDRIEN, *In Ioannem commentarius*, PG 73.
EPIPHANIOS, *Adversus haereses Panarium*, PG 41, 173-1200.
HIERONYMUS, *Epistulae* 77, PL 22, 690-698.
IGNATIUS VON ANTIOCHIEN, *Epistula ad Polycarpum*, PG 5, 718-728 und SC 10, 170-181.
JOHANNES CHRYSOSTOMOS, *In Epistulam ad Ephesios homiliae*, PG 62, 5-176.
———, *In Epistulam ad Colossenses homiliae*, PG 62, 297-392.
———, *De virginitate*, PG 48, 533-596 und SC 125.
———, *In Matthaeum homiliae*, PG 57.

JOHANNES CHRYSOSTOMOS, *Homilia in illud: Mulier alligata est legi ..., sive De libello repudii*, PG 51, 217-226.
LEO DER GROSSE, *Epistulae (Ad Rusticum)*, PL 54, 1197-1209.
MAXIMUS VON TURIN, *Homilia 23*, PL 57, 271-276.
ORIGENES, *In Matthaeum commentarii*, PG 13, 829-1600 und GCS 40.
TERTULLIAN, *Ad uxorem*, PL 1, 1273-1304 und SC 273.

1.3 *Gesetzessammlungen und Kodizes*

Codex Canonum Ecclesiarum Orientalium, auctoritate Ioannis Pauli PP. II promulgatus, *AAS* 82 (1990) 1034-1363.
Codex Iuris Canonici Pii X Pontificis Maximi iussu digestus Benedicti Papae XV auctoritate promulgatus, *AAS* 9/II (1917) 3-521.
Codex Iuris Canonici, auctoritate Ioannis Pauli PP. II promulgatus, *AAS* 75/II (1983) 1-301 (deutsche Übersetzung: Codex des kanonischen Rechtes. Lateinisch-deutsche Ausgabe, Kevelaer 1983).
Corpus Iuris Canonici. Editio Lipsiensis Secunda post A.L. Richtei curas ad librorum manu scriptorum et editionis Romanae fidem recognovit et adnotatione critica, instruxit A. Friedberg, Lipsiae 1922, 2 voll.
Ebedjesu. Collectio Canonum ad usum ecclesiae Nestorianorum, in *SVNC* X/1, Roma 1838.
Les Canons des Conciles Oecumeniques, in *FCCO*, ser. I, fasc. IX, Tom. I/1, Roma 1962.
Ordo iudiciorum ecclesiasticorum collectus, dispositus, ordinatus et compositus a Mar Abdiso Metropolita Nisibis et Armeniae, in *FCCO*, ser. II, fasc. XV, Roma 1940.
The Fetha Nagast - The Law of the Kings, ed. P. Tzadua, Addis Abeba 1968.

1.4 *Päpstliche Dokumente und Verlautbarungen (in chronologischer Folge)*

NIKOLAUS I., Responsum *Ad consulta vestra* ad Bulgaros, 13. Nov. 866, in *DS* 643.
INNOZENZ III., Ep. *Quanto te magis*, 1. Mai 1149, in *DS* 768-769.
BENEDIKT XIV., Decl. *Matrimonium quae in locis*, 4. Nov. 1741, in *DS* 2515-2520.
——, Litt. *Redditae sunt*, 17. Sept. 1746, in *CICF* II, n. 372.
——, Const. Apost. *Magnae nobis*, 29. Juni 1748, in *CICF* II, n. 387.
——, Const. Apost. *Ad tuas manus*, 8. Aug. 1748, in *CICF* II, n. 399.
——, Breve *Singulari nobis*, 9. Febr. 1749, in *CICF* II, n. 394.
PIUS VI., Ep. *Deessemus Nobis*, 16. Sept. 1788, in *MigThC* XXV, 694-700, sowie in *DS* 2598.

PIUS VI., Const. Apost. *Auctorem fidei*, 28. Aug. 1794, in *CICF* II, n. 475, sowie in *DS* 2659.

PIUS VII., Breve *Etsi fraternitatis*, 8. Okt. 1803, in *DS* 2705.

PIUS VIII., Litt. Enc. *Traditi humilitati*, 24. Mai 1829, in *Bullarii Romani Continuatio*, XXII/9, Prato 1856, 23-27.

PIUS IX., Ep. *Multiplices inter*, 10. Juni 1851, in *CICF* II, n. 510.

———, Alloc. *Acerbissimum*, 27. Sept. 1852, in *CICF* II, n. 515, sowie in *D* 1640.

———, *Syllabus Pii IX, seu Collectio errorum in diversis Actis Pii IX proscriptorum*, 8. Dez. 1864, in *CICF* II, n. 529, sowie in *DS* 2968, 2969, 2970, 2973, 2974.

LEO XIII., Litt. Enc. *Arcanum*, 10. Febr. 1880, in *CICF* III, n. 580.

———, Ep. Enc. *Satis cognitum*, 29. Juni 1896, in *CICF* III, n. 490.

———, Ep. *Apostolicae curae*, 13. Sept. 1896, in *CICF* III, n. 631.

PIUS X., Litt. *Afflictum proprioribus*, 24. Nov. 1906, in *Insegnamenti Pontifici*, I, Roma 1957, n. 250.

PIUS XI., Litt. Enc. *Casti connubii*, 31. Dez. 1930, *AAS* 22 (1930) 539-592.

PIUS XII., Litt. Enc. *Mystici corporis*, 29. Juni 1943, *AAS* 35 (1943) 193-248.

———, Litterae Apostolicae Motu Proprio datae. *De disciplina sacramenti pro Ecclesia Orientali «Crebrae allatae»*, 22. Febr. 1949, *AAS* 41 (1949) 89-117.

———, Litterae Apostolicae Motu Proprio datae. *De iudiciis pro Ecclesia Orientali «Sollicitudinem nostram»*, 6. Jan. 1950, *AAS* 42 (1950) 5-120.

———, Litt. Enc. *Humani generis*, 12. Aug. 1950, *AAS* 42 (1950) 561-578.

———, Litterae Apostolicae Motu Proprio datae. *De ritibus Orientalibus, de personis pro Ecclesiis orientalibus «Cleri sanctitati»*, 2. Juni 1957, *AAS* 49 (1957) 433-600.

PAUL VI., Litt. Enc. *Humanae vitae*, 25. Juli 1968, *AAS* 60 (1968) 481-503.

———, *Allocutio ad E.mos Patres Cardinales et ad Consultores Pontifici Consilii Codici Iuris Canonici recognoscendo*, 20. Nov. 1965, *AAS* 57 (1965) 985-989.

———, M.P. *Matrimonia Mixta*, 31. März 1970, *AAS* 62 (1970) 257-263.

JOHANNES PAUL II., Exh. Apost. *Familiaris consortio*, 22. Nov. 1981, *AAS* 74 (1982) 81-191.

———, Litt. Apost. *Euntes in mundum universum*, 25. Jan. 1988, *AAS* 80 (1988) 935-956.

———, Const. Apost. *Pastor Bonus*, 29. Juni 1988, *AAS* 80 (1988) 841-934.

———, *Katechismus der Katholischen Kirche*, München – Wien – Leipzig – Freiburg/Schweiz, Linz 1993.

1.5 Konzilsdokumente (in chronologischer Folge)

CONC. VALENTINUM, a. 855, can. 5, in *DS* 632.
CONC. LATERANENSE II, a. 1139, can. 23, in *DS* 718.
CONC. VERONENSE, a. 1184, Decr. *Ad abolendam*, in *DS* 761.
CONC. LATERANENSE IV, a. 1215, cap. 51 *De poena contrahentium clandestina matrimonia*, in *DS* 817.
CONC. LUGDUNENSE II, sess. 4, 6. Juli 1274, *Michaelis Imp. Ep. ad Gregorium PP. X*, in *DS* 860.
CONC. FLORENTINUM, a. 1439, Bulla *Exsultate Deo* (Decretum pro Armeniis), in *DS* 1310-1328.
CONC. TRIDENTINUM, sess. 7, 3. März 1547, *Decretum de sacramentis, Canones de sacramentis in genere*, can. 1, in *DS* 1601.
——, Sess. 24, 11. Nov. 1563, *Doctrina de sacramento matrimonii, Prol.*, in DS 1797-1800; *Canones de sacramento matrimonii*, cann. 1-12, in *DS* 1801-1812; Decr. *Tametsi*, cap. 1, in *DS* 1813-1816.
CONC. VATICANUM I, a. 1870, *Schemata de rebus theologico-dogmaticis. Decretum de sacramento matrimonii*, can.1 et 2, in *Mansi* 53, 720-721.
CONC. VATICANUM II, *Schema constitutionis dogmaticae de castitate, matrimonio, familia, virginitate: pars altera*, cap. I, in Acta et Documenta Concilio Oecumenico Vaticano II apparando, in Series II praeparatoria, vol. III/1, Typis Polyglottis Vaticanis 1968, 104-115.
——, *Schema Constitutionis de Ecclesia*, in *AS*, III/1, 158 ff., insb. 177.
——, *Schema de Ecclesia in mundo huius temporis*, cap. IV, n° 21: *Dignitas matrimonii et familiae*, in *AS*, III/5, 131-133.
——, *De Ecclesia in mundo huius temporis. Adnexum II: de matrimonio et familia*, in *AS*, III/5, 158-168.
——, *Disceptatio de Ecclesia in mundo huius temporis*, cap. IV, n. 21, in *AS*, III/6, insb. 50 ff.
——, *Constitutio pastoralis de Ecclesia in mundo huius temporis. Schema receptum, Pars II, cap. I: De dignitate matrimonii et familiae fovendae*, in *AS*, IV/1, 477-482.
——, *Constitutio pastoralis de Ecclesia in mundo huius temporis. Textus recognitus et relationes, Pars II, n° 52: De sanctitate matrimonii et familiae fovendae* in *AS*, IV/6, 474-485; 574-578.
——, *Constitutio pastoralis de Ecclesia in mundo huius temporis. Textus denuo recognitus. Pars II, n° 48: De sanctitate matrimonii et familiae fovendae*, in *AS*, IV/7, 271-278.
——, *Expensio modorum, ad n° 52 (nunc 48)*, in *AS*, IV/7, 475-487.

CONC. VATICANUM II, Const. Dogm. *Lumen Gentium*, 21. Nov. 1964, *AAS* 57 (1965) 5-75.
———, Decr. *Unitatis Redintegratio*, 21. Nov. 1964, *AAS* 57 (1965) 90-112.
———, Decr. *Orientalium Ecclesiarum*, 21. Nov. 1964, *AAS* 57 (1965) 76-89.
———, Decr. *Apostolicam actuositatem*, 18. Nov. 1965, *AAS* 58 (1966) 837-864.
———, Const. Past. *Gaudium et spes*, 7. Dez. 1965, *AAS* 58 (1966) 1025-1120.
———, Decl. *Dignitatis humanae*, 7. Dez. 1965, *AAS* 58 (1966) 929-946.

1.6 Dokumente der Bischofssynode

SYNODUS EPISCOPORUM 1980, *Lineamenta de muneribus familiae christianae in mundo hodierno*, in *Il Sinodo dei vescovi 1980. Quinta Assemblea generale (26. sett.-25. ott. 1980)*, ed. G. Caprile, Roma 1982, 658-738.
———, *Instrumentum laboris*, in *Il Sinodo dei vescovi 1980. Quinta Assemblea generale (26. sett.-25. ott. 1980)*, ed. G. Caprile, Roma 1982, 739-756.

1.7 Dokumente und Veröffentlichungen der Dikasterien römischen Kurie sowie verschiedener Päpstlicher Kommissionen

SACRA CONGREGATIO SANCTI OFFICII, instr. (ad Ep. Rituum Orient.), diei 20 iunii 1883, in *ASS* 18 (1885) 344-386 und *CICF*, IV, n. 1076.
———, decr. *Lamentabili*, diei 3 iulii 1907, in *DS* 3401-3466.
———, responsum diei 27 ianuarii 1949, in *LEcc*, II, n. 2021.
———, responsum diei 22 decembris 1949, in *LEcc*, II, n. 2093.
———, responsum diei 28 martii 1962, in *LEcc*, III, n. 3052.
———, responsum diei 19 novembris 1963, in *LEcc*, III, n. 3135.
———, responsum diei 6 februarii 1964, in *LEcc*, III, n. 3164.
———, responsum diei 17 martii 1964, in *Jurist* 25 (1965) 304 f.
———, responsum diei 7 maii 1965, in *CLDig Suppl.* (1966) 17 f.
SACRA CONGREGATIO PRO DOCTRINA FIDEI, responsum diei 12 octobris 1966, in *LEcc*, III, n. 3477, sowie in *Jurist* 28 (1968) 220.
———, responsum diei 8 iunii 1967, in *Jurist* 28 (1968) 220.
———, rescriptum diei 22 maii 1969, in *LEcc* IV, n. 3751.
SACRA CONGREGATIO CONCILII, declaratio *Matrimonia* diei 4 novembris 1741, *CICF* V, n. 3527.
———, *Rosnavien.* diei 20 augusti 1780, *CICF* VI, n. 3811.
———, Decr. *Ne temere*, 19. April 1908, in *DS* 3468-3474.

SACRA CONGREGATIO PRO ECCLESIIS ORIENTALIBUS, responsum diei 12 aprilis 1945, in *LEcc* II, n. 1828.
———, responsum diei 1 decembris 1959, in *LEcc* III, n. 2862.
———, Decr. *Crescens matrimoniorum*, 22 Febr. 1967, *AAS* 59 (1967) 165-166.
PONTIFICIUM CONSILIUM AD UNITATEM CHRISTIANORUM FOVENDAM, Directorium oecumenicum noviter compositum, (Directoire pour l'application des Principes et des Normes sur l'oecuménisme), *AAS* 85 (1993) 1039-119; deutsche Übersetzung, Bonn 1993.
PONTIFICIA COMMISSIO CODICI IURIS CANONICI RECOGNOSCENDO, *Schema Legis Ecclesiae Fundamentalis cum Relatione (sub secreto)*, Città del Vaticano, 1969.
———, *Schema Legis Ecclesiae Fundamentalis. Textus emendatus cum Relatione de ipso Schemate deque emendationibus receptis (reservatum)*, Città del Vaticano, 1971.
———, *Acta commissionis, Opera consultorum in apparendis canonum schematibus. Relatio de matrimonio (relator P. Huizing)*, CCCIC 5 (1973) 70-93.
———, *Schema documenti pontificii quo disciplina canonica de sacramentis recognoscitur (reservatum), Tit. VII: De matrimonio, c. 242-361*, Città del Vaticano, 1975.
———, *Acta commissionis. Opera consultorum in apparendis canonum schematibus. Labores de matrimonio*, CCCIC 8 (1976) 32-73.
———, *Schema canonum libri I: De normis generalibus*, Città del Vaticano 1977.
———, *Schema canonum libri II: De Populo Dei*, Città del Vaticano 1977.
———, *Schema canonum novi Codicis Iuris Canonici «De matrimonio». Alter textus elaboratus annis 1977-1978*, CCCIC 9 (1977) 117-146; 345-378; 10 (1978) 86-127.
PONTIFICIA COMMISSIO CODICI IURIS CANONICI RECOGNOSCENDO, *Acta commissionis. Coetus studiorum de iure matrimoniali. Labor ad examinandas animadversiones ab Organis consultationis factas*, Communicationes 9 (1977) 117-146; 345-378; 10 (1978) 86-127.
———, *Schema Codicis Iuris Canonici iuxta animadversiones S.R.E. Cardinalium, Episcoporum Conferentiarum, Dicasteriorum Curiae Romanae, Universitatum Facultatumque ecclesiasticarum necnon Superiorum Institutorum vitae consecratae recognitum*, Città del Vaticano 1980.

PONTIFICIA COMMISSIO CODICI IURIS CANONICI RECOGNOSCENDO, *Relatio complectens synthesim animadversionum ab Em.mis atque Exc.mis Patribus commissionis ad novissimum schema Codicis Iuris Canonici exhibitarum, cum responsionibus a secretaria et con-sultoribus datis (Patris commissionis stricte reservata)*, Città del Vaticano 1981.

———, *Relatio complectens synthesim animadversionum ab Em.mis atque Exc.mis Patribus commissionis ad novissimum schema Codicis Iuris Canonici exhibitarum, cum responsionibus a secretaria et con-sultoribus datis, Ad titulum VII: De matrimonio (c. 1008-1119 §2)*, in *Communicationes* 15 (1983) 219-242.

———, *Codex Iuris Canonici. Schema novissimum iuxta placita Patrum commissionis emendatum atque Summo Pontifici praesentatum*, Città del Vaticano 1982.

PONTIFICIA COMMISSIO CODICI IURIS CANONICI ORIENTALIS RECOGNOSCENDO, *Schema canonum de cultu divino et praesertim de sacramentis*, Nuntia 10 (1980) 3-16; 40-60.

———, *Denua Recognitio dello schema dei canoni sul culto divino et sacramenti*, Nuntia 15 (1982) 56-96.

———, *Schema Codici Iuris Canonici Orientalis*, Nuntia 24/25 (1987).

COMMISSIO THEOLOGICA INTERNATIONALIS, *Propositiones de quibusdam quaestionibus doctrinalibus ad matrimonium christianum pertinentibus*, Gregorianum 59 (1978) 453-464.

1.8 Rechtsprechung der Gerichte des Heiligen Stuhles

SUPREMUM TRIBUNAL SIGNATURAE APOSTOLICAE, decisio diei 26 maii 1969, in *LEcc* IV, n. 3754, col. 5559.

———, decisio diei 28 novembris 1970, in *LEcc*, V, n. 4138, coll. 6394-6399, ebenso in *AKathKR* 139 (1970) 523 ff.; *PRMCL* 60 (1971) 306-308; *Apoll* 44 (1971) 24 ff.; Z. GROCHOLEWSKI, *Documenta Recentiora*, II, p. 56, n. 5140 (auszugsweise).

———, decisio diei 7 iulii 1971, in *LEcc* IV, n. 3990, coll. 6135-6136, ebenso in *EJCan* 28 (1972) 268 ff.

———, decisio diei 18 aprilis 1972, in *LEcc*, IV, n. 4046, coll. 6257-6258, ebenso in *Apoll* 45 (1972) 383-385.

SUPREMUM TRIBUNAL SIGNATURAE APOSTOLICAE, decisio diei 1 iulii 1972, in *PRMCL* 62 (1973) 11-38; ebenso in *Apoll* 46 (1973) 255-277; Z. GROCHOLEWSKI, *Documenta Recentiora*, II, pp. 58-59, n. 5150 (auszugsweise).

SUPREMUM TRIBUNAL SIGNATURAE APOSTOLICAE, decisio diei 23 novembris 1974, in *LEcc* V, n. 4334, pp. 6891-6899; ebenso in *Apoll* 49 (1976) 19-29; Z. GROCHOLEWSKI, *Documenta Recentiora*, II, pp. 57-58, nn. 5147-5148 (Auszug).

———, responsum diei 1 februarii 1990, in *AAS* 84 (1992) 549-550, ebenso in *ÖAKR* 41 (1992) 428.

APOSTOLICUM ROTAE ROMANAE TRIBUNAL, coram Persiani, decisio diei 27 augusti 1910, *AAS* 2 [1910] 933.
coram Wynen, decisio diei 31 octobris 1940, *R.R.Dec.*, vol. 32, 744-760.
coram Grazioli, decisio diei 6 martii 1941, *R.R.Dec.*, vol. 33, 169-181.
coram Grazioli, decisio diei 3. iunii 1941, *R.R.Dec.*, vol. 33, 466-487.
coram Canestri, decisio diei 19 iunii 1943, *R.R.Dec.*, vol. 35, 482-492.
coram Canestri, decisio diei 17 februarii 1945, *R.R.Dec.*, vol. 37, 107-142.
coram Wynen, decisio diei 12 iulii 1945, *R.R.Dec.*, vol. 37, 452-462.
coram Wynen, decisio diei 22 ianuarii 1953, *R.R.Dec.*, vol. 45, 70-79.
coram Felici, decisio diei 8. iunii 1954, *R.R.Dec.*, vol. 46, 457-465.
coram Staffa, decisio diei 23 martii 1956, *R.R.Dec.*, vol. 48, 259-267.
coram Sabattani, decisio diei 11 decembris 1964, *R.R.Dec.*, vol. 56, 925-936.
coram Palazzini, decisio diei 24 octobris 1967, *R.R.Dec.*, vol. 59, 687-691.
coram Lefebvre, decisio diei 13 ianuarii 1968, *R.R.Dec.*, vol. 60, 1-5.
coram Fiore, decisio diei 16 maii 1968, *R.R.Dec.*, vol. 60, XVII (unveröffentlicht).
coram De Jorio, decisio diei 17 octobris 1968, *R.R.Dec.*, vol. 60, 669-688.
coram Annè, decisio diei 29 octobris 1968, *R.R.Dec.*, vol. 60, 701-709.
coram Pinna, decisio diei 23 ianuarii 1969, *R.R.Dec.*, vol. 61, 88-94.
coram Abbo, decisio diei 4 iunii 1969, *R.R.Dec.*, vol. 61, 599-613.
coram Bejan, decisio diei 17 decembris 1969, *R.R.Dec.* 61, 1158-1171.
coram Abbo, decisio diei 2 februarii 1970, *R.R.Dec.*, vol. 62, 133-141, ebenso in *Jurist* 31 (1971) 392-402
coram Lefebvre, decisio diei 25 aprilis 1970, *R.R.Dec.*, vol. 62, 384-391.
coram Lefebrve, decisio diei 22 martii 1971, *R.R.Dec.*, vol. 63, 197-206.
coram Canals, decisio diei 30 aprilis 1971, *R.R.Dec.*, vol. 63, 366-371.
coram Mercieca, decisio diei 3 maii 1971, *R.R.Dec.*, vol. 63, 382-386.
coram Agustoni, decisio diei 20 octobris 1971, *R.R.Dec.*, vol. 63, 739-749, ebenso in *ME* 97 (1972) 346-357.
coram Ferraro, decisio diei 28 octobris 1971, *R.R.Dec.*, vol. 63, 817-824.
coram Fiore, decisio diei 16 maii 1972, *R.R.Dec.*, vol 64, XXII (unveröffentlicht).
coram Anné, decisio diei 28 maii 1974, *R.R.Dec.*, vol. 66, 373-397, ebenso in *EphJurCan.* 31 (1975) 351-370.

coram Canals, decisio diei 5 iunii 1974, *R.R.Dec.*, vol. 66, 416-418.
coram Jarawan, decisio diei 10 martii 1989, *R.R.Dec.*, vol. 81, 190-209.

2. Sekundärliteratur

ABAELARD, *Epitome Theologiae Christianae*, PL 178.

ABATE, A.M., *I ministeri nella missione e nel governo della Chiesa*, Roma 1976.

———, *Il matrimonio nella nuova legislazione canonica*, Subsidia Urbaniana 1, Roma – Brescia 1985.

ABBO, A., «De impedimento mixtae religionis canone 72 Trullanae Synodi sancito atque de forma a Graecis orthodoxis servanda in matrimonio ineundo», *PRMCL* 58 (1969) 595-612.

ADNÈS, P., «De matrimonio infidelium qui convertuntur», *PRMCL* 67 (1978) 73-80.

———, *Il Matrimonio*, Roma 1966.

——— – al., *Amore e stabilità nel matrimonio*, Roma 1976.

ALBERTUS MAGNUS, *Beati Alberti Magni Ratisbonensis Episcopi, Ordinis Praedicatorum, Opera Omnia*, ed. A. Borgnet, Paris 1890-1899.

ALWAN, H., «Gli impedimenti», in *Il matrimonio nel Codice dei canoni delle Chiese Orientali*, StGiu 32, Città del Vaticano 1994, 127-185.

ARIAS GÓMES, J., «Bases doctrinales para una nueva configuracion juridica de los cristianos separatos», *JC* 8 (1968) 29-129.

ARNOLD, F., «Das Ehegesetz für die orientalische Kirche», *ÖAKR* 1 (1950) 105-121.

———, «Die Zugehörigkeit zur katholischen Kirche nach kirchlichem Recht», *ÖAKR* 3 (1952) 168-177.

AYMANS, W., «Das Thema Ökumene im neuen Codex Iuris Canonici», *MThZ* 37 (1986) 20-31.

———, «Das Weihesakrament im Lichte der Comunicatio in Sacris», in *Diaconia et ius*, Fs. H. Flatten, München – Paderborn – Wien 1973, 171-188.

———, «Die Communio Ecclesiarum als Gestaltgesetz der einen Kirche», *AKathKR* 139 (1970) 69-90.

———, «Die Sakramentalität christlicher Ehe in ekklesiologisch-kanonistischer Sicht. Thesenhafte Erwägungen zu einer Neubesinnung», *TThZ* 83 (1974) 321-338.

———, *Einführung in das neue Gesetzbuch der lateinischen Kirche* = Arbeitshilfen 31, ed. Sekretariat der Deutschen Bischofskonferenz, Bonn 1983.

AYMANS, W., «Die kanonistische Lehre von der Kirchengliedschaft», *AKathKR* 142 (1973) 401-417.

———, «Kirchenverfassung, II. Römisch-katholische Kirche», in *EStL*, I, Stuttgart 1987³, 1755-1771, bes. 1757.

———, «Lex canonica. Erwägungen zum kanonischen Gesetzesbegriff», *AKathKR* 153 (1984) 337-353.

———, «Ökumenische Aspekte des neuen Gesetzbuches der lateinischen Kirche Codex Iuris Canonici», *AKathKR* 151 (1982) 479-489.

——— – MÖRSDORF, K., *Kanonisches Recht*, I, Einleitende Grundfragen Allgemeine Normen, Paderborn – München – Wien – Zürich 1991.

BALLINI, A.C., *Il valore della celebrazione nuziale cristiana dal primo secolo all'età giustinianea*, Milano 1939.

BALTENSWEILER, H., *Die Ehe im Neuen Testament*, Zürich – Stuttgart 1967.

BASSETT, W., «The impediment of mixed religion of the Synod in Trullo (A.D. 691)», *Jurist* 29 (1969) 383-415.

BAUDOT, D., *L' inséparabilité entre le contrat et le sacrement de mariage: La discussion après le Concile Vatican II*, AnGr 245, Roma 1987.

BAUS, K., *Die Reichskirche nach Konstantin dem Großen: Von Nikaia bis Chalkedon*, in *HKG(J)*, II/1, Sonderausgabe 1985, Freiburg 1985.

BECKER, H.J. u.a., *Eheschließung mehr als ein rechtlich Ding?*, QD 120, Freiburg 1989.

BEINERT, W., «Die Ehe als Sakrament der Kirche», in *Beiträge zur Theologie der Ehe*, Kevelaer 1971, 11-36.

BELLARMINUS, R., *Disputationes: de controversiis christianae fidei adversus huius temporis haereticos*, II. *De ecclesia militante toto orbe terrarum diffusa*, ed. neapolitana, Napoli 1859.

BELLINI, V., «Receptio iuris civilis in Codice Iuris Canonici respectu rationum iuris internationalis privati», *EJCan* 3 (1947) 123-139.

BENDER, L., «Consulere celebrationem matrimonii in ecclesia haeretica», *PRMCL* 47 (1958) 273-284.

———, «Persona in Ecclesia - membrum Ecclesiae», *Apoll* 32 (1959) 105-119.

BENZ, M., «Die Mitwirkung des Gesetzgebers bei der Entstehung von Gewohnheitsrecht», *AKathKR* 155 (1986) 466-479.

BERGMANN, A. – FERID, M. – HENRICH, D., ed., *Internationales Ehe- und Kindschaftsrecht,* Loseblattsammlung, Stand 113. Lieferung, 31.10.1992, Frankfurt 1983⁶.

BERNÁRDEZ CANTÓN, A., *Curso de Derecho matrimonial canónico*, Madrid 1966.

BERNHARD, J., «Competentia status in matrimonium», *PRMCL* 67 (1978) 151-153.
BERTRAMS, W., «De gradibus communionis in doctrina Concilii Vaticani II», *Gr* 47 (1966) 286-305.
———, «De unitate baptizatorum matrimonii cum sacramento», *PRMCL* 67 (1978) 261-267.
BETTI, U., «In margine al nuovo codice di diritto canonico», *Anton* 58 (1983) 628-647.
BEYER, J., «Die christliche Ehe ist Sakrament», in *Iustus Iudex*, Fs. P. Wesemann, Essen 1990, 185-198.
BOEHM, F., «Protestantische Mischehen mit Heiden», *ThPQ* 89 (1936) 136-141.
BONI, A., «Le fonti di diritto nella struttura del nuovo CIC», *Apoll* 56 (1983) 370-398.
BRESSAN, L., «Ratio et finis potestatis ecclesiae quoad matrimonium fidelium iuxta theologos et patres concilii tridentini», *PRMCL* 67 (1978) 302-342.
BRINKTRINE, J., «Was lehrt die Enzyklika Pius' XII. "Mystici Corporis" über die Zugehörigkeit zur Kirche?», *ThGl* 37/38 (1947/48) 290-300.
BROGI, M., «Aperture ecumeniche del CCEO», *Anton* 66 (1991) 466.
BUCCI, O., «Per la storia del matrimonio cristiano fra eredità giuridica orientale e tradizione romanistica», in *Il matrimonio nel Codice dei canoni delle Chiese Orientali*, StGiu 32, Città del Vaticano 1994, 7-92.
BUCHHOLZ, St., *Eherecht zwischen Staat und Kirche. Preussische Reformversuche in den Jahren 1854-1861*, Frankfurt 1981.
BÜCHSLE, F., «Die Ehe im Frühchristentum», *ThBl* 21 (1942) 113-127.
CANO, M., *De locis theologicis*, in *Melchior Cano Episcopi Canariensis ex Ordine Praedicatorum opera*, ed. H. Serry, Padua 1762.
CABREROS, M. - LOBO, A.A. - MORAN, S.A., *Commentarios al Codigo de derecho canónico*, I-III, Madrid 1963.
CAPPELLO, F.M., *De Sacramentis*, III, Romae 1939.
———, *Tractatus canonico moralis de sacramentis*, V. *De matri-monio*, Torino - Roma 1950^6; 1961^7.
CASTAÑO, J.F., «De quibusdam difficultatibus contra formulam canonis 1012 par. 2, scilicet "quin sit eo ipso sacramentum"», *PRMCL* 67 (1978) 270-281.
———, «Il matrimonio è contratto (Quaestio disputata)», *PRCan* 82 (1993) 431-476.

CASTILLO LARA, R., «La communion ecclésiale dans le nouveau Code de droit canonique», *StCan* (1983) 331-335, sowie *CCCIC* 15 (1984) 242-266.
CHIRAMEL, J. - BHARANIKULANGARA, K., ed., *The Code of Canons of the Eastern Churches. A Study and Interpretation*, Alwaye (India) 1992.
CICOGNANI, H., *Jus canonicum*, I, Roma 1925.
CICOGNANI, H. - STAFFA, D., *Commentarium ad librum primum Codicis Iuris Canonici*, I-II, Roma 1939-1942[2].
CIPROTTI, P., *Contributo alla teoria della canonizzazione delle leggi civili*, Roma 1941.
CONTE A CORONATA, M., *Institutiones iuris canonici*, I-III, Torino - Roma 1950-1957.
CORECCO, E., «Aspekte der Rezeption des Vaticanum II im neuen Codex Iuris Canonici», in *Die Rezeption des Zweiten Vatikanischen Konzils*, ed. H.J. Pottmeyer - G. Alberigo - J.P. Jossua, Düsseldorf 1986.
———, «Das Sakrament der Ehe: Eckstein der Kirchenverfassung», *AKathKR* 148 (1979) 353-379.
———, «Der Katalog der Pflichten und Rechte der Gläubigen im CIC», in *Ministerium Iustitiae*, Fs. H. Heinemann, Essen 1985, 179-202.
———, «Der Priester als Spender des Ehesakramentes im Lichte der Lehre über die Untrennbarkeit von Ehevertrag und Sakrament», in *Ius Sacrum*, Fs. K. Mörsdorf, München 1969, 530-557.
———, «Die Lehre der Untrennbarkeit des Ehevertrages vom Sakrament im Lichte des scholastischen Prinzips "Gratia perficit, non destruit naturam"», *AKathKR* 123 (1974) 379-442.
———, «Ekklesiologische Grundlagen des Codex Iuris Canonici», *Conc(D)* 22 (1986) 166-172.
———, «L'inseparabilità tra contratto matrimoniale e sacramento alla luce del principio scolastico "Gratia perficit, non destruit naturam"», *Com(I)* 3 (1974) 1010-1023; 1108-1129.
———, «Quodnam sit fundamentum competentiae ecclesiae in matrimonium baptizatorum: Baptismus, an sacramentum matrimonii?», *PRMCL* 67 (1978) 11-34.
COUSSA, A., *Epitome Praelectionum de Iure Ecclesiastico Orientali*, I, Grottaferata, 1948.
———, *Epitome Praelectionum de Iure Ecclesiastico Orientali*, III, De Matrimonio, Roma 1950.
———, «Animadversiones in can. LXXII Trullanae Synodi», *Apoll* 32 (1959) 170-181.

CRONIN, J., «The Juridical Status of Baptized Non-Catholics in the New Code», *CleR* 4 (1985) 117-128.
D'ACQUINO, P., *Storia del matrimonio cristiano alla luce della Bibbia*, Torino 1984.
DALLA TORRE, G., «Aspetti dell'inseparabilità tra matrimonio contratto e sacramento, e conflitti tra Chiesa e Stato nell'eta moderna», *ME* 117 (1993) 113-144, sowie in *Il matrimonio sacramento nell'ordinamento canonico vigente*, Città del Vaticano 1993, 113-144.
DALPIAZ, V., «An orientales schismatici legibus matrimonialibus Ecclesiae latinae teneantur», *Apoll* 10 (1937) 457-459.
DAUDET, P., *Etudes sur l' histoire de la jurisdiction matrimoniale*, Paris 1933.
DAUSEND, H., *Das interrituelle Recht im Codex Iuris Canonici*, Paderborn 1939.
DAUVILLIER, J. – DE CLERCQ, C., *Le mariage en droit canonique oriental*, Paris 1936.
DEL GIUDICE, V., «Il diritto dello Stato nell'ordinamento canonico», *Archivio giuridico* 91 (1924) 3-27.
DE PAOLIS, V., «In scriptum F. Coccopalmerio animadversiones», *PRMCL* 65 (1976) 336 ff.
——— – MONTAN, A., «Il Libro I del Codice: Norme Generali (can. 1-203), in *Il Diritto nel Mistero della Chiesa*, I, Roma 1988.
D'ERCOLE, G., «Il consenso degli sposi e la perpetuità del matrimonio nel diritto romano e nei Padri della Chiesa», in *Studia et Documenta Historiae et Iuris*, 5 (1939) 18-75.
DE ROSKOVÁNY, A., *Matrimonium in Ecclesia Catholica potestati ecclesiasticae subiectum: cum amplissima collectione monumentorum et literatura*, I-II, Pestini 1870-1887.
DE VRIES, W., *Der christliche Osten in Geschichte und Gegenwart*, Würzburg 1951.
DI PAULI, A., «Das Recht des Staates bezüglich der Aufstellung trennender Ehehindernisse nach der Lehre der französischen und deutschen Regalisten», *AKathKR* 97 (1917) 44-66; 220-244; 371-396; 536-562.
DOMBOIS, H.A., «Ökumenismus — Inhalt und Grenzen», in *Atti del II Congresso Internazionale di Diritto Canonico I*, Milano 1972, 277-288.
DUBY, G., *Ritter Frau und Priester*, Frankfurt 1986[2].
EICHMANN E. – MÖRSDORF K., *Lehrbuch des Kirchenrechts*, I, München 1964[11]; II, München 1967[11].
EBERS, G.J., *Grundriß des katholischen Kirchenrechts*, Wien 1950.
ENGELHARDT, H., «Zwischenkirchliches Recht», *LM* (1967) 37ff.

ESMEIN, A. – GENESTAL, R., *Le mariage en droit canonique*, I, Paris 1929²; Bd. II, Paris 1935².

FAGIOLO, V., «Le nouveau code de droit canonique et sa structure», in *Liberté et loi dans l'eglise*, Le quatre fleuves, Cahiers de recherche et de réflexion religieuses 18, Paris 1983, 77-109.

FAHRNER, L., *Geschichte der Ehescheidung im kanonischen Recht*, Freiburg/Brsg. 1903.

FALTIN, D., «De legibus quibus baptizati acatholici ritui orientali adscripti tenentur», *Apoll* 35 (1962) 238-249.

FARIS, J.D., «Interritual Matters in the Revised Code of Canon Law», in *Le nouveau code de droit canonique*, Actes du Ve Congrès international de droit canonique, organisé par l'Université d'Ottawa du 19 au 25 août 1984, publiés sous la direction de Michel Thériault et de Jean Thorn, II, Ottawa 1986, 821-823.

FIRSCHING, K., *Einführung in das internationale Privatrecht*, München 1987³.

FRANCK, B., «Evolution récente du droit et de la jurisprudence catholique touchant la validité d'un mariage entre deux chrétiens acatholiques dont l'un appartient à l'ortodoxie», *RDC* 27 (1977) 273-289.

FREISEN, J., *Geschichte des kanonischen Eherechtes*, Paderborn 1893.

FRIEDBERG, E., *Das Recht der Eheschließung in seiner geschichtlichen Entwicklung*, Aalen 1965.

FÜRST, C.G., «Zur Interdependenz von lateinischem und orientalischem Kirchenrecht. Einige Anmerkungen zum Kirchenrecht der katholischen Kirche», in *Iuri Canonico Promovendo*, Fs. H. Schmitz, Regensburg 1994, 532-556 (in italienischer Übersetzung unter dem Titel: «Interdipendenza del Diritto Canonico Latino ed Orientale» in *Il Diritto Canonico Orientale nell'ordinamento ecclesiale*, StGiu 34, Città del Vaticano 1995, 13-33).

GÄNSWEIN, G., *Kirchengliedschaft - Vom Zweiten Vatikanischen Konzil zum Codex Iuris Canonici*, Münchener theologische Studien 3, Kanonistische Abteilung 47, St. Ottilien 1995.

GALTIER, F., *Le mariage. Discipline orientale et discipline occidentale*, Beyrouth 1950.

GASPARRI, P., *Tractatus canonicus de matrimonio*, I, Roma 1932⁴.

GAUDEMET, J., «Réflexions sur le livre I "De normis generalibus» du code de droit canonique de 1983», *RDC* 34 (1984) 81-117.

GERINGER, K. Th., «Die bedingte Eheschließung im Recht der katholischen orientalischen Kirchen», *AKathKR* 160 (1991) 68-83.

GERPE GERPE, P., *La potestad del Estado en el matrimonio de cristianos*, Salamanca 1970.

GHIRLANDA, G., «De Hierarchica Communione ut elemento constitutivo officii episcopalis iuxta "*Lumen Gentium*"», *PRMCL* 69 (1980) 31-57.

———, «De natura, origine et exercitio potestatis regiminis iuxta novum Codicem», *PRMCL* 74 (1985) 109-164.

———, «De notione communionis hierarchicae iuxta Vaticanum secundum», *PRMCL* 70 (1981) 41-68.

———, *«Hierarchica Communio»: Significato della formula nella «Lumen Gentium»*, Roma 1980.

———, «Potestà Sacra», in *NDDC*, Torino 1993, 803-812, bes. 805ff.

GISMONDI, P., «Chiese e Comunitá ecclesiali acattoliche nei recenti decreti conciliari», *DEc* (1965) 189 ff.

———, «Gli acattolici nel diritto della Chiesa», *EJCan* 20 (1964) 224-249.

———, «Iglesias y comunidades eclesiales acatólicas en los recientes decretos conciliares», *JC* 5 (1965) 384-400.

———, *Lezioni di diritto canonico sui principi conciliari*, Roma 1968.

GOMMENGINGER, A., «Bedeutet die Exkommunikation Verlust der Kirchengliedschaft», *ZkTh* 73 (1951) 1-71.

GRELOT, P., «Die Entwicklung der Ehe als Institution im Alten Testament», *Conc(D)* 6 (1970) 320-325.

GROCHOLEWSKI, Z., *Documenta recentioria circa rem matrimonialem et processualem*, II, Roma 1980.

HAGE, A., *Les Empêchements de Mariage en Droit Canonique Oriental*, Beyrouth 1954.

HAGEN, A., *Die kirchliche Mitgliedschaft*, Rottenburg 1938.

HAMER, J., «Die ekklesiologische Terminologie des Vatikanum II und die protestantischen Ämter», *Cath(M)* 26 (1972) 146-153.

HARING, J.B., *Grundzüge des katholischen Kirchenrechts*, I-II, Graz 1924[3].

HEGGELBACHER, O., *Geschichte des frühchristlichen Kirchenrechts bis zum Konzil von Nizäa 325*, Freiburg/Schweiz 1974.

HEIMERL, H. – PREE, H., *Kirchenrecht — Allgemeine Normen und Eherecht*, Wien – New York 1983.

HEINEMANN, H., *Die rechtliche Stellung der nichtkatholischen Christen und ihre Wiederversöhnung mit der Kirche*, Münchener theologische Studien 3, Kanonistische Abteilung 20, München 1964.

———, «Ökumenische Implikationen des neuen kirchlichen Gesetzbuches» *Cath(M)* 39 (1985) 1-26.

HERMAN, A., «Quibus legibus subiiciantur Dissidentes rituum orientalium?», *DEc* 42 (1951) 1043-1058.

———, «Quibus normis matrimonium regatur quod inter fideles diversi ritus contrahatur», in Fs. A. Vermeersch, Roma 1935, 242-255.

HERMAN, A., «Regiturne Orientales dissidentes legibus matrimonialibus Ecclesiae latinae?», *PRMCL* 27 (1938) 10-15.

———, «Adnotationes ad Motu Proprio "Crebrae allatae sunt"», *PRMCL* 38 (1949) 93-125.

HIEROLD, A.E., «Systematische und inhaltliche Perspektiven des revidierten Codex Iuris Canonici», *ThGl* 72 (1982) 156-174.

HILLING, N., «Die kirchliche Mitgliedschaft nach der Enzyklika Mystici Corporis Christi und nach dem Codex Juris Canonici», *AKathKR* 125 (1951/52) 122-129.

HOLBÖCK, C., *Die Zivilehe*, Innsbruck 1950.

HOLLERBACH, A., «Bemerkungen zum kanonischen Taufrecht», *ZEvKR* 29 (1984) 145-169.

HÜBLER, F., «Riflessi dell'Ecumenismo nella Normativa della Chiesa Cattolica», in *Studi di diritto ecclesiastico e canonico*, I, Napoli 1978, 117-161.

HUGO VON SANKT VIKTOR, *De sacramentis*, PL 176.

———, *Summa Sententiarum*, PL 176.

HUIZING, P., «Grundprobleme der kirchlichen Eheordnung», *Conc(D)* 2 (1966) 647-654.

JANNACCONE, C., *I fondamenti del diritto ecclesiastico internazionale*, Milano 1936.

JOHANNES DUNS SCOTUS, *In IVum Sententiarum*, ed. L. Vivès, Paris 1895.

JONE, H., *Gesetzbuch der lateinischen Kirche*, I-III, Paderborn 1950-1953².

JOYCE, G.H., *Die christliche Ehe*, Leipzig 1934 (engl.: *Christian Marriage*, London 1948).

KAISER, M., «Zugehörigkeit zur Kirche», *IKaZ* 5 (1976) 196-206.

———, «Die rechtliche Grundstellung der Christgläubigen», in *HKKR*, 171-181.

———, «Grundfragen des kirchlichen Eherechts», in *HKKR*, 730-746.

———, «Ökumenische Gottesdienstgemeinschaft», in *HKKR*, 651-647.

KASPER, W., «Ökumenischer Konsens über das kirchliche Amt?», *StZ* 191 (1973) 219-230.

———, *Zur Theologie der christlichen Ehe*, Mainz 1977.

KEGEL, G., *Internationales Privatrecht*, München 1987⁶.

KNECHT, A., *Handbuch des katholischen Eherechts*, Freiburg/Brsg. 1928.

KNOCH, W., «Ehe. A. Theologie und Liturgie I», in *Lexikon des Mittelalters*, III/8, München – Zürich 1985, 1616ff.

KOENIGER, A., *Katholisches Kirchenrecht mit Berücksichtigung des deutschen Staatskirchenrechts*, Freiburg/Brsg. 1926.

KOENIGER A. – GIESE F., *Grundzüge des katholischen Kirchenrechts und des Staatskirchenrechts*, Augsburg 1949³.

KRÄMER, P., *Kirchenrecht*, I-II, Kohlhammer Studienbücher Theologie 24, Stuttgart – Berlin – Köln 1992-1993.

———, «Die Zugehörigkeit zur Kirche» in *HKKR*, 162-171.

———, «Was brachte die Reform des Kirchenrechts», *StZ* 201 (1983) 116-126.

———, «Das Selbstverständnis des katholischen Kirchenrechts», in *Christlicher Glaube in moderner Gesellschaft*, IXXX, Freiburg/Brsg. 1982.

KREMS, G. – MUMM, R., ed., *Theologie der Ehe*, Regensburg – Göttingen 1969.

KÜHNER, W., *Die Zuständigkeit der Zivilgewalt bei Ehen von Nichtchristen*, Rom 1951.

KUTSCHKER, J., *Das Eherecht der Katholischen Kirche*, I, Wien 1856.

LAUNOY DE, J., *De regia in matrimonium Potestate vel Tractatus de iure saecularium principum christianorum in sanciendis impedimentis matrimonium dirimentibus*, in *Opera* I, Köln 1731.

LAWSON, W.M., «Roman Law: A Source of Canonical Marriage Legislation», *Resonnance*, 4 (1967) 9 ff.

LE BRAS, G., «Mariage III, La doctrine du mariage chez les Théologiens e les Canonistes depuis l'an mille», in *DThC*, IX/2, Paris 1927, 2123-2317.

LEHMANN, K., «Glaube — Taufe — Ehesakrament. Dogmatische Überlegungen zur Sakramentalität der Ehe», *StMor* 16 (1978) 71-97.

———, «Die christliche Ehe als Sakrament», in *ThJb(L)* 1981, Leipzig (1981) 165-171.

LENGSFELD, P., «Revidiertes Kirchenrecht — ökumenisch betrachtet», *Conc(D)* 17 (1981) 556-560.

LETTMANN, R., *Die Diskussion über die klandestinen Ehen und die Einführung einer zur Gültigkeit verpflichtenden Eheschließungsform auf dem Konzil von Trient*, Münster 1967.

LIERMANN, H., «Die kirchliche Mitgliedschaft nach geltendem evangelischem Kirchenrecht», *ZEvKR* 4 (1955) 382-399.

LISTL, J., «Die Rechtsnormen», in *HKKR*, 83-98.

LÜDICKE, K., «Die Kirchengliedschaft und die Plena Communio. Eine Anfrage an die dogmatische Theologie aus der Perspektive des Kirchenrechts», in *Recht im Dienste des Menschen*, Fs. H. Schwendenwein, Graz – Köln – Wien 1986, 377-391, insb. 383-386.

———, «Zur Rechtsnatur des Ehevertrages», *AKathKR* 145 (1976) 152-163.

LUTHER, M., *Von den Ehesachen*, in *WA*, XXX/3, Weimar 1910.
MALDONADO, J., *Curso de Derecho Canónico para jurístas civiles*, Madrid 1967, besonders 217 f.
———, «Nuevas relaciones entre el ordenamiento jurídico de la Iglesia y otros ordinamientos jurídicos», in *Atti del II Congresso Internazio-nale di Diritto Canonico*, I, Milano (1972) 381-409, besonders 393 ff.
MAMA, L., «Il matrimonio nell'età precostantiniana», *StRo* 16 (1968) 7 - 16.
MANZANARES, J., «Contratto e sacramento», *OR* 42 (20.02.1977) 5.
———, «Habitudo matrimonium baptizatorum inter et sacramentum: omne matrimonium duorum baptizatorum estne necessario sacramentum?», *PRMCL* 67 (1978) 35-71.
MARITZ, H., «Ehe – Sakrament des Glaubens? Erwägungen zum Ausschluß der Sakramentalität der Ehe», in *Iustus Iudex*, Fs. P. Wesemann, Essen 1990, 247-257.
MAROTO, PH., «Litterae encyclicae de matrimonio christiano», *Apoll* 4 (1931) 75-97.
MAURER, W., «Zur theologischen Problematik des kirchlichen Mitgliedschaftsrechtes», *ZEvKR* 4 (1955) 337-360.
MELANCHTON, PH., *De Potestate et Primatu Papae*, in *CR*, 3, Nachdruck, New York – London – Frankfurt 1963.
MENDOÇA, A., ed., *Rotal Anthology, An Annotated Index of Rotal Decisions from 1971 to 1988*, Washington D.C., 1992.
MICHIELS, G., *Normae Generales Iuris Canonici*, I-II, Paris 1949[2].
———, *Principia generalia de personis in Ecclesia*, Paris 1955[2].
MINELLI, C., «La canonizzazione delle leggi civili e la codificazione postconciliare. Per un approccio canonistico al tema dei rinvii tra ordinamenti (c. 22)», *PRCan* 85 (1996) 445-487.
MIRBT, K., *Quellen zur Geschichte des Papsttums und des römischen Katholizismus*, Tübingen 1934[5].
MOLINSKI, W., *Theologie der Ehe in der Geschichte*, Aschaffenburg 1976.
MOREL, V., «Le corps mystique du Christ et l'Eglise catholique romaine», *NRTh* 80 (1948) 772 ff.
MÖRSDORF, K., «Die Kirchengliedschaft im Lichte der kirchlichen Rechtsordnung», *ThSe* 1 (1944) 115-131.
———, *Die Rechtssprache des Codex Iuris Canonici*, Paderborn 1937.
———, «Der Codex Juris Canonici und die nichtkatholischen Christen», *AKathKR* 130 (1961) 31-58.
———, «Persona in Ecclesia Christi», *AKathKR* 131 (1962) 345-393.
———, «Die Autorität der rotalen Rechtsprechung», *AKathKR* 131 (1962) 415-432.

MOSIEK, U., *Kirchliches Eherecht*, Freiburg i.Br. 1976³, 47ff.
———, *Verfassungsrecht der Lateinischen Kirche*, I-III, Freiburg/Brsg. 1975-1978.
———, «Die Zugehörigkeit zur Kirche im Rahmen der Kanonistik», *ThGl* 49 (1959) 256-268.
MOSTAZA, A., «Competentia status in matrimonium eiusque limites», *PRMCL* 67 (1978) 155-210.
———, «La competencia de la Iglesia y del Estado sobre el matrimonio hasta el concilio de Trento», in *Ius Populi Dei*, Fs. R. Bidagor, III, Roma 1972, 287-357.
———, «La competencia del la Iglesia y del Estado sobre el matrimonio en los autores postridentinos de los siglos XVI y XVII», in *Lex Ecclesiae*, Estudios a cabreros de Anta, Salamanca (1972) 205-231.
MÜHLEN, H., «Der Kirchenbegriff des Konzils», in *Die Autorität der Freiheit*, I, München 1967, 304 ff.
MÜHLSTEIGER, J., *Der Geist des Josephinischen Ehrechtes*, Wien 1967.
———, «Rezeption – Inkulturation – Selbstbestimmung, Überlegungen zum Selbstbestimmungsrecht kirchlicher Gemeinschaften», *ZKTh* 105 (1983) 261-289.
MÜLLER, H., «Zugehörigkeit zur Kirche als Problem der Neukodifikation des kanonischen Rechts», *ÖAKR* 28 (1977) 81-88.
———, «Communio als kirchenrechtliches Prinzip im Codex Iuris Canonici von 1983?», in *Im Gespräch mit dem Dreieinen Gott*, FS W. Breuning, Düsseldorf 1985, 481-489.
———, «Der ökumenische Auftrag» in *HKKR*, 553-561.
———, «Ekklesiologische Perspektiven im Codex Iuris Canonici», in Fs. P. Fedele, Perugia 1984, 217-233.
MUNIER, C., *Ehe und Ehelosigkeit in der Alten Kirche*, Bern – Frankfurt/Main – New York – Paris 1987.
NAVARRETE, U., «Acta Tribunalium S. Sedis: Supremum Signaturae Apostolicae Tribunal. Commentarium», *PRCan* 82 (1993) 339-352.
———, «Capita nullitatis matrimonii in Codice I.C. 1983: Gressus historicus versus perfectiorem ordinem systematicum», in *Iustus Iudex*, Fs. P. Wesemann, Essen 1990, 259-277.
———, «Competentia ecclesiae in matrimonium baptizatorum eiusque limites», *PRMCL* 67 (1978) 95-115.
———, «De iure quo regatur oportet matrimonium acatholicorum baptizatorum post futurum codicem promulgatum», *PraKan* 21 (1978), 97-101.

NAVARRETE, U., «De ministro sacramenti matrimonii in Ecclesia latina et in Ecclesiis orientalibus: Tentamen explicationis concordantis», *PRCan* 84 (1995) 711-733.

———, «Diritto fondamentale al matrimonio e al sacramento», *QDirEc* 1 (1988) 72-78.

———, «El matrimonio de los católicos "no practicantes" y "no creyentes". Conflictos jurídico pastorales», *SalTer* 61 (1973) 875-885.

———, «Foedus coniugale, amor et sacramentum attenta doctrina concilii Vaticani II», in ders., *Quaedam problemata actualia de matrimonio*, Romae (1979^3) 54-79.

———, «Il Matrimonio in Oriente e Occidente*», *OCP* 58 (1992) 563-569 (Rezension zum gleichnamigen Werk von J. Prader).

———, «Ius matrimoniale latinum et orientale. Collatio Codicem latinum inter et orientalem», *PRCan* 80 (1991) 636-639.

———, «La giurisdizione delle Chiese orientali non cattoliche sul matrimonio (can. 780 CCEO)», in *Il matrimonio nel Codice dei canoni delle Chiese orientali*, StGiu 32, Città del Vaticano 1994, 105-125.

———, «Matrimoni misti: conflitto fra diritto naturale e teologia?», *QDirEc* 4 (1992) 265-286.

———, «Matrimonio cristiano e sacramento», in *Amore e stabilità nel matrimonio*, Roma 1976, 55-75.

———, «Matrimonio, contratto e sacramento», *ME* 117 (1993) 91-112, sowie in *Il matrimonio sacramento nell'ordinamento canonico vigente*, StGiu 31, Città del Vaticano 1993, 91-112.

———, «Per un nuovo ordinamento canonico del matrimonio», in *Matrimonio, famiglia e divorzio*, Napoli 1971, 329-345.

———, «Questioni sulla forma canonica ordinaria nei Codici latino e orientale», *PRCan* 85 (1996) 489-514.

———, «Responsa Pontificiae Commissionis Codicis Iuris Canonici authentice interpretando», *PRMCL* 77 (1988) 497-510.

———, *Structura iuridica matrimonii secundum Concilium Vaticanum II. Monumentum iuridicum amoris coniugalis*, Romae 1989^2.

NEUHAUS, P. H., «Zum Kollisionsrecht des Codex Juris Canonici», *RabelsZ* 30 (1966) 40-53.

———, «Zum Verhältnis von staatlichem und religiösem Recht», *FamRZ* 13 (1966) 121-122.

NOWACK, J.A., «Inseparability of Sacrament and Contract in Marriages of the Baptised», *StCan* 12 (1978) 315-363.

OESTERLE, G., «Ehen der Akatholiken in der kanonischen Jurisprudenz», *RDC* 10 (1960) 250-272.

OESTERLE, G., «Noch einmal eine Russenehe», *ThPQ* 90 (1937) 680-684.
OGGIONI, G., «Dottrina del matrimonio dai Padri alla scolastica», in *Enciclopedia del matrimonio*, ed. T. Goffi, Brescia 1960.
ONCLIN, W., «Considerationes de iurium subiectivorum in Ecclesia fundamento ac natura», *EJCan* 8 (1952) 17 ff.
———, «De regimine matrimonii fidelem inter et infidelem», *EThL* 10 (1933) 47-62.
ORESTANO, R., *Struttura giuridica del matrimonio romano*, I, Milano 1951.
ORTIZ, M.A., «Note circa la giurisdizione della Chiesa sul matrimonio degli acattolici», *JE* 6 (1994) 367-377.
PAVLOV, A., *Corso di diritto ecclesiastico*, Mosca 1902.
PERATHONER, A., *Das kirchliche Gesetzbuch (codex juris canonici)*, Bressanone 1931[5].
PEREZ, E., «¿Todo matrimonio entre cristianos es sacramento? Apuntes históricos (s. XIV-XVI)», *Escrito del Vedat* 6, Valencia (1976) 9-50.
PETRUS KANTOR, *Verbum Abbreviatum*, PL 205.
PETRUS LOMBARDUS, *Sententiae in IV Libris distinctae*, PL 192 und ed. Quaracchi, II, Grottaferrata 1981.
PETRUS VON TARANTAISE, *In IV Sententiarum*, ed. Turco – de Marinis, Toulouse 1649-1652.
PHILLIPS, G., *Kirchenrecht*, II, Regensburg 1857[3] (Neudruck, Graz 1959).
PICHLER, V., *Ius Canonicum secundum quinque decretalium titulos Gregorii IX Papae explicatum*, Venezia 1758.
PICOZZA, P., «Considerazioni attuali sugli impedimenti nel sistema matrimoniale canonico», in *Studi sul Matrimonio Canonico*. Studia et Documenta Iuris Canonici X, Roma 1982, 237-268.
PIRSON, D., «Die Mitgliedschaft in den deutschen evangelischen Landeskirchen als Rechtsverhältnis», *ZEvKR* 13 (1967/68) 337-358.
PLÖCHL, W., *Geschichte des Kirchenrechts*, Wien – München, I, 1960[2]; II, 1962[2]; III, 1950[2]; IV, 1966; V 1969.
PORTMANN, H., *Wesen und Unauflöslichkeit der Ehe, Ehe in der kirchlichen Wissenschaft und Gesetzgebung des 11. und 12. Jahrhunderts. Ein Beitrag zur kirchlichen Rechtsgeschichte*, Emsdetten 1938.
POSPISHIL, V.J., *Code of Oriental canon law. The law on marriage*, Chicago 1962.
———, *Eastern Catholic Marriage Law*, Brooklyn 1991.
———, *Eastern Catholic Church Law*, New York 1993.

POTOTSCHNIG, F., «"Persona in Ecclesia" – Probleme der rechtlichen Zugehörigkeit zur "Kirche Christi"» in *Ex Aequo et Bono*, Fs. W. M. Plöchl, Innsbruck 1977, 277-294.

POTZ, R., «Die Grade der Communio im katholischen Kirchenrecht», *Kanon* 8 (1987) 51-64.

PRADER, J., *Das kirchliche Eherecht in der seelsorglichen Praxis*, Bozen – Würzburg – Innsbruck – Wien 1991³.

———, «Das Personalstatutsrecht der christlichen Religionsgemeinschaften in den Ländern des Vorderen Orients», *Kanon* 10 (1991) 195-221.

———, *Das religiöse Eherecht der christlichen Kirchen, der Mohammedaner und der Juden unter besonderer Berücksichtigung der Staaten im vorderen Orient*, Frankfurt 1973.

———, «De iure quo regitur matrimonium baptizatorum acatholicorum: ius conditum et ius condendum», *PRMCL* 67 (1978) 127-144.

———, «Die Auswirkungen des c. 11 auf die kirchliche Rechtsprechung unter besonderer Berücksichtigung der Protestanten im deutschsprachigen Raum», in *Ministerium Iustitiae*, Fs. H. Heinemann, Essen 1985, 117-126.

———, «Die Beurteilung der Formgültigkeit der Ehen nichtkatholischer Christen eines orientalischen Ritus», in *Adnotationes in Iure Canonico*, Fs. für F. X. Walter, Fredersdorf 1994.

———, «Die Ehehindernisse in den Rechtsordnungen der orthodoxen Kirchen», *AKathKR* 156 (1987) 48-62.

———, «Differenze fra il Diritto matrimoniale del Codice latino e quello del Codice orientale che influiscono sulla validità del matrimonio», *JE* 5 (1993) 469-494.

———, «Disputationes Coetus Consultorum "de lege applicanda"», *Nuntia* 5 (1977) 62-66.

———, *Il matrimonio in Oriente e Occidente*, Roma 1992.

———, *Il matrimonio nel mondo*, Padova 1969, 1986².

———, «Interrituelle, interkonfessionelle und interreligiöse Probleme im Eherecht des neuen CIC», *AKathKR* 152 (1983) 408-464.

———, «Das Eherecht der orientalischen Kirchen», in *Internationales Ehe- und Kindschaftsrecht*, ed. A. Bergmann – M. Ferid – D. Henrich, Bd. 1 (Loseblattsammlung, 112. Lieferung - abgeschlossen am 30.6.1992), Frankfurt 1983⁶, 12ff.

———, «La forma di celebrazione del matrimonio», in *Il matrimonio nel Codice dei canoni delle Chiese Orientali*, StGiu 32, Città del Vaticano, 1994, 283-300.

———, *La Legislazione matrimoniale latina e orientale*, Roma 1993.

PRADER, J., «Labor consultorum circa Canones de matrimonio», *Nuntia* 8 (1979) 3-29, besonders 5ff.

———, «Zur Anwendung nichtkatholischen Eherechts durch kirchliche Instanzen», in *Ex Aequo et Bono*, Fs. W. M. Plöchl, Innsbruck 1977, 343-363.

PREISKER, H., *Christentum und Ehe in den ersten 3 Jahrhunderten*, Berlin 1927.

PRIMETSHOFER, B., «Der Kreis der Normadressaten des kanonischen Rechts», in *Rechtsgeschichte und Rechtsdogmatik*, Fs. H. Eichler, Wien 1977, 483-501.

———, «Interrituelles Verkehrsrecht im CCEO», *AKathKR* 160 (1991) 346-366.

———, «Der CCEO und seine (möglichen) Auswirkungen auf das Recht der lateinischen Kirche», in *Neue Positionen des Kirchenrechts*, Graz 1994, 153-179.

———, «Der CCEO und seine (möglichen) Auswirkungen auf das Recht der lateinischen Kirche», in *Iuri Canonico Promovendo*, Fs. H. Schmitz, Regensburg 1994, 557-584.

———, «Die kanonische Bewertung der Zivilehe» *AKathKR* 155 (1986) 400-427.

———, «Die interkonfessionelle Geltung des kanonischen Rechtes», in Fs. P. Leisching, *ÖAKR* 41 (1992) 194-207.

———, «Zur Frage nach dem Normadressaten im kanonischen Recht», in *Convivium utriusque iuris*, Fs. A. Dordett, Wien 1976, 137-147.

PUJOL, C., «Adnotationes ad Decretum de matrimoniis mixtis inter Catholicos et Orientales baptizatos acatholicos (22. febr. 1967)», *PRMCL* 56 (1967) 505-517.

———, «La consuetudine degli orientali separati», *OCP* 37 (1971) 135-159.

———, «Orientales ab Ecclesia Catholica seiuncti tenenturne novo iure canonico a Pio XII promulgato?», *OCP* 32 (1966) 78-110.

PUZA, R., «Kanonistische Überlegungen zur Identität von Ehevertrag und Ehesakrament sowie zum "Spender" des Ehesakramentes», in *Eheschließung mehr als ein rechtlich Ding?*, QD 120, Freiburg 1989.

RAHNER, K., *Die Ehe als Sakrament*, Schriften zur Theologie VIII, Einsiedeln – Zürich – Köln 1967.

———, «Die Zugehörigkeit zur Kirche nach der Lehre der Enzyklika Pius' XII. Mystici Corporis Christi», *ZKTh* 69 (1947) 129-188.

RAHNER, K., «Die Gliedschaft in der Kirche nach der Lehre der Enzyklika Pius' XII. "Mystici Corporis Christi"», in *Schriften zur Theologie*, II, Einsiedeln 1953.

RAMBACHER, S., *Formerfordernisse für die Eheschließung getaufter Nichtkatholiken nach dem CCEO: unter besonderer Berücksichtigung der altorientalischen Kirchen*, Münchener theologische Studien, 3, Kanonistische Abteilung, 46, St. Ottilien 1995.

RATZINGER, J., «Zur Theologie der Ehe», in *Theologie der Ehe*, ed. G. Krems – R. Mumm, Regensburg – Göttingen 1969, 81-115.

REGLI, S., «Ökumenische Konsenserklärungen mit römisch-katholischer Beteiligung über Taufe, Eucharistie und Amt: Ergebnisse», in *Theologische Berichte* 9, Zürich – Einsiedeln – Köln 1980.

REIFFENSTUEL, R.F., *Ius canonicum universum*, I-II, Venezia 1746.

REINHARDT, H.J.F., «Hat c. 11 CIC 1983 im Bereich des Eherechts Konsequenzen für die Verwaltungskanonistik?», in *Recht als Heilsdienst*, Fs. M. Kaiser, Paderborn 1989, 200-222.

———, *Die kirchliche Trauung*, Essen 1990.

———, «Reflexionen zur ekklesiologischen Stellung der nichtkatholischen Christen im CIC 1983», in *Ministerium Iustitiae*, Fs. H. Heinemann, Essen 1985, 105-115.

RICHARD VON MEDIAVILLA, *In IVum Sententiarum*, Brescia 1591.

RIEDEL-SPANGENBERGER, I., «Codex Iuris Canonici und seine ökumenischen Implikationen», *Cath(M)* 38 (1984) 231-250.

RINCÓN, R., «Identidad entre contrado y sacramento en el matrimonio de los bautizados. Revisión crítica de esta tesis clásica», *Pentecostés* 15 (1977) 37-75.

RINCÓN, T., *El matrimonio, Mistero y signo: 9.-13. siglo*, Pamplona 1971.

RITZER, K., *Formen, Riten und religiöses Brauchtum der Eheschließung in den christlichen Kirchen des ersten Jahrtausends*, Münster 1962, 1981².

———, *Le mariage dans les Eglises chrétiennes du Ier au XIe siècle*, Paris 1970.

———, «Weltliches Recht und kirchliche Eheauffassung im Westen», *Conc(D)* 6 (1970) 348-352.

RODERIGO, L., *Praelectiones theologico-morales comillenses*, II. *Tractatus de Legibus*, Santander 1944.

RODRÍGUEZ-OCAÑA, R., «Notas al Decreto-Declaración del STSA: La Jurisdicción eclesiástica y los matrimonios de los acatólicos», *JC* 34 (1994) 653-659.

ROHRBASSER, A., ed., *Heilslehre der Kirche. Dokumente von Pius XI. bis Pius XII.*, Freiburg/Schweiz 1953.

RUF, N., *Das Recht der katholischen Kirche nach dem neuen Codex Iuris Canonici für die Praxis erläutert*, Freiburg – Basel – Wien 1989⁵.

SÄGMÜLLER, J.B., *Lehrbuch des katholischen Kirchenrechts*, II, Freiburg/Brsg. 1914³.

SAIER, O., *Communio in der Lehre des 2. Vatikanischen Konzils*, München 1973.

SALACHAS, D., «Implicanze ecumeniche del "Codice dei Canoni delle Chiese orientali" alla luce del nuovo Direttorio Ecumenico», in *Il Diritto Canonico Orientale nell'ordinamento ecclesiale*, StGiu 34, Città del Vaticano 1995, 76-105.

SALDÓN, E., *El matrimonio, Misterio y Signo — Desde el siglo I hasta S. Augustín*, Pamplona 1971.

SALERNO, F., *La definizione del matrimonio canonico nella dottrina giuridica e teologica dei sec. XII-XIII*, Milano 1965.

———, «La dignità sacramentale del matrimonio nella storia della Chiesa», *ME* 117 (1993) 9-68, sowie in *Il matrimonio sacramento nell'ordinamento canonico vigente*, StGiu 31, Città del Vaticano, 1993, 11-68.

SCHAUF, H., «Zur Frage der Kirchengliedschaft», *ThRv* 58 (1962) 217-224.

———, «"Persona in Ecclesia" und Kirchengliedschaft», *ThGl* 61 (1971) 348-355.

SCHEEPERS, J., *De regimine matrimonii disparis*, Roma 1964.

SCHILLEBEECKX, E., *Le mariage. Réalité terrestre et mystère de salut*, Paris 1966.

———, *Le marriage est un sacrement*, Paris 1961.

SCHLIER, H., *Der Brief an die Epheser*, Düsseldorf 1963⁴.

SCHMALZGRUEBER, F.X., *Ius ecclesiasticum universum*, Roma 1845.

SCHMAUS, M., *Katholische Dogmatik*, III/1. *Die Lehre von der Kirche*, München 1958⁵.

SCHMITZ, H., «Amt und Ordination. Anmerkungen zu einem Konsensustext des ökumenischen Rates der Kirchen über "Das Amt" aus der Sicht des katholischen Kirchenrechts», *TThZ* 88 (1977) 119-130; 201-210.

———, «Die Reform des kanonischen Rechts im Spiegel von 15 Jahren Arbeit der CIC Reformkommission», *ZEvKr* 23 (1978) 147-176.

SCHNACKENBURG, R., «Die Ehe nach dem Neuen Testament», in *Theologie der Ehe*, ed. G. Krems – R. Mumm, Regensburg–Göttingen 1969, 9-36.

SCHNEIDER, G., *Die Apostelgeschichte*, in HThK, V, Freiburg 1982.

SCHÖPSDAU, W., *Konfessionsverschiedene Ehe. Ein Handbuch zu Theologie und Recht der Kirchen*, Göttingen 1987.

SCHÜTTE, H., *Amt, Ordination und Sukkzession*, Düsseldorf 1974.
SCHULZ, W., «Was ist neu am neuen Kirchenrecht? Zur Reform des kirchlichen Gesetzbuches», *ThGl* 72 (1982) 129-156.
SCHWENDENWEIN, H., «Fragen um den naturrechtlichen Charakter eherechtlicher Normen», in *Iustus Iudex*, Fs. P. Wesemann, Essen 1990, 291-308.
———, «Das neue kirchliche Eherecht und seine pastoralen Auswirkungen», *ThQ* 163 (1983) 200-211.
SEBOTT, R., *Das neue kirchliche Eherecht*, Frankfurt a.M. 1983.
SEQUEIRA, J.B., *Tout mariage entre baptisés est — il nécessairement sacramentel? Etude historique, théologique et canonique sur le lieu entre baptême et mariage*, Paris 1985.
SHANNON, P.H., «The diriment impediment of mixed religion», *Jurist* 23 (1963) 340-351.
SIPOS S. - GÁLOS L., *Enchiridion iuris canonici*, Roma 1954[6].
SOBANSKI, R., «L'ecclesiologie du nouveau code de droit canonique», in *Le nouveau code de droit canonique*, Actes du Ve Congrès international de droit canonique, organisé par l'Université d'Ottawa du 19 au 25 août 1984, publiés sous la direction de Michel Thériault et de Jean Thorn, I, Ottawa 1986, 243-270.
———, «Ökumenismus und Verwirklichung der Grundrechte der Getauften», in *Die Grundrechte des Christen in Kirche und Gesellschaft*, Akten des IV. Internationalen Kongresses für Kirchenrecht, ed. E. Corecco - N. Herzog - A. Scola, Freiburg - Mailand 1981, 713-737.
———, «Rechtstheologische Vorüberlegungen zum neuen kirchlichen Gesetzbuch», *ThQ* 163 (1983) 178-188.
SOCHA, H., «Grundlegung des Ius Divinum der bischöflichen Apostelnachfolge», in *Convivium utriusque iuris*, Fs. A. Dordett, Wien 1976, 149-164.
STAFFA, D., *Commentarium ad Librum Primum Codicis Iuris Canonici*, II, Roma 1942.
———, «De Validitate Matrimonii inter Partem Orthodoxam et partem Protestantem Baptizatam», *PRMCL* 62 (1973) 11-38.
STARCK, J., «Le 25e anniversaire de l'encyclique "Casti Connubii"» *Études* 287 (1955) 289-302.
STEIN, A., *Evangelisches Kirchenrecht*, Neuwied - Darmstadt 1985[2].

TACHÉ, A., «The Code of Canon Law of 1983 and Ecumenical Relations», in *Le nouveau code de droit canonique*, Actes du Ve Congrès international de droit canonique, organisé par l'Université d'Ottawa du 19 au 25 août 1984, publiés sous la direction de Michel Thériault et de Jean Thorn, I, Ottawa 1986, 401-421.

TEJERO, E., *El matrimonio, Misterio y Signo. Siglos XIV-XVI*, Pamplona 1971.

———, «La sacramentalidad del matrimonio en la historia del pensamiento cristiano», *JC* 14 (1974) 11-31.

———, «La sacramentalidad del matrimonio en la historia del pensamiento cristiano. II: De la patrística a la escolástica incipiente», *JC* 20 (1980) 285-327.

THOMAS VON AQUIN, *Sancti Thomae Aquinatis Doctoris Angelici Ordinis Praedicatorum Opera Omnia iussu Leonis XIII P.M. edita*, Roma 1882 ff.

TRIEBS, F., *Praktisches Lehrbuch des geltenden kanonischen Eherechts*, I-IV, Breslau 1925-1932.

URRUTIA, F.J., «Adnotationes quaedam ad propositam reformationem libri primi Codicis Iuris Canonici (Quoad titulum De legibus)», *PRMCL* 64 (1975) 633-659.

———, *De normis generalibus C.I.C. – Schemata pro lectionibus*, Roma 1989.

———, *De normis generalibus – Adnotationes in Codicem: Liber I*, Roma 1983.

———, *Les Normes générales*. Commentaire des canons 1 - 203 (Collection Le nouveau droit ecclésial), Paris 1994.

VADAKUMCHERRY, J., «Il diritto matrimoniale nei codici orientale e latino», in *Il Diritto Canonico Orientale nell'ordinamento ecclesiale*, StGiu 34, Città del Vaticano 1995, 142-163.

———, «Marriage Laws in the Eastern and Latin Codes», in *The Code of Canons of the Eastern Churches. A Study and Interpretation*, ed. J. Chiramel – K. Bharanikulangara, Alwaye 1992.

VAN HOVE, A., *Prolegomena ad Codicem Iuris Canonici. Com. Lovan.*, I/1, Mechelen – Roma 1928, 1945².

———, *De legibus ecclesiasticis. Com. Lovan.*, I/2, Mechelen – Roma 1930

———, *De Consuetudine - De Temporis Supputatione. Com. Lovan.*, I/3, Mechelen – Roma 1933.

VELA, L., «Dispensa», in *NDDC*, 420-421.

VERING, F.H., *Lehrbuch des katholischen, orientalischen und protestantischen Kirchenrechts*, Freiburg/Brsg. 1893³.

VERMEERSCH, A., *Catéchisme du mariage chrétien d'aprés l'encyclique «Casti Connubii»*, Bruges – Paris 1934².

——— – CREUSEN, J., *Epitome iuris canonici,* I, Mechelen – Roma 1963⁸; II, Mechelen – Roma 1954⁷; III, Mechelen – Roma 1956⁷.

VOLLEBREGT, G.N., *Die Ehe im Zeugnis der Bibel*, Salzburg 1965.

VORGRIMMLER, H., «Zur dogmatischen Einschätzung und Neueinschätzung der kirchlichen Trauung», in *Eheschließung mehr als ein rechtlich Ding?*, QD 120, Freiburg 1989.

WÄHLER, K., *Interreligiöses Kollisionsrecht im Bereich privatrechtlicher Rechtsbeziehungen*, Köln – Berlin – Bonn – München 1978.

WEIGAND, R., *Die bedingte Eheschließung im kanonischen Recht*, I, Münchener Theologische Studien 3, Kanonistische Abteilung 46, München 1963.

WEITZEL, J., «Zivilehen orthodoxer Christen sind wegen Formmangels ungültig», *AKathKR* 139 (1970) 482-492.

WENGLER, W., «Grundprobleme des interreligiösen Kollisionsrechts», in *Aphieroma eis Charalambon Fragistan*, Fs. N. Fragistas, Thessaloniki 1967, 483-502.

WERNZ, F.X., *Jus Decretalium*, I, Roma 1905.

——— – VIDAL, P., *Ius Canonicum,* I. *Normae Generales*, Romae 1938, 1952².

———, *Ius Canonicum,* II. *De personis*, Romae 1943³.

———, *Ius Canonicum,* V. *Ius matrimoniale*, Romae 1946³.

WIRTH, P., *Ehen mit Orthodoxen*, Freiburg 1967.

WODKA, J., «Kirchliche Verfassungsgeschichte. Gegenwärtige Problematik und neueste Erforschung», *ÖAKR* (1950) 30-71.

WOJNAR, M.M., «Decree on the Oriental Catholic Churches», *Jurist* 25 (1965) 173-255.

ZANETTI, E., «Commento al c. 11: Chi deve osservare le leggi della Chiesa?», *QDirEc* 1 (1988) 187-190.

ZAPP, H., *Kanonisches Eherecht*, Freiburg 1988⁷.

ZEIMENTZ, H., *Ehe nach der Lehre der Frühscholastik*, Düsseldorf 1973.

ZHISHMAN, J., *Das Eherecht der orientalischen Kirche*, Wien 1863.

ZUZEK, I., «Animadversiones quaedam in Decretum de Ecclesiis Orientalibus Catholicis Concilii Vaticani II», *PRMCL* 55 (1966) 266-288.

———, «Ansichten über die künftige Struktur des ostkirchlichen kanonischen Rechts», *Conc(D)* 3 (1967) 665-675.

———, «Ein Kodex für die orthodoxen Kirchen», *Conc(D)* 5 (1969) 639-643.

ZUZEK, I., «Hat die katholische Kirche die Jurisdiktion der orthodoxen Bischöfe nach dem Zweiten Vatikanischen Konzil anerkannt oder nicht?», *ÖAKR* 22 (1971) 109-128.

———, «La giurisdizione dei vescovi ortodossi dopo il Concilio Vaticano II», *CivCatt*, 122/2 (1971) 550-562.

———, «Überblick über die neuere Entwicklung des orientalischen Kirchenrechts», *Conc(D)* 1 (1965) 686-696.

PERSONENVERZEICHNIS

Abaelard: 21
Abate: 145, 146, 161, 162
Abbo: 116-117, 118, 120, 156
Adnes: 29, 35
Agustoni: 117
Albertus Magnus: 21, 28
Alexander III. (Papst): 28
Alwan: 221
Ambrosius: 18, 19, 26
Anné: 88, 90, 117
Arnold: 57, 112
Athenagoras: 39
Augustinus: 19, 20, 26
Aymans: 8, 53, 57, 62, 65, 67, 72, 97, 136, 161, 190
Baltensweiler: 16, 17
Barba: 29
Basilius: 26
Bassett: 103, 116
Baudot: 33
Baus: 38-39
Bejan: 117, 118, 120
Bellarmin: 30, 49, 50, 56
Bender: 57
Benedikt XIV. (Papst): 51, 85, 86
Bernárdez Canton: 190
Bertrams: 58, 65, 98, 99, 101
Betti: 135
Billuart: 30
Boileau: 31
Boni: 135

Bouquillon: 86
Brinktrine: 58
Bucceroni: 86
Bucci: 40
Cabreros: 224
Canals: 118, 120
Canestri: 92, 123, 213
Cano: 30
Cappello: 47, 85, 214
Castillo Lara: 62, 154
Cavagnis: 86
Cicognani: 54, 87, 156
Ciprotti: 173-175
Clemens v. Alexandrien: 19
Conte a Coronata: 47, 58
Correco: 25, 28, 33, 35
Coussa: 89, 90, 112, 113, 114, 115, 123, 215
Creusen: 54
Cyrill v. Alexandrien: 19, 26
D'Ercole: 27
Dalpiaz: 89
Dausend: 190
De Angelis: 86
De Dominis: 31
De Jorio: 86, 101, 117, 120
De Launoy: 31
De Paolis: 66, 175-176
De Roskovány: 31, 44
De Tournely: 31
De Vries: 101

Del Giudice: 173-175
Dombois: 64
Duby: 25
Eichmann: 50, 53, 55, 57, 92
Elgeddawi: 195
Engelhardt: 192
Epiphanios: 19
Esmein: 41
Estius: 31
Eugen IV. (Papst): 59
Fagiolo: 134
Fahrner: 41
Faltin: 90
Feiner: 94, 95
Felici: 88, 91, 92
Ferdinandus Rebellus: 30
Ferraro: 117, 120
Fiore: 115, 120
Franciscus Sylvius: 31
Freeman: 141
Freisen: 22
Gálos: 50
Galtier: 88, 112
Gänswein: 73
Gasparri: 47, 86, 87, 214
Gaudemet: 135
Geringer: 223
Ghirlanda: 96, 98
Giese: 50
Gismondi: 193
Gommenginger: 58
Gratian: 27
Grazioli: 91, 92
Grillmeier: 72
Grocholewski: 117, 121, 123, 125, 126
Hagen: 50
Haring: 50
Heimerl: 143, 145, 146, 152, 161, 182, 239

Heinemann: 8, 53, 67, 72
Herman: 89, 90, 114
Hierold: 161
Hieronymus: 41
Hilling: 50, 57
Holböck: 44, 45, 79
Hollerbach: 161
Holtzclau: 30
Hübler: 193, 195
Hugo v. St. Viktor: 21
Huizing: 103
Hume: 141
Ignatius v. Antiochien: 18
Innozenz III. (Papst): 22, 29
Jaeger: 72
Jannaccone: 190
Jarawan: 125
Johannes VIII. (Papst): 113
Johannes Chrysostomos: 18, 20, 26
Johannes Duns Scotus: 22, 28-29
Johannes Paul II. (Papst): 16, 24, 34, 103
Jone: 112
Joyce: 20, 25
Julius Magnanus: 30
Justinian: 26
Kaiser: 8, 53, 67, 144, 146
Kasper: 16
Kegel: 191
Knecht: 50
Knoch: 25
Koeniger: 50, 190
Krämer: 8, 67, 70, 72, 73, 76, 134
Kutschker: 44
Lambertini = Benedikt XIV.
Lawson: 38
Le Bras: 25
Le Ridant: 31
Lefebvre: 115, 117, 122
Lengsfeld: 134

Leo d. Grosse (Papst): 20
Leo IV. (Papst): 51
Leo VI. (Papst): 120
Leo XIII. (Papst): 24, 32, 44, 46, 47, 89, 125
Listl: 173
Lobo: 224
Loiano: 86
Lüdicke: 137, 144, 161
Luther: 42
Maldonado: 190-191, 193, 240
Marc – Gestermann: 86
Maroto: 45
Maximus v. Turin: 19
Melanchton: 42
Mercieca: 118
Michiels: 55, 58, 60, 87
Minelli: 173, 174, 176
Mirbt: 52
Montan: 175-176
Moran: 224
Mörsdorf: 50, 53, 55, 57-59, 92, 97, 122, 136, 190
Mosiek: 52, 219
Mühlen: 67
Müller: 8, 57, 62, 67, 74
Navarrete: 33, 35, 76, 79, 94, 100, 102, 103, 104, 139, 144, 146, 147, 152, 153, 161, 170-177, 181, 185-186, 208-210, 212, 214, 215, 217, 226, 231
Neuhaus: 8, 190, 192-193, 235, 240
Nikolaus I. (Papst): 27
Nuytz: 31
O'Connell: 141
Oesterle: 89
Onclin: 52
Orestano: 39
Origenes: 18
Ortiz: 79, 161

Palazzini: 115
Parecattil: 141-142, 160, 170
Paul VI. (Papst): 24, 96, 113 ff., 120, 121
Pavlov: 112
Perathoner: 190
Persiani: 35
Petrus Kantor: 21
Petrus Lombardus: 21, 28
Petrus v. Tarantaise: 22
Phillips: 86
Pichler: 85
Picozza: 28
Pinna: 115, 122
Pius VI. (Papst): 31, 44, 46
Pius VII. (Papst): 31
Pius VIII. (Papst): 31-32
Pius IX. (Papst): 32, 35, 44, 46, 52
Pius X. (Papst): 32
Pius XI. (Papst): 24, 32, 45
Pius XII. (Papst): 33, 45, 56-60
Pospishil: 90, 100, 106, 107, 112, 208
Prader: 10, 94, 103, 108, 112, 127, 137, 145, 148, 153, 160, 161, 162, 167-170, 172, 185, 208, 213, 215, 217, 220, 242
Pree: 143, 146, 152, 161, 182, 241
Primetshofer: 10, 76, 122, 127-128, 129, 143, 148, 152, 157, 161, 217, 220, 222-223, 224, 228, 240
Pujol: 112, 114, 116, 156
Puza: 29
Quadri: 195
Rahner: 57-60, 97
Rambacher: 112, 120, 208, 223, 225, 226-227, 228, 229, 230
Ratzinger: 141
Reiffenstuel: 86

Reinhardt: 74, 137, 145, 147-148, 149, 159, 190, 207, 240
Rezac: 117
Richard v. Mediavilla: 22
Riedel-Spangenberger: 8, 67
Ritzer: 26
Roderigo: 86, 87
Rodríguez-Ocaña: 160
Rohrbasser: 56
Ruf: 161
Sabattani: 91
Sägmüller: 50
Saier: 62
Salachas: 227
Salerno: 20
Salvator Pacinus: 30
Schauf: 58, 59-60
Scheepers: 47, 214, 217-218
Schillebeeckx: 47
Schlier: 16, 17, 18
Schmalzgrueber: 85
Schmaus: 57
Schmitz: 162
Schnackenburg: 17
Schneider: 39
Schulz: 76, 134
Schwendenwein: 76, 161
Sebott: 144
Shannon: 113
Sobanski: 62, 75, 76, 109-110, 133, 137, 138, 161, 162-167, 169, 172
Socha: 132, 173, 175, 176, 221
Staffa: 54, 114, 115, 117, 156, 177
Starck: 45
Stein: 193-194
Stoffel: 96-97, 99
Taché: 67, 161
Tertullian: 18, 19
Thomas v. Aquin: 22, 28, 213
Tocanel: 117
Triebs: 37-38
Tzadua: 112
Urrutia: 71, 76, 132
Vadakumcherry: 88
Van Den Eynde: 22
Van Espen: 31
Van Hove: 55, 60, 86, 87, 94
Vasquez: 30
Vela: 221
Vering: 50
Vermeersch: 45, 54
Vidal: 47, 50, 58, 85
Vitta: 195
Vollebregt: 17
Vorgrimmler: 29
Wähler: 89, 103, 128-129, 224, 240
Weigand: 26, 27.
Weitzel: 94, 103, 121, 122, 124, 127
Wengler: 8
Wernz: 47, 50, 58, 85, 87
Wirth: 91
Wodka: 62
Wojnar: 90
Wynen: 91, 92
Zanetti: 71
Zapp: 145, 146, 161
Zuzek: 93, 103, 104, 117, 156

INHALTSVERZEICHNIS

VORWORT..5

EINLEITUNG 7

I. TEIL: DIE EHE BETREFFENDE HISTORISCHE, THEOLOGISCHE, EKKLESIOLOGISCHE UND RECHTLICHE GRUNDFRAGEN

I. KAPITEL: *Die Ehe zwischen Getauften — Sakrament und Vertrag*................15

  1. Die Ehe zwischen Getauften ist Sakrament...15
    1.1 Biblischer Befund 15
    1.2 Die Kirchenväter..18
    1.3 Die mittelalterlichen Theologen und Konzilien...........................20
    1.4 Das Konzil von Trient...23
    1.5 Wichtige nachtridentinische lehramtliche Verlautbarungen
        zur Sakramentalität der Ehe..24
  2. Der Ehevertrag als Konstitutivelement des Ehesakramentes –
    Die Untrennbarkeit von Ehevertrag und Sakrament 25
    2.1 Die neutestamentliche Zeit..25
    2.2 Das nachapostolische Zeitalter –
        Der Einfluß des römischen Rechts 25
    2.3 Die mittelalterliche Theologie..27
    2.4 Das Konzil von Trient...29
    2.5 Die Theologie nach dem Konzil von Trient.................................30
    2.6 Wichtige neuzeitliche Stellungnahmen des kirchlichen
        Lehramtes zur Identität von Ehevertrag und Sakrament 31

II. KAPITEL: *Die Potestas propria et exclusiva der Kirche Jesu Christi
               über die christliche Ehe* 37

  1. Das apostolische und nachapostolische Zeitalter 38
  2. Das Zeitalter der Reichskirche –
    Der Einfluß des Christentums auf das römische Recht 41
  3. Das Mittelalter –
    Die Begegnung der Kirche mit den germanischen Reichen –
    Der definitive Übergang der Ehehoheit auf die Kirche 41
  4. Die Aussagen des Konzils von Trient über die kirchliche Ehehoheit 42

5. Nachtridentinische Stellungnahmen des kirchlichen Lehramtes
   zur *Potestas propria et exclusiva* der Kirche Jesu Christi
   über die Ehe der Getauften 43

III. KAPITEL: *Die Kirche Jesu Christi —*
   Das Verständnis von Kirche und Kirchengliedschaft
   von Robert Bellarmin bis zum II. Vatikanischen Konzil 49

1. Kirche und Kirchengliedschaft nach Robert Bellarmin 49
2. Der CIC 1917 und die ihm zugrundeliegende Kirchen-
   und Kirchengliedschaftstheorie 50
3. Kirche und Kirchengliedschaft
   nach der Enzyklika *Mystici Corporis* Papst Pius' XII. 56
4. Kirche und Kirchengliedschaft
   nach dem Zweiten Vatikanischen Konzil 61

IV. KAPITEL: *Die Aussagen des CIC/1983*
   über Kirche und Kirchengliedschaft 69

1. Kanon 96 CIC/1983 69
2. Kanon 204 CIC/1983 73
3. Kanon 205 CIC/1983 75
4. Zusammenfassung 77

CONCLUSIO 79

II. TEIL: DIE FÜR DIE NICHTKATHOLISCH GETAUFTEN MAßGEBLICHEN
   RECHTSORDNUNGEN – DIE GESETZGEBUNGSVOLLMACHT
   NICHTKATHOLISCHER CHRISTLICHER KONFESSIONEN

V. KAPITEL: *Die kirchliche Gesetzgebung*
   vor dem II. Vatikanischen Konzil 85

1. Das kirchliche Gesetzbuch von 1917 –
   Die Protestanten, Anglikaner und Altkatholiken 85
2. Die für die getrennten Ostchristen geltenden Legislationen 88
3. Zusammenfassung 92

VI. KAPITEL: *Das II. Vatikanische Konzil* 93

1. Die getrennten orientalischen Kirchen 93
   1.1 Die Frage nach der in den getrennten Ostkirchen vorhandenen
       Potestas iurisdictionis (Potestas regiminis) 95
   1.1.1 Zusammenfassung 104
   1.2 Die Gewalt der nichtkatholischen Ostkirchen
       über die christliche Ehe 104
2. Die altkatholischen Kirchen
   und andere nichtorientalische nichtkatholische Kirchen 105

3. Die Evangelischen Gemeinschaften und die Anglikaner 107
4. Zusammenfassung 110

VII. KAPITEL: *Die Zeit zwischen der Veröffentlichung des Ökumenismusdekretes und dem Inkrafttreten des kirchlichen Gesetzbuches von 1983 — erste Applikationen der in UR getroffenen Aussagen* 111

   1. Die getrennten Orientalen 111
      1.1 Die Anerkennung der orthodoxen Gesetzgebung
         in Bezug auf can. 72 des Trullanum 111
      1.2 Die Anerkennung der orthodoxen Eheschließungsform 118
   2. Die getrennten christlichen Gemeinschaften des Abendlandes 129
   3. Zusammenfassung 130

VIII. KAPITEL: *Das kirchliche Gesetzbuch von 1983* 131

   1. Kanon 11 CIC/1983 131
      1.1 Die Entstehungsgeschichte von can. 11 CIC/1983 132
      1.2 Die Exegese von can. 11 CIC/1983 135
   2. Kanon 1059 CIC/1983 138
      2.1 Die Entstehungsgeschichte von can. 1059 CIC/1983 139
      2.2 Die Exegese von can. 1059 CIC/1983 142

IX. KAPITEL: *Die im CIC 1983 im Hinblick auf die rein kirchlichen Gesetze, denen die Ehen nichtkatholisch Getaufter unterworfen sind, verbliebene Gesetzeslücke und Vorschläge zu ihrer Überwindung* 151

   1. Die Auffassung der Konsultoren der CIC-Kodifikationskommission
     hinsichtlich der Frage, welchen rein menschlichen Gesetzen
     die Ehen nichtkatholisch Getaufter unterworfen sind 153
      1.1 Kritische Würdigung der Argumente der Konsultoren
         der CIC-Kodifikationskommission 154
   2. Autorenmeinungen hinsichtlich der Frage,
     welchen rein menschlichen Gesetzen
     die Ehen nichtkatholisch Getaufter unterworfen sind 160
      2.1 Die Bejahung der Gesetzgebungsgewalt
         der getrennten Kirchen und kirchlichen Gemeinschaften
         durch Remigiusz Sobanski 162
         2.1.1 Kritische Würdigung 165
      2.2 Die Bejahung der Gesetzgebungsgewalt der getrennten
         Kirchen und kirchlichen Gemeinschaften durch Josef Prader 167
         2.2.1 Kritische Würdigung 168

2.3 Die Bejahung der Gesetzgebungsgewalt der getrennten
orientalischen Kirchen und die Betonung der Notwendigkeit
der Kanonisation der Eherechtsordnungen
der nichtkatholischen kirchlichen Gemeinschaften
des Abendlandes seitens des katholischen Gesetzgebers
durch Urbano Navarrete 170
   2.3.1 Kritische Würdigung 172

CONCLUSIO 179

III. TEIL: DAS KATHOLISCHE INTERKONFESSIONELLE EHERECHT

X. KAPITEL: *Begriff, Name und Aufgabe
des katholischen interkonfessionellen Eherechtes* 189

XI. KAPITEL: *Interkonfessionelle Normen im kanonischen Eherecht* 195
1. Die Kanones 780 und 781 CCEO 196
   1.1 Die Entstehungsgeschichte der cann. 780 und 781 CCEO 196
      1.1.1 Das *Schema Canonum de Cultu Divino
           et praesertim de Sacramentis* von 1980 199
      1.1.2 Das *Schema Codicis Iuris Canonici Orientalis* von 1986 201
   1.2 Die Exegese von cann. 780 und 781 CCEO 205
      1.2.1 Kanon 780 CCEO 206
      1.2.2 Kanon 781 CCEO 225
2. Der Verweis auf fremdkonfessionelle Rechtsordnungen 228
3. Der Geltungsbereich der cann. 780 und 781 CCEO 229
4. Der Unterschied zwischen der lateinischen
und der orientalischen Gesetzgebung in Bezug auf
die Legislationen, denen konfessionsverschiedene Ehen,
an denen ein Katholik beteiligt ist sowie die Ehen nichtkatholisch
Getaufter unterworfen sind 231
5. Die Übernahme der cann. 780/781 CCEO in das lateinische Recht 233

CONCLUSIO 235

SCHLUSSWORT 237

ABKÜRZUNGSVERZEICHNIS 241

LITERATURVERZEICHNIS 251
1. Primärliteratur 251
   1.1 Heilige Schrift 251
   1.2 Kirchenväter 251
   1.3 Gesetzessammlungen und Kodizes 252
   1.4 Päpstliche Dokumente und Verlautbarungen 252

    1.5 Konzilsdokumente..254
    1.6 Dokumente der Bischofssynode 255
    1.7 Dokumente und Veröffentlichungen der römischen Kurie
         sowie verschiedener päpstlicher Kommissionen............................255
    1.8 Rechtsprechung der Gerichte des Heiligen Stuhles.........................257
  2. Sekundärliteratur 259

PERSONENVERZEICHNIS...281

INHALTSVERZEICHNIS..285

TESI GREGORIANA

Seit 1995 werden einige der besten Doktorarbeiten, die an der Päpstlichen Universität Gregoriana geschrieben wurden, in der Reihe «Tesi Gregoriana» veröffentlicht. Der Schriftsatz wird von den Autoren selbst hergestellt entsprechend der von der Universität festgelegten und kontrollierten Richtlinien für die Texterfassung.

Veröffentlichte Bände [Serie: Kirchenrecht]

1. RUESSMANN, Madeleine, *Exclaustration. Its Nature and Use according to Current Law*, 1995, pp. 552.

2. BRAVI, Maurizio Claudio, *Il Sinodo dei Vescovi. Istituzione, fini e natura. Indagine teologico-giuridica*, 1995, pp. 400.

3. SUGAWARA, Yuji, *Religious Poverty. From Vatican Council II to the 1994 Synod of Bishops*, 1997, pp. 412.

4. FORCONI, Maria Cristina, *Antropologia cristiana come fondamento dell'unità e dell'indissolubilità del patto matrimoniale*, 1996, pp. 200.

5. KOVAČ, Mirjam, *L'orizzonte dell'obbedienza religiosa. Ricerca teologico-canonica*, 1996, pp. 368.

6. KAKAREKO, Andrzej, *La riforma della vita del clero nella diocesi di Vilna dopo il Concilio di Trento (1564-1796)*, 1996, pp. 248.

7. KUBIAK, Piotr, *L'assoluzione generale nel Codice di Diritto Canonico (Cann. 961-963) alla luce della dottrina del Concilio di Trento sull'integrità della confessione sacramentale*, 1996, pp. 212.

8. AMENTA, Pietro, *Partecipazione alla potestà legislativa del Vescovo. Indagine teologico-giuridica su chiesa particolare e sinodo diocesano*, 1996, pp. 272.

9. LORUSSO, Luca, *Gli strumenti di comunicazione sociale nel diritto ecclesiale. Aspettative, problematiche e realizzazioni alla luce dell'insegnamento magisteriale*, 1996, pp. 272.

10. PÉREZ DIAZ, Andrés, *Los vicarios generales y episcopales en el Derecho Canónico actual*, 1996, pp. 336.

11. ZEC, Slavko, *La tossicodipendenza come radice d'incapacità al matrimonio (Can. 1095). Scienze umane, dottrina canonica e giurisprudenza*, 1996, pp. 288.

12. SERRES LÓPEZ DE GUEREÑU, Roberto, *«Error recidens in condicionem sine qua non» (Can. 126). Estudio histórico-jurídico*, 1997, pp. 232.

13. MINGARDI, Massimo, *L'esclusione della dignità sacramentale dal consenso matrimoniale nella dottrina e nella giurisprudenza recenti*, 1997, pp. 320.

14. MARGELIST, Stefan, *Die Beweiskraft der Parteiaussagen in Ehenichtigkeitsverfahren*, 1997, pp. 226.

15. D'AURIA, Andrea, *L'imputabilità nel diritto penale canonico*, 1997, pp. 240.

16. ZADRA, Barbara, *I movimenti ecclesiali e i loro statuti*, 1997, pp. 200.

17. MIGLIAVACCA, Andrea, *La «confessione frequente di devozione». Studio teologico-giuridico sul periodo fra i Codici del 1917 e del 1983*, 1997, pp. 336.

18. SERENO, David, *Whether the Norm Expressed in Canon 1103 is of Natural Law or of Positive Church Law*, 1997, pp. 292.

19. SEMBENI, Giulio, *Direttorio Ecumenico 1993: sviluppo dottrinale e disciplinare*, 1997, pp. 260.

20. KAMAS, Juraj, *The Separation of the Spouses with the Bond Remaining. Historical and Canonical Study with Pastoral Applications*, 1997, pp. 360.

21. VISCOME, Francesco, *Origine ed esercizio della potestà dei vescovi dal Vaticano I al Vaticano II. Contesto teologico-canonico del magistero dei «recenti Pontefici» (Nota Explicativa Praevia 2)*, 1997, pp. 276.

22. KADZIOCH, Grzegorz, *Il ministro del sacramento del matrimonio nella tradizione e nel diritto canonico latino e orientale*, 1997, pp. 276.

23. MCCORMACK, Alan, *The Term «Privilege». A Textual Study of its Meaning and Use in the 1983 Code of Canon Law*, 1997, pp. 444.

24. PERLASCA, Alberto, *Il concetto di bene ecclesiastico*, 1997, pp. 428.

25. ZVOLENSKÝ, Stanislav, *«Error qualitatis dans causam» e «error qualitatis directe et principaliter intentae». Studio storico della distinzione*, 1998, pp. 264.

26. GARZA MEDINA, Luis, *Significado de la expresión* nomine Ecclesiae *en el Código de Derecho Canónico*, 1998, pp. 192.

27. BREITBACH, Udo, *Die Vollmacht der Kirche Jesu Christi über die Ehen der Getauften. Zur Gesetzesunterworfenheit der Ehen nichtkatholischer Christen*, 1998, pp. 292.

Riproduzione anastatica: 13 marzo 1998
Tipografia Poliglotta della Pontificia Università Gregoriana
Piazza della Pilotta, 4 – 00187 Roma